인간의 본성과 운명 II

The Nature and Destiny of Man

Reinhold Niebuhr

인간의 본성과 운명

The Nature and Destiny of Man

라인홀드 니버 지음 | 오희천 옮김

종문화사

인간의 본성과 운명 II

초판 1쇄 인쇄 2015년 7월 17일 | 초판 1쇄 출간 2015년 7월 30일 | 지은이 라인홀드 니버 | 옮긴이 오희천 | 펴낸이 임용호 | 펴낸곳 도서출판 종문화사 | 편집 손영섭 | 인쇄 (주)북센 | 제본 우성제본 | 출판등록 1997년 4월 1일 제22-392 | 주소 서울시 중구 충무로 4가 진양빌딩 673호 | 전화 (02)735-6891 팩스 (02)735-6892 | E-mail jongmhs@hanmail.net | 값 29,000원 | ⓒ 2015, Jong Munhwasa printed in Korea | ISBN 979-11-954022-5-0 94230 | 잘못된 책은 바꾸어 드립니다

추천사

라인홀드 니버(Reinhold Niebuhr 1892- 1971)는 미국의 신학자이자 사회
윤리학자로서 미국 신학계는 물론 정치계에도 폭넓은 영향력을 주었다.
그 당시 정치학자인 한스 모겐소는 니버를 "현존하는 미국인들 가운데
가장 위대한 정치철학자"라고 평하였다.

니버는 일생동안 기독교의 아가페 사랑은 사회 속에서 정의를 통해서
만 구체적으로 실현될 수 있다고 주장했다. 사회정의에 무관심한 기독교
인이나 교회는 참된 기독교인이나 교회가 아님을 역설하기도 하였다. 또
한 정의는 사랑에 의해 뒷받침되어야 한다고 하였다. 니버는 '정의 없는
사랑은 감상주의이며 사랑 없는 정의는 정의 이하'라고 하였다.

니버는 20세기 명저로 알려져 있는 『도덕적 인간과 비도덕적 사회
(Moral Man and Immoral Soceity』(1932)를 비롯해서 여러 권의 저서를 썼다.
『인간의 본성과 운명 (The Nature and Destiny of Man)은 『도덕적 인간과 비
도덕적 사회』만큼 중요한 저서이다. 이 저서를 가리켜 흔히 니버의 제1
주저(主著)라고 말한다. 이 저서는 20세기 기독교 인간이해의 가장 탁월
한 저서로 평가받고 있다. 이 책은 본래 1939년 영국의 에딘버러 대학의
기포드 강좌로 행한 것이다. 기포드 강좌에는 유명한 신학자나 철학자
들이 초청받았는데, 그 중에는 칼 바르트, 폴 틸리히, 루돌프 불트만, 화
이트 헤드, 존 듀이와 위르겐 몰트만 등이 있다.

니버의 사회윤리의 기초는 인간이해이다. 인간이해는 니버 신학의 사
고구조, 그의 신학체계와 사회윤리를 이해하는 열쇠가 된다.

니버에 의하면 인간은 하나님의 형상대로 지음 받은 피조물이며 동시
에 죄인이다. 인간이 '하나님의 형상'을 지닌 존재이면서 동시에 '피조물'

이라는 사실은 인간이 이중성을 지닌 존재를 뜻한다. 이 이중성은 흑백 논리와 이분법적 사고를 극복하는 니버의 변증법적 사고, 즉 모든 '긍정'은 그곳에 대응하는 '부정'을 요청한다는 사고의 기초가 되었다.

하나님의 형상은 인간이 자유와 자기초월성을 지니는 존재임을 의미하며, 피조성은 유한성과 제한성을 의미한다. 이 이중성은 권력의 속성을 말할 때 권력의 필요성과 위험성을 동시에 지니고 있음을 발견하는 도구로 사용된다. 이것은 "정의를 위한 인간의 능력은 민주주의를 가능하게 한다. 그러나 부정의로 기우는 인간의 경향성은 민주주의를 필요하게 만든다"는 니버의 말에 잘 나타나 있다.

이번에 새로 번역 출간되는 『인간의 본성과 운명』은 이미 1958년 번역되어 출판된 적이 있었다. 그러나 그 책은 이미 절판되었고 번역의 미흡함이 많이 발견된 번역서였다. 새 시대에 새 번역의 필요성을 지닌 책이었는데, 이번에 새 모습으로 출판하게 되었다.

니버는 나에게 신학함의 의미와 가치를 심어 주었고 나의 신학적 사고 형성에 큰 영향을 주었다. 나는 니버 연구로 석사논문을, 본회퍼 연구로 박사논문을 작성하였다.

니버와 함께 신학공부를 시작한 사람으로 니버 연구에 새 계기가 되기를 바라면서 기쁜 마음으로 이 책을 추천한다.

유 석 성 (서울신학대학교 총장)

추천사

"거인의 어깨 위에 올라설 수 있다면 세상을 훨씬 더 넓게, 더 많이 볼 수 있다."(아이작 뉴턴) 라인홀드 니버는 바로 그런 거인 중 한 사람이다. 특히 니버 사상의 분수령을 이루는『인간의 본성과 운명』은 20세기 신학 사상을 이해하기 위해 필수적인 중요한 저서이다. 이 기념비적 저서가 새롭게 번역되어 소개된 것은 큰 의미가 있다고 생각한다.

21세기 초의 신학계는 극도로 혼탁하고 불투명하다. 이 시점에서 우리에게 절실히 필요한 작업은 다름 아닌 '기본으로 돌아가는 것'(ad fontes)이다. 포스트모던시대의 특성과 유행에 따른 신학적 해석도 중요하지만 지난 2천년 학문적 전통의 큰 흐름을 읽는 기본 훈련이 신학교육에서 강조되어야 한다. 이를 위해 중요한 것은 고전(古典)을 읽는 일이다. "누구나 다 읽어야 된다고 하면서 아무도 읽지 않은 책"인 고전이야말로 읽을 가치가 있고 반드시 읽어야만 하는 책이다.

니버의『인간의 본성과 운명』은 20세기 신학의 고전이다. 제목에서 알 수 있듯이 니버는 이 책에서 인간의 본성에 대한 다양한 역사적 견해들을 분석, 비판하고 인류의 운명과 미래에 대한 기독교적 전망을 제시하고 있다. 신학자라기보다 윤리학자로 더 유명하고, 교회지도자에게보다 정치학자들에게 더 많은 영향력을 주었던 니버는 이 책에서 인간의 본성에 관한 기독교적 인간관을 제시하며, 왜 인류가 나아갈 방향이 기독교적 가치관에 기초할 수밖에 없는가를 밝히고 있다. 그의 유명한 '기독교 현실주의'(Christian realism)의 기본 청사진이 담긴 저서라고 말해도 과언이 아닐 것이다. 언제나 '현실주의'에 고착할 수밖에 없는 정치학자와 사회과학자들에게는 '기독교적 성찰과 반성'을 제공하고, 자칫 '이상과 교리'에 집착할 수 있는 자유주의 신학자들과 교회지도자들에게는 '냉엄한 인간현실'을 직시하게 만들기 위한 야심적인 저서가 바로『인간의 본성과 운명』이다.

잘 알려진 것처럼 긍정과 부정, 유한성과 초월성의 긴장에서 비롯되는 변증법적 사고는 니버 사상의 기본골격을 이루고 있다. 그러나 변증법적 사고는 비단 니버뿐만 아니라 20세기 신학적 거장들의 공통된 사고의 틀이기도 하였다. 칼 바르트에 대하여 유독 비판적이었던 니버가 간혹 바르트와 같이 '신정통주의'로 분류되기도 하는 이유가 여기에 있다고 보여진다. 인간의 자유와 인간의 타락, 죄와 은혜 사이의 변증법적 긴장의 계보는 키에르케골, 헤겔 등 19세기의 위대한 변증법 사상가들을 거슬러 올라가 마르틴 루터까지 소급될 수 있다. "죄인인 동시에 의인"(simul peccator et justus)이라는 루터의 역설적 명제가 니버의 『인간의 운명과 본성』 및 '기독교현실주의'를 관통하고 있는 키워드라고 생각된다. 그리고 특히 이 책을 준비하면서 니버는 죄와 은혜 사이의 긴장을 "행복한 타락"(felix culpa)이라고 집약했던 교부 아우구스티누스의 신학사상을 재발견하고 많은 도움을 받았다고 회고한 바 있다.

그런 의미에서 니버의 『인간의 본성과 운명』은 20세기 변증법적 신학의 경향, 근대 유럽철학의 큰 흐름, 종교개혁의 원동력, 아우구스티누스의 원죄론과 은총론, 그리고 사도 바울의 로마서와 갈라디아서까지 이르게 되는 신학사상의 계보를 조감(鳥瞰)할 수 있는 훌륭한 지침서이다. 보다 넓고 깊은 신학세계를 탐구하기 원하는 신학생들이라면 필독할 가치가 충분한 현대의 신학적 고전이다.

21세기 초반 우리가 처한 삶의 상황은 니버가 살았던 시대와는 물론 엄청난 차이를 보이고 있다. 그러나 아무리 삶의 환경이 바뀌어도 인간의 죄된 본성은 변하지 않는다. 성경이 그것을 말하고 있으며, 수많은 고전 신학자들이 그 사실을 강조하였다. 라인홀드 니버는 우리 시대와 가장 가깝게 살았던 신학적 거인의 한 사람으로서 인간의 한계와 초월가능성을 분석한 탁월한 학자였다. 『인간의 본성과 운명』을 신학생들의 필독 고전으로 추천할 수 있어 기쁘고 자랑스럽게 생각하며 일독을 권하는 바이다.

배 국 원 (침례신학대학교 총장)

1964년 판 서문

약 25년 전 니버가 에딘버러에서 행한 기포드 강연들이 후에 『인간의 본성』과 『인간의 운명』이란 제목의 책으로 출판되었는데, 이 강연들은 서구문화의 두 가지 강조점들, 즉 개체성의 의미와 역사의 의미가 성서적 신앙에 뿌리를 두고 있으며 따라서 무엇보다 히브리 사상에 뿌리를 가지고 있다는 주제를 다루었다. 나의 목표는 서구 역사에서 이들 두 개념들이 어디에서 기원되어 어떻게 쇠퇴와 정화의 과정을 거쳤는지 추적하는 것인데, 이것은 우리 문화에서 인간의 상황과 관련된 역사적 뿌리들과 다양한 분야들을 보다 잘 이해시키기 위해서이다.

서구의 개인강조 사상과 관련하여 개인의 자아성은 개념화하고 분석하는 이성의 능력에서가 아니라 자아의 자기초월 능력에 있다고 주장하였으며 그런 생각은 지금도 변함이 없다. 따라서 극단적인 관념론과 극단적인 자연주의는 모두 자아성의 영역을 모호하게 만드는데, 전자는 (플라톤과 헤겔에게서처럼) 자아를 보편적 이성과 동일시함으로써 그렇게 했고, 후자는 인과관계의 흐름을 초월하는 위치로부터 자기 자신과 세계를 관찰할 수 없는 부자유한 본성에 자아를 제한함으로써 했다.

둘째, 인간의 본성에 관해 성서적-히브리적 사유가 강조하는 것은 자아는 그의 몸과 마음, 정신에서 통일성을 이루고 있으며, 자아는 자연의 필연성으로부터 자유로우며, 자아는 피조물로서 이런 모든 필연성에 연루되어 있다는 것이었다. 자아의 이런 통일성은 자아를 몸과 마음 또는 신체와 정신의 두 실체로 구분하는 모든 형태의 이원론에서 – 그 중에서 대표적인 것은 데카르트의 이원론이다 – 모호하게 되었다. 자아의 통일성은 시적인 상징들과 종교적 상징들과 은유적 상징들에서 표현될 수 있을 뿐이다.

 기포드에서 이 강연이 행해진 이후 특히 나의 친구인 에릭 에릭슨에 의
해 체계화된 현대의 "자아-심리학"은 자아의 이런 역설적 상태를 과학적
으로 발전시켰다. 나는 에릭슨의 이런 견해에 동의한다. 그리고 그의 견
해는 실제성에 관한 나의 주장에서 몇 가지 변화를 촉발시켰다.

 인간의 자아성에 관한 세 번째 문제는 자아의 도덕적 능력에 관한 것
이다. 과도한 이기심에서 가장 잘 나타나는 인간의 악은 인간의 본질적
인 자유가 왜곡된 현상이며 인간의 자유와 함께 자란다. 그러므로 악
을 전적으로 정신의 무지와 동일시하고 육체의 욕망과 동일시하려는
모든 노력은 악의 문제를 오해하여 생긴 오류이다. 나는 악의 문제와
관련하여 이런 잘못된 주장들을 타파하고 올바르게 설명하기 위해 "타
락"과 "원죄"라는 전통적인 종교적 상징들을 사용하였다. 단지 유감스
러운 것은 "타락"의 설화적 성격과 "원죄"의 모호한 함축적 의미가 그
렇게 근대적 정신의 저항을 불러일으킬 것이라고는 미처 생각하지 못
했다는 것이며, 그런 용어들 때문에 나의 본질적인 의도와 인간의 본성
에 관한 "관념론적"이라기보다는 오히려 "현실적인" 나의 해석이 모호
해 졌다는 것이다.

 성서적 신앙과 히브리 신앙의 두 번째 중요한 강조점은 역사가 의미충
족적임을 과감히 단언하는데 있다. 모든 혼란들과 역사의 상반되는 목
적들에서 의미를 찾아내려는 노력은 서구문화의 특징이며 서구문화를
추진시킨 역사적 동력이다. 그런 노력은 역사를 강조할 때 따르는 두 가
지 악 때문에 인간의 역사적 역동성에서 오는 혼란과 책임으로부터 벗어
나는 것이 곧 "구원"이라고 생각하는 모든 종류의 종교들로부터 구분되
어야 한다. 그 종교들이 신비주의적인 종교이든 아니면 합리적 종교이든
간에 말이다. 역사를 강조할 때 따르는 첫 번째 악은 광신주의인데, 이것

은 역사적으로 볼 때 거의 비현실적인 목표들이나 가치들에 궁극적 의미를 부여할 때 생기는 결과이다. 두 번째 악은 창조적이긴 하지만 역시 사람들을 현혹시키는 메시아 신앙, 즉 지상천국에 대한 희망과 우주적 평화와 의가 실현된 왕국에 대한 희망이다. 나는 근대의 공산주의를 히브리 사상과 기독교 사상의 공통된 특징인 메시아 신앙이 세속화된 환상이라고 해석하고자 했다. 나는 지금도 여전히 이런 해석의 틀에서 근대 공산주의를 이해해야 한다고 생각한다.

나는 그리스도와 적그리스도라는 특수한 상징들과 함께 제시된 신약성서의 종말론을 특히 강조했다. 나는 그리스도와 적그리스도는 다음과 같은 사실들을 상징한다고 생각한다. 선과 악은 모두 역사 속에서 일어난다는 사실, 악은 결코 독립된 역사를 가지지 않는다는 사실, 더 큰 악은 언제나 더 큰 선의 부패현상이라는 사실 등. 핵의 위협은, 내가 이런 주장을 했을 때 기대했던 것보다 훨씬 더 강력하게 이런 해석을 뒷받침해 준다. 그러나 지금 나는 현대인이 르네상스와 계몽시대의 메시아적이고 유토피아적인 희망을 부정하는 그의 비극적이고 이율배반적인 역사를 이해하는데 그런 역사적 상징들이 크게 기여할 것이라고 확신하지는 않는다.

따라서 지난 세대의 사람들은 그들이 가장 중요하다고 생각하는 것들을 변화시킬 능력이 없으며 어떤 경우에도 역사의 움직이는 드라마가 그들이 찾고자 하는 진리의 일부를 확인해 줄 수도 있다는 희망을 가지고 기다려야 한다. 우리가 논박하여 역사의 쓰레기통에 던져버린 이론들에 관해 우리는 아무것도 말하지 않을 것이다.

라인홀드 니버

| Contents |

2부
인간의 운명

편집자 해제

> "자유사회의 이상은 문화적, 종교적, 도덕적 환경이 인간의
> 본성에 관해 지나치게 비관적이거나 지나치게 낙관적인 견해를
> 조장하지 않는 곳에서 최고로 실현된다."[1]
> – 라인홀드 니버(1959)

『인간의 본성과 운명』은 철학, 종교와 정치를 광범위하게 개관하는 책이다. 니버는 "인간의 본성"과 "인간의 운명"을 설명할 때 구약성서와 신약성서, 고대철학과 근대철학, 19세기의 낭만주의, 마르크스의 유물론 등을 종합적으로 검토하고 있다. 니버의 다른 저작들과 마찬가지로 이 책이 다루고 있는 방대한 영역에는 저자의 천재성이 잘 반영되어 있다. 그러나 이 책의 힘은 책이 전달하고자 하는 메시지의 특수성에 있다. 이 책은 원래 니버가 1939년 에딘버러 대학교에서 행한 기포드 강연에 기초한 것이다. 이 강연에서 니버는 서구의 사상이 인간의 자기이해에 기여한 점들을 요약하여 제시하였으며, 기독교적 인간이해를 적극적으로 옹호하였다. 독일과의 전쟁이 또 한차례 불가피해 보일 무렵 영국의 청중들은 니버의 이 강연을 듣고 용기를 얻었다. 당시는 사람들이 인간의 가능성의 전 영역에 정통하기 위해서가 아니라 지금 그들이 서있는 곳의 위치를 정확하게 알 수 있기 위해 역사적으로 중요한 선택을 거시적으로 볼 필요가 있을 때였다.

라인홀드 니버는 당시의 그런 시대적 상황에서 많은 사람들에게 – 우

---

1 Reinhold Niebuhr, *The Children of Light and the Children of Darkness*(New york: Charles Scribner, 1972), viii.

선은 에딘버러의 청중들에게, 그리고 다음에는 출판된 강의를 읽는 많은 독자들에게 - 방향을 제시해 줄 수 있는 아주 적절한 인물이었다.[2]

니버는 1892년 미주리에서 태어나 일리노이 주의 링컨시에서 성장하였으며, 엘머스트 칼리지와 뉴욕신학교에서 공부하였다. 1915년에 디트로이트의 베델 복음교회 목사가 되었다. 그곳에서 그는 1차 세계대전 후 여러 해 동안 미국의 여러 신흥 도시들을 긴장시킨 인종갈등과 노동쟁의를 직접 경험하게 되었다. 1920년대 후반까지 그는 설교자와 저술가와 정치 활동가로서 서서히 명성을 떨치게 되었으며, 1928년에는 뉴욕의 유니온 신학교 교수가 되었다. 1932년에 『도덕적 인간과 비도덕적 사회』[3]를 출판하면서 그는 개신교 사회윤리학 분야에서 최고의 권위자로 인정받게 되었다.

니버의 저서를 보면 북아메리카의 여러 신학교들에서 니버의 주장을 가르치는 학문적 경향이 새로 형성되고 있었음을 알 수 있다. 니버와 그의 동료 신학자들은 유럽의 신학자들보다 근대의 사회문제에 더 많은 관심을 가지고 있었다. 그리고 그들은 도덕신학의 전통들을 견지하면서도 새로 등장하는 사회과학 방법론들도 적극적으로 수용하였다.

그렇지만 라이홀드 니버는 유럽의 신학자들과 강한 연대를 계속 유지하고 있었으며, 1920년대에는 독일 전역을 여행하기도 했다. 그는 당시 유럽의 정치적 지형도를 바꾸어 놓았던 공산주의 혁명들과 민족주의 독재정권들은 단순히 1914년 이후에 일어난 사건들의 결과가 아니라는 사실을 대다수의 북아메리카 사람들보다 더 잘 이해하고 있었다. 공산주

---

2 『인간의 본성과 운명』은 원래 1941년과 1943년에 찰스 스크라이브너의 아들들에 의해 뉴욕에서 두 권으로 출판되었다. 니버가 새로 서문을 쓴 보급판은 1964년에 출판되었다.

3 Reinhold Niebuhr, *Moral Man and Immoral Society*(New York: Charles Scribner's Son, 1932).

의와 파시즘은 모두 19세기 초의 유럽 낭만주의가 추구했던 꿈과 희망에 깊이 뿌리박고 있었다. 이 둘은 서로 다르긴 하지만 인간이 처한 복합적 상황을 제대로 파악하지 못해서 생긴 비극적 결과였다. 니버는 장차 마르크스주의와 파시즘에 대항해 싸워야 할 사람들은 누구나 단순히 그들의 적을 비방하고 자신의 장점을 지나치게 내세우기보다는 복합적인 사회적 현실과 역사적 현실을 직시하는 것이 바람직하다고 생각하기 시작했다.

- 기독교현실주의 -

1차 세계대전 이후 경제적 탈지역화와 정치적 각성이 일어나던 시기에 니버를 위시한 여러 사회윤리학자들이 제안한 "현실주의"의 핵심적인 주장은 사건들의 원인이 되는 힘과 이해관계에 주목하자는 것이었다. "종교적 현실주의" 또는 "현실주의적 신학"은 예일신학교에 기반을 둔 소그룹에서 처음 시작되었는데, 이 소그룹에 참여한 사람들 중에는 라인홀드 니버와 그의 동생 리처드 니버, 예일 신학교에서 그들을 가르친 교수, 매킨토시, 월터 마셜과 호턴 등이 있었다. 이들 소장파 신학자들에게 사회복음운동은 지나치게 감상적으로 보였다. 왜냐하면 사회복음운동은 종종 도덕적 교훈을 통해 사람들이 정의롭게 계몽될 것이라고 지나치게 낙관했기 때문이다. 『도덕적 인간과 비도덕적 사회』는 중산층이 소중하게 생각하는 도덕적 신념들을 분석하였으며, 법과 재산권 보호에 대한 대가로 중산층이 이행하는 도덕적 의무의 배후에는 이기심이 있음을 폭로했다. 그러나 니버는 가난한 자와 힘없는 자의 혁명적 윤리에 대해서도 마찬가지로 회의적인 시각을 가지고 있었다. "따라서 프롤레타리아 도덕성과 중산층 도덕성 사이의 충돌은 위선과 폭력 사이의 대립이며, 감상주의와 냉소주의 사이의 대립이다."[4]

하지만 니버에게 있어서 현실주의는 이기심이 광범위하게 지배하고 있다는 이런 단편적인 인식 이상의 것이었다. 물론 그런 인식이 『도덕적 인간과 비도덕적 사회』에 있는 그의 분석 중 가장 분명하고 가장 논란이 되는 부분이긴 하였지만 말이다. 아무리 현실주의자라 할지라도 이웃을 사랑하라는 도덕적 명령을 통해 이기심과 권력의 폭력성이 저절로 극복될 수 있으리라 기대하는 사람은 결코 없을 것이다. 그러나 라인홀드 니버와 같은 현실주의자는 도덕적 이념들과 신앙고백들도 역시 실제적이며 따라서 현실의 사건들에 나름대로 강한 영향력을 행사한다는 사실을 결코 간과하지 않을 것이다.

니버는 사회의 변화와 갈등에 실제로 작용하는 모든 현실적 요소들을 주목하는 이런 사조에 대해 "기독교현실주의"란 개념을 사용했다. 『도덕적 인간과 비도덕적 사회』에서 알 수 있듯이 기독교현실주의자인 니버는 처음에는 정치적 현실주의의 관점에서 역사에 실제로 작용하는 경제적 힘과 정치적 힘의 형태들을 분석한다. 즉, 다수당은 재력에 의존하는 특권층을 견제하고 보다 평등한 정의에 대한 그들의 요구를 관철시키기 위해 수적인 우세를 이용한다. 부자들도 그들의 재력을 통해 사회 전반에 기여한 것에 대해 나름대로 정당한 보상을 요구한다. 이때 그들은 언제나 엄격한 정의의 기준보다 더 많은 보상을 요구한다. 그러나 그들의 요구에 반대하는 사람들은 그들이 당연히 받아야 할 보상에 대해 인색하게 평가한다. 현실적으로 이런 갈등들을 해결할 수 있는 결정적인 해

---

4 *Moral Man and Immoral Society*, 177.

결책은 결코 존재하지 않는다. 그러나 안정적인 사회를 위해서는 자유와 평등, 자유와 질서 또는 필요와 가치 사이에 효과적인 균형상태가 확립 되어 있어야 한다.

니버는 정치학에 해박한 지식을 가지고 있었다. 뿐만 아니라 그는 해 박한 역사적 지식을 가지고 있었기 때문에 이런 주제들을 서양의 역사 전 체에 걸쳐 추적할 수 있었다.[5] 그렇지만 정치적인 것만 가지고는 그의 저 서에서 발견되는 광범위한 관심을 설명할 수 없으며, 지식과 경험 면에 서 니버를 능가하는 학자들과 정치지도자들이 왜 니버를 존경했는지 설 명할 수도 없다. 니버의 위대한 업적은 정치적 대립에서 부침하는 권력을 인간의 본성에 내재하는 보다 깊고 보다 지속적인 성향과 관련시켜 생각 하는 그의 도덕현실주의 사상에 있다. 많은 다른 주석가들도 개인적인 동기와 그 결과로 나타나는 행위들 사이의 관계들을 추론할 수 있었으 며, 사건들을 한 나라와 그 국민의 고유한 성격과 관련하여 설명할 수 있 었다. 예를 들면, 유럽의 위기는 히틀러의 무제약적인 야심이나 독일 국 민의 완고한 민족적 자만심 때문이었다고 설명될 수 있었을 것이다. 니버 는 그런 해석들을 인정하면서도 그런 해석들의 토대가 되는 보다 미묘하 고 보편적인 형식을 통찰하였다. 따라서 그는 동기들과 그 결과 나타나 는 행위들은 결코 선이나 악의 단순한 표출이 아님을 발견했으며, 모든 종류의 악과 다툼은 모든 인간이 공통적으로 가지는 교만이나 권력욕이 라는 보다 근본적인 형식과 관련되어 있음을 발견할 수 있었다.

인간의 본성에 관한 주제를 다루는 『인간의 본성과 운명』의 제1부 10 장은 인간 삶을 충실하게 기술하는데 필수적인 긴장들과 균형들을 체계 적으로 제시하는데, 이 부분의 가장 중요한 과제는 우리의 정치와 역사

---

5 참조, "Liberty and Equality", in: Reinhold Niebuhr, *Pious and Secular America* (New York: Charles Scribner's Son, 1958), 158-98.

의 틀을 결정짓는 복합적인 도덕적 현실들을 사실대로 드러내는 것이다. 인간에게는 생명력과 형식이 모두 중요하다. 생명은 모든 한계들을 극복하고 자신의 정체성을 보존하지만 생명을 구성하는 구조를 상실하게 되면 곧 죽는다. 인간이란 존재자의 고유한 특성은 자유와 동시에 유한성이다. 인간은 그의 삶에 주어진 조건들에 국한될 수 없는 가능성들을 상정할 줄 아는 존재자이다. 그렇지만 그의 창조성은 언제나 그가 삶을 시작하는 장소에 의존한다. 그리고 변화에 대처하는 인간의 능력은 대단히 제한적이다. "인간은 그가 처해 있는 직접적인 자연적 조건보다 더 많은 것을 안다. 그리고 그는 끊임없이 그에게 직접적으로 주어진 조건을 전체적인 환경에 비추어 이해하고자 한다. 그렇지만 그가 총체적 인간의 상황을 정의하고자 할 때 그의 정의는 그가 처한 직접적인 환경 때문에 생긴 유한한 관점들에 의해 영향을 받지 않을 수 없다."[6]

지도자들과 국민들의 행위 유형을 똑같이 결정짓는 동기들은 이런 복합적인 인간의 환경에서 발생한다. 그리고 우리가 우리의 상황을 지나치게 단순화하여 이런 모호한 점들을 다른 사람들에게 숨기거나 아니면 어떻게든 그런 점들을 피할 수 있다고 자신할 때 역사의 비극들이 발생한다. "인간은 자신이 가진 지식의 한계성과 그가 보는 관점의 유한성을 부정하고 싶어 한다. 그는 유한한 삶의 한계를 넘어서는 지식을 획득했다고 생각한다. 이것은 인간의 모든 지식이 피할 수 없는 '이데올로기적 오염'(ideological taint)인데, 이런 오염은 단순한 인간의 무지 이상의 어떤 것이다. 그것은 언제나 부분적으로는 그런 무지를 가식에 의해 숨기려는 노력이다."[7]

따라서 니버의 도덕현실주의는 그의 정치적 현실주의에서 발견되는

---

6 *The Nature and Destiny of Man*, I, 182.

7 *ibid.*

생각들과 활동들을 분석하는 출발점이 된다. 그러나 한편 도덕현실주의는 신학적 현실주의에 기초한다. 즉, 우리의 생활과 사회의 삶에 방향을 제시해 주어야 하는 독특한 가능성들과 한계들을 제대로 이해할 수 있으려면 그런 이해의 한계를 동시에 인식해야 한다. 인간의 본성에 대한 깨달음이 깊어지면 우리는 자연스럽게 우리 자신의 한계를 초월하는 이해의 원천으로 눈을 돌리게 된다.

"세상 밖에 서서 세상을 초월할 수 있는 이런 능력은 우리를 과대망상에 빠지게 할 수 있으며, 우리 자신이 신처럼 우주의 중심이라고 착각하게 만든다. 우리는 자연의 흐름과 유한성으로부터 결코 벗어날 수 없기 때문에 그런 착각에 빠질 수밖에 없다. 그러나 사실은 우리는 경험한 것을 단순히 논리적으로 추론해서는 알 수 없는 영원성을 우리의 한계로 가진다. ... 그러므로 (우리 자신과 우리의 세계를 포함한) 전체를 파악하기 위한 유일한 원리는 불가피하게 우리의 이해의 한계를 넘어선다. 이와 같이 이해의 한계를 넘어서지만 이해의 근거가 되는 바로 그 이해의 원리에 의존하지 않고는 인간이 가진 자유를 완전히 이해할 수 없다."[8]

"우리의 이해를 초월한 이해의 원리"에 대한 이런 필요에 대해서는 다양한 의견들이 있을 것이다. 이런 원리를 기독교적 신앙과 동일시하는 것은 상당히 특별한 종류의 집중적인 논증에 의해 확립된 것이다.(그것이 정확하게 어떤 종류의 논증인지에 관해서는 이 해제의 다음 단원에서 보다 자세하게 설명될 것이다.) 지금 우리가 주목해야 할 것은 니버에게 있어서 정치적 통찰과 도덕적 통찰은 우리를 자유롭게 하면서 동시에 그 자유에 제한을

---

8 *The Nature and Destiny of Man*, I, 124-25.

가하는 하나님의 실재성과 불가분적으로 연결되어 있다는 사실이다. 니버의 정치적 분석에 놀라면서도 그의 신학에 실망하여 자신들을 "니버가 볼 때는 무신론자"[9]라고 선언한 당시의 정치학자들은 아마도 니버 자신의 사상에서 정치와 신학이 얼마나 밀접하게 연관되어 있었는지 이해하지 못했을 것이다. 『인간의 본성과 운명』의 대부분은 이런 연관성을 찾아 밝히는데 주력하고 있다. "기독교현실주의"는 당시의 중요한 쟁점들에 관한 일련의 의견 이상이라는 사실이 니버의 어떤 책에서보다도 이 책에서 더 분명하게 나타난다. 그 책은 정치적, 도덕적, 신학적 사상의 종합이다. 이런 종합적 사상에서 볼 때 자유의 절대성과 그 자유의 피할 수 없는 한계는 선택의 다양성과 그런 선택이 일어나는 환경의 궁극적 통일성을 동시에 이해하는데 중추적 역할을 하는 두 가지 사실들이다.

- "기독교적 해석" -

니버는 『인간의 본성과 운명』에 "기독교적 해석"이란 부제를 붙인다. 그러면서 그는 인간의 본성에 관한 포괄적인 해석이 얼마나 어려운지를 보여주는 진술과 함께 그 책을 시작한다. "인간은 언제나 인간 자신의 가장 풀기 어려운 문제였다. 인간은 자신에 관해 어떻게 생각할 것인가? 우주에서 인간이 차지하는 크기, 덕 또는 위치에 관한 모든 주장들을 자세히 분석해 보면 우리는 그 주장들이 서로 모순됨을 발견하게 된다. 그

---

9 참조, Daniel F. Rice, *Reinhold Niebuhr and John Dewey: An American Odyssey* (Albany, N. Y.: SUNY Press, 1933), 217.

주장들을 분석해 보면 명제가 주장하고자 하는 것을 부정하는 것처럼 보이는 모종의 전제나 암시를 발견하게 된다."[10]

그 책의 첫 페이지에 기록된 이 주장에는 후에 나오는 20장의 내용과 관련하여 많은 것이 시사되어 있다. 이 책에서는 중요하게 연구될 문제가 "하나님은 존재하는가?" "하나님의 본성은 무엇인가?"와 같은 신학적인 틀에서 다루어지지 않는다. 문제는 인간의 자기이해이다. 그러나 니버에 의하면 폭력과 지배, 창조성과 비극, 도덕성, 이기주의, 냉소주의, 어리석음, 희망과 같이 우리가 야기하는 모든 문제들은 인간의 자기이해와 밀접하게 연결되어 있다. 우리가 개인으로서 행하는 것과 하나의 사회로서 행하는 것은 우리가 이해하는 자아의 표현이거나, 아니면 자기를 이해하고자 하는 자아를 왜곡시키는 특별한 오해의 산물이다.

『인간의 본성과 운명』은 기독교현실주의자가 이런 쟁점들을 어떻게 다루는지 탐구한다. 그러나 이 책은 또한 기독교 신앙을 이렇게 이해하는 것이 타당하다는 논거를 제시하기도 한다. 우리는 이 책에서 단지 이런 "가장 풀기 어려운 문제"에 대해 기독교현실주의자가 어떻게 대답하는지 배울 뿐 아니라 이것이 올바른 대답임을 받아들일 이유들도 알게 된다.

이 책의 Ⅰ부, 즉 "인간의 본성"으로부터 역시 10개의 장으로 구성되어 "인간의 운명"이란 제목이 붙여진 Ⅱ부에 이르기까지 논의가 전개되는 구조를 이해하기 위해서는 니버의 논증방식을 이해하는 것이 중요하다. 니버는 인간의 삶에 관한 기독교적 해석을 고대와 근대의 문화들에 의해 제시된 대안적 해석들과 대비시키는데서 출발하여(1부) 역사를 총체적으로 이해하고자 하는 가장 성공적인 시도들조차도 한계가 있음을 지적하는 기독교 종말론의 해석(2부)을 제시한다. 이런 과정에서 우리는 니버가

---

10 *The Nature and Destiny of Man*, I, 1.

어떤 방식으로 기독교현실주의적 견해를 견지하는지 발견한다.

비록 기포드 경의 기부금을 기초로 기포드 강연이 처음 기획했을 때는 거기서 행해지는 강연들이 그의 유언에 따라 자연신학의 문제들을 다루도록 되어 있었지만 니버는 하나님의 존재, 그의 본성과 목적에 관한 주제들을 논리적으로 입증하고자 하지 않는다. 자유와 유한성에 관한 우리의 경험을 기독교적 관점에서 설명하는 것은 논리만으로는 충분하지 않기 때문이다. 니버의 결론들 가운데는 그를 비판하는 철학자들이 속단했듯이 논리적 필연성에 따라 추론된 것은 거의 없다.

기독교 신앙과 일상적인 경험을 결합시킨 니버의 강연은 그 책의 소제목이 암시하듯이 논리적인 논증이라기보다는 오히려 하나의 해석이다. 그는 자유와 유한성의 문제를 기독교 신학의 죄 사상을 통해 설명함으로써 문제를 해결한다. 우리 자신의 유한성을 자각함으로써 느끼는 불안감 때문에 우리는 인간의 운명인 유한성을 거부하고 우리의 자유를 과장하게 된다. 유한성을 거부하고 우리 자신이 스스로 안전을 도모하고자 하는 그런 시도는 기독교에서 말하는 전형적인 죄이다. 그런 시도는 참 하나님을 떠나 우리 자신이 만든 다른 신들에게 의지하는 것이기 때문이다. 우리 본성의 한 요소인 자유가 또 다른 한 요소인 유한성과 서로 대립하고 있는 이런 긴장을 해소할 수 있는 유일한 길은 하나님에 대한 완전한 신뢰뿐이다. 이런 신뢰만이 우리를 모든 불안감에서 해방시켜 주며 따라서 스스로를 믿어야 한다는 강박감에서 벗어나게 해주기 때문이다.[11]

물론 니버의 이런 해석이 유한성과 자유의 문제를 해결해 주는 유일한 해석은 아니며 가장 절대적인 해석도 아니다. 낭만주의적 이상주의자나 냉소적 유물론자는 니버와는 전혀 다르게 해석할 것이다. 니버는 기독교

---

11 *The Nature and Destiny of Man*, I, 287-95.

적 해석이 논리적 필연성을 가지고 확립될 수 없음을 인정하기 때문에 모든 해석이 동일해야 한다고 강요하지 않으며, 그렇다고 그 해석들 사이의 선택이 사람에 따라 제멋대로 이루어져도 좋다고 생각하지도 않는다. 절대적인 결론은 불가능하다. 그러나 인간의 상황에 관한 서로 다른 해석들 사이에서 되는대로 아무것이나 선택할 수밖에 없는 것도 아니다. 『인간의 본성과 운명』보다 몇 년 후에 출판된 책에서 니버는 어떤 점에서 기독교적 이해가 타당한지에 관해 다음과 같이 설명했다.

> "그럼에도 불구하고 제한적이긴 하지만 복음의 진리는 합리적으로 정당화될 수 있다. 그런 정당화 작업은 두 가지 접근방식을 통해 이루어진다. 복음의 진리와 그 밖의 다른 진리 형식들 사이의 관계, 즉 완전한 사랑의 선과 우리가 현실 역사에서 발견할 수 있는 여러 형태의 덕 사이의 관계를 설명하는 하나의 부정적 접근방식과 하나의 긍정적 접근방식이 그것이다. 부정적인 관점에서 볼 때, 복음은 우리가 실제 역사에서 발견할 수 있는 다양한 형태의 지혜와 덕이 가진 한계들을 찾아냄으로써 정당화되어야 하며 또 정당화될 수 있다. 긍정적인 관점에서 볼 때, 복음은 신앙의 진리가 과학과 철학에 의해 확립될 수 있는 모든 종류의 진리들과 상관관계 속에서 그 진리들을 보다 깊고 보다 넓은 통일적 체계로 통합할 수 있을 때 정당화될 수 있다."[12]

니버는 기독교적 해석을 선호한다. 그것이 지금까지 시도된 어떤 다른 해석들보다 설득력이 있음을 알기 때문이다. 그리고 그는 실제로 다른 사람들을 설득할 수 있다고 생각한다. 그렇지만 그렇게 하기 위해서는

---

12 Reinhold Niebuhr, *Faith and History: A Comparison of Christian and Modern Views of History* (New York: Charles Scribner's Sons, 1949), p. 152.

인간 존재가 직면한 바로 그 "풀기 어려운 문제"의 해결에 초점을 맞추어 기독교 신앙의 핵심적 의미는 물론 인간의 상황을 설명하는 다른 대안적 해석들을 모두 포괄하는 복합적 해석체계가 필요하다. 『인간의 본성과 운명』 서두에서 니버는 이런 방법을 다음과 같이 단적으로 설명한다. "한 편에서, 우리는 기독교 신앙 내부에서 있었던 다양한 노력들, 즉 인간에 관한 여타의 다른 – 부분적으로는 대립되는 – 견해들과 무분별하게 혼합될 끊임없는 위험에 직면하여 이런 성서적 교리의 논리를 차별화하여 분명히 진술하고자 하는 노력들을 찾아볼 것이다. 다른 한편, 우리는 인간에 관해 다른 해석들이 무시했거나 제대로 파악하지 못했던 문제들에 대해 기독교적 해석이 얼마나 적절하게 대답했는지 제시함으로써 기독교적 견해의 정당성을 입증하고자 해야 한다."[13]

이러한 종합적인 해석에 있어서 중요한 것은 모든 다른 관점들의 척도가 되는 단 하나의 관점만 존재한다고 생각해서는 안 된다는 것이다. 해석의 각 단계마다 비판적 판단이 요구된다. 인간의 본성에 관한 성서적 이해의 핵심은 인간이 "하나님의 형상에 따라 창조되었기" 때문에 가지는 자기초월적인 자유와 하나님이 아니라 유한한 피조물이기 때문에 피할 수 없는 유한성 사이의 역설적 관계성이다.[14] 이런 성서적 이해의 "논리"를 제시하고자 하는 모든 시도는 불가피하게 성서적 견해의 본질적인 요소를 성서적 견해와 혼합된 – 때로는 상당히 그럴듯하게 혼합된 – 다른 관점들로부터 분리하지 않을 수 없다.[15] 성서적 해석을 체계화하는 작업은 성서적 해석과 나란히 제시된 다른 특수한 대안적 견해들에 의해 영

---

13 *The Nature and Destiny of Man*, I, 150-151.

14 *The Nature and Destiny of Man*, I, 150-177.

15 이런 해석학적 구분은 성서본문 자체의 해석과 함께 시작해야 한다. 성서 본문들에서 보면 다른 신앙체계들의 중요한 요소들이 인간을 하나님의 형상이면서 동시에 유한한 피조물로 보는 성서의 핵심사상과 긴장관계 속에서 발견되기 때문이다.

향을 받기도 한다. 기독교현실주의 입장을 취하는 사람은 인간 진보의 불가피성에 대한 감성적 이상주의의 신념을 상대하기 위해 또는 모든 것을 힘의 논리로 생각하는 냉소적인 정치적 현실주의에 대처하기 위해 기독교 교리를 다른 방식으로 체계화 하여 제시할 것이다. 그런 점에서 보면 기독교적 해석에 주도적인 역할을 하는 "논리"가 있음은 분명하다. 그러나 그렇다고 해서 인간의 본성에 관해 모든 다른 해석들의 기준이 되는 기독교적 해석의 결정적인 유형이 있다는 것은 아니다. 기준은 특정한 상황에서 인간의 필요에 대해 상대적 타당성을 가지는 것이며, 다른 과학적 방법과 철학적 방법에 의해 우리가 안다고 생각하는 다른 모든 일들과 상대적 일관성을 가진다.

- 기독교현실주의자와 기독교 신앙 -

니버는 기독교 교리를 해석하는 기독교현실주의자와 해석된 교리를 분명히 구분하고 있다. 우리가 『인간의 본성과 운명』의 논증내용을 이해하고자 한다면 더 많은 연구가 필요하다. 니버는 종종 자신이 신학자라는 사실을 거부하고 오히려 스스로를 "사회윤리학 교사"[16]라고 부르는 것이 자신의 정체성 확립에 중요함을 발견했다. 아마도 이것은 자신을 그렇게 부름으로써 몇몇 동료 신학자들 사이에서 벌어지고 있는 열띤

---

16 Reinhold Niebuhr, "Intellectual Autobiography", in: Charles W. Kegley and Robert W. Bretall (ed.), *Reinhold Niebuhr: His Religious, Social, and Political Thought* (New York: Macmillan Co., 1956), 3.

신학적 논쟁들을 자기도 이해하고 있지만 그것을 드러내 놓고 주장하지 않기 위해서였을 것이다. 그러나 그가 자신에 관해 그렇게 진술한 것은 인간론에 관한 그의 해석에 중요한 자료들과 관점들이 다양했기 때문이기도 했다. 『인간의 본성과 운명』에서 니버가 주로 다룬 분야는 신학, 교회사와 성서신학이었다. 그러나 그는 정치학, 철학, 사회학과 법학에 의존하기도 했다. 그리고 많은 단편 저작들에서 분명한 신학적 물음들이 정치적 쟁점들과 경제적 쟁점들과 관련하여 간접적으로 다루어졌다.[17]

제1차 세계대전이 끝난 후 몇 년 동안 유럽과 북아메리카의 개신교 신학자들은 모두 19세기에 종종 기독교 신앙에서 중요한 주제로 다루어졌던 국가의 운명, 인종적 우월성 또는 인류의 필연적 발전에 관한 견해들로부터 기독교의 핵심적 교리들을 분리시키고자 했다. "인간에 관한 여타의 다른 ‒ 부분적으로는 대립되는 ‒ 견해들과 무분별하게 혼합될 끊임없는 위험에 직면하여 이런 성서적 교리의 논리를 차별화하여 분명히 진술하고자 하는" 니버의 노력은 당시 신학자들의 이런 보다 일반적인 관심을 반영하고 있다. 그러나 이런 목표에 도달하기 위해 니버가 취한 방식은 그들의 방식과는 상당히 달랐다.

칼 바르트는, 신학은 다른 지식체계들과 마찬가지로 신학 고유의 전제들로부터 출발하여 그런 출발점에서 벗어나는 어떤 쟁점들에 관해서도 판단을 거부하는 "신앙의 과학"이 되어야 한다고 주장했다.[18] 신학자는 하나님의 말씀에 의존해야 한다. 신학은 하나님의 말씀 이외에는 아무것도 말할 수 없다.

바르트 이후의 신학자들은 신학의 긍정적 내용을 바르트보다는 덜

---

17 참조, D. B. Robertson(ed.), *Love and Justice: Selections from the Shorter Writings of Reinhold Niebuhr* (Louisville, Ky.: Westerminster/John Knox Press, 1984).

18 참조, Karl Barth, *Anselm: Fides Quarens Intellectum* (London: SCM Press, 1960), 26-30.

강조했다. 그러나 그들도 신학자들의 고유한 작업은 기독교 신앙공동체의 고유한 담론의 틀 안에서 이루어져야 한다고 주장했다. 조지 린드벡은 하나님에 관한 언어가 기독교 공동체 내에서 어떻게 사용되어야 하는지를 결정하는 기독교 교리의 "문법"에 관해 말한다.[19] 그런 문법을 떠나서는 하나의 신학적 주장이 의미가 있는지 없는지 알 수 없다는 것이다. 따라서 사회윤리학을 하기 위해 무엇보다 중요한 것은 기독교 공동체가 사회윤리학 자체의 구현이라고 이해하는 것이다. 공동체가 공유하는 기독교적 담론은 공동체 구성원들이 공동체 자신의 삶에 적합하도록 해주는 고유한 덕목들을 고양시킨다.[20] 그렇게 공유된 삶은 다른 공동체들과 별개의 고유한 기독교 공동체를 수립할 수 있는 가능성을 입증해 준다. 그러나 기독교 공동체의 근간이 되는 그런 신념들이 다른 대안들을 과소평가하는 기준이 되어서는 안 된다. 기독교 교리를 이해하기 위해서는 그 교리의 토대가 되는 "문법"을 어떻게 사용해야 할지 알아야 한다. 만일 우리가 어떤 다른 신념체계에 일단의 동일한 규칙들을 적용하려고 하면서 그 신념체계가 잘 유지되기를 바라는 것은 잘못이다. 영어 단어들을 히브리어 문법체계에 따라 나열하여 하나의 문장을 만들었다고 하자. 그런 다음 그 문장이 참인지 아닌지 묻는다면 그 물음은 무의미한 물음이며 그 문장도 아무런 의미를 가지지 않는다.

　니버의 해석방법은 해석자와 기독교 신앙 사이의 관계성을 아주 다르게 설정한다. 성서적 교리의 "논리" 또는 그 교리의 "문법"이란 개념은 - 니버가 사용하는 "논리"라는 용어와 린드벡이 사용하는 "문법"이란 용어는 모두 기독교 신앙의 진술들에서 의미와 무의미를 구분하는 내적인 규

---

19 참조, George Lindbeck, *The Nature of Doctrine* (Philadelphia: Westminster Press, 1984).

20 참조, Stanley Hauerwas, *Against the Nations: War and Survival in a Liberal Society* (Minneapolis: Winston Press, 1985), 11-12.

칙들을 상징한다 - 신자가 알고 있는 유일한 언어가 아니다. 우리가 그렇게 자주 인간의 본성에 관한 성서적 이해를 일반적인 견해들과 혼동하는 것은 바로 그런 이유 때문이다. 하지만 우리는 하나의 "논리"나 하나의 "문법" 이상의 것을 알기 때문에 성서적 교리의 통찰들을 심리학적으로 재해석하여 성서적 교리를 다른 사람들에게 - 때로는 우리 자신에게 - 설명할 수 있으며, 이집트에서 히브리인들의 종살이와 남북전쟁 이전에 미국에 살던 아프리카인들의 노예생활 사이의 유사성을 이해할 수 있으며, 성서의 선지자들이 촉구한 과부와 고아에 대한 배려를 경제적으로 취약한 사람들에 대한 사회적 책임과 연관시켜 생각할 수 있기도 하다. 니버가 추구하는 "복음의 진리의 제한된 합리적 정당화"가 가능하기 위해서는 기독교 교리의 "논리"보다 더 포괄적인 담론 틀이 필요하다. 그런 틀이 없이는 기독교인들이 그들의 신앙의 의미를 이해할 때 가지는 문제들을 설명할 수 없으며, 그들의 신앙을 다른 신념체계들과 구분할 수 있을 정도로 잘 이해한다는 사실도 설명할 수 없다.

성서적 신앙을 설명하고 그 신앙이 오늘날 우리의 삶을 위해 가지는 의미를 찾아내고자 하는 사람들은 다른 신념체계들을 알아야 한다. 그들이 탐구하는 대안들이 기독교적 해석처럼 그렇게 행동 지침을 잘 제시해 주지 못하고 상황을 제대로 설명해주지 못함을 경험함에 따라 그들의 확신은 더욱 확고해진다. 처음에는 그들의 지성적 관심이 그렇게 확고하지 않을 수도 있으며 성서적 신앙과 다른 신념들과 가치들을 구분하는 능력이 제한적일 수도 있을 것이다. 그러나 시간이 지남에 따라 기독교 교리의 내용과 그 교리가 다른 체계들과 다른 특별한 차이점들이 점점 분명해진다. 신자의 신앙적 정체성이 지성적으로 점점 더 확고해진다. 그러나 니버에게 있어서 중요한 것은 이렇게 확립된 신앙정체성이 결코 완결된 것은 아니라는 사실이다. 해석 작업은 끝없이 계속된다. 그리고 "인간의 문제들에 대한 기독교 현실주의의 대답이 타당함"에 대한 기독교현실주의의 주장이 얼마나 설득력이 있느냐 하는 것은 적어도 다른 사람들이 다른 신념체계들을 받아들이게 된 경험들을 어느 정도 공감하느냐에 달려있다.

- 인간의 운명 -

니버의 신학에는 기독교현실주의를 적극적으로 지지하고 다른 대안적 주장들에 종지부를 찍을만한 어떤 결정적인 논증도 발견되지 않는다. 이것은 기독교현실주의에 대한 니버의 확신이 약해서가 아니며 신앙이 오늘날 요구하는 것을 적극적으로 옹호하고자 하는 마음이 없어서도 아니다. 니버 자신은 정치적 문제들에 대단히 열정적으로 참여했다. 그리고 기포드 강연을 들은 청중들에 의하면 그의 강연에는 의심스럽거나 모호한 내용이 전혀 없었다. "인간의 운명"에 관한 그의 강연들은 2차 세계대전이 발발한 후 약 1개월 후인 1939년 10월 11일에 시작되었다. 리처드 폭스는 그의 강연이 청중들에게 끼친 영향에 관해 다음과 같이 설명한다.

전쟁에도 불구하고 청중은 강연에 빠지지 않았다. 그의 세 번째 강연 도중에 에딘버러 시가 폭격을 당했음에도 불구하고 말이다. ... 니버는 강연에 너무 열중한 나머지 폭격소리조차 듣지 못했다. 니버는 그가 말했던 어떤 것에 관해 청중들이 어색한 반응을 보인다고 생각했다. 존 바일리는 청중들이 나머지 강연들을 듣기 위해 다시 돌아온

것을 보고 놀랐다. 그러나 그들이 강연을 끝까지 들은 것은 아마도 그 강연들이 기존의 기포드 강연들과는 달랐기 때문일 것이다. 니버의 강연들은 인간의 운명에 관한 기독교적 견해를 영감 있게 - 난해한 부분들이 더러 있긴 했지만 - 제시해 주는 설교였기 때문이다. 폭격이 예상되었음에도 불구하고 비극을 능가하는 감동적인 강연들을 듣기 위해 시간을 서둘러 일주일에 사흘간 오후에 강연을 계속한 것은 잘 한 일이었다.[21]

『인간의 본성과 운명』에서 기독교에 대한 지지가 불충분한 것은 기독교에 대한 니버의 확신이 부족해서가 아니었다. 오히려 니버는 성서의 교리 자체가 불완전함을 요구한다고 믿었기 때문이다.

"인간의 운명"에 관한 장들은 역사는 역사 밖에서 완성되어야 함을 강조한다. 우리는 인간의 본성 깊은 곳에서 사건들을 움직이는 힘을 이해함으로써 그 사건들에 어떤 의미를 부여할 수 있다. 우리는 대단히 가치 있다고 생각하는 모든 것들이 사라져도 여전히 남아 있는 더 큰 의미를 발견함으로써 비극을 극복할 수 있다. 그러나 역사에서 일어나는 어떤 것도 한 점 의혹도 없이 명쾌하게 밝혀질 수는 없으며, 역사의 비극들이 환희로 바뀌는 것도 아니다. 니버에 의하면 역사의 기피들이 역사의 한계를 넘어서지 못하는 문화들과 종교들에서는 필연적으로 역사는 무의미하다. 신비주의와 유물론은 이런 무의미성을 직시하고 그것을 극복하고자 함으로써 구원을 제시한다. 그렇지만 역사로부터 궁극적으로 도피하는 위안 이상을 바라는 신앙은 소망의 닻을 내릴 수 있는 한 점을 역사 너머에서 발견한다.

이런 소망의 대표적인 예는 기독교의 메시아적 소망이다. 그러나 이런

21 Richard Fox, *Reinhold niebuhr: A Biography* (New York: Pantheon Books, 1985), 191.

메시아적 소망이 성취되었음을 발견하는 기독교의 특별한 방법은 왜 궁극적 성취가 역사 너머에서 이루어져야 하는지를 보여주지는 않는다.

그리스도는 많은 사람들이 기다리던 그런 메시아가 아님이 드러났기 때문에 걸림돌일 수도 있다. 사실 우리는 참 그리스도는 기대들을 성취하면서 동시에 실망시켜야 한다는 의미에서 걸림돌이 되어야 한다고 교리적으로 단언할 수 있다. 그리스도는 어떤 기대들은 실망시켜야 한다. 메시아적 기대들은 불가피하게 역사의 의미를 왜곡시키지 않고는 성취될 수 없는 이기적인 요소들을 내포하기 때문이다. 모든 메시아적 대망에는 명시적이든 암묵적이든 역사가 그런 대망을 가지는 특정 지역의 문명과 문화로부터 성취될 것이라는 가정이 포함되어 있다.[22]

다시 말해 필연적으로 해석을 요구하는 역사에는 신앙이 깊이 관련되어 있기 때문에 어떤 해석도 역사를 모든 관점에서 의미 있게 만들고자 하는 그의 내적 목표를 달성할 수 없다. 예수가 성서적 신앙의 메시아적 기대들을 좌절시킴으로써 그 기대들을 성취했다는 기독교의 핵심적 주장은 역사 내부로부터 역사에 의미를 부여하고자 하는 모든 주장들을 철저히 배제한다. 우리의 해석들이 궁극적이기를 바랄 수 없으며 우리의 행위들도 그렇다. 일찍이 이것을 분명히 인식한 기독교현실주의자 니버는 궁극적인 대답을 제시했다고 생각하는 사람들에게 그들의 착각을 일깨워 주고자 하며, 이렇게 착각하는 사람들에게 이용당한 사람들을 해방시키고자 한다.

니버는 자신의 주장이 완전하다고 주장하는 신학들의 확실성을 당연히 거부한다. 그러나 그의 저서에서 가장 중요한 문제는 종교에서의 메

---

22 *The Nature and Destiny of Man*, II, 16.

시아적 확실성이 아니라 그 확실성이 정치에서 어떤 형태들로 나타나느냐 하는 것이다.『인간의 본성과 운명』이 출판된 후 그는 독일 국민의 역사적 운명을 성취해야 한다는 히틀러의 주장들과 점점 더 강하게 대립하게 되었으며, 더 이상의 정치적 변화를 불가능하게 만들 마지막 정치적 혁명을 완수했다는 마르크스주의자들의 주장과도 그렇게 대립하게 되었다.

바로 그런 이유 때문에 니버는 "인간의 운명"에 관한 마지막 장들에서 인내와 정의에 관한 정치적 물음들을 중점적으로 다룬다[23] 어떤 정부 형태도 역사의 모호한 점들을 극복할 수 없다면 기독교현실주의자들의 과제는 하나의 정치적 공동체 내에서 그런 불확실성들과 모호한 점들을 가지고 함께 살아가는 길을 모색하는 것이다. 모든 정치적 문제가 다 특별한 기독교적 방식에 따라 해결되어야 한다는 요구는 올바른 신앙적 자세가 아니다. 그런 요구는 모든 역사적 사건들을 지배하는 하나님의 절대적 주권이 역사 속에서 결정적인 문화적 형식을 취해야 한다고 고집하기 때문이다. 반대로 기독교현실주의는 입헌민주주의에 의한 통제와 균형을 가장 적합한 정부형태라고 생각한다. 우리로 하여금 의미 있는 역사를 기대할 수 있게 해주는 것은 – 비록 인간의 유한성 때문에 결코 그런 기대가 성취될 수 없기는 하지만 말이다 – 자기를 초월하는 인간의 자유이기 때문이다.

『인간의 본성과 운명』에서 발견되는 민주주의에 대한 논리 정연한 지지는 나치즘에 대한 싸움이 도덕적으로는 물론 종교적으로도 중요하다고 믿었지만 "민주주의를 지키기 위한" – 이런 표어는 1차 세계대전 후 사람들로 하여금 커다란 환멸을 느끼게 했다 – 마지막 전쟁이라는 약속은 하고 싶지 않았던 전시의 정치지도자들이 말하고 싶은 것들을 대신

---

23 *The Nature and Destiny of Man*, II, 247-284.

말해 주었다. 민주주의가 역사의 도덕적 불확실성을 조정할 수 있는 정치체제라는 니버의 현실주의적 평가는 여러 해에 걸친 세계대전의 고통과 희생을 목격한 사람들에게 설득력이 있었다. 니버의 이런 해석은 그들로 하여금 그들 자신의 장점을 지나치게 신뢰할 필요가 없이 또는 그들의 궁극적 승리로부터 과도한 것을 기대할 필요가 없이 그들이 하고 있는 것을 신뢰할 수 있게 해주었다.

– "본성과 운명" 이후의 기독교현실주의 –

니버는 1944년에 처음 출판된 『빛의 자녀와 어두움의 자녀』(The Children of Light and the Children of Darkness)에서 인간의 본성에 관한 그의 해석이 민주정치를 위해 가지는 의미들을 이끌어 냈다. 그리고 그는 2차 세계대전으로부터 소련 공산주의와의 냉전으로 넘어가는 기간 동안 정치에 관한 많은 논문들을 발표했다.[24] 1940년대 말까지 그는 신학자로서 뿐만 아니라 정치 분석가로서도 국제적으로 널리 알려졌다. 그의 해석은 민주주의를 위협하는 실제적인 악들을 통제할 수 있고 인간의 발전에 대해 지나친 기대를 하지 않는 민주주의 형태를 제시해 주었기 때문이다.

자유와 정의를 수호하려는 우리의 노력으로부터 너무 많은 것을 기대하지 말라는 니버의 거듭된 경고 때문에 많은 사람들은 기독교현실주의

---

24 참조, Reinhold Niebuhr, *Christian Realism and Political Problems* (New York: Charles Scibner's Sons, 1953).

가 인간의 본성과 사회를 비관적인 시각으로 바라본다고 비판했다. 미국의 시사주간지 「타임」이 1948년에 발간 25주년 기념지의 표지인물로 라인홀드 니버를 선정했을 때 그의 사진과 함께 "인간의 이야기는 성공 이야기가 아니다"란 표제를 붙였다.[25]

확실히 니버는 인간의 역사를 "성공", 즉 인간의 발전에 관한 단순한 이야기로 해석하기를 거부했다. 하지만 기독교현실주의는 낙관적이지도 않고 비관적이지도 않다. 기독교현실주의는 인간의 본성에 내재하는 자유와 유한성 사이의 긴장관계 때문에 인간의 미래는 필연적으로 불확실할 수밖에 없다고 본다. 20세기 말에는 하나님 나라의 약속을 실현하게 될 사회변혁이 거의 현실화 단계에 이르렀다는 사회복음 운동의 신념을 지지할 수 있는 신학자들은 거의 없으며, 많은 정치 분석가들은 더 이상 서구 민주주의와 근대 과학의 필연적 발전에 기초한 미래의 청사진을 그리지도 않을 것이다. 이전에 니버는 인간의 본성에 관한 양자택일적 이해를 배경으로 성서적 교리의 논리를 해석한 적이 있었다. 그런데 이제 이런 양자택일적 이해는 두 차례의 세계대전에 의해 더 이상 논의의 장에서 사라지게 되었으며, 부분적으로는 인간의 "성공 이야기"는 불가능하다는 니버의 주장에 의해 그렇게 되었다.

『인간의 본성과 운명』의 논리는 이 점에서 기독교현실주의를 새롭게 해석하여 더 비관적인 세대에게 "인간의 자유는 막연히 회귀하는 자연을 넘어서기 때문에 역사에서 사람들이 추구하는 형제애의 순수성과 넓이에는 결코 제한이 있을 수 없음"[26]을 상기시키고 싶었을 것이다. 하지만 여러 가지 이유 때문에 많은 독자들은 기독교현실주의는 여전히 사회의 발전과 제도적 장점이 가지는 한계들과 관련되어 있다고 생각했다. 니버

---

25 참조, Fox, *Reinhold Niebuhr*, 233.

26 Niebuhr, *The Nature and Destiny of Man*, II, 244.

가 20세기 중반에 우리에게 각인시키고자 했던 것은 바로 이런 한계들이다.

니버의 이런 주장들이 변하지 않고 남아 있게 된 한 가지 이유는, 니버가 자신이 쓴 글들을 재검토할 여유가 없었기 때문이다. 그의 엄청난 활동과 저작활동은 1952년에 몸의 일부가 마비되는 병에 걸린 이후에는 약화되었다. 비록 그가 1960년 유니온 신학교에서 은퇴할 때까지도 계속 가르치긴 했지만 『인간의 본성과 운명』처럼 방대하고 체계적인 책들은 더 이상 없었을 것이다.

1971년에 니버가 죽을 때까지 그의 활동은 당시 사람들의 뇌리에 너무나 깊이 각인되어 있었기 때문에 대다수의 사회윤리학자들에게 있어서 기독교현실주의는 당시의 쟁점들에 대해 니버가 취했던 견해와 동일시 될 정도였다. 니버가 무대를 떠나자 니버의 이런 의견들은 그의 뒤를 이은 학자들이 그들의 이론을 측정하는 기준이 되었다. 니버는 젊은 시절부터 디트로이트에서 목사로서 사회정의를 위해 활동했었다. 그러나 1970년대의 관점에서 볼 때 1950년대에 그가 연방대법원의 인종차별폐지 결정으로부터 너무 많은 것을 너무 빨리 기대해서는 안 된다고 조심스럽게 경고한 것은 기독교현실주의는 본질적으로 보수적이어서 그들 공동체 내에 있는 절박함과 분노에 공감할 수 없다고 주장하는 아프리카 출신의 몇몇 미국 윤리학자들의 주장을 지지하는 것처럼 보였다.[27] 마찬가지로 니버는 그가 타계한 1971년에조차도 『인간의 본성과 운명』에서 사용된 용어들이 여성신학자들과 윤리학자들에 의해 그렇게 빨리 비판적 재평가의 도화선이 되리라고는 짐작조차 하지 못했다. 이 해제에서 니버로부터 인용된 글들이 가지는 언어적 특수성 때문에 오늘날 우리가

---

27 Herbert O. Edwards, "Racism and Christian Ethics in America", *Katallagete* (winter 1971), P. 15-24.

그의 인용문을 읽을 때는 특별히 주의할 필요가 있다. 니버가 지금 살아 있다면 어떻게 쓸지 모르겠지만 그가 사용한 언어와 우리의 언어 사이에 있는 불일치는 그의 사후 25년이 지난 지금 니버는 더 이상 우리와 동시 대인이 아님을 환기시킨다.

하지만 그런 차이가 시간이 지남에 따라 더욱 벌어지듯이 새로운 가능성들이 등장한다. 우리는 『인간의 본성과 운명』을 기독교현실주의의 결정적인 진술로 생각하는 대신 니버 자신이 그 책의 여러 곳에서 제안한 방법론에 따라 그 책을 읽기 시작할 수 있다. 우리는 기독교현실주의자인 니버가 인간의 본성에 관해 해석할 때 그 바탕에 깔린 "논리"가 무엇인지 분명히 알아야 하며, 니버 자신이 취했을 수도 있는 "다른 – 부분적으로는 모순되는 – 견해들로부터 유래한 혼란스런 혼합물들을" 걸러내야 한다. 그런 다음 우리는 "다른 견해들이 간과하거나 제대로 이해하지 못한 인간 문제들에 대한 니버의 대답이 적절한지" 다시 한 번 평가해 보아야 한다.

오늘날 우리의 문제들은 니버가 직면했던 문제들과는 다를 것이다. 냉전이 끝나고 양대 초강대국들의 대립이 해체된 지금의 세계정세는 니버가 상상할 수 없을 정도로 변했다. 환경파괴와 관련된 새로운 문제들과 세계적 규모의 새로운 경제관계는 니버가 기술한 국제관계들을 바꾸어 놓았다. 그리고 이제 우리는 그가 예상할 수 없었던 새로운 목소리들에 주목해야 한다.

그렇지만 니버의 저서에서 볼 수 있는 이런 한계들에도 불구하고 그가 기독교 사상에 기여한 공헌은 점점 더 분명해지고 있다. 니버 자신의 저서가 과거에 영향을 끼쳤듯이 인간의 자유와 유한성을 동시에 주목해야 한다는 그의 현실주의적 주장은 미래에 기여할 것이다. 권력의 실체에 대한 그의 강조는 20세기 초 우리 문화의 낙관적 태도를 수정하는데 기여했다. 기술문명의 실패와 인간의 한계에 대한 두려움이 지배하는 지금 이 시대에 기독교현실주의는 인간의 가능성을 니버 자신의 저서들이 일반적으로 허용하는 것보다 더 강조하도록 요구할 수도 있다. 그렇지만 인간은 하나님의 유한한 피조물인 동시에 하나님 자신의 형상에 따라 창조되었음을 알아야 한다는 그의 주장은 앞으로도 계속 기독교 사회윤리의 지침이 될 것이다.

Robin W. Lovin.

1장

인간의 운명과 역사

1장

인간의 운명과 역사

　인간은 자연과 시간의 흐름에 불가분적으로 연루되어 있지만, 동시에 그렇지 않기도 하다. 그는 자연의 필연성과 한계에 종속된 피조물이다. 그러나 그는 동시에 그의 유한성을 알며, 이런 지식 때문에 자기 내면에 있는 모종의 능력으로 시간을 초월하는 자유로운 정신이다. 인간은 말 못하는 다른 짐승들보다 훨씬 짧은 수명을 가진다. "인생은 일장춘몽이다." 그러나 죽음을 예상할 때 인간의 정신에서 발생하는 멜랑콜리한 감정은 동물 세계에는 없다. 인생은 "아침에 피어났다 저녁에 베어져 마르는 들풀과 같다"는 사실을 두려워하거나 진지하게 생각하는 것이야말로 인간을 동물과 구분 짓는 실존의 총체적 특성이다.

　인간은 자연의 흐름을 초월하는 능력을 가지고 있기 때문에 역사를 만들 수 있는 능력을 가진다. 인간의 역사는 자연적 과정에 근거하지만, 단순히 인과관계에 의해 결정된 사건들의 연속이 아니며, 자연계의 우연적 사건들도 아니다. 인간의 역사는 자연의 필연성과 인간 자유의 복합체이다. 인간은 자연의 흐름을 초월하는 자유를 가지기 때문에 일정 기간의 시간을 의식에 잡아둘 수 있으며, 그렇게 함으로써 역사를 알 수 있다. 또한 인간은 그런 자유의 능력을 가지기 때문에 자연의 인과적 계기들을 바꾸고 재배치할 수 있으며, 그렇게 함으로써 역사를 만들 수 있다. "역사"라는 단어의 모호성, 즉 발생하는 어떤 것이면서 동시에 기록되는 어떤 것이기도 한 역사의 이중성에서 우리는 인간의 행위와 인간의 지식이 모두 자유라는 공통의 근원에 근거함을 알 수 있다.[28]

인간역사의 어느 시기에도 인간의 정신이 자연의 필연성으로부터 완전히 자유로운 적은 없었다. 그러나 또한 정신이 주어진 환경을 초월하여 보다 궁극적인 가능성을 상상할 수 없었던 시기도 없었다. 따라서 우리는 역사의 이율배반을 불가피한 어떤 것으로 받아들일 필요가 없고, 오히려 우주적 질서와 평화가 실현되어 이런 이율배반이 극복될 시대를 대망한다. 역사는 자연과 영원 사이에서 움직인다. 한편에서 인간의 모든 행위는 자연의 필연성과 한계에 의해 제약되며, 다른 한편에서는 변화의 토대가 되는 불변의 원리들에 대한 지식을 철저히 신뢰함으로써 – 그것이 의식적이든, 무의식적이든 – 결정된다. 이런 원리들을 철저히 신뢰하기 때문에 인간은 우연적이고 비합리적이며 모순적인 요소들을 역사의 흐름에서 제거하고자 노력한다. 역사를 지배하는 불변적이고 영원한 힘에 의해 규정된 실제적인 삶의 본질을 실현하기 위해서 말이다.

삶의 의미에 관한 다양한 해석들 사이의 본질적인 차이는 역사를 대하는 태도에 의해 결정된다고 볼 수 있을 것이다. 역사를 의미의 차원에서 이해하는 사람들의 관점에서 보면 역사는 삶의 본질적 의미를 완전히 드러내고 실현하는 방향을 지향하여 움직이는 하나의 과정이다. 역사에서 의미의 영역을 배제하는 사람들은 역사를 자연적 유한성에 불과한 것으로 간주하며, 인간의 정신은 그런 유한성으로부터 자유로워져야 한다고 생각한다. 그들은 인간이 자연의 필연성에 연루되어 있다는 사실이 바로

---

28 참조, Paul Tillich, *The Interpretation of History*, Part IV, Ch. 2.

악의 원인이라고 생각하며, 궁극적인 구원이란 유한성으로부터의 해방이라고 정의한다. 전자의 사람들은 역사는 의미 있는 것이라고 생각하여 - 그 의미가 잠재적이긴 하지만 - 역사의 의미가 궁극적으로 드러나 실현되기를 기다리고 있다. 후자의 입장을 견지하는 사람들은 역사를 본질적으로 무의미하다고 믿는다. 그들의 주장에 따르면 역사는 질서의 영역으로 간주될 수도 있지만, 그 질서는 자연의 필연성에 종속되는 질서에 불과하여 인생의 의미에 부정적인 영향을 줄 뿐이다.

문화가 다르면 역사를 대하는 태도도 다를 수밖에 없는데, 이런 차이는 궁극적으로 자기 자신을 초월하는 능력을 포함하여 역사의 과정을 초월하는 인간의 능력에 대한 서로 다른 평가 때문이다. 어떤 문화에서는 이런 자기초월 능력은 인간정신의 최고 능력이기 때문에 삶의 성취는 당연히 역사의 애매성들로부터 벗어나는데 있다고 생각한다. 통상적으로 인간은 부분적으로는 자연에 예속되어 있고, 부분적으로는 자연을 초월하는 능력을 가지고 있다. 그러나 삶의 성취를 위해서는 이런 부분적 초월이 지양되어 총체적 초월로 고양되는 것이 중요하다. 그러므로 어떤 종류의 영원성은 비역사적인 종교와 철학에서 인간이 추구하는 목표이다. 그리고 인간이 궁극적으로 도달하게 되는 영원성은 역사가 부정되는 지점에서 도달하게 되는 역사의 완성이다. 이런 영원성에서는 "사물과 사물의 단절이 없으며, 어떤 부분도 완전히 고립되어 존재하지 않으며, 따라서 어디서도 다른 존재자들에게 해를 끼치는 일이 없다."[29]

역사가 삶의 의미에 기여한다고 생각하는 종교들에서는 인간의 운명을 대하는 태도, 즉 자연의 과정과 시간의 흐름에서 벗어나지 못하면서 동시에 그것을 초월하는 인간의 운명을 대하는 태도가 전혀 다르다. 그런 종교들은 인간이 처한 이런 모호한 상황을 인간이 벗어나야 할 악으

---

29 Plotinus, *Enneads*, III, ii:1.

로 간주하지 않는다. 오히려 인간의 상황에서 볼 때 악은 인간이 역사의 불확실성들을 부정하고자 하거나 벗어나고자 하여 유한한 피조물들에게는 불가능한 자유와 초월, 그리고 영원하고 보편적인 전망을 당연한 권리로서 요구한다는 사실 때문에 발생한다. 다시 말해, 유한성보다는 오히려 죄의 문제가 암묵적이든 명시적이든 삶의 근본적인 문제이다. 그렇다고 유한성의 문제가 중요하지 않다는 것은 아니다. 당연히 역사의 과정에 서있는 인간은 미래를 보는 시각이 제한적이기 때문에 그 역사의 완전한 의미를 분간할 수 없으며, 능력에 한계가 있기 때문에 그 의미를 성취할 수도 없다. 그의 지식과 그의 능력의 자유가 역사에서 아무리 중요한 요소라 할지라도 말이다. 따라서 역사적 종교들에서 인간역사와 운명의 당면한 문제는 어떻게 역사의 초월적 의미가 해명되고 성취될 수 있느냐 하는 것이다. 왜냐하면 인간은 오직 부분적인 의미를 파악할 수 있을 뿐이며, 그가 파악한 의미를 부분적으로만 실현할 수 있을 뿐이기 때문이다. 현대의 왜곡된 역사적 종교들에서는 이런 문제가 역사의 누적된 영향들이 허약한 사람에게 삶의 의미를 분간하여 성취할 수 있는 지혜와 능력을 부여해 준다는 믿음에 의해 아주 단순하게 해결된다.

그렇지만 보다 깊은 단계에 도달한 역사적 종교들에 의하면 역사에는 지혜와 능력이 아무리 많이 축적된다 할지라도 인간의 유한성이 극복되어 그가 자신의 삶을 완수할 수 있는 그런 시대는 없으며, 역사 자체가 한편에서 자연의 필연성에 근거하고 있으면서 다른 한편에서 초월적인, 즉 "영원하고" 역사초월적인 목표를 지향하는 존재의 모호성을 완전히 탈피한 시기도 없다.

그러므로 역사적 종교들은 본질적 본성에 있어서 예언자적이고 메시아적이다. 그 종교들은 처음에는 삶과 역사의 완전한 의미가 역사의 한 점에서 드러나고 성취될 것을 예견하며, 마지막에는 역사의 종말에서 그렇게 되기를 기다린다. 특히 "주의 날"에 관한 낙관적인 기대에서 알 수 있듯이 – 최초의 대선지자 아모스는 당시의 이런 낙관적인 기대를 비판하였는데 – 메시아에 대한 이런 기대는 민족적 소망의 표현이며 국가적 승리에 대한 기대라 할 수 있다. 제국주의적 야욕과 권력에서 인간의 유한성을 부정하고 도피하려는 인간의 노력은 역사라는 직물을 더 부패하게 만드는데, 인간역사의 성취와 운명의 관점에서 볼 때 이런 부패가 역사의 근본적인 특징이 되고 영원한 문제가 된다는 의식이 아주 서서히 나타나기 시작했다. 역사는 정화되고 완결되어야 한다. 그리고 역사를 임의로 조정하려는 인간의 오만하고 성급한 노력이 하나님에 의해 와해될 때 비로소 역사가 궁극적으로 완결될 수 있다는 것이 인식되었다.

따라서 역사적 종교와 문화와 비역사적인 종교와 문화 사이의 가장 단적인 차이는 그리스도를 기대하는 사람들과 그를 기대하지 않는 사람들 사이의 차이라 할 수 있을 것이다. 역사는 본래 의미 있는 것이지만 아직은 그 의미가 완전히 드러나고 성취되기를 기다리고 있는 중이라고 생각하는 사람들은 그리스도를 기다린다. 이와는 반대로 삶의 의미를 자연이나 초자연의 관점에서 이해하는 사람들은 역사의 의미가 초월적으로 계시되는 것이 가능하지도 않고 필요하지도 않다고 생각하기 때문에 그리스도를 기다리지 않는다. 다양한 유형의 자연주의에서처럼 역사적 실존이 추구하는 초자연적인 꿈과 야망이 환상이라고 간주될 때 역사적 의미의 초월적 계시는 가능한 것으로 간주되지 않는다. 그리고 자연-역사는 자연과 역사를 초월하여 계시되는 의미를 수용할 능력이 없다고 생각된다. 인간의 자유 능력과 자기초월 능력이 무한히 확장되어 역사의 모호함이 제거되고 순수한 영원성이 성취될 수 있다고 믿어질 때 역사의 초월적 계시는 필요한 것으로 간주되지 않는다. 그리스도의 의미는 그가 역사 안에서 역사를 통치하는 하나님의 목적을 계시한다는 사실이다. 자신과 역사를 초월하는 인간의 능력이 그의 유한성과 무관하다고 간주될 수 있는 곳에서는 어디서나 구원의 의미는 본질적으로 역사로부터의 구원으로 이해되는데, 이때 역사로부터의 구원이란 인간이 역사 안에서 성취되어야 할 어떤 필연성이나 성취되기를 바라는 욕망이 아니며 역사의 궁극적 의미가 계시되기를 바라는 욕망도 아니다.

역사는 초역사적인 목적과 힘이 단편적으로 계시되는 영역이기 때문에 그런 목적과 힘이 역사 너머에서 언젠가 총체적으로 계시될 것이라고 생각하는 사람들은 그리스도를 기다린다. 그는 이런 계시가 가능할 뿐만 아니라 필요하다고 생각하기 때문에 그리스도를 기다린다. 그런 계시가 가능하다고 생각되는 이유는 역사가 비록 자연-필연성에 그 뿌리를 가지기는 하지만 자연-필연성 이상의 어떤 것이기 때문이다. 그리고 그런 계시가 필연적이라고 간주되는 이유는 역사의 잠재적 의미충족성이 단편적이어서 아직 완성되지 않은 것으로 인식되기 때문이다. 역사는 완성되고 정화되어야 한다.

이와 같이 어떤 문화가 메시아적 대망을 가지고 있느냐 그렇지 않으냐에 따라 세계문화를 설명하는 방식은 메시아적 대망이 그리스도 안에서 성취되었다는 기독교 신앙에서 메시아적 대망의 논리가 완성된 이후에만 가능한 통찰에 의존한다. 역사적 그리스도가 계시되었다는 신앙에 의존하지 않고는 장차 도래할 그리스도에 대한 대망이 있느냐 없느냐에 따라 문화를 설명하는 것은 가능하지 않다. 왜냐하면 암묵적이든 아니면 명시적이든 이런 대망의 목적지를 발견했다고 주장하는 신앙을 설명하지 않고는 삶과 역사의 의미를 설명하는 것이 불가능하기 때문이다. 단적으로 말해 이것은 특별한 전제가 없이는 역사를 설명할 수 없다는 것이며, 이 책에서 시도되고 있는 설명은 기독교적 전제들에 기초한다는 것이다. 삶의 문제에 대한 기독교적 대답은 그 문제에 대한 논의에 이미 전제되어 있다. 그런 점에서 우리의 해석은 모든 해석이 결국 그럴 수밖에 없듯이 "도그마"이거나 신앙고백이다. 그렇지만 우리의 해석이 전적으로 도그마이거나 신앙고백은 아니다. 왜냐하면 우리의 해석은 서사시적인 역사의 특별한 한 사건에 의해 대답이 주어진 물음과 기대를 분석하기 때문이며, 이런 물음과 기대가 왜 역사에서 일반적이지 않은지 결정하고자 하기 때문이다. 그런 분석은 그리스도를 "어리석음"으로 간주하는 비역사적인 문화 형식들의 특성에 관한 보다 깊은 통찰과 함께 시작되어야 한다. 비역사적인 문화 형식들은 그리스도에 의해 대답이 주어진 물음들을 묻지 않으며, 십자가에 의해 성취된 기대와 희망을 가지지 않기 때문이다.

1. 그리스도를 기대하지 않는 곳

물음이 없는 곳에 대답이 있을 수 없다. 세계의 절반은 삶과 역사의 문제에 대한 기독교의 대답을 "어리석음"으로 간주했다. 그런 곳에서는 사람들이 기독교의 계시에 의해 대답이 주어진 물음들을 묻지 않았기 때문이며, 그 계시에 의해 성취된 갈망과 희망을 가지고 있지 않았기 때문이다. 세계의 절반을 차지하는 이런 문화들은 비역사적이기 때문에 메시아에 대한 기대가 없는 문화이다. 그들이 역사를 삶의 의미의 토대로 간주하지 못하는 것은 삶을 바라보는 서로 다른 두 종류의 주된 인생관의 차이 때문이라 할 수 있다. 그 중 하나의 인생관은 자연계를 궁극적 실재로 간주하여 인간이 그 자연계에 적응해야 한다고 생각하는 인생관이다. 또 다른 하나의 인생관은 인간중심주의적인 관점에 입각하여 자연을 혼돈 또는 무의미한 질서라고 간주하여 인간은 그의 이성에 의해서이든 아니면 그 내면에 있는 초이성적인 어떤 통일성과 힘에 의해서이든 그런 무의미한 질서로부터 해방될 수 있다고 생각하는 인생관이다. 두 인생관을 결합하거나 아니면 그 둘 사이에서 다소 모호한 입장을 취하는 사상체계들이 있는데, 스토아철학이 그 전형적인 예이다. 그러나 역사의 유의미성을 부정하는 가장 일관된 두 인생관은 역사를 자연의 일부로 환원하거나 아니면 역사를 영원성의 왜곡이라고 생각하는 것이다.

1.1 자연으로 환원된 역사

데모크리토스로부터 루크레티우스에 이르는 고전적인 유물론의 역사는 현대의 어떤 자연주의 유형보다도 훨씬 더 일관되게 삶을 자연과의 관계성에서 바라본다. 왜냐하면 현대의 자연주의 중에는 히브리적-성서적 인생관 중 어떤 것이 그들의 자연주의에 은밀하게 잠입하는 것을 차단함으로써 자연을 의미 있는 역사의 담지자로 생각하며 심지어 그런 역사의 조성자라고 생각하는 유형들이 있기 때문이다. (예를 들면, 생물학에서 진화의 사실이 역사에서 발전의 사상을 낳게 한다고 생각될 때처럼 말이다.) 오직 고전적인 사상에서만, 그리고 일관된 고전주의로 돌아가고자 하는 몇몇 예외적인 현대의 사조들에서만 역사를 자연의 일부로 환원시키려는 시도가 있었다.[30]

역사를 무의미한 자연적 질서의 영역으로 환원함으로써 역사의 현실성을 부정하려는 시도는 고전적 사상의 죽음에 대한 견해와 죽음의 공포를 극복하려는 노력들에서 가장 완전하게 드러나 있다. 인간이 죽는다는 사실은 인간이 자연계와 유기적 관계를 맺고 있다는 의심할 수 없는 증거이며, "사람이 짐승보다 뛰어남이 없음"(전 3:19)을 입증하는 것처럼 보일 것이다. 왜냐하면 "다 흙으로 말미암았으니 다 흙으로 돌아가나니, 다 한 곳으로 가기"(전 3:20) 때문이다. 더구나 죽음은 인간의 유한성을 드러낼 뿐만 아니라 삶과 죽음의 부단한 연속은 역사가 - 그의 다양한 측면들 중 적어도 한쪽 측면에서는 - 자연계의 무의미한 순환 과정에 불과함을 입증하고 있다. 고전적 자연주의는 역사를 이런 단순

---

30 역사의 도덕적 가치들이 "무의식적인 파괴적 행진"(버트란트 러셀)에 저항한다고 생각하는 현대의 자연주의 유형들은 보다 일관된 고전적 자연주의와 거리가 먼 대표적인 예이다.

한 순환과정으로 환원시키고자 한다. 루크레티우스는 다음과 같이 단언한다. "우리가 태어나기 이전에 흘러간 과거의 저 무한한 시간은 우리에게 전혀 중요하지 않다. 자연의 이런 현상은 우리가 죽은 후에도 여전히 시간이 흘러갈 것임을 단적으로 보여주고 있다. 자연에서 두려운 것이 무엇이 있는가? 어떤 것이 우리를 두렵게 하는 것처럼 보이는가? 잠자는 것을 걱정할 필요가 없듯이 아무것도 걱정할 필요가 없지 않은가?"[31]

그렇지만 비록 냉혹한 죽음이 자연의 법칙이라 할지라도 죽음에 대한 두려움은 인간 안에 있는 자연을 초월하는 것의 불가피한 표현이다. 이것은 인간이 "짐승보다 뛰어남"을 가지고 있다는 증거이다. 죽음에 대한 두려움은 단지 죽음을 예상할 수 있는 능력에서가 아니라 죽음 저편에 있는 어떤 실재에 관해 상상하고 염려할 수 있는 능력에서 유래하기 때문이다. 두 유형의 두려움은 모두 자연에 대한 인간의 초월성을 입증하고 있다. 인간의 정신은 그의 자연적 실존이 어느 시점에서 끝날 것인지 이해하며, 따라서 자연이 그의 전부가 아님을 안다. 인간이 죽음을 두려워 한다는 사실은 자연을 초월하는 인간정신에서 부정적인 한 영역을 나타낸다. 인간이 죽음 저편에 있을 수 있는 의미의 영역에 관해 염려한다는 사실은, 그리고 햄릿의 독백에서처럼 "죽는 것과 잠자는 것은 아마도 꿈을 꾸는 것일 수도 있다"고 생각하는 것은 자연을 초월하는 인간 자유의 긍정적인 표시이다. 따라서 죽음에 대한 두려움은 역사의 창조자로서 인간의 능력을 가장 명백하게 보여주는 것이다.

고전적 자연주의는 죽음은 착각이며 보증되지 않은 것이라고 인간을 설득하려 함으로써 인간을 속여 죽음의 두려움에서 벗어나 위안을 받게

---

31 *De rerum natura*, Book III, 955-80. 루크레티우스의 사상은 역사를 한편에서는 퇴화과정으로 간주하고(Book II) 다른 한편에서는 의미 있는 발전으로 간주함으로써(Book V) 역사에 최소한의 의미를 부여한다는 점에서 볼 때 일관성이 없다.

하려 한다. 그 주장은 두 가지로 요약될 수 있다.

첫째, 역사에서 인간이 두려워 할 것은 아무것도 없다는 것이다. 역사는 실재가 아니고 단지 자연의 연속과 순환만이 있기 때문이라는 것이다. 루크레티우스가 주장하듯이 "우주적 자연이 갑자기 소리를 높여 우리 중 어떤 사람을 이렇게 책망할 것이다. '무엇이 너를 그렇게 철저하게 비통한 고통에 빠지게 하는가? 그대는 왜 죽음을 생각하고 슬퍼하고 우는가? … 어리석은 자여, 그대는 왜 생에 만족한 손님처럼 물러나 편안한 휴식을 취하지 않는가? … 모든 것은 언제나 동일하다. … 비록 그대가 모든 사람들보다 더 오래 산다 할지라도 모든 것은 동일하다. 그대가 결코 죽지 않는다 할지라도 마찬가지임을 알 것이다."[32]

둘째, 역사에서와 마찬가지로 역사 저편에서도 두려워 할 것이 없다는 것이다. 왜냐하면 인간은 현세의 삶을 초월하지 않으며 따라서 죽음 저편의 심판을 예상할 필요가 없기 때문이다. 따라서 에피쿠로스에 따르면 "죽을 때 두려워 할 것이 없음을 올바로 이해하는 사람에게는 살아 있을 때 두려워 할 것이 전혀 없다. 그러므로 임박한 죽음이 사람을 슬프게 할 것이기 때문에 죽음이 두렵다고 말하는 것이 아니라 미래에 닥칠 죽음 때문에 죽음이 두렵다고 말하는 사람은 어리석은 사람이다. … 모든 악 중에 가장 무서운 악인 죽음은 우리에게 아무것도 아니다. 우리가 살아 있을 때 죽음은 우리와 무관하기 때문이며, 죽음이 임했을 때 우리는 살아 있지 않기 때문이다. 그러므로 죽음은 살아있는 사람에게도 죽은 사람에게도 아무런 관계가 없다. 살아있는 사람에게는 죽음이 존재하지 않으며, 죽은 사람은 더 이상 존재하지 않기 때문이다."[33]

---

32 Book III, 925-55.

33 에피쿠로스가 메나에케우스에게 보낸 편지(Diogenes Laertius, *Lives and Opinions of Eminent Philosophers*, 468.)

고전적 자연주의는 단지 역사를 자연적 연속의 영역에 환원시킴으로써 그리고 역사 저편에서의 삶의 가능성과 의미의 실재성을 부정함으로써 사람들이 죽음의 두려움을 잊게 하려 했음에 틀림없다. 이런 사실은 두 가지 차원에서 중요한 의미가 있다. 그것은 역사를 초월하는 영원성을 전제하지 않는다면 역사는 결코 어떤 의미도 있을 수 없음을 입증해 준다. 역사의 의미는 죽음에 대한 두려움에서 배태되기 시작하기 때문이다. 인간은 "부분적 동시성"에 의해 시간의 연속적 계기들을 의식하여 파악하는데, 이런 "부분적 동시성" 의식은 필연적으로 암암리에 인간 자신의 이해력을 초월하는 시간의 연속성을 이해하는 신적인 "완전한 동시성" 의식을 수반한다. 초역사적인 영원성은 역사 속에 내포되어 있다. 인간은 현세적 연속성에 여전히 연루되어 있으면서 그런 현세적 연속성을 초월하는 능력을 가지고 있는데, 그런 능력은 연속성에 의해 제한되어 있지 않는 초월능력을 포함한다.

죽음에 대한 두려움은 또한 역사의 도덕적 영역, 즉 선과 악 사이의 구별은 의로운 사람과 불의한 사람이 모두 죽는다는 사실에 의해 폐지되지 않음을 입증해 준다. 그리고 땅은

> "… 재난을 가지고 선한 사람과 악한 사람을 가리지 않고 동등한
> 비율로 조용히 방문한다. 그리고 의로운 사람과 불의한 사람을
> 모두 동일한 흙으로 데리고 간다."[34]

죽음에 대한 두려움은 악에 대한 형벌 가능성에 대한 두려움을 포함한다. 그리고 이런 두려움은 죽음이 누구에게나 예외 없이 찾아온다는 사실을 안다고 해서 해소되지도 않는다. 그런 두려움은 죽음의 사실 저

---

34 Athur Hugh Clough, "Easter".

편에 아무런 실재도 없다는 주장에 의해서도 사라지지 않는다. 이런 주장이 진정시키고자 하는 바로 그 두려움은 인간의 정신에서 자연 자체가 억제할 수 없는 높이와 깊이의 징후이기 때문이다.[35]

간단히 말해, 역사를 자연의 일부로 환원시키려는 고전적 자연주의의 노력은 실패할 수밖에 없다. 역사를 부정함으로써 삶의 의미를 무화시키기 때문이다.

1.2. 영원성에 삼켜진 역사

사도 바울에 의하면 "헬라인들은 지혜를 추구하기 때문에 그들에게 그리스도는 어리석음이다." 말하자면 역사의 의미가 역사의 한 시점 또는 역사의 종말에 드러나고 완성되기를 기대하는 것은 헬라인들의 세계관에서 볼 때 무의미하다는 것이다. 헬라인들은 지혜를 추구하며 따라서 그리스도를 기대하지 않는다. 그들은 그리스도를 '로고스' 원리와 동일

---

[35] 베르길리우스(Virgil, Publius Vergilius Maro)는 형벌에 대한 두려움이 죽음에 대한 두려움에 내재하는 자연적 요소임을 다음과 같은 말로 증언한다.
　　"결국 생명이 육체를 떠나고
　　그 육체가 차갑게 식어 죽을 때에도,
　　흙의 고통스런 유산은 사라지지 않는다.
　　오랫동안 축적된 수많은 얼룩들이
　　낱알 깊은 곳에 착색되어 지워지지 않음에 틀림없다.
　　그들은 선조들의 범죄에 대해 형벌의 고통들을 견딘다.
　　그 얼룩들을 깨끗이 씻기 위해서 말이다.
　　어떤 얼룩들은 공중에 높이 걸려
　　바람이 그들을 산산이 부서뜨리길 기다린다.
　　다른 얼룩들은 뿌리 깊은 그들의 죄를
　　엄습해 오는 파도의 타오르는 불꽃에 씻는다.
　　우리 모두는 각자 유령처럼 따라 다니는 고통을 감내한다.
　　　　　　　　　　　　　　　　　　　Aeneid, Book VI.

시하며 그런 원리는 모든 사람들에게 있다고 생각하기 때문에 그리스도를 필요로 하지 않는다. 고전적 유물론이 역사를 자연의 순화과정과 시간적 흐름의 일부라고 생각한다면, 고전적 관념론과 신비주의는 역사의 세계로부터 도피하고자 한다. 그들은 고전적 자연주의와 마찬가지로 역사에서 의미를 발견하지 못하기 때문이다. 그러나 그들은 인간에게서 고전적 자연주의가 발견하지 못하는 어떤 것을 발견한다. 그리고 바로 그런 어떤 것 때문에 인간은 역사로부터 해방될 수 있다. 그 어떤 것은 인간 영혼의 지성적 원리이든가 아니면 인간의 지성보다 훨씬 더 초월적인 어떤 것이다. 간단히 말해, 고전적 관념론과 신비주의는 인간정신의 초월적 자유를 이해한다. 그러나 그들은 인간정신이 현세의 역사와 갖는 유기적 관계를 이해하지 못한다. 자연적이고 일시적인 과정은 단순히 인간이 그로부터 해방되어야 할 어떤 것에 불과하다. 그런 해방이 바로 삶의 의미가 충족되는 것이라고 생각한다. 역사에서 삶의 의미가 성취되기를 바라는 것이 아니라, 단지 역사로부터 자유로워지기를 바랄 뿐이다.

플라톤주의에 의하면 지성적 원리인 '로기스티콘'은 이런 해방의 기관이다. 플라톤에 의하면 "지식을 진정으로 사고하는 사람은 언제나 이데아를 추구한다. … 그것이 그의 본성이다. 그는 다수의 개별적 현상들에 안주하지 않고 계속 나아가고자 한다. … 예리한 모서리는 무디어지지 않을 것이며, 그의 열정의 힘은 쇠하지 않는다. 그의 영혼에 내재하고 공감하는 동질적인 능력에 의해 그리고 이데아 가까이 다가가 그와 동화되는 능력에 의해 본질에 대한 참된 지식을 획득할 때까지, 지성과 진리를 낳을 때까지 말이다. 그는 알게 될 것이며 진실로 살고 성장할 것이다. 그때까지 그는 여행을 쉬지 않을 것이다."[36]

---

36 *Republic*, 490-505. 우리는 플라톤에게서 역사의 구체적 내용인 "다수의 개별적 현상들"을 부정하는 지성주의적 내용들을 발견한다. 비록 『국가론』(*Politeia, Republic*)의 일반적인

플라톤주의의 핵심적 사상은 "가장 빛나는 최고의 존재인 선"은 "생성"의 세계가 아니라 이데아의 세계에 속한다는 것이며,[37] 그런 이데아의 세계에 도달할 수 있게 해주는 능력이 우리 각자에게 내재한다는 것이다. 말하자면 역사는 열등한 세계이거나 착각의 세계라는 것이다. "현상의 세계는 감옥"이며, "절대적 선"은 변하는 세계의 토대가 되는 불변적 본질의 세계이다. 그리고 "감각에 의존하지 않는 이성의 빛"은 인간으로 하여금 이런 순수한 존재(이데아)의 세계에 도달할 수 있게 해주는 유일한 능력이다.[38]

인간의 지성은 무한한 회귀과정을 통해 자기를 초월하며, 인간의 이성은 인간 이성의 실상을 관조할 수 있기 때문에,[39] 역사를 초월하고 역사로부터 도피하는 이성적이고 지성적인 방법들은 언제나 마지막에는 보다 신비적인 기법들에 길을 양보한다. 이런 신비적 기법들에서는 이성보다 훨씬 더 숭고하고 순수한 영혼의 능력을 찾아내어 계발함으로써 영혼을 절대자와 연합시키고 인간을 신적인 존재와 연합시키려는 노력이 이루어진다. 이런 플라톤주의는 결국 역사적으로는 신플라톤주의에서 절정에 도달하고, 문화적으로는 현실을 부정하고 비역사적인 문화의 논리에 도달한다.

목적이 역사적 구체화를 지향하는 모순적인 충동을 기술하는 것이긴 하지만 말이다. 플라톤은, 그리고 어떤 철학이나 종교도 역사를 절대적으로 부정하지는 않는다. 힌두교에서는 브라만 계급이 역사를 초월하는 우월한 능력의 명성을 이용하며, 그 특권을 사회적-정치적 권력 형태로 변환하여 역사적 사회를 지배한다. 역사를 초월하는 그 계급의 종교적 기능이 사회를 지배하는 권력의 기초가 된다.

37 *Republic*, 518.

38 *Republic*, 532. 여기에 인용된 내용들은 모두 『국가론』에서 인용되었다. 왜냐하면 『국가론』에는 이미 언급되었듯이 역사적 구체화를 지향하는 충동이 현저하게 드러나 있기 때문이다. 그러므로 플라톤주의의 주된 특징이 플라톤의 논리와 상당히 동떨어진 한 책에서 모호하게 되었다는 사실은 중요하다.

39 1권 5장에 나타나는 "정신"과 "이성"의 관계에 대한 논의를 참조하라.

플로티노스의 사상에 의하면 '누스'는 영혼에 내재하는 이성적 원리라기보다는 오히려 자기의식의 능력이다. '누스'는 세계를 관찰하지 않으며 현상적 실체의 토대가 되는 이성적 원리를 관찰하지도 않는다. '누스'는 자신이 궁극적 "선"의 "확실한 존재"와 연합되어 그와 하나가 될 때까지 자신을 관조한다. 궁극적 선의 확실한 존재에 관해 우리는 "그것이 지성을 가진다고 말해서도" 안 된다. 그렇게 말하는 것은 "그 존재를 나누는 것이기" 때문이다.[40]

영혼이 도달하게 될 영원성은 결국 모든 특수성을 삼켜 버리는 무차별적인 통일성이다. 플로티노스는 "지성적 세계"의 영원성은 역사를 성취하기보다는 오히려 부정한다고 단언하는데, 이런 그의 주장은 대단히 정확하다. 그에 의하면 "지성적 세계에서는 어떤 기억도 있을 수 없다." "개인에 관한 기억조차도 없을 것이며, 관조자가 자아라는 생각도 없을 것이다. 관조할 때, 특히 그런 명상이 생생할 때 우리는 동시에 우리 자신의 실재성을 의식하지 못한다. 관조자는 관조의 대상을 지향하여 그 대상과 하나가 된다."[41] 그러므로 생명이 끝나면 역사도 없어지며 역사 속의 자아도 없어진다. "과정" 속에 있는 것은 무엇이든지 결코 "존재를 소유하지 못한다."[42]

동양의 비역사적 문화들의 논리가 어디서 유래했는지 추적할 필요는 없다. 왜냐하면 도가 사상, 힌두교 사상과 불교는 주로 서양의 고전주의보다 더 신비적이고 덜 합리적으로 역사의 유의미성을 부인함으로써 서양의 고전주의에서 보이는 비역사적 전통과 다르기 때문이다.[43]

---

40 *Enneads*, Book III, 10.

41 *Ibid.*, ook II, 4.

42 *Ibid.*, Book IV, 8.

43 심지어 모든 비역사적 종교들 중에서 가장 일관성이 있는 불교에서조차 역사로부터의 구원이라는 지배적인 사상과 일치하지 않는 요소들이 있다. 역사를 지향하는 충동은 특

서구의 비역사적 문화들에 예비적이고 합리적인 기술이 있다는 사실과 이런 기술은 언제나 역사를 부정하기보다는 오히려 긍정하는(플라톤의 『국가론』처럼) 사상으로 연결된다는 사실은 서구 세계에 역사를 대하는 태도에 근본적인 양면성이 있음을 나타낸다. 역사를 대하는 이런 양면적 태도는 헬라 문화와 히브리 문화의 대립성과 유사성에서 가장 결정적으로 나타난다. 이성은 역사에서 질서의 원리이다. 이것은 아주 분명한 사실이다. 비록 '자연 속에서의 역사'가 결코 합리적 원리들에 완전히 일치하지는 않지만 말이다. 더 나아가 이성은 자연에 예속되지 않는 자유의 상징이면서 동시에 자연과 인간의 불가분적 관계의 상징이기도 하다. 바로 이런 이유 때문에 내세를 강조하는 모든 유형의 신비주의는 역사의 유의미성을 부정한다.

그리스 고전주의에서 유물론과 관념론 사이의 대립, 즉 자연주의와 초자연주의 사이의 대립은 스토아 사상에서 부분적으로 중재되었다. 물론 완전히 일치되지는 않았지만 말이다. 왜냐하면 스토아 철학은 인간이 따라야 할 '로고스' 원리가 자연 자체에 내재하는 질서인지 아니면 인간 자유의 원리인지에 관해 명확하게 대답하지 않으며, 인간이 자연에 따라야 하는지 아니면 인간의 본성에 특별히 부여된 고유한 원리인 '로고스'에 따라야 하는지에 관해 명확한 대답을 하지 않기 때문이다. 세네카에 의하면 "인생의 목표는 자연, 즉 우리 안에 있는 자연이면서 동시에 우주적 자연인 그런 자연에 따라 행동하는 것이다." "우주적 자연"은 자연의 확정된 질서와 인간의 특별한 자유를 모두 포함하기 때문에 스토아 철학의 이런 근본적인 윤리사상은 본질적으로 모호할 수밖에 없다. 하지만 스토아 철학은 일반적으로 고전적 논쟁에서 자연주의의 입장을 지지하

히 보살들(Bodhisattvas)이 역사에서의 구원을 중재하기 위해 역사로부터의 마지막 구원을 포기하는 마하야나 불교에서 두드러지게 나타난다.

였다.

그 논쟁에서 자연주의자들은 '로고스' 원리가 자연에 내재한다고 주장하고, 관념론자들은 그 원리가 자연을 초월하여 정신의 고유한 자유에 내재한다고 주장한다. "이 논쟁에서 관념론이 승리하였기 때문에 자유의 가능성이 당연한 것으로 인정되었다. 그러나 그 대가로 '우연' 또는 '필연성'이 복원되어 (어느 정도) 독립적인 문제의 기능으로서 다시 한 번 등장하게 되었다."[44]

간단히 말해, 고전적 문화에는 그리스도에 대한 기대, 즉 메시아에 대한 대망이 없었다. 왜냐하면 고전 문화에서는 인간을 지배하는 절대주권이 부분적으로 은폐되어 있어 보다 완전히 드러날 것이 기대되는 그런 유의 것이 아니었기 때문이다. 자연주의에서는 자연이 신이며, 그 신에 대한 복종은 역사에서 일어나는 온갖 종류의 두려움, 희망, 야망과 악의 부정을 요구한다. 관념론의 경우에는 이성이 신이다. 그리고 역사의 필연성과 우연성은 이성의 관점에서 볼 때 순수한 "우연"이나 기계적 필연성으로 간주되는데, 이것은 역사가 본질적으로 무의미함을 의미한다. 왜냐하면 역사가 자연의 일부로 간주되기 때문이다. 어느 경우이든 역사에서 삶의 궁극적 주권이 보다 완전하게 계시되어 삶의 의미가 보다 완전하게 드러나야 할 필연성이나 그렇게 드러날 가능성은 없다. 유일한 대안이 있다면 삶의 의미를 자연적 질서의 상대적 무의미성으로 축소시키든가 아니면 삶을 순수한 이성, 즉 순수한 영원성의 영역에 속하는 것으로 해석하여 이런 무의미성으로부터 해방시키는 것이다.

---

44 Charles Norris Cochrane, *Christianity and Classical Culture*, p. 167. 이 책은 고전적 사상이 자연과 이성에 대립되는 역사적 현실들과 타협할 때 보인 부적절한 점들을 철저하게 분석하고 있다.

2. 그리스도를 기대하는 곳

만일 사람들이 그리스도를 기대하지 않는다면, 아무리 그리스도라 할지라도 자신이 역사를 지배하는 하나님의 은밀한 주권의 계시라고 주장하거나 역사가 의미충족적임을 확증할 수 없을 것이다. 다시 말하면 만일 역사가 잠정적으로 의미충족적인 것으로 간주되지 않는다면, 잠재적 의미가 실현되었다는 주장과 역사에서 일어나는 모호한 일들과 애매한 일들이 밝혀졌다는 주장은 신뢰하기 어려울 것이다. 그리스도는 예나 지금이나 "헬라인들에게 어리석음"임에 틀림없다. 그리스도는 "유대인에게 걸림돌"일 수는 있었지만, 어리석음은 아니었다. 유대인들은 그리스도를 고대하기는 했다. 그러나 그리스도가 그들이 기대하는 메시아는 아니라고 생각되었기 때문에 그리스도는 그들에게 걸림돌이었을 것이다. 사실 교리적으로 볼 때 참 그리스도는 인간이 기대하는 것들을 성취해 주어야 하는 것은 물론이고 좌절시키기도 해야 한다는 의미에서 걸림돌임에 틀림없다고 할 수 있다. 그는 어떤 기대들은 실망시켜야 한다. 메시아에 대한 기대들은 언제나 역사의 의미를 왜곡하지 않고는 성취될 수 없는 어떤 이기적인 요소들을 가지고 있기 때문이다. 모든 메시아적 기대는 명시적이든 아니면 암시적이든 역사가 그런 기대를 가지는 어떤 특정 문명권과 문화권으로부터 성취될 것이라는 주장을 내포한다.

그리스도에 대한 기대 없이는 어떤 그리스도도 있을 수 없다는 사실은 기독교를 유일무이한 계시에 기초한 종교로서 문화사 전체와 연관성을 가지게 한다. 참 그리스도는 유대인들이 기대하던 메시아일 수 없다는 사실은 기독교를 문화로부터 분리시킨다. 이런 견해를 입증하기 위해서는 메시아에 대한 대망의 역사를 보다 충분히 검토하는 것이 필요하다.

2.1. 메시아 신앙의 유형들

예언자적이고 메시아적인 관점에 입각한 역사해석은 유대교, 특히 율법적 전승을 거부하는 예언자적-묵시적 유대교에서 그렇다. 그러나 유대교의 메시아 신앙은 가장 철저하게 – 유일하지는 않지만 – 비역사적인 인생관을 견지하는 그리스 고전주의처럼 그렇게 독단적이지는 않다. 우리는 역사를 진지하게 생각하는 모든 문화에서 어느 정도의 메시아 신앙을 발견할 수 있다. 가장 대표적인 예는 이집트와 메소포타미아와 페르시아 제국들의 문화에서 발견될 수 있다. 그러나 로마의 제국주의에도 메시아적 특징들이 없지는 않다. 로마제국의 역사가 의미 있는 전체로 이해되었으며, 세계사를 로마제국의 역사와 관련하여 해석하려는 노력들이 있었다. 그리스 신화와 로마 신화에는 모두 "황금기"란 개념이 있는데, 이때 "황금기"란 후대 역사의 모태가 된 본래의 선과 유사성의 시기 또는 후대 문명의 시발점이 되는 원시 시대를 가리키는 개념이다. 바로 이런 황금기 개념이 로마제국의 메시아 신앙의 기초가 되었다. 메시아 시대는 원초적인 선의 화복으로 간주되었다. 따라서 역사의 성취가 어떤 의미에서 그의 초기 덕을 회복하는 것이라는 생각은 아주 오래전부터 있었다.[45]

---

45 로마시대의 문헌 중에서 가장 중요한 메시아 사상은 베르길리우스의 전원시에 나오는 다음과 같은 유명한 구절이다.

메시아 신앙의 논리를 이해하기 위해서는 그리고 역사를 삶의 의미의 일부라고 생각하는 문화들과 그 신앙의 필연적 관계를 이해하기 위해서는 메시아 신앙이 가지는 다음과 같은 세 요소들 또는 세 단계들을 고려해야 한다. (a) 이기적-민족주의적 요소, (b) 윤리적-보편적 요소, (c) 예언자 신앙에서 볼 수 있는 초윤리적인 종교적 요소.

이들 세 요소들은 모두 히브리 예언자들의 메시아 신앙에서 발하는데

> 그와 함께 철기시대가 끝난,
> 그 어린이를 찬양하라.
> 그와 함께 영화로운 황금기의 새로운 인류가 일어나게 될,
> 그를 찬양하라.
> 순결한 루키나여,
> 지금 그대의 형제 아폴로를 지배하는,
> 그 소년을 찬양하라.

베르길리우스의 이런 메시아적 견해에는 자연의 변화에 대한 다음과 같은 희망이 들어있다.

> 염소들은 부푼 젖통을 흔들며,
> 우리의 농장으로 돌아올 것이다.
> 더 이상 우리의 가축은,
> 무서운 사자들을 두려워하지 않을 것이다.
> 뱀은 죽어 없어질 것이고,
> 독초는 사라질 것이다.

거룩한 카이사르(Caesar)가 세상을 다스릴 것이라는 생각은 신성한 힉소스 왕조의 왕이 다스리기를 고대하는 이집트인들의 소망과 유사하다.

> 그러나 그 소년이 신들의 생명을 나누어 가질 것이다.
> 그가 신들을 만날 것이며
> 모든 영웅들을 만날 것이며
> 그 대가로 신들의 은혜를 입게 될 것이다.
> 존경할 만한 덕을 지닌 그가
> 평화로 가득찬 세계를 다스릴 것이다.

로마의 메시아 신앙이 메시아 신앙을 다룬 다른 문헌들의 영향을 받았다는 사실에 관해서는 참조, Eduard Norden, *Die Geburt des Kindes, Geschichte einer Religioesen Idee.*

반해, 세 요소들 중 첫 번째와 두 번째 요소는 예언자 시대 이전의 메시아 신앙에서 표현되어 있다.

a. 이기적인 민족주의적 차원의 메시아 신앙

이기적인 민족주의적 차원의 메시아 신앙은 메시아에 대한 대망이 표현되어 있는 그 민족, 그 제국이나 문화의 승리를 고대한다. 이런 사실에서 볼 때 우리는 메시아 신앙은 암울한 역사의 시기에 등장하였음을 알 수 있으며, 삶이 무의미성의 위기에 처하게 된 가장 근본적인 이유는 의미의 근원인 민족이나 제국의 집단적 삶이 예상보다 영속적이지 못하다고 생각되었기 때문임을 알 수 있다. 집단적 삶의 불확실성의 상징은 적대국들의 힘이라고 생각되었다. 삶의 의미는 우리 민족이나 문명이 적대국들에 대해 승리할 때 성취된다고 생각되었다. 삶과 역사의 문제를 대하는 이런 소박한 태도는 가장 저급한 단계의 역사적 문화이기는 하지만, 그런 태도는 최고 수준의 예언자적 메시아 신앙에서도 여전히 남아 있었다. 그런 단계에서도 메시아는 이스라엘을 그의 대적들에게서 지켜줄 것이라고 기대되었다. 이런 요소는 이기적인 민족주의적 요소를 철저히 배격하는 기독교적 역사관에서도 여전히 제거되지 않고 남아 있다. 그런 역사관에 의하면 그리스도는 어떤 한 종족이나 민족만을 의롭다고 인정하지 않는다. 의로운 것은 오직 하나님의 주권뿐이다. 그러나 이런 생각 속에는 은연중에 하나님은 믿지 않는 사람들을 거부하고 의로운 사람이나 믿는 사람들을 의롭다고 인정한다는 사상이 내포되어 있다. 이것은 역사해석에 있어서 이기주의적 왜곡의 한 형태로 포착하기가 쉽지 않다. 아무리 높은 단계의 기독교적 예언자 신앙이라 할지라도 이기적인 왜곡에서 자유로울 수는 없다. 뿐만 아니라 가장 발전된 문명이라 할지라도 아주 원시적인 이기주의적-민족주의적 역사해석으로 회귀할 수 있는 가능성이 있다. 현대의 나치즘이 좋은 예이다.

b. 윤리적-보편적 차원의 메시아 신앙

두 번째 단계의 메시아 신앙에서 역사의 문제는 우리 종족, 우리 제국이나 민족이 다른 민족에 비해 허약하다는 것이 핵심은 아니다. 따라서 그 문제에 대한 해결도 다른 대적들에 대한 우리 민족의 승리일 수는 없다. 역사의 문제는 역사에서 악의 세력에 대항하는 선의 세력이 약하다는 것이다. 역사에서 일시적인 악의 승리는 역사의 의미를 위협하는 요인으로 간주되는데, 이런 악의 세력은 메시아 왕이 도래하여 선의 세력을 강화시킬 것이라는 희망에 의해 극복된다. 성경이 메시아를 "목자 왕"이란 상징적인 개념으로 제시하는 것은 바로 이런 의미에서 이해되어야 한다. "목자 왕"은 히브리의 메시아 신앙에서 뿐만 아니라 바벨론과 이집트의 메시아 신앙에서도 중요한 상징적 개념이다.[46]

"목자 왕"은 강한 힘을 소유하고 있음에도 불구하고 온유하다. 심판자로서 그는 정의와 자비가 하나가 되는 가상의 심판에서 최고의 심판

---

46 참조, "그는 목자같이 양 떼를 먹이시며, 어린 양을 그 팔로 품에 안으시며, 젖먹이는 암컷들을 온순히 인도 하시도다."(사 40:11) "내 종 다윗이 그들의 왕이 되리니 그들 모두에게 한 목자가 있을 것이다."(겔 37:24)

메시아에 관해 기록하고 있는 이집트의 문서인 "이푸웨르의 훈계들"(Admonitions of Ipuwer)에 보면 이상적인 왕이 다음과 같이 기록되어 있다. "그는 타오르는 화염을 식힌다. 그는 모든 사람들의 목자라 한다. 그의 마음에는 악이 없다. 그를 따르는 무리가 소수일 때 그는 온 종일 다니며 무리를 모으고 그들은 그에게 열광한다." J. H. Breasted, *The Dawn of Conscience*, p. 198.

초기 제국들의 메시아 신앙에서 특히 페르시아의 메시아 신앙은 그의 역사해석에 있어서 이런 이기적인 제국주의적 요소를 극복하고 진정한 보편주의의 입장을 취한다. 그러나 완전한 형태의 페르시아 메시아 신앙은 조로아스터교인데, 조로아스터교는 파르시교(Parseeism)에서 일어난 예언자적 개혁운동이다. 조로아스터교의 이런 보편주의는 예언자 이전의 메시아 신앙이라기보다는 오히려 예언자적 메시아 신앙으로 간주되어야 한다. 그리고 이런 보편주의는 유대교 이외의 종교에서 일어난 유일한 예언자적 메시아 신앙이다.

자가 된다. 따라서 "그는 눈에 보이는 대로 심판하지 아니하며, 그의 귀에 들리는 대로 판단하지 아니하며, 공의로 가난한 자를 심판하며, 정직으로 세상의 겸손한 자를 판단할 것이다."(참조, 사 11:3-4)

메시아 신앙을 이기적인 민족주의적 차원으로부터 역사의 윤리적 의미에 최고의 가치를 두는 보편적 차원으로 끌어 올린 것은 히브리 예언자들의 가장 큰 공헌이었다. 역사에서 악이 세력을 떨치고 덕이 무기력해 보이는 것은 가장 큰 문제라 할 수 있다. 전체적으로 볼 때 예언자적 메시아 신앙은 이런 차원에서 움직이는 것이 사실이다. 최초의 대예언자인 아모스는 "야훼의 날"에 대한 당시의 대망에 들어있는 민족주의적 요소들을 강하게 비판한다. 그럼에도 불구하고 보편적 요소를 예언자 신앙과 동일시하는 것은 잘못이다. 이것은 (이스라엘은 물론 이집트와 바벨론의 메시아 신앙에서 언급했듯이) 단지 그런 보편적 요소가 예언자 이전의 메시아 신앙에도 미발달의 형태이긴 하지만 들어 있었기 때문이며, 동시에 앞으로 밝혀지겠지만 예언자적 메시아 신앙에 민족주의에 대한 보편주의의 승리보다 훨씬 더 깊은 요소가 들어 있기 때문이다.

윤리적 메시아 신앙은 권력과 선이 궁극적으로 완전히 일치하기를 희망함으로써 역사에서 일어나는 도덕적 혼란들을 극복하는데, 이런 윤리적 메시아 신앙에는 명시적이지 않지만 역사를 진지하게 생각하는 문화들의 모든 중요하고 독특한 통찰들이 있다.

사람들이 이상적인 왕의 출현을 고대하는 것은 역사의 유의미성이 자연의 비합리성, 필연성과 우연성에 의해서가 아니라 독특한 역사적 현상, 즉 "권력"의 요인에 의해서 왜곡되기 때문이다. 역사의 도덕적 의미를 위협하는 불의한 일들은 의지와 의지의 충돌 때문에 발생하는데, 이런 충돌은 자연 자체에서는 거의 일어나지 않는 현상이다. 사실 무리 가운데 가장 나이가 많거나 가장 힘이 센 수컷이 무리를 이끄는 경우처럼, 자연에도 약하기는 하지만 권력의 유형들이 있다. 그리고 이런 유형의 힘은 동물과 인간의 사회적 조직 사이에 있는 우연적인 유사성이다. 그러나 일반적으로 자연에는 단지 경쟁적인 생존본능만 있을 뿐 경쟁적인 권력의지는 존재하지 않는다.

권력은 정신의 산물이다. 권력은 물리적 힘과 결합되지 않고는 결코 존재하지 않지만, 언제나 물리적 힘 이상이다. 이런 사실은 모든 원시 사회에서 사회적 조직의 대행자로서 사제가 행하는 중요한 역할에서 알 수 있다. 이 경우 사제는 군인들이 가지는 물리적 힘과는 다른 힘을 가진다.

따라서 역사에서 일어나는 악은 자연의 우연적 요인들로부터 발생하는 것이 아니라 전적으로 역사적 현상인 의지와 의지의 충돌로부터 발생한다는 윤리적 메시아 신앙은 역사의 도덕적 불가해성을 자연과 역사의 관계나 자연의 우연적 요인들에 의한 역사의 왜곡에서 발견하지 않고 역사 자체에서 발견한다.

그러나 윤리적 메시아 신앙에는 훨씬 더 깊은 역사이해가 있다. 그런 역사이해의 비판은 특히 불의한 "통치자들"과 "장로들"에 지향되어 있다. 그런 역사이해는 불의가 정의와 동일한 근원인 삶의 역사적 조직으로부터 흘러나온다는 것을 인식한다. 이집트의 가장 고상한 사회계약서인 "감동적인 소작농"은 다음과 같은 말로 당시의 총리대신을 고발한다. "당신은 댐을 건설하여 물에 빠져 죽어가는 불쌍한 사람을 건지라는 임무를 부여 받았습니다. 그러나 당신은 가난한 사람을 휩쓸어 가는 홍수가 되었습니다."[47] 이런 고발은 단순히 모든 정부의 도덕적 양면성, 즉 정의를 구현하는 기관일 수도 있으면서 동시에 정의를 위협할 수도 있는 도덕적 양면성을 풍자적으로 표현한 것일 뿐만 아니라 더 나아가 역사의 근본적인 이율배반에 대한 인식이기도 하다. 그 고발은 인간

---

47 Breasted, *op. cit.*, p. 189.

의 역사는 창조적 가능성과 파괴적 가능성이 불가분적으로 혼합되어 있음을 인식하고 있다. 사회를 유기적으로 체계화하고 정의를 확립하는 바로 그 권력이 동시에 그의 우월한 권력을 이용하여 불의를 저지를 수도 있다.

언뜻 보면 불의한 권력이 목자 왕인 메시아의 도래와 함께 정복될 수도 있을 것이란 희망이 기독교적 정치사상에 의해 종종 "선한 카이사르"에 대한 경건한 기대에 불과한 것으로 변질된 것처럼 보일 수도 있다.[48] 그러나 윤리적 메시아 신앙은 메시아에 대한 기대들에 있어서 초월적인 요소를 가지기 때문에 이런 피상적인 의미의 메시아 신앙과는 다르다. 권력과 선, 강함과 부드러움, 정의와 자비를 조화시킬 메시아 왕은 결코 단순히 역사의 한 인물이 아니다. 그는 지상의 왕이 된 신이다. 이집트의 메시아 신앙에서 보면 정의를 확립하기 위해 '레'(Re)가 친히 지상에 강림한다. 이런 초월적 요소는 바벨론과 히브리의 메시아 신앙에서도 발견된다.

오직 하나님만이 권력과 선을 완벽하게 조화시킬 수 있다는 사실을 인식한다는 것은 권력 자체가 악은 아니라는 것을 이해하는 것이다. 그러나 역사에서 일어나는 모든 권력은 그 자체가 인간 사회에서 일어나는 경쟁적인 힘들의 하나이기 때문에 불의의 도구가 될 위험이 있다. 이것은 그 권력이 초월적인 권력이 되어 – 정부의 권력이 그렇듯이 – 다른 부수적인 갈등들을 조화시키고자 하는 동안에도 마찬가지이다. 메시아 신앙은 만일 하나님이 친히 역사적 권력을 통제하지 않는다면 모든 역사적 창조성에 불가피하게 동반되는 이런 이기적 부패현상이 제거될 수 없음을 안다. 메시아 신앙은 인간역사의 이런 특성에 대한 통찰을 – 이런 특

---

48 최근에는 이런 왜곡현상이 "부흐만 운동"(Buchmanism)으로 알려진 종교운동에서 발견된다.

성은 현대의 모든 유토피아적 신조들에 의해 무색하게 되었는데 – 신비적 상징들을 사용하여 표현하고 있다.

다른 한편 목자 왕에 대한 희망에 의해 메시아 신앙은 비역사적인 종교들과 잘못된 역사해석들과 철저히 구별된다. 인간역사에서 삶과 삶이 하나님의 능력을 통해 이상적으로 조화되기를 희망하는 것은 삶이 저 세상에서가 아니라 현실역사에서 성취되기를 추구하는 것이다. 역사는 그것이 역동적 생명력의 영역이라는 이유 때문에 악으로 간주되지는 않는다. 그리고 완성이란 생명력이 제거된 유형의 어떤 영역, 즉 생명의 역동성이 제거된 어떤 영원한 휴식을 의미하지 않는다.

따라서 목자 왕에 대한 희망은 역사적 현실 문화들이 가지는 독특한 시대정신을 반영하는 대단히 심오한 표현이다. 그런 희망의 약점은 그것이 신적인 것과 역사적인 것의 불가능한 조화를 기대한다는 사실에 있다. 하나님은 역사에서 작용하는 어떤 특수한 힘이 아니라 모든 힘의 원천이기 때문에 권능과 선을 동시에 갖춘 존재이다. 만일 그런 하나님이 인간 사회에서 어떤 특정한 권력이 된다면 그는 선한 존재일 수 없다. 역사에서 완전한 선의 상징은 오직 권력을 거부함에 있다. 그러나 이런 완전한 선은 메시아의 통치와 관련된 모든 개념들을 거부하고 "고난 받는 종"이 된 한 사람이 나타나기까지는 이루어지지 않았다.

예언자적 메시아 신앙은 이런 해결책에 도달하지 못했다. 그러나 예언자적 메시아 신앙은 역사를 지나치게 심오한 관점에서 해석했기 때문에 메시아 왕의 해결책이 지탱될 수 없도록 하는데 크게 기여했다. 예언자적 메시아 신앙은 역사에서 특별한 임무를 수행한 통치자들과 국가들이 교만과 불의의 죄에 빠지는 불가피한 비극의 역사를 보았다.

c. 새로운 역사해석 방법.

따라서 역사를 예언자 신앙과 메시아 신앙의 관점에서 해석하는 새로운 종교적-윤리적 영역이 역사해석에 도입되었다.

2.2. 예언자적 메시아 신앙

최초의 예언자인 아모스가 당시의 메시아 신앙을 강하게 비판하면서 히브리의 예언자 신앙이 문화사에 등장한다.[49] 이런 비판은 종종 메시아 신앙에 들어있는 민족주의적 요소들을 거부하고 보다 보편적인 사상을 지지하는 것으로 해석되었다. 이런 해석은 옳다. 왜냐하면 아모스는 "이스라엘의 거룩한 자"를 이스라엘의 이익을 초월하는 하나님이라고 생각했음이 분명하기 때문이다. 아모스는 이스라엘에 대한 심판은 물론이고 다른 민족들에 대한 심판도 예언했으며,[50] 야훼의 이름으로 그의 절대적 주권이 이스라엘의 역사에서는 물론이고 다른 민족들의 역사에서도 확증되었다고 선언한다. 따라서 아모스는 다음과 같이 말한다. "여호와의 말이니라. 이스라엘 자손들아, 너희는 내게 구스 족손(에티오피아인들) 같지 아니하냐? 내가 이스라엘을 애굽 땅에서, 블레셋 사람을 갑돌에서, 아람 사람을 기르에서 올라오게 하지 아니하였느냐?" 아모스의 이런 말은 인류 문화사에서 최초의 보편적 역사이해로 간주되어 왔다. 여기서 역사는 어떤 특정한 민족의 시각이 아니라 보편적 전체의 관점에서 이해된다.

---

49 당시의 메시아 신앙에 대해 아모스는 다음과 같은 말로 신랄하게 비판하였다. "화 있을 진저 여호와의 날을 사모하는 자여, 너희가 어찌하여 여호와의 날을 사모하느냐? 그 날은 어둠이요 빛이 아니니라."(암 5:18)

50 다메섹에 대한 심판(1:3-5), 블레셋에 대한 심판(1:6-8), 암몬에 대한 심판(1:13-15), 모압에 대한 심판(2:1-3).

아모스의 예언에 나타나는 반민족주의적 성향은 이스라엘의 하나님에 의해 – 그는 그의 영광을 위해 그가 선택한 민족의 승리에 의존하지 않는 분이다 – 이스라엘이 멸망할 것이라는 그의 특별한 심판에서 절정에 이른다.[51] 더 나아가, 민족주의적 제사장들은 아모스의 예언이 이스라엘에 대한 위협으로 간주하였다. 제사장 아마샤는 북왕국 이스라엘의 멸망에 대한 아모스의 예언이 남왕국 사람으로서 가지는 편견 때문이라고 주장했다.[52] 따라서 아모스의 통찰은 히브리 예언에서 윤리적-보편주의적 예언의 원천이 되었다. 그러므로 순전히 윤리의 관점에서 볼 때 삶과 역사에 관한 히브리적 해석에 들어있는 보편주의적 경향들이 예언자 운동에서 최고점에 이르렀다고 생각하는 것은 잘못이 아니다. 비록 역사의 의미에 관한 민족주의적 제국주의적 해석이 예언자 신앙에서 완전히 사라진 것은 아니라 할지라도 말이다.

그럼에도 불구하고 예언자 신앙을 그렇게 윤리적인 관점에서 해석하는 것은 예언자 신앙의 진정한 깊이를 모호하게 만든다. 이스라엘의 심판에 대한 아모스의 예언은 실제로는 모든 유형의 낙관적인 메시아 신앙에 대한 훨씬 더 광범위한 비판에 비추어 볼 때 단지 부수적일 뿐이다. 아모스가 비판하는 당시의 메시아 신앙이 순전히 민족주의적이었는지에 대해서도 확실하지 않다. 당시의 메시아 신앙에도 보편주의적 요소들이 들어 있었을 수 있다. "야훼의 날"은 역사에서 악한 세력의 상징인 "용" 또는 "뱀"에 대한 하나님의 승리로 간주되었을 수도 있다.[53] 어쨌든 아모

---

51 "내가 땅의 모든 족속 가운데 너희만을 알았나니, 그러므로 내가 너희 모든 죄악을 너희에게 보응하리라."(암 3:2)

52 "아마샤가 또 아모스에게 이르되, 선견자야 너는 유다 땅으로 도망하여 가서 거기에서 나 떡을 먹으며 거기서 예언하고 다시는 벧엘에서 예언하지 말라. 이는 왕의 성소요 나라의 궁궐이니라."(암 7:12)

53 참조, *inter alia* W. O. E. Oesterley, *The Evolution of the Messianic Idea*, Ch. 16.

스가 비판하는 것은 배타적인 메시아 신앙이기보다는 오히려 낙관주의적 메시아 신앙이다. 그리고 그의 비판은 민족주의적 관점에서든 보편적 관점에서든 역사의 성취에 관한 메시아적 희망을 용인하지 않는다.[54] 아모스에게 있어서 역사는 심판의 연속인데, 우선 이스라엘에 대한 심판이 있을 것이고 다음에는 모든 민족들에 대한 심판이 있을 것이다. 그 심판은 이스라엘에 대해 특히 가혹할 것이다. 왜냐하면 이스라엘은 역사에서 특별한 사명을 위해 선택되었지만 그 사명을 수행하는데 실패했기 때문이다. 이스라엘이 특별한 사명을 받았지만 그런 사명 자체가 이스라엘에게 특별한 안전을 보장해 주지는 못했다. 그와는 반대로 특별한 안전을 보장받았기 때문에 특별한 하나님의 은총을 기대할 수 있다고 생각하는 것이야말로 심판을 받아 마땅한 교만의 죄이다.

하나님과 역사의 관계에 관한 이런 견해의 내적 의미가 충분히 분석된다면 히브리 예언자 신앙은 윤리학의 역사에서 보편주의의 승리라기보다는 오히려 종교사에서 계시의 시초임이 분명해질 것이다. 예언자 신앙은 계시의 시초이다. 왜냐하면 문화사에서 볼 때 예언자 신앙에서 처음으로 영원하고 신적인 존재가 최고의 인간적 가능성들의 연장과 성취로 간주되지 않았기 때문이다. 하나님의 심판의 말씀은 선택된 민족과 모든 민족에게 차별이 없이 선포되었다. 이것은 예언자 신앙에서 비로소 처음으로 역사의 실제적인 문제는 인간이 행하는 모든 노력들의 유한성에 - 그렇기 때문에 신적인 능력에 의해 완성되기를 기다려야 하는 유한성에 - 있지 않다는 사실이 인식되었음을 의미한다. 역사의 실제적인 문제는 인간이 행하는 모든 노력들의 교만한 허위의식이다. 그런 교만은 그 노력들의 유한성을 은폐하고자 하며, 그렇게 함으로써 역사를 죄와

---

54 대다수의 구약성서 비평가들처럼 만일 우리가 암 9:11-15에 기록된 희망적인 언급들을 삽입된 것이라고 가정한다면 말이다.

악에 휘말리게 만들기 때문이다.

하나님의 심판의 말씀이 한 민족에게만 아니라 모든 민족에게 선포될 때 – 그들이 모두 교만과 불의에 빠져 있었기 때문에 – 인간의 문화는 이제 더 이상 삶과 역사의 의미를 인간의 어떤 또는 모든 관점들로부터 이해하려는 시도일 수 없다. 여기서 믿음에 상응하는 계시가 시작된다. 계시에 상응하는 것은 믿음이다. 왜냐하면 예언자 신앙은 신비주의와 달리 영원한 신적인 존재를 인간 의식의 어떤 깊은 단계에서 발견하려고 노력하지 않기 때문이다. 예언자 신앙은 인간의 모든 기획에 대한 하나님의 심판의 말씀을 믿음에 의해 이해한다. 인간은 오직 믿음에 의해서만 궁극적인 심판의 말씀이 자기에 대해 선포될 수도 있음을 알 수 있다. 인간은 믿음에 의해 자신을 초월할 수 있기 때문이다. 그러나 그는 스스로 그런 심판의 말을 할 수는 없다.[55]

---

55 물론 역사에는 "계시"의 시작을 포함하여 어떤 것에 대해서도 절대적인 시작은 없다. 마틴 부버가 그의 책 『하나님의 왕권』(*Koenigtum Gottes*)에서 주장하듯이 히브리의 예언자 신앙에서 하나님의 초월성에 관한 관념이 아무리 엄밀하게 정의된다 할지라도 하나님의 초월성에 관한 이런 예언자적 관념은 처음부터 이스라엘의 유일신 사상과 불가분적으로 관련되어 있었다. 부버에 따르면 이사야 45장 5-10절에 나타나는 고도로 발전된 초월적 주권 개념은 신명기의 십계명에 내포된 관념과 다르지 않다. 하나님은 신명기에서 다음과 같이 선언한다. "나는 너를 애굽 땅, 종 되었던 집에서 인도하여 낸 네 하나님 여호와라. 나 외에는 다른 신들을 네게 두지 말지니라."(5:6-7) 부버에 의하면 "아무것도 첨가되거나 제외되지 않았다. 절대적인 특성이 처음에는 암시적으로 표현되다가, 지금은 명시적으로 표현되어 있다."(p. 89)
물론 이스라엘 역사에서 예언자적 개념들의 기원이 어느 시기까지 소급될 수 있는지에 대해 정확하게 정의할 수는 없다. 그러나 부버는 예언자적 개념 중 어떤 개념은 처음부터 암시적으로 표현되어 있었으며, 완전히 발전된 관념은 신뢰를 얻을 수 없었을 것이라고 생각하는데, 그의 이런 주장은 옳다.
이런 포괄적인 물음은 "자연종교"와 "계시종교" 사이의 변증법적 관계를 드러내 보여주기 때문에 중요하다. 총체적인 관계는 인간의 자기초월성의 특성에 의해 결정된다. 인간은 자기를 초월할 수 있는 존재이기 때문에 그가 자신의 존재의 중심일 수 없다는 사실을 알며, 그의 민족, 문화 또는 문명이 역사의 목적일 수 없음을 안다. 이것이 계시의 "자연적" 근거이다. 그러나 인간은 믿음에 의해 자기를 초월하여 자신에게 말을 걸고 자기를 심판하는 하나님의 목소리를 이해할 수는 있지만, 존재의 목적을 지정할 수 있을 정도로 자신을 초월할 수는 없다.

a. 예언자 신앙과 메시아 신앙의 관계

히브리의 예언자 신앙과 메시아 신앙의 후속 역사에는 민족주의 메시아 신앙과 보편주의 메시아 신앙의 두 요소들이 복합적으로 혼합되어 있으며, 그와 함께 예언자 신앙에 의해 추가된 새로운 역사해석의 장이 열렸는데, 예언자 신앙은 이 새로운 차원의 역사해석에 대해 적절한 대안을 찾지 못했다.

예언자 사상이 점진적으로 발전되었다는 진화론적인 해석들과는 반대로 예언자 신앙에 있어서 민족주의적 동기와 보편주의적 동기 사이의 갈등은 보편적 동기가 점차로 민족주의적 동기를 극복하고 승리했음에도 불구하고 해결되지 않았다. 이미 언급되었듯이 대예언자들 중 처음 예언자인 아모스에게서 이미 보편주의적 특징이 발견된다. 보편주의적 특징이 민족주의적 특징에 대해 점진적으로 승리한 것은 아니었다. 예언자 요엘에게서는 민족주의적 역사해석이 두드러지게 나타나는데 반해, 요나서는 그런 민족주의에 대한 비판으로 간주되어야 한다. 이사야서에는 민족주의적 요소와 보편주의적 요소가 동시에 발견된다.[56] 히브리 메시아 신앙이 절정에 달하는 묵시문학서들에서는 역사가 종종 모든 나라들의 동시적인 회복에서 정점에 달하는데 반해,[57] 다른 묵시문학서들은 오직 이스라엘의 회복만을 기대한다.[58] 순수하게 민족주의적인 색채의 메시아 신앙은 예수 당시에도 여전히 강하게 남아 있었으며, 광야에서 예수

---

56 이사야는 이방인들과 이스라엘의 악한 자들 모두에 대한 마지막 심판을 예언하며(사 17:9-14), 이방인들에 대해서는 심판을 예언하고 이스라엘에 대해서는 정당성을 인정해 준다(사 13:9 – 14:2). 동일한 애매성이 말라기서와(말 3:18; 4:3) 스가랴서에서도 발견된다(슥 12장).

57 에녹서, 열두 족장들의 계약, 바룩서와 제4에스라서에서 그렇다.

58 마카베오2서, 모세의 승천 그리고 에녹서의 여러 부분들에서 그렇듯이 말이다.

의 두 번째 시험은 아마도 정치적-민족주의적인 메시아를 거부하는 예수의 입장을 설명하는 기사일 것이다.[59]

그러나 이런 갈등이 예언자적 메시아 신앙의 가장 큰 문제점은 아니었다. 실제적인 쟁점은 최고로 발전된 유형의 메시아 신앙과 – 이런 메시아 신앙에 따르면 역사는 권력과 선이 메시아 왕에게서 조화됨으로써 정의의 문제가 해결되는 시대에 절정에 이르는데 – 모든 민족들과 백성들이 하나님을 배반할 것이라고 보는 예언자 신앙의 통찰 사이에 있다. 예언자 신앙에 따르면 역사의 의미의 문제는 어떻게 역사가 심판 이상의 어떤 것일 수 있느냐 하는 것, 즉 역사의 약속이 도대체 성취될 수 있느냐 하는 것이다.

이런 보다 근본적인 문제는 예언자적 메시아 신앙의 해결되지 않는 물음이 되었다. 왜냐하면 예언자 신앙이 메시아적 희망들에서 자기를 표현하는 한 그것은 예언자 시대 이전의 메시아 신앙에 있던 윤리적 특징을 세련되게 다듬어 정리하는 것에 불과하다고 말할 수 있기 때문이다. 예언자 신앙은 "성문에서 가난한 자를 억울하게 하며"(암 5:12), "가난한 자를 삼키며 땅의 힘없는 자를 망하게 하려는"(8:4) 이스라엘의 통치자들과 재판관들과 귀족들을 신랄하게 비판한다. 이것은 히브리 예언자 신앙과 메시아 신앙에서 통치자들의 교만과 권력자들의 불의에 대한 급진적인 윤리적-정치적 비판의 원천이 된 기록이다.[60] 이런 예언자적 비판에 상응하는 메시아적 희망은 목자 왕이 출현하여 불의와 대립이 극복되고 정의와 평화가 확립되는 이상적인 시대를 기다리는 소망이다. 그런 소망은 다소 초현실적인 개념들로 표현되었다. 그런 초현실적인 표현은 묵시문

---

59 참조, 눅 4:5.

60 참조, 그 중에서도 특히 다음과 같은 구절들이 그렇다. 사 3:16; 5:8; 믹 2:1-2; 호 10:13; 사 61:8 등의 구절들이 그렇다.

학에서 최고조에 달한다. 묵시문학에서는 다윗 왕조의 왕이 초월적인 천상의 인물인 "인자"란 개념으로 대치되며, 역사의 성취가 곧 역사의 종말이 된다. 역사의 성취와 함께 유한하고 자연적인 역사의 토대가 무너지기 때문이다.[61] 다시 말해, 예언자 신앙과 묵시문학은 모두 불의와 불화의 원천이 무엇이지 인식하고 있었으며, 역사의 윤리적 이상들은 자연과 유한성의 한계를 초월한다는 사실을 잘 알고 있었다. 그러나 이런 인식은 예언자들의 메시아적 소망에 비해 묵시문학에서 더 단호하고도 명시적으로 나타난다.

그렇지만 메시아의 통치가 이와 같이 점점 더 초월적인 방식으로 진술됨에도 불구하고 예언자 신앙에 의해 메시아 사상에 이입된 문제는 전혀 해결되지 않았다. 왜냐하면 예언자 신앙의 문제는 모든 역사적 성취의 유한성이 아니었기 때문이다. 비록 그런 유한성이 부수적인 문제들 중 하나이긴 했지만 말이다. 실제적인 문제가 무엇이었는지는 모든 역사가 하나님의 법을 끊임없이 무시하는데 연루되어 있다는 예언자적 인식에 잘 드러나 있다.

예언자들은 특히 이스라엘이 하나님 앞에서 더 죄가 크다고 믿었다. 왜냐하면 이스라엘은 하나님에 의해 유일하게 선택되어 사명을 받았으며 이런 사명이 그들의 안전을 특별히 보장해 줄 것이라고 착각했기 때문이다. 미가에 따르면 이스라엘은 다음과 같이 주장했다. "여호와께서 우리 중에 계시지 아니하냐? 재앙이 우리에게 임하지 아니하리라."(믹

---

61 메시아의 통치는 이사야서와 같은 초기 기록들에서조차도 자연의 한계를 초월한다. 이 사야에 의하면 "이리가 어린 양과 함께 살며, 표범이 어린 염소와 함께 누울 것이다."(사 11:6) 에스겔의 환상에 의하면 정의와 평화에 대한 소망과 함께 자연에서의 변화가 기대된다. "그러므로 내가 내 양 떼를 구원하여 그들로 다시는 노략거리가 되지 아니하게 하고 양과 양 사이에 심판하리라. 내가 한 목자를 그들 위에 세워 먹게 하리니 그는 내 종 다윗이라. … 내가 또 그들과 평화의 언약을 맺고 악한 짐승을 그 땅에서 그치게 하리라." (겔 34:22-25)

3:11) 그리고 이런 주제넘은 착각은 무시무시한 심판의 원인이 되었다. "이러므로 너희로 말미암아 시온은 갈아엎은 밭이 될 것이다."(미 3:12) 이런 죄는 권력을 남용하는 불의의 죄보다 더 크며, 경쟁적인 권력의지에 의해 발생한 전쟁들보다 더 크다. 그것은 교만의 죄보다 더 근본적인 죄이다.[62]

예언자들은 이스라엘이 그의 특별한 역사적 소명을 성취하지 못한 것을 불가항력적이었다고 생각한다. 그렇다 할지라도 그들이 그런 이유 때문에 그런 실패에 대해 변명할 수 없기는 하지만 말이다. 여기서 예언자들의 역사해석은 원죄에 관한 기독교 교리와 유사하다.[63]

엄밀하게 말해, 역사의 종말은 메시아가 출현하여 의로운 사람이 불의한 사람에 대해 승리하도록 돕거나, 평화의 통치에서 역사의 불화들이 해결되거나, 권력자를 낮추고 가난한 자와 연약한 자를 들어 올리는 메시아의 통치일 수 없다. 역사의 종말은 단순한 심판보다는 역사를 더 중요시하는 하나님의 자비에서 가능할 수 있다. 예언자 신앙에 따르면 역사의 문제는 하나님이 그의 뜻을 거스르는 악에 대해 승리하기에 충분할 정도로 강력한 존재로 계시되는 것이 아니라, 모든 사람을 심판할 뿐 아니라 구원하기에 충분할 정도로 자비의 자원을 가진 존재로 계시되어야 한다는 사실이다.

비록 예언자들이 이스라엘의 삶에 교만의 죄가 만연되어 있음을 알게 되면서 활동하기 시작하기는 하지만 그런 생각은 점차로 외연이 확장되

---

62 1권 5장과 7장을 참조하라.

63 예레미야는 그의 비판적 입장을 다음과 같이 표현한다. "구스인이 그의 피부를, 표범이 그의 반점을 변하게 할 수 있느냐? 할 수 있을진대 악에 익숙한 너희도 선을 행할 수 있으리라."(13:23) 이사야는 이스라엘에 대한 하나님의 말씀의 효과에 관해 훨씬 더 비판적인 견해를 가지고 있었다. 하나님의 말씀은 이스라엘의 "마음을 둔하게 하며, 그들의 귀가 막히고 그들의 눈을 감기게 하는 것"이었다. 이런 영적인 무감각의 결과 심판이 있을 것이며, 그 결과 "성읍들이 황폐하여 주민이 없게 될" 것이다.(참조, 사 6:9이하)

어 드디어 역사 전체를 해석하는 원리가 되었다. 모든 나라들은 하나님에 대해 반역하는 존재로 간주되었다. 모든 나라들은 나름대로 하나님으로부터 특별한 소명을 받았거나, 어떤 특별한 특권을 누리며, 일시적인 번영이나 안전에 자만하여 결국은 멸망하게 되었다.[64]

예언자적 메시아 신앙은 이런 단계의 예언적 통찰에 대해 아무런 대답도 하지 않았다. 물론 예언자들은 하나님의 무서운 진노와 그의 심판의 확실성은 물론이고 그의 자비에 대해서도 단언하였다. 그러나 자비와 심판의 관계에 관해서는 확실하게 말하지 않았다. 전체적으로 볼 때 이런 궁극적인 문제에 관한 예언자적 인식은 이사야 64장에 기록된 자비에 대한 간구에서 가장 완벽하게 표현되어 있다. "원하건대 주는 하늘을 가르고 강림하시고, 주 앞에서 산들이 진동하기를 ... 주께서 강림하시어 우리가 생각하지 못한 두려운 일을 행하시던 그 때에 산들이 주 앞에서 진동하였사오니 ... 무릇 우리는 다 부정한 자 같아서 우리의 의는 다 더러운 옷 같으며 ... 이는 주께서 우리에게 얼굴을 숨기시며 우리의 죄악으로 말미암아 우리가 소멸되게 하셨음이니이다. ... 여호와여, 너무 분노하지 마시오며, 죄악을 영원히 기억하지 마옵소서."(사 64:1-9) "우리의 의는 다 더러운 옷 같으며"라는 고백과 "우리는 다 부정한 자 같아서"라는 고백에서는 의로운 자와 불의한 자 사이의 구별이 사라진다. 하나님이 일시적으로 악이 승리하는 불합리함을 극복함으로써 역사를 완성하신다는 확신이 어떻게 하나님이 인간의 모든 선에 상존하는 악을 정복함으로써 역사를 완성할 것이냐 하는 물음으로 바뀌었다. 메시아의 통치에서 보다 완전하게 드러나야 할 하나님의 "숨겨진" 주권이 숨겨진 이유는 하나님의 능력이 충분히 드러나지 않아서가 아니라 하나님의 자비와 하나님의 진노의 관계가 여전히 신비로 남아있기 때문이다.

---

64 특히 여러 나라들에 대한 에스겔의 일련의 심판들을 보라. 참조, 겔 26-34장.

b. 예언자적 문제에 대답하지 못한 메시아 신앙

참 그리스도는 왜 그리스도를 기다리던 유대인들에게는 "거리끼는 것"이었으며, 그리스도를 기다리지 않았던 이방인들에게는 어리석음이었는지 이해하기 위해서는, 그리고 기독교 신앙은 왜 그를 기다렸지만 그가 기다리던 그리스도가 아니었음에도 불구하고 그를 참 그리스도로 간주하는지 이해하기 위해서는 왜 히브리의 메시아 신앙이 – 배타주의를 탈피하고 보편주의를 지향할 수 있었고, 역사의 완성이 역사의 유한하고 자연적인 토대를 초월한다는 사실을 점차로 분명히 인식할 수 있었음에도 불구하고 – 예언자 신앙에 의해 제기되었던 중요한 쟁점을 충분히 해결할 수 없었는지 알아야 한다.

첫 번째 이유는 이스라엘이 포로기 동안과 그 이후에 겪은 불행 때문에 파국적 결말의 엄습하는 혼란들 앞에서 역사의 궁극적 쟁점이 무엇인지 직시하는 것이 어려웠거나 아니면 거의 불가능했기 때문이다. 이스라엘 백성들은 그들의 죄 때문에 하나님에 의해 심판을 받았으며, 역사는 하나님의 무서운 진노를 실행에 옮겼다. 그러나 그들이 자신들의 운명을 돌이켜 보았을 때, 그들은 하나님의 심판을 집행하는 집행관들이 자기들보다 더 악하다는 납득하기 어려운 사실 때문에 몹시 당황하였다. 예언자들은, 교만한 나라들은 그들 각자가 행한 악에 대해 응분의 벌을 받게 될 것이라고 주장했을 수도 있다. 그러나 그렇다고 해도 불공평한 역사 때문에 하나님의 정의가 무색하게 되었다는 인상을 바꿀 수는 없었다. 말하자면, 모든 사람과 모든 나라가 하나님의 요구에 미치지 못했기 때문에 심판을 받는다는 "수직적인" 역사해석은 상대적인 선과 악의 문제, 특히 상대적인 선에 대해 상대적인 악이 승리하는 것처럼 보이는 문제를 해결하지 못한다.[65] 상대적인 선에 대한 상대적인 악의 일시적인 승리가 역사를 무의미하게 만들 위험이 있는 파국적 시기에는 언제나 역사에서 악에 대한 선의 승리를 전망하는 메시아 신앙의 희망이 절대적이었을 것이다. "의로운 사람이 왜 고난을 당하는가?"라는 물음과 "악인이 왜 승리하는가?"라는 물음이 포로기와 포로기 후의 이스라엘의 마음을 지배할 수밖에 없었다.

그러나 예언자 신앙에 의해 제기된 보다 궁극적인 문제가 예언자적 메시아 신앙에서 대답될 수 없었던 보다 근본적인 이유가 있었다. 그것은 예언자 신앙이 인간의 독선(스스로 의롭다고 생각함)을 철저히 배격하기 때문이었다. 우리는 기독교 신앙이 비록 표면적으로는 그런 궁극적인 쟁점을 수용하지만 내적으로는 얼마나 부정하는지 보게 될 것이다.[66] 인간이 그의 약점을 인식하는 것은 비교적 쉬우며, 그가 과정과 흐름으로서 역사에 너무나 깊이 연루되어 있기 때문에 역사를 완성할 수 없음을 아는 것도 비교적 쉽다. 그러나 성취할 수 없는 것을 성취하려는 인간의 성급하고 위선적인 노력들 때문에 인간의 역사가 죄의 비극적 현실들에 휩싸이게 되었으며, 이런 비극적 현실은 오직 하나님의 자비에 의해서만 제거될 수 있음을 알기는 쉽지 않다. 이런 이유 때문에 메시아 신앙은 "의인"이 특정한 종족이나 국가를 대치하고 다음에는 모든 나라의 의인들이 승리하고 정당화됨으로써 역사의 절정과 하나님의 보증을 기대하는 단

---

65 우리 자신의 세대는 전제정치가 민주주의 문화에 대해 승리한 사건에서 바로 이런 혼란에 직면하게 되었을 것이다. 그런 승리는 의심의 여지없이 민주주의 문화의 모든 취약점과 악을 드러내 보여 주었을 것이며, 그런 의미에서 문명의 죄에 대한 하나님의 심판으로서 정당화되었을 것이다. 그러나 여전히 물음이 남는다. 왜 독재자들이 승리해야 하는가? 왜 우리 자신보다 더 악한 자들이 심판의 집행자가 되어야 하는가? 그런 혼란의 압력 때문에 모든 주요 종교들은 역사의 궁극적 문제들은 물론 인접한 문제들도 다룰 것이다. 모든 종교는 삶과 역사의 궁극적 문제를 바라보는 관점에 어떻든 간에 역사의 중간 목표로서 독재정치의 멸망을 바랄 것이다.

66 참조, 5-7장.

계에서 최고조에 달할 수밖에 없었다.

더 나아가 삶과 역사를 처음부터 끝까지 대답을 알 수 없는 문제와 관련하여 해석하는 것이 가능한지 물어야 한다. 예언자 신앙의 결정적인 문제에 대해 메시아 신앙은 대답을 제시하지 못했다. 그러므로 중요한 것은 대답할 수 있었던 문제로 다시 돌아가는 것이다. 하나님의 숨겨진 주권이 역사에서 악에 대한 선의 승리를 보증해 줄 것이라는 것은 확실하였다. 그러나 하나님의 자비가 어떻게 하나님의 진노와 관련이 있으며, 하나님을 무시하는 전체 역사의 난국이 어떻게 해결될 것인지는 확실하지 않았다.

특히 흥미로운 것은 묵시문학들이 이 문제를 어떻게 다루고 있느냐 하는 것이다. 히브리의 메시아 신앙이 묵시문학에서 절정에 달하기 때문이며, 비현실적인 비유적 표현에도 불구하고 이 메시아 신앙에 함축된 논리는 실제로 묵시문학에서 최종적인 결론에 도달하기 때문이다.[67] 묵시문학서적들은 일반적으로 "숨겨진" 메시아가 결정적으로 나타나기를 기대한다. 말하자면, 묵시문학은 메시아의 통치를 드러나지 않은 하나님의 주권과 혼란된 역사의 의미가 결정적으로 계시된 것으로 간주한다.[68] 전체적으로 볼 때 이런 결정적인 계시는 하나님과 의로운 사람들의 정당성을 입증하는 것으로 이해된다. 불의한 자들은 멸망하게 될 것이다. 묵시문학서들 중 일부는 상상과 예상을 동원하여 보복적인 승리의 축제를 묘사한다. 그렇지만 보다 궁극적인 문제는 여러 차례에 걸쳐 계속 반복

---

67 히브리의 묵시문학이 메시아에 대한 희망의 논리적 귀결이라기보다는 오히려 왜곡이라는 생각은 묵시문학의 관심사인 시간과 영원의 문제, 역사와 초역사의 문제가 가지는 근본적인 의미를 이해하지 못하는 세속화된 비평가들에게서 널리 지지를 받았다.

68 『에녹의 비유』(Similitudes of Enoch)에는 메시아에 관해 다음과 같이 기록되어 있다. "태양과 궁창이 창조되기 이전에, 그리고 하늘의 별들이 창조되기 이전에 그의 이름이 영들의 주인 앞에서 언급되었다. … 그는 세상이 창조되기 이전에 선택되어 은폐되었다."

적으로 나타난다.[69] 역사의 종말과 종말 직전의 문제 사이의 가장 주목할 만한 관계는 묵시문학서들 중 가장 후대의 것이며 가장 심오한 책들 중 하나임이 분명한 『에스라 묵시록』에서 발견될 수 있다. 이 묵시서의 소위 살라디엘[70]의 환상에 보면 "예언자"의 물음들은 언제나 궁극적인 문제와 관련하여 제시되어 있다. 한편 그 물음들에 대해 하나님은 언제나 전승된 메시아적 희망으로부터 취해진 약속들에 의해 예언자를 확신시킨다. 하나님은 예언자에게 의인은 승리할 것이고, 불의한 자는 망할 것이며, 불의한 자의 운명에 관해 염려하는 것은 예언자의 몫이 아니라고 말씀하신다. 그러나 이런 대답으로 예언자의 고민이 해결되지는 않는다. 그의 문제는 승리할 만한 의인이 있느냐 하는 것이기 때문이다.[71]

실제로 기독교 시대에 기록되었거나 아니면 적어도 그 시기에 편집된 이 묵시서는 그의 올바른 물음들과 잘못된 대답들 때문에 깊은 인상을 남긴다. 여기서 우리는 히브리의 예언자 신앙이 그가 대답하지 못하는, 그리고 대답하지 못하기 때문에 드러내지 않으려는 궁극적인 물음 때문에 얼마나 힘들어 하는지 단적으로 알 수 있다.

만일 기독교가 메시아 신앙의 물음에 제대로 대답할 수 있으려면 이것

---

69 『에녹서』에는 심판의 필연성과 자비의 필연성을 동시에 강조하는 삽입구들이 있다. 『솔로몬의 시편』과 『에녹의 비유』에는 모두 자비와 심판의 관계에 관한 결정적인 문제가 암시되어 있다. 참조, J. Wicks, *The Doctrine of God in Jewish Apocryphal and Apocalyptic Literature*.

70 역자주, 살라디엘(Salathiel)은 유다 왕 여고냐의 아들로 구약성서 역대상 3장 17절의 "스알디엘"과 동일인이다. "살라디엘"은 "스알디엘"의 헬라어 변형이다.

71 참조, 에스라4서 7:45. "내가 환상 중에 보니 장차 올 시대에는 기쁨을 누릴 사람은 거의 없고 많은 사람들이 고통을 당할 것이다. 악한 마음이 우리 안에서 일어나 우리를 하나님으로부터 멀어지게 하였으며, 우리를 파멸에 이르게 하였기 때문이다."
제4에스라서 7:118-120: "오, 너 아담아, 네가 무엇을 했느냐? 죄를 범한 것은 너였지만 멸망은 너 혼자만의 것이 아니라 너의 후손인 우리들까지도 멸망하게 되었다. 우리가 죽을 짓을 했음에도 불구하고 우리에게 영원한 시간이 약속되었다는 것이 우리에게 무슨 유익이 있는가? 우리가 그렇게 볼품없이 무익하게 되었음에도 불구하고 영원한 희망이 약속되어 있다는 것이 무슨 유익이 있겠는가?"

을 이해해야 한다. 그리고 만일 그리스도가 메시아 신앙의 기대들을 성취함으로써, 그리고 그런 기대들을 좌절시킴으로써 어떻게 자신을 참 그리스도로서 입증했는지 확실히 알려면 말이다.

2장

삶과 역사 의미의 계시와 성취

2장

삶과 역사의 의미의 계시와 성취

　기독교는 그리스도에게서 – 즉, 그리스도의 인격과 그의 생애의 역사에서 모두 – 그 시대의 기대들이 성취되었다는 엄청난 주장과 함께 역사의 무대에 등장하였다. 이런 주장의 특별한 형태는 하나님의 나라가 이 땅에 도래했다는 믿음 또는 예수님의 표현에 의하면 "이 글이 오늘 너희 귀에 응하였다"(눅 4:21)는 믿음이었다. 이런 주장은 그리스도의 삶과 죽음, 그리고 부활에서 역사를 주관하는 하나님의 주권이 드러났으며, 그런 주권이 입증되었다는 것이었다. 역사를 주관하는 이런 능력과 삶의 계시에서 삶과 역사는 모두 이제까지 부분적으로는 은폐되어 있었고 부분적으로는 계시되었던 그의 의미를 발견했었다. 비록 이런 계시에도 불구하고 하나님이 여전히 부분적으로는 '은폐된 하나님'(*deus absconditus*)이라는 사실이 부정되는 것은 아니지만 말이다.

　이런 불합리한 주장의 중요성을 계속해서 분석하기 전에 먼저 삶의 의미, 즉 역사의 의미와 하나님의 주권 사이의 관계를 고찰할 필요가 있다. 예언자적 메시아 신앙은 하나님의 주권의 계시와 성취를 통해 역사의 의미가 드러나고 성취되기를 기대한다. 이런 기대에 따르면 역사의 의미는 삶의 의미에 포함된다. 이것은 삶의 의미가 역사의 의미보다 우선한다는 것을 암시한다. 만일 역사의 의미가 역사를 주관하면서 동시에 역사를 초월하는 하나님의 주권을 드러내는 것에만 있다면, 그것은 명시적이지는 않지만 역사가 아무리 의미 있다 할지라도 삶에 그의 충분한 의미를 제시해 주지 못한다는 뜻이다. 모든 인간은 역사의 과정을 초월하면서 동시에 그 과정에서 벗어날 수 없다. 그가 역사와 불가분적 관계에 있는 한 삶의 의미는 역사에서 그에게 드러나야 한다. 그가 역사를 초월하는 한 삶의 의미의 원천은 역사를 초월함이 분명하다.

예언자적 메시아 신앙은 이것을 인식하고 있었다. 거기서 기대하는 것들에는 초월성의 요소가 들어 있기 때문이다. 그 신앙은 역사의 과정을 초월하지만 여전히 역사에 내재하는 하나님이 보다 완전하게 계시되기를 기대한다. 더 나아가 예언자적 메시아 신앙의 결정적인 단계는 역사가 해결할 수 없는 인간 실존의 문제를 명확하게 진술한다. 역사의 모든 삶과 모든 부분은 교만하여 하나님의 영원한 목적을 거역한다는 것이다. 이것은 오직 초월적인 자비만이 이런 반역을 극복할 수 있음을 의미한다.

삶의 의미가 역사의 의미보다 우선한다는 사실은 예언자적 메시아 신앙에서 단지 암시적으로만 인식되었다. "하나님 나라"의 무대가 되는 "세상" 또는 자연이 아무리 변형되어 숭고하게 된다 할지라도 "하나님 나라"는 지상에서 이루어질 것으로 기대되었기 때문이다. 이렇게 명시적으로 인식되지 않았던 삶의 의미가 이제 예언자 운동이 묵시문학적 성향과 함께 절정에 달하면서 부분적으로 극복되었다. 이 단계의 예언자 운동에서는 메시아가 다스리는 나라의 무대는 글자 그대로 "새 하늘"과 "새 땅"이다. 특히 중요한 것은 메시아 왕국이 이렇게 성취될 때 이전 세대의 사람들은 부활되어 역사의 종말에 참여한다는 것이다. 이것은 모든 사람들은 역사적 과정을 초월하기 때문에 영원한 것과 직접적인 관계에 있다는 사실을 상징적으로 보여주며, 또한 역사적 과정에 연루되어 있기 때문에 영원한 것과 간접적으로 관계를 맺고 있음을 상징적으로 보여주기도 한다.

삶과 역사의 의미가 그리스도와 그의 십자가에서 계시되고 성취되었다고 믿는 기독교 신앙은 어떤 의미에서 그리스적 인생관과 히브리적 인생관의 결합이다. 기독교 신앙은 그리스적 인생관과 일치한다. 그리스적 인생관은 삶의 의미가 역사를 초월한다는 사실을 이해하기 때문이다. 그러나 그리스적 인생관에서는 역사가 의미의 영역으로부터 단절되는 경향이 있으며, 삶은 역사적 과정에서 도피함으로써 성취된다. 기독교에서는 전적으로 그런 것은 아니지만 삶이 역사적 과정 안에서 성취된다. 신약성서의 신앙은 히브리적 인생관과 일치한다. 히브리적 인생관에는 삶이 역사에서 성취되기 때문이다. 비록 기독교에서는 "삶"과 "역사"의 내적인 차이가 분명하게 되었지만 말이다. 그것은 기독교가 헬레니즘에 근거하지 않고 헤브라이즘의 토대에서 발전되었지만 유대인들과 헬라인들에게 모두 선포되었기 때문이다. 다른 유형의 그리스도를 기대했던 유대인들에게 기독교가 "거치는 것"이었다면, 그리스도를 전혀 기대하지 않았던 헬라인들에게는 그보다 더 "어리석은 것"이었다.[72]

---

72 물론 신약성서에는 헬레니즘의 관점과 헤브라이즘의 관점, 신비적 관점과 묵시적 관점이 완전히 일관되게 융합되어 나타나지는 않으며, 묵시적 관점이 신비적 관점보다 언제나 주도적이지도 않다. 대체로 공관복음서들은 묵시적 관점을 견지한다. 그리고 공관복음서에 지배적인 하나님 나라 사상은 역사적-묵시적 인생관을 표현하는 개념이다. 사도 바울의 사상에서는 묵시적 관점과 신비적 관점이 서로 부자연스런 긴장관계를 유지하고 있지만 묵시적 관점이 지배적이다. 한편, 요한복음에는 신비적 관점이 우세한 가운데 두 관점이 긴장관계를 유지하고 있다. 요한복음의 "영생" 개념은 공관복음서의 "하나님 나라"가 헬레니즘의 영향을 받아 변형된 개념이다. 그러나 요한복음이 그의 전제들에 있어서 전적으로 헬레니즘적인 것은 아니다. 요한복음이 부활 개념을 유지하고 있다는 사실은 그 복음서가 공관복음적-히브리적 관점과 동근원적 관계에 있음을 시사해 준다.

헬라인들에게 그리스도는 역사에서 영원의 계시이기 때문에 어리석은 것이었다. 헬라인들이 볼 때 역사가 흐름과 변화에 종속되는 한, 역사의 토대인 영원한 의지가 계시되기를 기대하거나 그런 계시를 받아들이는 것은 불가능하다. 인간이 자기 안에 흐름과 유한성을 초월하는 영원한 '존재'의 어떤 요소를 가지는 한 영원한 의지의 계시는 불필요하다. 기독교 신앙처럼 영원한 의지와 목적의 계시가 가능하고 필연적이라고 주장하는 것은 인간과 역사의 역설을 근본적으로 받아들이는 것이다. 인간이 아무리 높은 초월적 자유의 단계에 도달한다 할지라도 자신의 능력에 의해 영원한 존재를 이해할 수는 없다. 그러나 아무리 낮은 단계의 과정과 자연에서도 인간은 자연으로부터 충분히 자유롭기 때문에 자신을 초월하는 영원한 존재의 계시 가능성들에 대해 눈이 멀 수 없음도 사실이다.

1. 예언자적 메시아 신앙에 대한 예수 자신의 해석

　기독교 공동체는 예수가 오래 전부터 기다리던 메시아라는 믿음에 의해 탄생되었다. 그러나 이런 믿음은 예언자 운동이 절정에 이른 시기에 실제로 기대하였던 것들과는 전혀 다른 것이었다. 기독교 신앙이 믿는 그리스도는 메시아 신앙의 기대와 일치하지 않기 때문에 메시아 신앙이 거부하는 바로 그 그리스도였다. 만일 예수 자신이 기존의 메시아적 기대를 부정하는 방식으로 성취하는 과정에서 자신이 직접 그 기대를 변형시키지 않았다면 기독교 신앙의 그런 수용은 불가능했을 것이다.[73]

　예수 자신이 예언자적 메시아 신앙을 어떻게 해석했는지 탐구하는 과정에서 우리는 그의 가르침 중에서 예언자적 메시아 신앙의 전통을 재해석하는 것이 아니라 수용하는 부분과 함께 시작할 필요가 있다.

---

73 인생은 언제나 하나의 불합리성이다. 그러나 그런 불합리성은 절대적 불합리성일 수 없다. 인생은 인간의 정신이 언제나 성급하게 자기중심적으로 구성하는 '의미체계'를 초월함이 분명하다. 그런 한에 있어서 인생은 불합리성이다. 그러나 인생은 완전한 불합리성일 수 없다. 그렇지 않으면 인생에 관한 어떤 언급도 신뢰를 받을 수 없을 것이다. 이런 의미에서 키에르케고르의 다음과 같은 진술은 지나치게 극단적이다. "거의 그럴듯한 또는 그럴듯한, 또는 극단적으로 그럴듯한 어떤 것은 인간이 거의 아는 또는 극단적으로 거의 아는 어떤 것이지만 믿기는 불가능한 것이다. 왜냐하면 불합리한 것은 신앙의 대상이며, 믿음의 대상이 될 수 있는 수 있는 유일한 대상이기 때문이다." *Concluding Unscientific Postscript*, translated by D. F. Swenson and W. Lowrie, p. 189. 계시와 문화의 관계에 관한 키에르케고르의 견해와 바르트의 이론 사이의 관계는 분명하다. 참조, Karl Barth, *The Doctrine of the World of God*, pp. 226ff.

1.1. 유대교 율법주의에 대한 예수의 거부감

복음서들에서 가장 명백하게 나타나는 갈등은 메시아 신앙의 유형들 사이에서 발생하는 충돌이 아니라, 예수가 그의 삶과 사역을 해석할 때 그가 의거하는 메시아 신앙과 당시의 관료적 율법주의 사이의 갈등이다. 어떤 의미에서 바리새인들과 예수의 충돌은 유대교 중심부에서 일어난 유대교 영성의 단적인 두 양상인 율법주의와 메시아 신앙 사이의 최종적인 갈등이다. 율법주의와 메시아 신앙은 부분적으로는 모순되면서 부분적으로는 서로 보완적인 관계를 유지하면서 유대교 역사 초기부터 공존하여 왔다. 신명기 법전은 율법주의를 통해 예언자 신앙을 보완하려는 노력이었으며, 예언자적 통찰들에 법적인 규정들을 제공하여 그 통찰들을 체계화하려는 노력이었다. 제2 성전의 건축과 함께 시작하여 A.D 70년 그 성전이 파괴되면서 끝나는 율법주의가 점차로 예언자 신앙보다 압도하게 되었다. 그래서 예수 당시에는 공식적인 유대교보다는 오히려 비공식적인 유대교에 의해 그의 사상에 영향을 준 종말론적 운동이 탄생되었다. 물론 율법주의와 종말론적 메시아 신앙을 구분하는 절대적 기준은 없었다. 바리새인들도 그들 자신의 고유한 종말론적 성향들을 가지고 있었기 때문이다.

율법주의는 일종의 억제되고 위축된 종교이다. 유대교에서 율법주의는 이스라엘을 이집트에서 구출해 낸 하나님이 십계명을 주어 그 민족과 언약을 체결했다는 사상에 근거한다. 그러므로 이런 율법주의는 하나님의 권고들을 성급하게 시간과 공간에 따라 달라지는 법에 제한하는 모든 유형의 율법적인 종교의식의 전형적인 예이다. 토라를 재해석하여 적용하고 확장한 탈무드는 원래의 법을 그대로 적용하는 것이 곤란해 보이는 다양한 문제들과 경우들을 원래의 법의 정신에 따라 올바로 처리하려는 노력이다. 그러나 법에 법을 더하는 정책은 역사에서 하나님의 목적을 드러내기 위한 불가피한 수단인 율법의 본질적 약점을 해결할 수 없다. 예수는 장로들의 주석들, 각주들과 재해석들이 실제로는 율법의 본질적 힘을 약화시키는 결과를 가져왔음을 알았다.

복음서들과 서신들에서 모두 발견되는 율법주의에 대한 비판은 삶에 관한 율법적 해석보다는 오히려 예언자적 해석에 대한 간접적인 통찰을 제공해 준다. 그 비판들은 다음과 같은 유형들로 분류될 수 있다.

(a) 어떤 법도 역사에서 인간의 자유를 제한할 수 없다.

율법은 인간에게 결정적인 선을 지정해 줄 수 없다. 인간의 초월성과 자기초월성 때문에 자연의 어떤 질서와 역사의 어떤 규정도 인간의 삶의 기준을 결정적으로 규정할 수 없기 때문이다. 이것이 예수의 다음과 같은 진술의 의미일 것이다. "너희 의가 서기관과 바리새인보다 더 낫지 못하면 결코 천국에 들어가지 못하리라."(마 5:20) 사도 바울은 어떤 특별한 법보다 우선하는 인간정신의 초월성을 다음과 같은 말로 강조한다. "그리스도께서 우리를 자유롭게 하려고 자유를 주셨으니 그러므로 굳건하게 서서 다시는 종의 멍에를 메지 말라."(갈 5:1) 바울의 이 말은 하나님 자신의 본성의 계시에 의해 제시된 궁극적인 자유의 법 이외의 어떤 법도 인간을 규제할 수 없다는 뜻이다.

(b) 어떤 법도 미로와 같은 인간의 내적 삶의 복잡한 깊이에서 표현되는 복합적인 동기들을 정확하게 규정할 수 없다.

예수는 그의 산상설교에서 율법을 폐지하는 정도까지 역설적으로 율법의 범위를 확장하여 살인은 물론 미움까지도 금지했으며, 이혼은 물론 정욕까지도 금지하였다.(참조, 마 5:27-48) 그러나 이것은 결국 율법이 사회적 법으로서 상대화된 것을 의미한다. 왜냐하면 예수의 그런 요구들은 사회에 의해 개인에게 강제될 수 있는 어떤 것보다 우선하기 때문이다. 율법은 하나님과 개인 사이의 문제가 된다.

(c) 율법은 악을 제어할 수 없다.

인간은 법적 규정을 이용하여 악을 도모할 수 있기 때문이다. 인간은 외형적으로 법을 따름으로써 악한 동기들을 은폐할 수 있다. "화 있을진 저, 외식하는 서기관과 바리새인들이여, 잔과 대접의 겉은 깨끗이 하되 그 안에는 탐욕과 방탕으로 가득하게 하는도다."(마 23:25) 인간은 또한 법의 준수를 불순한 자기자랑의 도구로 사용할 수 있다.[74] 율법이 궁극적 선을 규정하거나 아니면 궁극적 악을 제어할 수 있는 능력이 없음을 지적하는, 즉 인간이 덕을 자기자랑의 도구로 이용함을 지적하는 이런 비판들에서 우리는 삶과 역사에 대한 그리스도의 이해가 기존의 이해와 전적으로 다름을 볼 수 있다.[75] 이 비판들은 오직 인간역사에 영원성의 영역이 있음을 확신하고, 실존의 각 순간마다 선과 악의 높이와 깊이가 작용함을 알며, 인간 실존의 생명력을 어떤 체계에 제한하거나 삶의 무한한 가능성을 어떤 특별한 단계에 고정시킬 수 없음을 깨달을 때 비로소 이해될 수 있다.

따라서 예수와 바리새인들 사이의 갈등은 유대교에서 예언자적 메시아 신앙과 율법주의 사이의 최종적인 갈등이다. 현대 유대교에서는 율법주의적 경향과 신비주의적 경향이 모두 있지만 미래지향적인 역사적 경향은 강하지 않다. 역사관은 회고적으로 표현된다. 현대 유대인들의 삶

---

74 참조, 바리새인과 세리의 비유(눅 18:9).

75 율법에 대한 바울의 태도는 이런 비판들을 거의 모두 포함하지만, 그는 율법이 무능력하다는 중요한 생각을 추가한다. 그에 의하면 율법은 규범을 제시하기는 하지만 그 규범을 성취할 수 있는 능력을 부여해 주지는 못한다.

에는 메시아 신앙과 묵시문학적 경향이 – 그것이 여전히 유대인의 민족
정신 속에 남아 있긴 하지만 – 진보적 발전사상과 마르크스주의와 같
은 또는 하시디즘처럼 약간 이질적인 운동들과 같은 세속화된 메시아 신
앙에서 표현되지 않을 수 없었다. 기독교는 예언자적 메시아 신앙의 전
통을 수용한다. 물론 기독교 전통이 율법주의의 오류들을 되풀이하는
방식으로 수용하는 것은 아니다. 법에서 성급하게 안전을 찾고, 성급한
의와 피상적인 의미를 발견하려는 경향은 모든 삶과 문화에서 되풀이 하
여 일어나는 경향이다.

1.2. 민족주의적 배타주의에 대한 예수의 거부감

　예언자적 메시아 신앙에 내재하는 민족주의적 요소에 대한 예수의 거
부감은 예언자적 메시아 신앙에 관한 해석에서 그가 가장 강조하는 요
소라 할 수는 없다. 그렇지만 예수가 민족주의적 경향의 메시아 해석들
을 거부하고 있음은 분명하다. 비록 수로보니게 여신과의 만남에서 민족
주의적 해석의 흔적들이 남아 있긴 하지만 말이다. "나는 이스라엘 집의
잃어버린 양 외에는 다른 데로 보내심을 받지 아니하였도다"라는 단언
은 예수 자신의 본래 의도와는 다를 수도 있다. 이런 사실은 예수 자신이
그 이방 여인에게 보증해 준 다음과 같은 말에서 입증된다. "여자여, 네
믿음이 크도다. 네 소원대로 되리라."(마 15:21ff.; 막 7:24)
　선한 사마리아인의 비유에는 민족주의적 메시아 신앙에 대한 부정적
인 입장이 명백하게 나타나 있으며, 광야에서의 시험은 메시아의 출현과
함께 민족적 승리가 이루어질 것이라는 생각을 부정하고 있다(참조, 마
4:1ff). 복음서에서 민족주의에 대한 가장 완벽한 거부감은 세례 요한의

다음과 같은 말에서 발견될 수 있다. "아브라함이 우리 조상이라고 생각하지 말라. 내가 너희에게 이르노니, 하나님이 능히 이 돌들로도 아브라함의 자손이 되게 하시리라."(마 3:9) 여기서 예수는 저급한 민족주의적 메시아 신앙을 거부하는 예언자적 보편주의의 최고 통찰에 따라 하나님이 선택한 도구들, 특히 그가 선택한 이스라엘 민족보다 하나님의 자유가 더 우선한다는 사실을 선언하고 있다. 하지만 사도 바울이 이방인들에게 복음을 전파하는 것이 정당함을 선언하고, 기독교인들에 대한 유대교 율법의 유효성을 거부하고, "하나님의 이스라엘"로서의 민족을 교회로 대치할 때까지 기독교는 민족주의적 배타성을 완전히 극복하지 못하고 있었다. 예수가 예언을 해석할 때 민족주의를 거부했다는 사실이 중요하긴 하지만 이것이 예수의 메시아 신앙의 궁극적인 성취라고 생각하는 것은 전적으로 잘못이다. 비록 예수의 삶과 사역에서 어떤 도덕적 덕목들이 최고의 발전단계에 이르렀을 뿐 그 이상의 의미는 없다고 생각하는 현대의 기독교 해석들이 흔히 예수의 메시아 신앙을 이 정도로 한정하긴 하지만 말이다.

1.3. 예언자 신앙이 제기한 문제에 대한 유대교 메시아 신앙의 대답을 거부하는 예수

이미 언급되었듯이 예언자 신앙이 제기한 문제에 대해 메시아 신앙은 적절한 대답을 제시하지 못했다. 그리고 이런 문제는 점점 더 모호하게 되었는데, 이것은 부분적으로는 이스라엘 역사의 부침 과정에서 불의한 자에 대한 의로운 자의 승리를 강조하고 보다 궁극적인 문제를 도외시하였기 때문이며, 부분적으로는 예언자 신앙의 궁극적 문제가 인간의 자존과 대립되었기 때문이며, 부분적으로는 그 문제가 메시아 신앙의 한계 내에서는 대답될 수 없는 문제였기 때문이다. 이런 궁극적인 문제는 인간역사의 도덕적 종교적 성취들의 어떤 단계에서는 인간역사가 하나님의 뜻과 모순된다는 사실 때문에 발생하였다. 어떤 "결정적" 심판에서는 의로운 자가 의롭지 않은 것으로 입증되는 경우가 있듯이 말이다. 그러므로 역사의 결정적인 불가해성은 어떻게 의로운 자가 불의한 자에 대해 승리할 것인가 하는 것이 아니라 모든 선에 내재하는 악과 의로운 자의 불의가 어떻게 극복될 수 있는가 하는 것이다.

이런 불가해성은 국가적 교만에 관한 아모스의 엄격한 분석에서 시작하여 예언서 전체를 관통하여 흐르는 예언자적 역사해석과 밀접한 관계가 있었다. 그러나 이런 불가해한 수수께끼는 예수가 그것을 메시아 신앙에 관한 그의 해석의 주제로 삼기 전까지는 여전히 부분적으로만 드러났을 뿐 아직 완전히 해결되지 않은 채 남아 있었다. 마지막 심판에 관한 예수의 비유는 이런 재해석의 논리를 가장 완벽하게 보여준다(참조, 마 25:31-46). 양과 염소, 즉 의로운 사람과 불의한 사람을 구분하는 메시아적 심판을 그리는 그 비유의 상징은 묵시문학에서 반복적으로 등장하는 주제였다. 예수는 묵시문학의 그런 주제를 수용하여 자신의 독창적인 방식으로 재해석하였다. 역사는 메시아가 출현하여 의로운 사람을 인정하고 악한 사람을 멸망시킴으로써 완성된다는 것이다. 그러나 예수는 묵시문학의 그런 주제에 중요한 한 가지를 추가하였다. 의로운 사람들은 겸손하여 자신들이 의롭다는 생각을 하지 않았다는 것이다. 그들은 심판관의 칭찬에 대해 다음과 같이 고백하였다. "주여, 우리가 어느 때에 주께서 주리신 것을 보고 음식을 대접하였으며, 목마르신 것을 보고 마시게 하였나이까? 어느 때에 나그네 되신 것을 보고 영접하였으며, 헐벗으신 것을 보고 옷 입었나이까? 어느 때에 병드신 것이나 옥에 갇히신 것을 보고 가서 뵈었나이까?"(마 25:37-39) 의로운 사람들은 자기들이 이런 인정을 받을 만한 일을 하지 않았다고 생각하여 후회하였으며, 불의한 사람들도 마찬가지로 그들의 죄를 의식하지 못하였다. 의로운 사람들과 불의한 사람들의 차이는 아주 분명하다. 동료들을 섬기는 사람들이 있고 그렇지 않은 사람들이 있다. 그러나 섬기는 사람들은 마지막 심판 때에 그들이 생명의 법을 완전히 실천하지 못했음이 드러나게 된다는 사실을 의식하고 있다. 그러나 섬기지 않은 사람들은 너무나 이기적이어서 그들의 죄를 알지 못한다. 따라서 예수가 생각하는 마지막 심판은 예언자적 메시아 신앙의 두 수준, 즉 순수하게 도덕적인 수준과 초도덕적인 수준을 모두 포함한다. 예수의 확신에 의하면 역사에서 선과 악의 구분이 폐지되는 것은 아니다. 그렇지만 마지막 심판에서는 자기 자신이 의롭다고 생각하는 사람들이 그대로 의롭다고 인정되지는 않는다. 바리새인들의 독선과 예수의 갈등은 바로 예수의 이런 확신에 기인한다. 예수는 다음과 같은 이유로 스스로 의롭다고 생각하는 바리새인들보다 회개한 세리를 더 의롭다고 인정했다. "누구든지 자기를 높이는 자는 낮아지고, 누구든지 자기를 낮추는 자는 높아지리라."(마 23:12)

예수의 메시아 사상이 공격적이었으며, 거부될 수밖에 없었던 것은 바로 이런 이유 때문이었다. 예수의 메시아 사상이 한 민족의 배타성을 정면으로 공격했다는 사실은 인간으로서의 인간의 자존심에 상처를 주는 더 큰 공격과 비교할 때 중요한 것이 아니었다. 예수의 메시아 사상이 "공격적"으로 받아들여졌던 두 번째 이유는 삶과 역사에 대한 이런 재해석에 의해 강조된 문제에 대해 그가 제시한 대답 때문이었다. 이런 그의 대답은 인자가 고난을 받아야 한다는 예수 자신의 말에 가장 간명하게 진술되어 있다(참조 막 8:31). 그 대답은 승리하는 메시아 이외의 어떤 다른 사상도 인정하지 않았던 기존의 메시아 사상에 고난 받는 메시아라는 파격적인 사상을 끌어들이는 것이었다. 인자가 고난을 당해야 한다는 생각은 다니엘서와 에녹의 묵시록에 나타나는 관념과 이사야서 53장에 나타나는 "고난 받는 종" 사상의 결합이다. "인자"는 거룩한 승리자이자 심판자이며, 그들을 통해 역사가 완결된다. 고난 받는 종은 메시아의 상징이 아니다. 만일 그렇다 할지라도 대단히 부차적인 의미에서만 그렇다. 고난 받는 종이 메시아의 상징으로 받아들여졌다면 그런 상징은 개인 보다는 오히려 고난당하는 민족을 가리키기 위해서였을 가능성이 가장 크다. 만일 그렇다면 그것은 세상에서 이스라엘의 사명과 승리는 다른 민족들에 대한 통상적인 승리에 의해서가 아니라 다른 민족들의 죄를 대신하여 당하는 고난에 의해 성취될 것임을 암시함으로써 이스라엘의 고난에 더 고차원적인 의미를 부여하기 위한 것이었다. 예수가 그랬듯이 하나님의 대리자인 메시아가 고난을 당해야 한다고 선언하는 것은 대리적 고난이 역사에서 의미의 궁극적 계시라고 생각하는 것이다. 그러나 역사의 모호성을 궁극적으로 정화시키고 하나님의 절대적 주권을 드러내는 것은 역사의 어떤 힘이 아니라 하나님의 대리자의 대리적 고난이다.

루돌프 오토가 올바로 지적하듯이 이사야서에 나타나는 고난 받는 종과 묵시문학에 나타나는 인자 사상의 이런 종합은 "어떤 무명의 교회에서 변증론이 점진적으로 성장하면서 조금씩 형성된 것이 아니다. ... 그런 종합은 자기가 사탄에 대해 승리했을 때 하나님의 나라가 실제로 임했다고 생각할 수 있었던 어떤 인물의 대단히 독창적인 사상 때문이었다."[76]

그런 종합은 지금까지 무관했던 두 개념들, 즉 메시아적 개념과 반-메시아적(quasi-Messianic) 개념을 단순히 대조시키는 것 이상의 어떤 것이다. 그런 종합은 역사의 의미를 신중하게 재해석하는 것이다. 만일 역

76 *The Kingdom of God and Son of Man*, p. 255.

사의 의미의 계시가 죄 없는 개인이나 민족의 대리적 고난을 통해 주어진다면 이것은 둘 중의 하나이다. 그것은 대리적 사랑이 역사에서 작용하는 하나의 힘으로서 점차적으로 악에 대해 승리하고 그렇게 함으로써 비극이 종결되게 한다는 의미일 수도 있다. 이것은 그리스도의 십자가에 대한 진보적 기독교의 낙관적인 해석이다. 이런 해석에 따르면 역사에서 사랑의 힘은 십자가에 의해 상징되듯이 비극적으로 시작하지만 결국은 승리한다. 그런 사랑은 악을 극복한다. 그러나 역사에서 고난 받는 종에 관한 사상은 대리적 사랑이 역사에서 패배하여 비극적인 채로 남아 있지만, 그것이 궁극적으로 옳고 참되다는 인식에서 그의 승리를 가진다는 의미일 수도 있다. 그런 비관적인 개념은 역사에서 악이 문제를 여전히 미해결인 채로 남겨 놓는다. 역사의 악은 어떻게 극복되는가? 죄 없는 사람이 죄의 힘에 의해 고난을 당하는데, 그런 죄의 힘은 무한히 계속될 것인가? 역사는 명백한 악의 승리가 끊임없이 반복되는 장인가? 선의 승리는 단순히 자신이 의롭다고 확신하는 내적 승리에 불과한가?

예수의 종합에 따르면 고난 받는 종은 단순히 역사의 한 인물이 아니라 하나님의 대리자이다. 그런 종합은 단순한 낙관주의적 해석과 순전히 비극적인 해석을 모두 능가한다. 인간의 불공평 때문에 고난 받는 것은 하나님이다. 그는 세상의 죄를 스스로 짊어진다. 말하자면 역사의 모순들은 역사에서 해결되지 않는다. 그러나 그런 모순들은 영원한 신적인 단계에서 궁극적으로 해결된다. 하지만 악을 파괴하는 영원한 신적인 존재는 역사 자체를 파괴함으로써 선과 악을 모두 지워버리는 무차별적인 영원성은 아니다. 하나님의 자비가 역사에서 드러나야 한다. 그래서 인간이 역사에서 자신의 죄와 구원을 확신하게 되어야 한다. 메시아는 "많

은 사람을 위한 대속물"로 그의 생명을 주어야 한다.[77]

따라서 메시아 신앙에 대한 예수 자신의 해석에는 다음과 같은 파격적인 두 사상이 포함되어 있다. 첫째, 의인들이 마지막 심판에서는 불의한 사람들이다. 둘째, 역사에 대한 하나님의 주권이 확립되고, 악에 대한 그의 승리는 악한 자들을 멸함으로써가 아니라 자신이 직접 그 악을 담당함으로써 이루어진다. 주목할 것은 첫 번째 사상은 물론이고 두 번째 사상도 – 그것이 비록 외적인 형태에 있어서 파격적이긴 하지만 – 이미 예언자 신앙에 내포되어 있다는 사실이다. 마지막 심판에서는 의로운 사람들과 불의한 사람들 사이의 구별이 사라진다는 사상이 가장 급진적인 예언자적 역사분석에 내포되어 있는 것과 마찬가지로, 하나님이 역사에서 고난을 당한다는 사상도 유대교의 예언자 사상, 즉 하나님은 영원한 동일성에 머무는 어떤 부동의 원동자가 아니라 역사에 직접 개입한다는 예언자 사상에 이미 포함되어 있다.[78]

메시아 신앙에 관한 예수의 재해석이 가지는 모호성과 파격적 성격은 유대인들의 배척을 촉발했을 뿐만 아니라, 그의 제자들도 당황하여 의심을 일으키게 하였다. 자신이 고난을 받게 될 것이라는 예수의 예고에 대해 베드로는 다음과 같이 반응했다. "주여, 그리 마옵소서. 이 일이 결코 주께 미치지 아니하리이다."(마 16:22) 베드로의 이런 반응은 기독교 진리

---

77 루돌프 오토에 따르면 '속전'(*lutron*, ransom)은 상업적-사법적 의미를 가지기 이전에 고유한 종교적 의미를 가진다. 이런 속전의 희생에 의해 종교적 죄가 덮어지거나 제거되었다. *Ibid.*, p. 259.

78 그런 사상이 구약성서 신학에 내재되어 있었지만 결코 유대교에서 명시적으로 드러난 적은 없었다. 몬테피오레(C. C. Montefiore)에 따르면 "랍비의 전통에 따르는 유대교는 그 후의 모든 유대교와 마찬가지로 '고난 받는 하나님' 사상을 전적으로 부정하였다. 구약성서를 보완하거나 확장하는, 또는 구약성서의 한계를 넘어서는 고난이 랍비 전통의 유대교에서 주제로 다루어지지 않은 것은 아마도 이런 이유 때문이었을 것이다. 랍비들은 의도적으로 순교를 찬양하였지만, 오늘날 우리 대다수가 인정하는 고난에서 빛나는 영광은 그들의 생각에 없었다." *A Rabbinic Anthology*, p. xli.

에 대해 기독교 신앙 외부에서 뿐만 아니라 내부에서도 발생하는 저항의 상징으로 간주될 수도 있다. 예수를 중심으로 하는 종말론적 공동체는 예수의 그런 고난이 역사적 사실로 나타날 때까지 예수의 그런 생각을 이해할 수 없었다. 그렇지만 그것이 역사적 현실로 나타났을 때조차도 기독교의 궁극적 진리는 쉽게 수용되지 못했다. 그 진리는 단번에 수용될 수 없었다. 기독교 역사는 인간이 진리라고 생각하는 진리와 싸우는 그리스도의 진리의 역사였다.

1.4. 예수의 종말론 이해

예언자들과 묵시가들은 하나님의 주권을 드러내고 확립하게 될 종말을 기대하였으며, 삶의 의미가 밝혀지고 성취될 종말을 기대하였다. 예수 자신의 재해석에서는 역사의 종말에 기대되는 이 두 양상들이 적어도 부분적으로는 분리된다. 이런 분리는 어떤 때는 "하나님의 나라가 임했다"고 선언하고 어떤 때는 "하나님의 나라가 올 것이다"고 선언하는 이중적인 주장에서 암시되어 있다. 역사는 한편에서는 숨겨진 하나님의 주권이 드러나고 삶과 역사의 의미가 계시될 때 그 정점에 달했으며, 다른 한편에서는 메시아가 승리자로 다시 임할 때 완성될 그 종말을 여전히 기다리고 있다. 예수가 "고난 받는 종"이란 개념과 "인자"라는 개념을 종합했을 때, 이것은 결국 그가 첫 번째 온 것은 고난 받는 종으로서 온 것이며, 두 번째 올 때는 승리한 인자로서 올 것이라는 의미를 내포하고 있었다.[79]

---

79 나보로우(F. D. V. Narborough)는 이 문제를 심도 있게 분석하면서 다음과 같이 주장한다. "우리 주님이 그 당시 … 종의 역할을 받아 들였듯이, 그는 '인자'를 다시 올 시대에

메시아 사상의 성취와 관련하여 이렇게 두 측면을 구분한 것은 예수의 사상에서 전혀 새로운 것은 아니었다. 후기 묵시문학에서 보면 메시아의 도래와 마지막 심판, 부활과 역사의 종말은 동시적으로 일어나지 않는다.[80] 예수 자신의 해석에는 실제로 그가 고난 받는 종으로서 첫 번째 올 때 사탄과 악의 세력에 대한 승리가 있었다. 그렇지만 궁극적인 승리는 "인자가 아버지의 영광으로 그 천사들과 함께 와서 각 사람이 행한 대로 갚을"(마 16:27) 때까지 연기되었다. "예수가 와서 실제로 메시아적 예언들을 성취했다고 주장하며 신약성서에 약속된 재림의 의미를 약화시키는 현대의 '실현된 종말론' 이론은 타당하지 않다. '재림'에 관한 신약성서의 희망에서 구체화된 사상은 기독교적 역사해석과 신약성서의 올바른 이해를 위해 필수적이다."[81]

"하나님의 나라가 이미 왔다"는 생각과 그 나라가 "지금 오고 있다"는 생각의 이중성에는 역사가 종말을 향한 도상에 있다는 의미가 함축되어 있다. 누룩과 겨자씨에 관한 예수의 비유의 의미가 무엇이든, 그가 생각하는 하나님 나라는 그의 고난과 죽음을 통해 역사에 개입하여 역사를 점진적으로 현재의 상태와 전혀 다른 어떤 것으로 변형시키는 힘이 아니었음은 분명하다. 역사에서 작용하는 사랑의 힘에 관한 현대의 진보적 해석과는 전혀 다르게 예수는 복음을 전파하면 역사에서 악이 사라질 것이라는 희망을 좌절시켰다. 그는 제자들에게 경고했다. "귀신들이 너

그가 행할 역할로 받아들였던 것처럼 보인다." A. E. J. Rawlinson(ed.), *Essays on the Trinity and Incarnation*, 2장.

80 외스털리(W. O. E. Oesterley)에 따르면 "구약성서와 묵시문학서들에서는 '마지막 때'가 결코 언제나 또는 필연적으로 모든 것의 종말을 의미하지 않는다. 비록 마지막 때가 언제일지에 관해서는 결코 정확하게 언급되어 있지 않지만 그 때는 언제나 새로운 시대가 시작되기 이전에 일어나는 하나의 과정으로서 제시되어 있다." *Doctrine of Last Things*, p. 195.

81 "실현된 종말론"에 관해서는 참조, C. H. Dodd, *The Gospel and History*.

희에게 항복하는 것으로 기뻐하지 말고 너희 이름이 하늘에 기록된 것으로 기뻐하라."(눅 10:20) 고난 받는 사랑으로서 역사에 등장하는 사랑은 역사에서 고난 받는 사랑으로 남아 있어야 한다. 이런 사랑은 역사의 확실한 법칙이기 때문에 역사에서도 일시적으로 승리할 때가 있다. 인간역사는 완전히 자기모순적일 수 없기 때문이다. 그렇지만 역사는 실제로는 사랑의 법과 모순된다. 예수는 역사에서 선의 성장은 물론 악의 성장도 예상했다. 종말의 징조들에는 "전쟁과 전쟁의 소문들"이 있을 것이며, 거짓 그리스도의 출현이 있을 것이다(마 24:6).[82]

이와 같이 그리스도 이후의 역사를 역사의 참 의미가 드러나는 시기와 그 의미가 완전히 실현되는 시기 사이의 중간기, 즉 신적인 주권의 계시와 그 주권의 완전한 확립 사이의 중간기로 이해할 때, 역사에 여전히 존속하는 내적 모순의 한 요소는 그 역사의 영원한 특성으로 받아들여진다. 죄는 원칙적으로는 극복되지만 실제에 있어서는 극복되지 않는다. 사랑은 승리하는 사랑보다는 오히려 고난 받는 사랑으로 계속 존속되어야 한다. 이런 구분은 모든 유형의 진정한 기독교 신앙에서 역사를 해석하는 본질적인 범주가 되는데, 아주 최근에 현대의 감상적인 기독교 신앙 형태들에서는 제거되었다.

예수 자신의 해석에는 심각해 보이지만 실제로는 그렇게 중요하지 않은 하나의 변화가 있었음이 분명하다. 그는 하나님 나라의 첫 번째 수립과 두 번째 수립 사이의 역사적 중간기가 짧을 것이라고 생각했다.[83] 사

---

82 예수 자신의 종말론에 들어있는 이런 요소는 드디어 역사의 종말에 출현하는 "적그리스도"에 관한 요한 서신들의 묘사에서 결정적으로 표현된다. 엄밀한 의미에서 이런 상징적 묘사는 '과정'을 하나님의 나라와 동일시하는 현대의 모든 진보적 해석들을 거부한다. 이런 주제에 관해서는 이 책의 10장에서 모다 자세히 다루어질 것이다.

83 "내가 진실로 너희에게 이르노니 이스라엘의 모든 동네를 다 다니지 못하여 인자가 오리라."(마 10:23) "진실로 너희에게 이르노니, 여기 서있는 사람 중에 죽기 전에 인자가 그 왕권을 가지고 오는 것을 볼 자들도 있느니라."(마 16:28)

도 바울과 초대교회는 이런 생각을 가지고 예수를 따랐으며, 그 결과 처음 제자들이 살아 있을 때 예수의 재림(parousia)이 있을 것이라는 잘못된 기대를 하게 되었고 그런 기대는 실망으로 바뀌게 되었다. 이런 오류는 시간과 영원의 관계에 관한 잘못된 판단 때문이었다. 영원 속에서 시간의 완성과 종말을 묘사하는 '마지막 일들'(eschata)이 축자적으로 이해되었으며, 그 결과 그런 마지막 일들이 시간 속의 한 순간에 일어날 것으로 기대되었다. 역사의 궁극적 완성이 현재의 한 순간에 일어난다는 생각, 즉 이런 완성이 곧 일어날 것이라는 긴박감이 연대기적인 개념들로 표현되었으며, 그렇게 함으로써 "임박한 미래학", 즉 역사의 완성이 연대기적으로 임박해 있다는 느낌으로 바뀌게 되었다.

재림에 관한 신약성서의 견해를 재해석할 때 – 역사와 초역사(부활과 심판과 같은 초역사)의 관계를 다루는 모든 사상들을 재해석 할 때 – 성서의 상징적 표현들을 문자적으로 이해하지 않는 것이 중요하다. 그런 상징들이 문자적으로 이해된다면 역사와 초역사의 변증법적인 관계에 관한 성서의 사상은 왜곡되어진다. 왜냐하면 그럴 경우 역사의 완성은 단순히 또 다른 시간-역사가 될 것이기 때문이다. 만일 상징적 표현들이 상징으로 진지하게 이해되지 않는다면 성서의 논리는 파괴된다. 왜냐하면 만일 그럴 경우 영원이란 개념은 역사가 파괴되지만 완성되지는 않음을 의미할 것이기 때문이다.

신약성서의 견해에서 이런 유례없는 조정은 그렇게 심각한 의미가 있는 것이 아니기 때문에 여기서 사용된 '중간 시기'(interim)에 관한 생각은 알베르트 슈바이처의 생각과 구분되어야 한다.[84] 슈바이처에 따르면 예수는 자기가 곧 다시 돌아올 것이라고 생각했는데, 예수의 윤리와 종교는 모두 바로 이런 생각에 토대를 두고 있었다. 슈바이처의 견해에 의하

---

84 참조, *The Quest of the Historical Jesus*.

면 예수가 가르친 윤리가 절대성을 가지는 것은 '시간이 촉박하다'는 믿음 때문이다. 그러나 실제로는 예수의 윤리의 절대성은 인간과 역사의 실제적 구조, 즉 자연의 우연성과 시간의 필연성을 초월하는 인간의 초월적 자유와 일치한다. 그러므로 사랑 안에서 생명과 생명의 궁극적인 조화만이 인간 존재의 궁극적 규범일 수 있다. 그렇지만 인간의 현실 역사는 우연성과 필연성에 종속되며, 그의 의존성과 유한성을 회피하려는 불순한 노력에 의해 부패하게 된다. 시간이 촉박하다는 관념은 역사의 이런 한계와 부패가 인간의 본성을 규정하는 궁극적인 기준이 아니라는 기독교의 이해를 표현하고 있다.

이와 같이 신약성서의 견해를 재구성해 볼 때, 역사가 예수의 첫 번째 오심과 두 번째 오심 사이의 '중간기'라는 생각은 인간 실존의 모든 사실들을 조명하는 의미를 가진다. 예수의 첫 번째 오심 이후 역사는 그의(역사의) 진정한 의미를 부분적으로 아는 자질을 가진다. 인간이 자신의 참된 본성을 완전히 부정할 수 없는 한, 역사는 그 의미를 실현한 중요한 사건들이 어떤 사건들이었는지 드러내 보여준다. 그럼에도 불구하고 역사는 언제나 실제로는 그의(역사의) 진정한 의미와 정반대로 흐른다. 그래서 역사에서의 순수한 사랑은 언제나 고난 받는 사랑이어야 한다. 그러나 역사의 모순들이 인간의 본성을 규정하는 기준일 수는 없다. 만일 역사가 그리스도의 시각에서 관찰된다면 말이다. 그리스도인들에게 있어서 마지막 심판과 완성을 기다리는 것은 역사의 '기준'을 대표하는 유사선과 구체적인 악으로부터의 해방을 의미한다. 따라서 복음이 요구하는 절대적인 윤리적, 종교적 기준들은 비현실적인 것이 아니다. 비록 그리스도의 임박한 재림에 대한 기대가 2세기 이후의 교회 내에서는 아주 드물게 현존하는 희망이긴 하였지만 말이다. 임박한 재림에 관한 사상도 만일 그것이 상징적으로 이해된다면 부적절한 것이 아니다. 왜냐하면 그 사상은, 시간의 모든 순간은 삶의 성취를 위해서 중요한 순간일 뿐만 아니라 죽음의 붕괴를 향하여 인간을 재촉하기도 한다는 생각을 표현하고 있기 때문이다. 죽음의 이런 사실은 무의미성과 함께 삶을 위협한다. 만일 인간이 '희망에 의해 구원되지' 못한다면, 그리고 그가 인간의 역사성이든 초역사성이든 어느 것도 삶의 의미를 파괴하지 않는다는 방식으로 삶을 이해하지 못한다면 말이다. 삶과 역사를 그리스도에 의해 주어진 의미에 따라 이해한다면 절망에 빠지지 않고 현재의 어떤 혼돈이나 미래의 어떤 위험도 관찰할 수 있다. 삶과 역사를 그렇게 이해하는 사람은 삶을 관찰하는 유리한 지점에 서서 순간의 안전이 역사의 흥망성쇠에 의해 그리고 모든 역사를 넘어서는 죽음의 사실에 의해 영원히 파괴된다는 사실을 깨달을 수 있기 때문이다.

이런 믿음은 바울의 다음과 같은 고백에서 완벽하게 표현되어 있다. "누가 우리를 그리스도의 사랑에서 끊으리요? 환난이냐? 곤고냐? 핍박이냐? 기근이냐? 적신이냐? 위험이냐? 칼이냐? 그러나 이 모든 일에 우리를 사랑하시는 이로 말미암아 우리가 넉넉히 이기느니라. 내가 확신하노니, 사망이나 생명이나 천사들이나 권세자들이나 현재 일이나 장래 일이나 높음이나 깊음이나 다른 아무 피조물이라도 우리를 우리 주 그리스도 예수 안에 있는 하나님의 사랑에서 끊을 수 없으리라."(롬 8:35, 37-39)

2. 기독교에 의해 수용된 메시아 신앙

계시와 믿음은 불가분적 관계에 있다. 이 둘 사이의 상호관계는 불가분적이기 때문에 믿음이 없이는 계시가 완성될 수 없다. 그리스도 안에서 하나님의 계시, 삶과 역사를 주관하는 하나님의 주권, 삶과 역사의 의미 해명은 믿음이 없이는 이해될 수 없는 진리를 믿음에 의해 이해할 수 있을 때 비로소 완성될 수 있다. 그 진리는 인간이 전혀 이해할 수 없는 것은 아니었다. 그 진리가 전혀 이해될 수 없는 것이었다면 사람들이 그리스도를 기다릴 수도 없었을 것이다. 그럼에도 불구하고 그것은 인간 이해의 한계를 초월한다. 그렇지 않았으면 그리스도가 배척당하지 않았을 것이다. 그것은 믿음에 의해 이해될 수 있는 진리이다. 그러나 그렇다면 믿는 사람들 마음에는 그들이 이런 이해에 도달할 수 있었던 것은 어떤 도움에 의해서였다는 의식이 있다. 이런 의식은 다음과 같은 고백에 잘 요약되어 있다. "성령으로 아니하고는 누구든지 예수를 주시라 할 수 없느니라."(고전 12:3) 그리고 그런 의식은 그리스도를 주로 고백한 베드로의 고백에 대한 그리스도의 다음과 같은 대답에서도 암시되어 있다. "이를 네게 알게 한 이는 혈육이 아니요 하늘에 계신 내 아버지시니라."(마 16:17)

그리스도의 계시는 작은 기독교 공동체가 그리스도의 삶과 가르침, 그리고 무엇보다도 그리스도에 의해 "많은 사람들을 위한 대속물"로 이해된 십자가에서의 희생적 죽음을 포함한 서사시적 이야기 전체를 개관할 때까지 완결되지 않았다. 이 서사시적 역사에는 그 공동체가 직접 경험한 이야기뿐만 아니라 기대의 역사도 포함되어 있다. 그리스도는 만일 사람들이 그를 기다렸던 기다림의 역사가 없었다면 그리스도일 수 없었을 것이다. 이런 이유 때문에 복음서들은 – 특히 마태복음은 – 많은 양을 할애하여 예언의 성취를 중요하게 다루었다. 비록 기대와 성취 사이의 상관관계들이 종종 기계적이고 문자적인 방식으로 진술되기는 하지만 말이다. 기독교 신앙이 "진실로 이 사람은 하나님의 아들이었도다"라는 고백에 도달하게 된 것은 그리스도와 관련된 이런 역사 전체가 기대와 성취의 관점에서 이해되었기 때문이다. 만일 그리스도 안에서 하나님 계시가 단순히 고차원적인 '하나님 의식'에 관한 기록이었거나, 단순히 인간이 하나님을 찾는 과정에서 도달한 최고의 결과였거나, 아니면 고차원적인 덕의 묘사였다며, 만일 그리스도가 단순히 자신의 덕에서 하나님의 덕을 상징적으로 나타냄으로써 하나님을 우리에게 드러내 보여주었다면, (이런 가정들은 모두 기독교 계시에 대한 자유주의적 해석들인데) 계시는 그 자체로 완전하였을 것이다. 그 계시는 인간이 그의 이성에 의해 이해하고 인정하며 그의 성장하는 지혜와 발전하는 문화를 위해 이용하는 역사적 사실이거나 역사적 탐구였을 것이다. 그러나 삶과 신앙에 관한 그런 해석들은 인생에서 중요한 것이 무엇인가 하는 것에 관한 철저하고 깊은 분석에 기초한 것이 아니다. 그런 해석들에 의하면 인생에서 중요한 것은 최고 형태의 미덕을 발견하는 것이며, '인간이 최고의 열정을 가지고 헌신할 만한 가치가 있는 것'이 무엇인지 배우는 것이다. 그런 해석들은 인생이 유한성과 초월성의 양면성을 가진다는 사실을 이해하지 못하며, 인간이 처한 상황의 연약함과 의존성과 불만족으로부터 도피하려는 성급하고 자기만족적인 시도의 결과 발생한 죄의 부패성이 얼마나 복합적인지 이해하지 못한다.

지식과 지혜가 절정에 달하고 그 결과 덕이 쌓이면 역사의 문제가 저절로 해결된다고 생각하는 곳에서는 어디든지, 역사와 영원성의 복합적 관계들이 모든 단계의 역사의 특성으로 인식되지 못할 때는 언제든지 하나님이 그리스도 안에서 계시되었다는 기독교의 주장은 진지하게 받아들여질 수 없다. 바로 이런 이유 때문에 자유주의 기독교는, 왜 그리스도가 역사상의 선한 어떤 인물들보다 더 신적인 존재로 존중되어야 하는지, 또는 어떻게 진화론적 발전에 의해 우리가 최고로 헌신할 만한 가치가 있는 더 높은 차원의 미덕이 창출될 수 없다고 확신할 수 있는지 하는 물음에 대해 만족할 만한 답을 줄 수 없다.

2.1. "하나님의 지혜와 하나님의 능력으로서" 십자가에 달린 그리스도

오랫동안의 기대들이 그리스도에게서 성취되었다는 기독교 공동체의 믿음, 하나님의 숨겨진 주권이 완전히 계시되었다는 믿음, 그리고 삶의 의미가 계시되고 성취되었다는 믿음은 바울에 의해 단적으로 표현되었다. 그에 의하면 그리스도는 헬라인들에 의해서는 기대되지 않았으며("헬라인들에게는 어리석은 것"), 유대인들이 기대했던 그리스도가 아니었지만("유대인들에게는 거치는 것") "부르심을 입은 자들에게는 유대인이나 동시에 헬라인이나 하나님의 능력과 하나님의 지혜이다"(고전 1:23-24). "율법은 모세로 말미암아 주신 것이요, 은혜와 진리는 예수 그리스도로 말미암아 온 것이라"(요 1:17)는 요한의 단언은 약간 다르기는 하지만 그리스도의 의미에 거의 동일하게 정의하고 있다.

그리스도 안에 있는 '지혜'와 '진리'는 부분적으로는 계시되었고 부분적으로는 불명료했던 삶과 역사를 주관하는 하나님의 목적과 의지이다. 기독교는 그런 하나님의 목적과 의지가 지금 완전히 드러났다고 단언한다. 그리스도 안에 있는 능력과 은혜는 삶과 역사를 주관하는 하나님의 주권이 가진 역동적 권위이다. 이 주권이 전에는 역사에서 실현된 선에 의해 부분적으로 계시되었고 죄의 도전에 의해 부분적으로 가려져 있었다. 기독교는 이런 하나님의 능력이 이제 확실히 정립되었고 드러났기 때문에 그것을 능가할 수 있는 어떤 다른 능력을 요구할 수 없다고 단언한다.

인간의 역사는 자신의 관점으로부터는 완전히 파악될 수 없고 자신의 능력에 의해서는 성취될 수 없다. 그러나 그리스도 안에 있는 지혜와 능력은 삶에 의미를 부여해 주고 그 의미의 성취를 보증해 준다.

그러나 그리스도의 이런 계시에서 삶의 문제에 궁극적인 대답을 제시해 주는 것은 무엇이며, 자유자이면서 속박되어 있는 자는 누구이며, 유한하면서 그 유한성을 초월하는 자는 누구이며, 이런 상황에 의해 죄에 빠지는 자는 누구인가? 기독교 신앙에 관한 현대의 어떤 감성적 해석들이 기독교 계시에 관해 주장했듯이 하나님은 보복적인 분이라기보다는 오히려 자비로운 분이라고 단순하게 말할 수는 없다. 구약성서와 신약성서를 단순하고 감성적으로 대립시킨다면 의미 있고 궁극적인 어떤 대답도 얻지 못한다. 신약성서에서는 대속이 성육신의 중요한 내용이다. 그리스도가 "하나님의 본체의 형상"(히 1:3)이라고 말하는 것은 그리스도의 삶과 죽음이라는 서사시적 사건에서 역사를 주관하는 하나님 능력의 결정적 신비가 분명히 드러났으며, 그와 함께 삶과 역사에 그의 진정한 의미가 부여되었음을 주장하는 것이다.

예언자들은 하나님의 진노와 정의에 관해 확신하고 있었지만, 하나님의 자비에 관해서는 비교적 덜 확신하고 있었다. 그들은 자비가 있음을 알고 있었다. 그들은 역사의 과정을 통해 하나님의 진노는 물론 그의 "오래 참음"을 보았기 때문이다. 그러나 그들은 자비가 하나님의 정의와 모순된다고 생각했기 때문에 하나님의 자비에 관해 확신할 수 없었다. 자비와 정의는 상호 배타적인가? 그리스도 안에서 알려진 '지혜'는 하나님의 본성을 결정적으로 밝혀준다. 하나님은 그의 법과 심판을 초월하는 자비의 원천을 가지고 있다. 그러나 그 자비의 원천이 효과적으로 작용할 수 있으려면 하나님이 그의 진노와 정의의 결과들을 스스로 담당해야 한다.

따라서 인자가 고난을 당해야 한다는 그리스도의 주장은 엄밀하게 말해 인자의 고난이 하나님의 고난이라는 교회의 신앙에서 체계화되고 완성되었다. 하나님의 고난은 한편에서 선에 대한 죄의 반역의 불가피한 결과이며, 다른 한편 하나님의 사랑에 의해 죄의 결과를 자발적으로 수용한 것이다. 그리스도의 대속에 관한 고전적인 견해는 하나님이 화해의 조정자이면서 동시에 화해의 대상임을 강조한다.[85] 죄에 대한 희생 제물로 아버지가 아들을 세상에 보냈다. 그러나 하나님의 진노도 또한 화해되어야 한다. 하나님의 자비에 의해 하나님의 진노가 단순하게 없어질 수는 없다. 하나님의 진노는 죄악에 의해 부패된 세상의 본질적 구조에 대한 진노이다. 인간의 이기심은 사랑과 법을 모두 무시하며, 그 결과 삶이 파괴된다. 하나님의 자비는 하나님 자신의 법을 초월하는 하나님의 궁극적인 자유를 의미하지만, 그 자유에 의해 율법이 폐지되는 것은 아니다. 하나님의 정의를 상업적 관점과 사법적 관점에서 설명함으로써 대속의 신비를 합리화하고자 하는 모든 다양한 신학적 노력들은 그리고 안셀무스 이전에 통용되었던 교부들의 불합리한 이론조차도 - 교부들의 이론에 의하면 하나님이 마귀를 속여 인간의 형상으로 나타난 하나님

---

85 참조, G. Aulen, *Christus Victor*.

과 마귀를 대결하도록 했다 – 하나님의 자비와 그의 진노의 역설을 진술하려는 노력들이었다. 그 이론들 중 많은 이론들은 받아들일 수 없고 많은 부분은 궁극적 신비를 해명하기보다는 오히려 모호하게 하지만 그들 중 어느 것도 대속의 교리에서 구체화된 핵심적 진리의 빛을 완전히 차단하지는 않는다. 하나님의 정의와 용서는 동일한 하나이다. 마치 아버지와 아들이 동일한 하나님이듯이 말이다. 왜냐하면 하나님의 최고의 정의는 그의 사랑의 거룩성이기 때문이다. 인간이 대적하고 무시하는 것은 법으로서의 사랑이다. 그렇지만 용서와 정의는 하나가 아니다. 아버지와 아들이 둘이듯이 말이다. 하나님은 악의 결과를 자신이 직접 감당하려는 그의 목적을 역사에서 실현하지 않고는 악을 극복할 수 없다. 이것은 하나님의 자비가 효력을 발생할 수 있는 것은 죄의 심각성이 완전히 알려질 때 비로소 가능하다는 것을 의미한다. 죄가 하나님에게 고통을 야기한다는 것을 알면 죄의 심각성을 알게 되기 때문이다. 인간은 그런 사실을 알게 되면 절망하게 된다. 이런 절망이 없다면 하나님의 용서에 상응하는 실존적 회개는 불가능하다. 이렇게 회개하고 하나님의 자비와 용서를 실존적으로 받아들일 때 비로소 인간의 상황은 충분히 이해되고 극복된다. 이런 경험을 할 때 인간은 자신의 유한성을 이해하고, 그의 결점과 의존성으로부터 도피하려는 그의 노력들이 죄라는 사실을 깨달으며, 그의 불완전성을 완전하게 하면서 동시에 그의 잘못과 자기를 완성하려는 헛된 노력의 죄를 깨끗이 씻어주는 능력에 의지하게 된다.

삶을 주관하는 하나님의 주권적 능력의 이런 결정적인 계시와 삶의 의미가 하나님의 심판과 자비에 의존하는 방식으로 결정적으로 계시되었다는 사실은 이성에 의해 파악된 단순한 어떤 역사적 진리가 아니다. 그런 진리는 역사적으로 총체적 문화적 상황을 초월해 왔듯이 개인이 처한 상황을 초월하는 진리이기 때문에 믿음에 의해 내적으로 이해되어

야 한다. 키에르케고르가 옳게 지적하듯이 "용서는 소크라테스적 의미
의 역설이다. 그 용서가 영원한 진리와 실존적 개인 사이의 관계를 내포
하는 한 말이다. ... 개체로서 실존하는 인간 존재는 자기가 죄인임을 느
낄 수밖에 없다. 자기가 죄인임을 객관적으로 느끼는 것은 어불성설이며,
그것을 주체로서 느끼는 것은 가장 깊은 고뇌이다. ... 개체로서의 인간은
죄의 용서와 이해의 절망을 이해하도록 노력해야 한다. 상식적으로 이해
할 수 없는 것을 이해함으로써 믿음의 내면성은 이런 역설을 붙잡아야
한다."[86]

2.2. "하나님의 지혜"와 "하나님의 능력"의 관계

a. 지혜와 능력의 동일성

기독교는 십자가에 달리신 그리스도를 통한 하나님 인식은 "지혜"이
면서 동시에 "능력"이며, "은혜"이면서 동시에 "진리"라고 단언한다. 이것
은 삶과 역사는 삶과 역사 저편에서 그들의 진정한 목표와 의미를 발견
함으로써 충분히 인식될 뿐만 아니라 완성되고 성취되기도 한다는 것을
의미한다. "능력"과 "은혜"로서 그리스도가 개인에게 전달될 수 있는 것
은 오직 대속의 진리가 실존적으로 내면화 될 때 뿐이다. 그럴 경우 절망
과 거짓 희망의 기분이 극복되고, 개인은 실제로 자유롭게 되어 평온하
고 창조적인 삶을 살 수 있게 된다.

지혜와 능력의 밀접한 관계는 대속의 교리를 단순히 지혜의 계시라고
해석하려는 이론들에 의해 끊임없이 잘못 이해되어 왔다. 이것은 특히 헬
레니즘의 영향을 받은 기독교 신앙의 경우에 그렇다. 헬라인들은 그리

---

86 Soeren Kierkegaard, *Concluding Unscientific Postscript*, p. 201.

스도를 기다리지 않았는데, 이것은 (역사는 단순히 시간적 연속과 자연적 연속으로 간주되었기 때문에) 하나님이 역사에서 자신을 계시하는 것이 불가능하다고 생각되었기 때문이거나, (각 개인의 이성이 곧 개인의 그리스도였기 때문에) 하나님의 계시가 필요하지 않다고 생각되었기 때문이다. 복음이 드디어 이방인들에게 전파되었을 때 그들은 복음이 그들의 문제를 해결해 줄 수 있는 한에서만 그 진리를 수용하였다. 그들의 문제는 유한성과 영원성의 문제였는데, 그들은 이 둘 사이의 간격이 매워질 수 없다고 확신했다. 그러므로 그들이 복음에서 받아들인 것은 이런 간격이 매워질 수 있다는 단언이었다. 따라서 클레멘스는 다음과 같이 주장했다. "하나님의 말씀이 인간이 된 것은 여러분이 인간으로부터 어떻게 인간이 하나님이 되는지 배울 수 있도록 하기 위해서입니다."[87] 알렉산드리아 학파의 신학자들 중 가장 위대한 신학자인 오리게네스는 그리스도를 무엇보다도 "창조되지 않은 사람과 창조된 많은 사람들" 사이의 중재자라고 생각했다. 포르피리오스(Porphyrios)는 오리게네스에 관해 이렇게 평가했다. "그의 외적인 삶은 그리스도인이었지만 ... 그는 헬라인들처럼 생각했다."[88]

---

[87] *Protrepticus I*, 8.

[88] A. Harnack, *History of Dogma*, Vol. II, p. 341. 포르피리오스의 이런 평가는 오리게네스의 사상에 들어 있는 성서적 내용, 특히 그가 철학이 줄 수 없는 능력으로서의 은혜, 죄의 용서의 필연성, 그리고 그리스의 불멸성 사상과 대립되는 부활의 희망을 강조했다는 사실을 간과한 것이다.

그럼에도 불구하고 오리게네스와 그리스의 교부들은 일반적으로 그리스도를 성경이 정의하는 것처럼 그렇게 죄의 문제에 대한 대답으로 간주하지 않고 오히려 죽음의 문제에 대한 대답으로 간주했다. 때로는 그리스도가 단지 플라톤과 다른 철학자들이 이미 제시해 주었던 대답을 보완해 준 것에 불과하다고 생각한 것처럼 보였다. 때로는 그리스도가 헬라 철학자들이 제시해 준 것보다 더 적절하게 역사와 영원 사이의 다리를 놓아 주었다고 생각되었다.

이레니우스는 더 이상 헬레니즘 철학자는 아니었지만 그리스도를 통한 구원을 "인간이 그리스도 안에서 무오성(incorruptibility)과 불멸성과 연합되는 것 이외의 어떤 다른 방법으로도 획득될 수 없었던 무오성과 불멸성을 획득하는 길"이라고 설명했다. (*Against*

헬레니즘 정신은 유한성과 영원성의 문제에 사로잡혀 있었기 때문에 헬라 사상이 복음의 "어리석음"을 차용하려 했을 때 두 가지 문제가 발생했다. 그 중 하나는 헬라사상이 헬라적 문제에 대해 헬라적이 아닌 대답을 수용하려 했다는 점이다. 그 사상은 영원한 존재가 역사 속에 자신을 계시했다는 기독교 신앙을 수용했지만, 그 사실이 그대로 삶의 궁극적인 문제에 대한 답이라고 생각했다. 헬라사상은 계시의 특별한 내용이 하나님의 자비와 정의 사이의 역설적 관계인 대속이라는 사실을 충분히 이해하지 못했다. 이런 오류가 신학적으로 체계화된 결과 성육신 교리는 지나치게 강조되었는데 반해, 대속에 관한 교리는 배제되거나 아니면 적어도 부차적인 문제로 전락하게 되었다. 이런 오류는 카톨릭과 성공회 사상의 몇몇 유형들에 여전히 남아있으며, 때로는 성공회 사상에 더 많이 남아있는데, 이것은 성공회 사상이 교부신학에 크게 의존하기 때문이다.

성공회의 대표적인 합리주의자인 헤이스팅스 라쉬달(Hastings Rashdall)은 대속 교리는 아우구스티누스 이전의 교회에서는 결코 "수용되지 않았으며 때로는 완전히 무시되었다"[89]는 사실에 만족한다. 안셀무스 이전의 기독교 사상이 대속 교리에 주목했을 때 – 하나님이 마귀를 속여 "그리스도를 미끼로" 마귀를 낚았다는 이론 – 그 교리를 인정할 수 없었던 이유는 그 교리가 교회의 마음을 사로잡을 만큼 중요하지 않았기 때문이라고 생각할 수도 있다. 헬레니즘의 영향을 받은 기독교에서 볼 때 대속교리는 본질적으로 잘못된 이론이다. 왜냐하면 하나님이 역사에서 계

Heresies, III, xix, 1).
니사의 그레고리우스의 "대교리문답집"은 헬레니즘에서 복음과 대립되는 전형적인 두 요소들, 즉 철학은 그리스도를 불필요하게 만들었다는 사실과 유한한 역사에 영원이 계시되는 것은 불가능하였다는 사실을 철저히 반박했다.

89 *The Idea of the Atonement*, p. 206. 라쉬달에게는 기독교 계시에 들어있는 결정적인 사상이 "거치는 것"임이 분명하다.

시되기 위해서는 어떤 특별한 내용이 필요하지 않기 때문이다. 역사에서 하나님의 계시가 가능하지 않다는 헬라사상의 회의주의에 대하여 하나님이 자신을 알려야 한다는 것은 충분히 이해할 수 있지만, 그의 진노와 자비를 알릴 필요는 없다는 것이다. 인간을 괴롭히는 것은 죄가 아니라 유한성이기 때문이다.

"능력"과 "지혜"의 관계에 관한 기독교 사상이 헬라사상의 관점에서 진술될 때 헬라사상은 또 다른 오류를 범했다. "하나님이 그리스도와 함께 있었으며" 성육신을 통해 역사에서 자신을 알렸다는 생각을 표현하고자 할 때 헬라사상은 이 진리를 신비주의적 용어로 진술하고자 했다. 결국 이것은 인간의 모든 지혜를 초월하며 믿음에 의해 이해되는 궁극적 진리가 인간적 지혜의 진리와 동일시되어 형이상학적으로 체계화되었음을 의미한다.

이런 과정의 결과는 초대교회 시대의 기독론 논쟁에 잘 나타난다. 이런 논쟁들은 기독교 신앙이 헬라사상과 무관하지만 헬라사상의 용어들을 통해 확정된 칼케돈 신조와 니케아 신조에서 종결되었다. '가능한 것'과 '불가능한 것' 사이, 즉 시간과 영원 사이에 절대적 차이가 있다는 헬라사상은 논박되어 폐지되었다. 그러나 하나님이 그리스도를 통해 역사에서 자신을 계시하셨다는 기독교의 단언은 그 사상을 지지하기 위해 사용된 용어들에 의해 부분적으로 모호하게 되었다. 이런 경향은 그리스도의 두 본질에 관한 이론에 잘 나타난다. 그리스도의 두 본성에 의해 초기 기독교 사상은 한편에서는 예수의 역사적이고 인간적인 본성에 관한 확신을 진술하고, 다른 한편에서는 하나님의 계시로서의 그의 의미를 진술하지 않을 수 없었다. 이와 같이 그리스도의 이중적 면모를 실체적인 용어로 진술함으로써 단지 상징적으로만 표현될 수 있는 신앙적 진리가 사변적 이성의 진리로 바뀌었다. 이런 신앙적 진술들에 따르면 그리스도는 하나님이면서 동시에 사람이다. 그리스도의 인간성이 그의 신성을 손상시키지 않으며, 그의 신성이 그의 인간성을 손상시키지 않는다고 단언하였다. 그리스도에게 신성과 인성이 동시에 존재한다고 주장하는 모든 정의들은 유한하고 역사적으로 제한된 것과 영원하고 무제한적인 속성을 모두 그의 본성에 돌리기 때문에 논리적 모순으로 간주될 염려가 있었다. 어떤 인물, 역사의 사건이나 사실을 상징적으로 표현하여 초역사적인 인물이나 사건으로 제시하는 것은 가능하며, 그 인물이나 사건이 역사를 지탱하는 영원한 의미와 목적 그리고 능력의 계시가 되는 것도 가능하다. 그러나 어떤 인물이 역사적인 유한한 존재이면서 동시에 무한한 절대적 존재일 수는 없다. 그러나 논리적 모순보다 더 심각한 것은 그런 진술이 기독교 신앙을 믿음에 의해 내적으로 인정될 필요가 없는 형이상학적 진리로 격하시키는 경향이 있다는 사실이다. 기독교 신앙이 형이상학적 진리와 동일시되면 '능력'과 '지혜' 사이의 관계가 파괴된다. 왜냐하면 그럴 경우 – 기독교 신앙이 형이상학적 진리와 동일시될 경우 – 삶의 궁극적 진리가 "실존적 개인"(키에르케고르)의 자존감이 그의 존재의 중심에서 산산이 부서지는 방식으로 인식되지 않기 때문이다. 시간의 흐름 속에서 유한한 개인이 느끼는 불안정성은 힘이나 교만의 모든 거짓 방어기제에도 불구하고 제거되지 않는다. 그의 불안은 결국 절망에까지 이른다. 그런 절망으로부터 회개가 일어나고, 회개로부터 신앙이 싹트며, 그런 신앙 안에 '생명의 새로움', 즉 '능력'이 있다.

b. 지혜와 능력의 차이

기독교 신앙에 따르면 그리스도 안에서 계시된 "하나님의 지혜"와 "하나님의 능력" 사이의 밀접한 관계에도 불구하고, 즉 삶의 의미를 충분히 이해하면 삶이 완성될 수 있다는 확신과 하나님의 자비가 완전히 드러나면 믿는 사람들의 삶에 "은혜"가 넘치게 된다는 확신에도 불구하고, 기독교 신앙은 삶의 의미의 충족에서보다는 그리스도를 통한 삶과 역사, 그리고 하나님의 완전한 계시에서 더 분명한 확신을 가진다. 기독교 사상에서 "능력"과 "은혜"는 모호한 개념이다. 신앙인은 한편에서 삶이 그에게 계시되었기 때문에 삶을 성취할 수 있다고 생각되지만, 다른 한편에서 여전히 역사의 유한성과 죄의 부패성에서 벗어나지 못한다. 하나님의 "은혜"는 한편에서는 인간 안에 있는 인간의 불완전성을 완성시켜 주는 하나님의 능력이지만, 다른 한편에서는 인간에게 베푸는 하나님의 자비의 능력이다. 죄는 인간의 덕에 의해서가 아니라 하나님의 자비에 의해 극복된다. 기독교 신앙에 따르면 역사의 성취는 양면성을 가진다. 한편에서 보면 인간이 회개와 신앙에서 하나님과 관계를 확립하는 모든 순간에 이미 역사가 성취되었다. 다른 한편에서 보면 삶은 그의 성취를 기다리며, "우리는 소망에 의해 구원을 받는다." 이런 두 양상의 성취는 하나님의 나라가 이미 왔으며 동시에 오고 있다는 그리스도 자신의 해석과 일치한다.[90]

2.3. 하나님의 어리석음과 인간의 지혜

사도 바울에 따르면 "십자가에 달리신 그리스도" 안에서 계시된 진리는 사람들보다 지혜로운 "하나님의 어리석음"으로서 이 세상의 어떤 통치자들도 알지 못한 은밀한 지혜이다. 만일 이 은밀한 지혜를 세상의 통치자들이 알았다면 그들은 "영광의 그리스도를 십자가에 못 박지 않았을 것이다." 그렇지만 이런 어리석음, 즉 인간의 지혜로는 측량할 수 없는

---

90 우리는 이 문제에 관해 4장과 5장에서 보다 충분하게 다룰 것이다.

이런 지혜는 "부르심을 받은 자들에게는 하나님의 능력과 하나님의 지혜"가 된다.[91] 바울의 이런 역설들에서 우리는 인간 문화와 계시의 관계에 관한 대단히 정확하고 단적인 정의를 발견한다. 십자가에서 계시된 진리는 인간의 문화에서 예상될 수 있었던 진리가 아니며, 인간의 지혜 중 최고의 지혜도 아니다. 참 그리스도는 인간이 예상할 수 있는 존재가 아니다. 인간의 모든 지혜는 그의 단편적인 관점에 기초하여 자신을 완성하고자 한다. 많은 나라들의 교만과 민족문화와 제국주의 문화의 교만은 단지 어떤 인간의 덕이나 성취의 관점에서 삶의 의미를 완성하고자 하는 인간으로서 인간이 가지는 교만의 원초적 형태이다. 그러나 인간으로서의 인간은 바로 그런 노력에 의해 삶의 의미를 혼란시키고 부패시킨다.

그러나 반대로 그리스도가 받아들여질 때 그리스도에게서 구현된 진리는 새로운 지혜의 토대가 된다. 말하자면, '구속사'(Heilsgeschichte)는 단순히 일반적 역사의 한 측면이 아니고, 일반역사의 자연적 귀결도 아니지만, 그렇다고 일반역사와 완전히 단절된 역사도 아니다. 구속사에서 계시된 것들은 역사에 의미를 부여해 준다. 구속사에서 구체적으로 드러난 계시들이 없다고 해서 삶이 무의미할 것이라고 볼 수는 없다. 삶과 역사는 초월적 존재를 지시하는 의미의 암호들로 가득 차 있으며, 성급한 결론들 때문에 발생하는 의미의 왜곡들로 가득 차 있다.

믿음에 의해 인식된 진리는 단순한 사람들이 권위에 의존해 믿는 어떤 것이 아니며, 지혜로운 사람들이 경험으로부터 추론하는 어떤 것이 아니다. 신앙의 진리에는 지혜로운 자와 어리석은 자의 지혜를 통해서 도달할 수 없는 어떤 요소가 있기 때문이다. 그러나 다른 한편 신앙의 지혜는 경험과 전적으로 대립되는 어떤 것도 아니다. 오히려 신앙의 지혜는 경험을 조명해 주고, 그렇게 조명된 경험에 의해 진리로 확증된다. 인간

---

91 참조, 고린도전서 1-2장.

의 정신이 유한하다고 해서 신앙의 진리를 전혀 알 수 없는 것은 아니다. 유한한 정신은 자기를 초월하여 자신의 유한성에 관해 어느 정도 알 수 있을 정도로 충분히 자유롭기 때문이다. 하나님을 갈망하게 하고 거짓 신들을 우상으로 숭배하게 하는 것은 바로 이런 자기초월 능력이다. 인간은 자기초월 능력을 가지기 때문에 그리스도를 기다리기도 하고 우리를 설득하고자 하지만 우리의 이웃은 아닌 거짓 그리스도를 기다리기도 한다. 인간의 정신이 비록 유한하고 인간의 모든 문화에서 죄에 의해 오염되거나 이데올로기에 의해 착색되었다 할지라도 참된 지혜를 인식할 수 있는 인간의 능력이 완전히 상실된 것은 아니다. 진리나 덕의 전적인 부패는 있을 수 없기 때문에,[92] 우리 자신을 중심으로 의미의 세계를 구축하려는 악한 경향이 있는 곳에는 언제나 참된 지혜에 대한 열망과 참 하나님과 삶의 의미의 궁극적 계시에 대한 열망이 남아 있다. 진정한 회개에서 표출되는 것은 바로 이렇게 남아 있는 덕이다. 믿음과 회개는 불가분의 관계에 있다. 왜냐하면 우리가 신앙 안에서 우리 자신을 초월하는 진리를 인식할 때 비로소 우리 자신 내부로부터 진리의 구조를 완성하려 한 이전의 노력을 회개하기 때문이며, 이런 회개가 다시 신앙의 진리를 확증해 주기 때문이다. 이런 신앙의 진리야말로 "부르심을 받은 자들에게 하나님의 지혜와 하나님의 능력"이 된다. 영혼의 내적 복합성에서 일어나는 회개와 신앙 사이의 이런 순환관계는 은혜를 본성의 완성으로 간주하는 신학들과 은혜를 본성과 대립되는 것으로 생각하는 신학들에게 모두 부분적인 정당성을 부여해 준다. 개신교 신학은 자아의 관점을 중심으로 파악된 거짓 진리의 악순환이 끊어져야 하지만 자아는 그 악순환의 고리를 끊을 수 없다는 의미에서 은혜와 본성을 서로 대립적인 것으로 보는데 이것은 옳다. 그런 의미에서 그리스도 안에서의 진리인식은 언

---

92 참조, 1권 10장.

제나 하나의 신비이며, "살과 피는 그 진리를 우리에게 드러내 보여줄 수 없다." 그러나 개신교 신학, 특히 K. 바르트의 진보적인 개신교 신학(바르트)이 인간의 존재 내부에 남아있는 '원초적 정의'(justitia originalis)에 의해 인간에게 언제나 존재하는 "접촉점"(Anknüpfungspunkt)을 부정하는 것은 잘못이다.[93]

하나님의 자기계시에서 인식된 진리와 경험을 합리적으로 추론하여 획득된 삶의 진리 사이의 관계는 다른 사람들에 관한 우리의 인식을 유비적으로 관찰해 보면 가장 잘 이해할 수 있을 것이다. 우리는 다른 사람들의 행동을 관찰함으로써 그들에 관해 알 수 있다. 그러나 인간의 인격은 동물의 삶과는 달리 순전히 외적인 행위에 의해서는 이해될 수 없는 깊이와 독특성을 가진다. 그 깊이는 우리 자신 내부의 자아의식의 깊이가 다른 인격의 그것과 일치한다는 전제에 의해 부분적으로 이해된다. 하지만 다른 인격체의 독자성은 우리가 우리 자신에 관한 지식으로부터 추론한 관점에서 그를 이해하고자 함으로써 부분적으로 왜곡된다. 이것은 인간관계에 있어서 다른 사람들의 삶에 우리 자신을 투사하기 때문이며, 우리 자신의 욕망과 희망, 야망이 다른 사람들의 그것과 동일하다는 잘못된 가정에 의해 다른 사람들의 독자성을 이해하려고 노력하기 때문이다.

우리는 다른 자아가 우리에게 말하기 전에는 그를 이해할 수 없다. 다른 자아가 그의 자기초월의 깊이와 높이로부터 나와 그의 자아를 말로 표현할 때 비로소 우리는 다른 자아의 "나"를 단순한 대상으로서가 아니

---

93 참조, E. 브루너와 K. 바르트 사이의 논쟁. E. Brunner, *Nature and Grace*; K. Barth, *Nein*. 이 논쟁에서 브루너의 견해가 옳기는 하지만, 그 논쟁의 승리자는 바르트였다. 왜냐하면 브루너는 그의 기본적인 전제들에 바르트의 주장들을 너무 많이 수용하여 자신의 입장을 타당하고 일관되게 제시할 수 없었기 때문이다. 바르트는 브루너가 논리적으로 일관성이 없음을 지적할 수는 있었지만 그렇다고 브루너의 오류를 입증하지는 못했다.

라 주체로서 이해할 수 있다. 오직 이런 의사소통만이 다른 자아의 특수한 행동을 이해할 수 있는 결정적인 단서를 제공할 수 있다. 이런 행동은 언제나 서로 모순되는 요소들을 포함하고 있기 때문에 그 행동의 실제적인 의미를 이해할 수 없게 만든다. 다른 자아가 결정적으로 말할 때, 그의 말을 통한 자기해명에 의해 전에 관찰되었던 그의 모호한 행위들이 어느 정도 분명해지고, 자아가 자신의 특정한 편견과 감정에 의해 다른 자아를 이해하고자 함으로써 오해했던 부분들이 어느 정도 해소된다. 다른 자아의 이런 자기해명에 의해 획득된 지식은 그의 행위를 관찰하여 획득된 지식과 전적으로 다르지는 않다. 만일 다른 자아의 자기초월의 깊이가 자아의 삶과 완전히 모순된다면 자기해명에 의해 획득된 지식과 행위의 관찰에 의해 획득된 지식은 전혀 다를 수 있다. 행동을 관찰하여 얻은 지식과 다른 사람의 자기해명에 의해 획득된 지식 사이의 충돌은 오직 자아가 다른 자아를 잘못 해석할 때에만 발생한다. 마지막으로, 다른 사람의 자기해명에 의해 획득된 지식은 그의 행동을 관찰하여 얻은 이전의 불완전한 지식을 완성해 준다. 따라서 다른 자아가 자기를 해명하는 말을 통해 불완전한 이전의 지식이 완성되기도 하고, 불확실한 것들과 모순된 것들이 명료하게 되기도 하며, 오해가 수정되기도 한다.

믿음에 의해 수용된 하나님의 자기계시와 인간이 '은밀한' 하나님에 관해 가지는 다른 지식의 관계가 바로 그렇다. 예언자적 메시아 신앙이 삶과 역사가 하나님의 주권 아래 있다고 단언할 때, 그것은 삶과 역사가 무의미하다고 선언하는 것이 아니라 자연의 체계보다 더 깊고 높은 영역에 의해서만 이해될 수 있다고 선언하는 것이며, 역사의 '행위'에서 발견되는 모호한 것들과 모순된 것들은 오직 하나님의 절대적 목적이 보다 충분히 계시될 때에만 명료해 질 수 있다고 선언하는 것이며, 이런 행위에 관한 인간의 해석들은 죄의 요소들을 포함하고 있기 때문에 수정되어야 한다고 선언하는 것이다. 하나님 인식에 들어있는 이런 죄의 요소들은 다른 자아에 관한 지식에 포함되어 있는 요소들보다 더 현저하다. 왜냐하면 하나님 인식에 들어 있는 그런 죄의 요소들에는 단지 다른 자아만이 아니라 영원한 근거와 원천을 자기의 관점에서 이해하려는 유한한 자아의 교만이 포함되어 있기 때문이다.

이런 대체적인 유비에는 하나님의 '인격'에 관한 견해가 포함되어 있다. 하나님의 인격은 실제로 합리주의 철학과 범신론 철학과 다르게 삶과 역사를 해석하는 예언자적 해석과 기독교적 해석에서 상수와 같은 개념이다. 모든 인간의 인격은 하나님에게 적용할 수 없는 감각의 한계를 가지고 자유와 유한성 사이의 긴장을 가지기 때문에, 인격 개념에서 의인화의 요소들을 완전히 제거할 수는 없지만,[94] 그럼에도 불구하고 인격 개념은 유익한 유비적 개념이다. 왜냐하면 그 개념에는 예언자적이고 기독교적인 신앙이 하나님의 세계초월성과 내재성을 이해할 때 전제하는 자유의 가치가 내포되어 있고 유기적 과정과의 관계가 내포되어 있기 때문이다.[95]

---

94 브래들리(Francis H. Bradley)는 인격 개념에 들어있는 이런 의인화의 요소들을 엄밀하게 분석한 결과 절대자를 정의할 때 그 개념을 사용하지 않는다. *Appearance and Reality*, 특히 413쪽 이하, 531쪽 이하.

95 비록 K. 바르트는 "전적 타자"를 다룰 때 모든 형태의 유비적 합리화를 거부하지만, 하나님의 속성을 정의할 때는 인격 개념의 유비를 이용한다. 그는 인격 개념을 역으로 사용함으로써 그의 유비적 논리를 감추고자 한다. 그는 인간의 인격에 관한 개념들은 하나님의 인격 개념에서 유래했다고 주장한다. 그에 의하면 "인격성은 단지 논리적 의미에서뿐만 아니라 윤리적 의미에서도 주체임을 의미하며, 자유로운 주체로서 존재함을 의미한다. 그런 주체는 그의 개체성과 함께 주어진 일정한 한계들에도 불구하고 자유로이 자신의 실존과 본성을 주체적으로 결정할 수 있는 주체이다. 만일 우리가 이것이 무엇을 의미하는지 이해한다면 우리가 하나님의 말씀을 이렇게 인격화 할 때 그것을 의인화(신인동형 동성론)의 관점에서 보지는 않을 것이다. 중요한 것은 하나님이 인격적 존재이냐의 문제가 아니라 우리가 인격적 존재이냐의 문제이다. 아니면 우리는 인격이란 개념의 완전하고 실제적인 의미에서 우리가 하나의 인격체라고 부를 수 있는 사람을 우리 가운데서 발견할 것이다. 그러나 하나님은 진정한 하나의 인격체, 즉 진실로 자유로운 주체이다."

기독교 신앙은 그리스도 안에서 하나님의 자기계시를 하나님이 인간에게 말씀하신 결정적인 "말씀"으로 간주한다. 대속의 계시는 '결정적인' 말씀이다. 그것은 하나님의 '자유', 즉 하나님 자신의 율법을 능가하는 그의 자유를 핵심적으로 제시하는 무한한 하나님의 자비를 드러내 보여주기 때문이다. 그렇지만 이 자유는 기분에 따라 변하는 자유가 아니다. 그 자유는 하나님의 법, 즉 세계의 구조와 역설적인 관계에 있다. 이것이 바로 대속의 역설이며, 하나님의 자비와 그의 정의와의 관계에 관한 계시의 역설이다.

이런 계시의 말씀이 언표될 때 그 말씀은 불완전한 지식을 완전하게 해준다. 인간의 역사가 현실성의 영역으로서 영원성에 최후의 근거를 가지는 한에서 말이다. 역사의 '행동'에는 역사적 삶의 '감추어진' 근원을 지시하는 요소들이 있다. 역사가 유의미하지만 동시에 그 자체 너머의 영역을 지시하고 있다는 것은 바로 그런 의미에서이다. 둘째, 계시의 말씀은 역사에서 일어나는 모호한 일들과 모순적인 사건들을 명료하게 해준다. 그런 의미에서 역사는 유의미하다. 그러나 그의 의미는 무의미성에 의해 위협을 받는다. 마지막으로, 하나님의 말씀은 역사를 인간 자신의 관점을 중심으로 해석하려는 노력 때문에 발생한 삶의 의미에 관한 왜곡된 해석들을 바로잡아 준다. 그런 의미에서 계시의 말씀은 인간의 문화와 모순되며, 지혜로운 자에게 "어리석은 것"이다. 그러나 바로 그렇게 인간이 지혜를 초월하는 어리석음이기 때문에 계시의 말씀은 일단 그것이 받아들여지면 삶을 총체적으로 해석할 수 있는 토대가 된다. 그것은 진정한 지혜가 된다. 계시의 말씀은 삶에 관한 우리의 지식이 가지는 불완전

Doctrine of the Word of God, p. 157. 바르트의 논리에서 볼 때 우리는 (아무리 인간의 인격이 하나님의 인격과 달리 불완전하다 할지라도) 그가 인격 개념을 인간의 삶으로부터 추론하여 그것을 하나님에게 적용했음을 확실히 알 수 있다. 그렇지 않으면 그가 어디서 그 개념을 추론했을 수 있겠는가?

한 점을 완전하게 하고, 모호한 점들을 명료하게 해주고, 왜곡된 해석들을 바로잡아 줌으로써 "부르심을 받은 자들에게는" 진정한 지혜가 된다.

3장

역사의 가능성들과 한계들

3장

역사의 가능성들과 한계들

    기독교 신앙은 역사를 지배하는 하나님의 주권을 계시하는 바로 그 그리스도가 동시에 인간 본성의 완전한 기준이라고 단언한다. 그리스도는 "하나님의 아들"이면서 동시에 "두 번째 아담"이다. 그는 하나님의 정의와 자비의 역설적 관계를 계시하는 자로서 하나님과 역사의 관계에 관한 궁극적 신비를 드러내 보여준다. 이 계시는 역사의 의미를 밝혀준다. 왜냐하면 하나님의 심판은 역사에서 선과 악의 구별을 가치 있는 것으로 잊지 않게 해주기 때문이며, 하나님의 자비는 인간이 그의 삶과 역사를 완성하려는 잘못되고 헛된 노력 때문에 모든 도덕적 성취영역에서 빠져들게 된 죄의 부패성을 궁극적으로 극복하기 때문이다.

    그리스도는 인간 본성의 기준으로서 역사에서 인간의 궁극적 완전성을 정의해 준다. 완전한 인간의 본성은 다양한 덕의 종합이나 법을 범하지 않음이 아니다. 그것은 희생적 사랑의 완성이다. 십자가는 하나님의 사랑을 상징하며, 하나님의 완전성은 고난을 당하면서 역사적 비극에 연루될 수도 있음을 계시해 준다. 바로 그 십자가가 동시에 인간의 완전성은 역사에서 도달될 수 없음을 암시해 준다. 희생적 사랑은 역사를 초월한다. 그러나 그 사랑은 생각이 행동을 초월하듯이 그렇게 역사를 초월하지는 않는다. 그 사랑은 역사에서의 행위이다. 그러나 그 사랑은 역사에서 그 의로움이 인정받을 수는 없다. 역사의 관점에서 볼 때는 상호사랑이 최고의 선이다. 오직 다른 사람의 이익을 위한 한 사람의 관심이 상호의 호의적 감정을 촉발하고 유도하는 상호사랑에서만 역사적 실존의 사회적 요구들이 충족된다. 역사의 최고의 선은 역사적 생명력의 총체적 영역에서 일관성의 기준에 적합해야 한다.[96] 일반적인 이익의 영역에서 일어나는 모든 요구들은 적절하게 충족되어야 하고 서로 조화를 이루어야 한다. 그러므로 타자를 위한 자아의 희생은 역사적 실존에 의해 제한된 도덕의 자연적 기준을 깨뜨리는 것이다.

더 나아가 삶을 오직 자연-역사의 관점에서만 이해할 때는 자아가 다른 자아를 위해 그의 이익을 희생하는 것은 심리학적으로 불가능하다. 만일 자아가 그의 삶을 신체적 존재와 동일시한다면, "목숨을 잃는 사람은 얻을 것이다"는 예수의 역설적 윤리는 무의미하다. 이런 역설은 오직 삶의 영역이 역사적 실존을 초월함을 인정하는 곳에서만 의미를 가질 수 있다. 그러므로 예수가 그를 따르는 자들에게 약속한 보상은 "부활"과 동일시된다. 따라서 희생적 사랑은 역사적 윤리의 영역에서 '영원'을 향한 탄젠트에 해당한다.[97] 그럼에도 불구하고 그 사랑은 모든 역사적 윤리의 토대이다. 왜냐하면 자아의 행위들이 상호 호혜적으로 상응하지 않을 수도 있다는 두려움에 의해 지배된다면 자아는 다른 자아들과 우호적인

---

96 참조, L. T. Hobhouse, *The Rational Good*.

97 역주, '탄젠트'는 원과 외접하는 직선이 만나는 한 점으로, 이점은 원을 침투하지 않으면서 만난다. 이 점에서 원과 직선은 만나지 않으면서 만난다. 역사와 영원의 관계도 마찬가지이다. 희생적 사랑에서 역사와 영원은 만나지 않으면서 만난다. 따라서 역사와 영원 사이의 "접촉점"은 없으면서 있다. 이런 점에서 본다면 접촉점과 관련한 바르트와 브루너 사이의 논쟁은 모두 옳다. K. 바르트의 "절대 타자" 개념도 이런 의미에서 이해되어야 할 것이다.

감정을 가지고 관계를 맺을 수 없기 때문이다. 상호관계는 만일 그것이 어떤 행위의 의도와 목적으로 이용된다면 가능한 성취가 아니다. 따라서 희생적 사랑은 상호사랑과 역설적 관계에 있다. 그리고 이런 관계는 역사와 초역사의 일반적 관계가 윤리적으로 구현된 것이다.

희생적 사랑과 상호사랑의 관계는 그리스도 안에서 하나님의 계시를 떠나서는 이해될 수 없는 계시종교의 진리에만 한정될 수 없다. 역사의 윤리적 문제를 엄밀하게 분석해 보면 역사는 최고의 선이 역사적 규범들과 가능성들을 초월하는 그런 방식으로 자신을 초월한다는 사실을 알 수 있다. 이런 이유 때문에 일반적으로 사람들은 비록 십자가의 종교적 의미가 가지는 완전한 깊이를 이해하지 못할 때에도 그리스도의 십자가를 최고의 윤리적 규범의 상징으로 인정한다. 우리는 자기의 이익보다는 오히려 다른 사람의 이익에 대한 관심이 필연적으로 순전히 역사적이고 이 세상적인 관점에서 볼 때는 정당화될 수 없는 결과들에 도달한다는 사실을 경험을 통해서도 어느 정도 알 수 있다. 그럼에도 불구하고 십자가에서 구현된 윤리적 진리는 십자가에 함축된 종교적 계시에 의해 분명히 드러난다. 역사와 하나님의 관계에 대한 십자가의 계시가 없다면 윤리적 삶은 이기적인 동기들을 윤리적으로 정당시하는 이기적 공리주의로 전락하거나, 아니면 역사의 긴장과 불완전한 조화로부터 도피하여 영원성에서 삶의 무차별적인 통일성을 찾게 된다.

1. 희생적 사랑과 그리스도의 순결함

희생적 사랑과 상호사랑의 역설적 관계에 의해 그리스도는 죄가 없다는 기독교 교리가 분명하게 된다. 더 나아가 그런 역설적 관계는 예수가 인간이면서 동시에 하나님이라는 교리를 종교적으로도 윤리적으로도 의미 있게 만들며, 그 교리의 타당성을 형이상학적으로 입증할 필요가 없게 만든다. 예수가 인간이면서 동시에 하나님이라는 교리를 형이상학적으로 입증할 수는 없다. 이런 사실은 그리스도가 완전한 인간이었지만 인간을 초월하는 존재였다는 견해를 둘러싼 수세기에 걸친 기독론 논쟁에 의해 확인되었다. 이런 논쟁 과정에서 그리스도의 삶의 인간성을 부정하거나 아니면 그의 신성이 부정하는 일련의 이단들이 등장했다. 그런 이단들은 형이상학적으로 볼 때 불합리한 것들에 전념하지 않을 수 없었던 정통주의 신학 이론들에 의해 논박되었다. 하나님의 본질은 그의 절대성에 있기 때문에, 그리고 인간의 본질은 그의 유한성과 우연성에 있기 때문에 동일한 인물이 동시에 두 속성을 함께 가진다고 주장하는 것은 가능하지 않다. 그리스도의 신성이 인간적 특성들을 제한하지 않는다고 주장하거나 인간 실존의 유한성이 하나님의 절대성과 모순되지 않는다고 주장하는 것은 훨씬 더 불가능하다. 인간과 하나님 사이의 간극, 역사적인 것과 영원한 것 사이의 간극은 그들 사이의 절대적 차이에서 시작하는 형이상학적 사변들에 의해서는 매워질 수 없다.

하나님이 그리스도에게서, 특히 그의 십자가에서 계시되었다는 주장의 의미는 하나님의 사랑(아가페)이 하나님의 역사개입을 역사의 구조를 초월하는 하나님의 초월성의 결과로 생각하는 관점에서 이해되었다는 것이다. 하나님의 궁극적 주권은 현실의 구조 내에서 작용하는 그의 능력에 있다기보다는 오히려 현실의 구조들, 즉 이성적 측면들을 초월하는 그의 자유에 있다. 하나님은 그의 이런 자유에 의해 자유로 인해 현실의 구조적 특성과 갈등을 겪게 된 자유인들의 죄책감과 고통에 동참한다.[98] 따라서 하나님의 '아가페'는 하나님의 절대적 주권의 표현이면서 동시에 역사에 관계하는 하나님의 자기표현이다.

그리스도의 사랑, 즉 그의 객관적이고 희생적인 사랑은 인간 실존의 최고의 가능성으로서 하나님의 절대적 주권과 대립적 관계라기보다는 오히려 역설적 관계에 있다. 그리스도가 인간이면서 동시에 하나님이라는 주장은 기독교 정통주의가 역사와 영원 사이의 관계가능성을 부정한 이단들을 논박하기 위해 사용한 용어들에서 정의될 때는 모순적이다. 그럼에도 불구하고 이렇게 모순적인 내용들이 기독교에 의해 옹호되었다. 왜냐하면 그런 주장들은 자기를 낮추는 하나님의 '아가페'와 희생적 행위에서 역사를 초월하는 인간의 '아가페' 사이의 역설적 관계에 관해 기독교 신앙이 모든 형이상학적 사변들 저편에서 파악한 것을 표현하였기 때문이다.

그리스도 안에 있는 신성과 인성 사이의 관계는 모순은 아니지만 역설적이다. 신적 사랑의 궁극적 주권, 궁극적 자유, 그리고 완전한 객관성은 역사에서 오직 비극적으로 끝나는 삶에서만 유사한 사례가 발견될 수

---

98 하트숀(Charles Hartshorne) 교수는 그의 책 『하나님의 비전』(*The Vision of God*)에서 이 문제에 관해 대단히 깊은 분석을 제시한다. 그에 의하면 만일 고난 받는 사람들과 사랑의 관계를 맺는 하나님의 능력을 강조하는 기독교 교리가 어떤 의미를 가지려면 하나님의 완전성은 무엇보다 전통적인 전능성 개념에서보다는 오히려 그의 자기초월(self-transcendence) 능력의 관점에서, 또는 그의 표현을 빌면 하나님의 "자기초월성"(self-surpassing)의 관점에서 정의되어야 한다.

있다. 그런 삶은 역사적 실존의 요구들과 반대요구들에 관여하기를 거부하기 때문이다. 그런 삶은 "자기 자신의 유익을 추구하지 않는" 사랑의 삶이다. 그러나 자기의 유익을 구하지 않는 사랑은 역사적 사회에서 유지될 수 없다. 그런 사랑은 다른 사람들의 과도한 자기주장들에 희생될 수도 있다. 그러나 심지어는 역사에서 가장 완벽하게 조화를 이룬 정의체계라 할지라도 경쟁하는 의지들과 이익들의 조화이며, 따라서 그런 조화에 따르지 않는 사람들에게는 그가 누구든지 제재를 가해야 한다.

그리스도 안에 있는 신성과 인성 사이의 대립은 헬라 사상이 주장하듯이 '불가능한 것과 가능한 것' 사이의 대립이 아니다. 그 대립은 하나님 안에서 힘과 선이 완전히 일치하는 대립이다. 완전한 무기력 또는 경쟁적 역사에서 힘의 사용을 일관되게 거부하는 것 이외의 어떤 다른 방법으로도 역사에서 하나님의 선을 상징적으로 표현하는 것은 불가능하다. 왜냐하면 역사에서는 또는 사회에서는 사심이 전혀 없이 그런 경쟁들에 참여할 수 있을 정도로 고상한 자아는 없기 때문이다. 그가 삶의 경쟁들에 대해 아무리 공평한 시각을 가지고 있다 할지라도 말이다. 자아는 오직 경쟁들에 관여하기를 거부함으로써만 사심이 없는 사랑을 상징할 수 있다.[99] 경쟁들에 참여하는 것은 어떤 경우이건 다른 사람들의 이익보다 자신의 이익을 더 우선적으로 생각함을 의미한다.

십자가를 이런 궁극적 완전성의 상징으로 파악하였다는 점에서 기독교 신앙은 언제나 그것을 합리적으로 설명하려 한 신학들보다 더 심오하였다. 신앙은 언제나 예수의 십자가를 자아와 자아의 악한 대결들이

---

99 이런 이유 때문에 산상설교에서 가르치는 무저항의 윤리는 십자가에서 상징된 사랑과 전적으로 일치한다. 하지만 현대 기독교가 이런 윤리를 – 만일 그 윤리가 일반적으로 실천된다면 – 역사에서 실현될 수 있는 윤리라고 주장하는 것은 잘못이다. 만일 기독교가 역사적인 사회적 삶의 모든 요구들과 반대요구들에 비폭력적으로 참여하는 것을 복음이 주장하는 무저항의 윤리와 동일시한다면 그것은 훨씬 더 큰 오류이다. 참조, Richard B. Greg, *The Power of Non-Violence*.

초월되는 역사의 한 지점으로 간주하였기 때문이다. 그리고 신앙은 지나치게 일관되게 역사적 예수의 모든 행위를 이런 완전성의 상징에 맞추어 해석하려 하지 않았다. 이와 달리 신학자들은 이런 완전성을 형이상학적으로 해석하거나 율법적으로 해석하려 하였다. 그들이 완전성을 형이상학적으로 해석하려 했다면, 그들은 주로 하나님의 완전성은 통상적인 인간의 본성에 의해 오염되지 않음을 입증하기 위해 동정녀탄생 이론에 의존하였다. 동정녀탄생 변증론의 논리에 있는 결함은 동정녀 마리아의 순결한 잉태에 관한 카톨릭 교리의 궁핍한 논리에 의해 충분히 드러났다. 그 변증론에 의하면 인간 어머니의 아들은 비록 그가 인간 아버지 없이 태어났다 할지라도 유기적 관점에서 볼 때 여전히 총체적인 인간의 상황과 연관되어 있다. 그리고 동정녀의 순결한 잉태에 관한 교리는 단순히 하나님의 완전성이 인간의 본성에 의해 오염되지 않았음을 입증하는 과정에서 발생하는 딜레마를 극복하려는 방편에 불과하다. 왜냐하면 순결한 잉태가 아무리 반복되어 일어난다 할지라도 오염된 인간성이 제거될 수는 없을 것이기 때문이다.

그리스도의 죄 없음에 관한 보다 도덕적으로 진보적인 개신교 해석들은 아마도 그리스도가 가진 "하나님의식"의 완전성을 주장하는 슐라이어마허의 사상에서 가장 완벽하게 표현되어 있을 것이다. 그러나 그의 이런 사상에 의해 슐라이어마허는 그리스도는 죄는 없었지만 "모든 점에서 우리와 마찬가지로 유혹을 받았다"[100]는 대단히 비성서적인 주장을 하지 않을 수 없었다. 물론 그가 유혹을 받는 것은 어떤 의미에서 죄를 범했음을 의미한다고 주장하는 것은 상당히 옳다. 유혹은 불안의 심적 상태이며, 죄는 그런 불안으로부터 발생함이 분명하기 때문이다. 그리고 이

---

100 Friedrich Schleiermacher, *The Christian Faith*, pp. 415 ff.

런 불안은 유한하고 불안전한 실존에 늘 동반되는 것이다.[101] 이런 이유 때문에 실제로 역사적인 어떤 인물의 모든 개별적 행위가 죄 없다고 주장하는 것은 가능하지 않다. 예수 안에는 교리와 목적과 행위의 놀라운 일치와 일관성이 있다고 주장하는 것은 가능하다. 그의 윤리적 교훈은 역사적 상황의 상대성들과 우연성들에 관계없이 하나님의 뜻과 일치하게 행동해야 할 것을 철저하게 강조한다. 그의 삶의 생동적인 목적은 하나님의 '아가페'에 일치하는 것이었다. 그의 삶은 개인의 의지가 개인의 삶의 주인이 되기를 그치는 자기부정의 행위에서 절정에 달했다. 그리고 그런 삶은 십자가에서 완성되었다. 그리스도의 십자가는 만일 그의 삶과 교훈이 십자가와 일치하지 않았다면 기독교 신앙을 위해 상징적 의미를 가질 수 없었을 것이다. 그러나 다른 한편 그리스도의 십자가는 개별적 인간의 어떤 완전한 행위들보다 더 일관되게 사랑의 완전성을 상징한다. 죄 없음을 도덕적으로 이해하면 필연적으로 삶을 율법적으로 해석하게 된다. 완전성이나 죄 없음이 주어진 어떤 행위규범에 일치하는 것으로 해석된다. 그러나 그 규범의 궁극성은 어떻게 규정되는가?

십자가는 역사에서 정의와 상호성을 규정하는 특정한 모든 규범들을 초월하는 '아가페'의 완전성을 상징한다. 십자가는 역사를 초월하며, 다른 인간적인 이익이나 생명력과의 조화보다는 하나님의 사랑에 합치되기를 추구한다. 다른 사람들과의 조화는 역사에서 추구하는 바람직한 목표이기는 하지만, 결코 궁극적인 규범일 수는 없다. 왜냐하면 사악한 이기주의가 모든 역사적 이해관계의 조화들을 편파적이고 불완전하게 만들기 때문이다. 그리고 이런 조화를 궁극적인 것으로 받아들이는 삶은 필연적으로 사악한 자기주장을 윤리적 규범에 끌어들이게 된다.

그리스도의 죄 없음과 완전성을 형이상학적이거나 율법적으로 정의

---

101 참조, 1권 7장.

하는 해석들은 인간의 행위를 위해 실제적인 길을 제시해 줄 수 없다. 만일 하나님이면서 동시에 인간으로서 유한성의 조건들을 절대적으로 초월하는 존재자만이 인간 실존의 규범을 정의할 수 있다면, 그런 규범을 묵상할 때 촉발될 수 있는 회개는 즉시 자기만족으로 바뀌게 된다. 왜냐하면 우리는 유한한 조건들 아래서 우리의 삶을 살아야 하며, 따라서 우리의 조건에 맞지 않는 모든 이념이나 규범을 부적절한 것이라고 치부할 수 있기 때문이다.

그러나 실제 상황은 그렇지 않다. 비록 자연의 조건들과 한계들에 종속되기는 하지만 우리는 절대적으로 제한되어 있지는 않다. 인간의 정신은 무한한 초월에서 삶의 자연적 조건을 넘어 상승한다. 어떤 행위가 이 지점을 넘어서면 생명을 잃거나 이익을 잃게 될 것이라는 확신 때문에 행동하지 않아도 양심의 가책을 느끼지 않을 수 있는 그런 특정한 지점은 없다. 우리의 생명과 이익을 희생할 수 있는 가능성은 언제나 있다. 그리고 이런 가능성에는 언제나 우리의 생명을 잃으면 생명을 얻을 것이라는 확신이 동반된다. 그러나 그렇게 생명을 얻는 것은 자연에 예속된 역사에 의해서는 평가될 수 없다. 그것은 오직 '영원성'에서 생명력을 가지는 정신의 본질일 뿐이다. 그것은 오직 삶이 현재의 역사적 조건들을 넘어서 생명이 완성되는 영역에서 평가될 때에만 의미를 가질 수 있다. 그러나 삶은 오직 믿음에 의해서만 그런 영역에서 평가될 수 있다. 그리스도의 완전성이 오직 믿음에 의해서만 인식될 수 있듯이 말이다. 그의 완전성을 역사적 규범들과 기준들에 의해 평가될 수 있는 단순한 역사적 사실로 동일시하여 의미를 축소시키려 하는 것은 역설을 불합리와 동일시하는 것이다. 십자가에서 상징된 '아가페'의 완전성은 단순히 역사의 한계들에 제한될 수 없지만, 그렇다고 해서 그것이 역사를 초월하기 때문에 불합리한 것으로 부정될 수도 없는 것이다. 아가페의 완전성은 인간 본성의 궁극적 규범으로 역사에서 궁극적 기준을 가지지 않는다. 그것은 역사에 완전히 포함되지 않기 때문이다.

이 모든 것은 믿음의 지혜에 의해 이해되었다. 비록 그것이 지혜로운 자들에 의해서는 인정되지 않았지만 말이다. 신학자들은 여전히 역사의 상대적 규범들에 대해 가지는 십자가의 권위를 주장하거나 십자가의 완전성과 그리스도의 죄 없음을 초자연적인 것으로 인정하는 체계들을 수립하고자 한다. 그러나 동시에 기독교 신앙은 언제나 상식의 모든 규범들과 모든 형이상학적 사변들을 넘어서 십자가의 완전성은 역사적 윤리의 완성과 목표라는 사실을 이해했다.

십자가의 윤리적 함의들은 인간역사의 실제적 특성을 밝혀준다. 이런 통찰은 오직 십자가의 종교적 함의들이 역사의 특성에 의해 야기된 문제에 대답을 제시한 후에만 가능하다. 삶에는 대답이 알려질 때까지는 충분히 진술될 수 없는 궁극적인 문제들이 있다. 그 문제들에 대한 대답이 없으면 사람들은 그 문제의 충분한 깊이에 관해 깊이 생각하려 하지 않는다. 그들이 절망에 빠지게 된다면 몰라도 말이다. 따라서 그리스도를 "두 번째 아담", 즉 완전한 인간으로 생각하는 기독교 교리는 자연종교와 계시종교 사이에서 맴돌고 있는 교리이다. 인간의 도덕적 삶을 엄밀하게 분석해 보면 필연적으로 모든 도덕성에는 영원한 존재자를 향한 탄젠트들이 있음을 발견할 수 있을 것이라는 점에서 보면 그 교리는 자연종교에 속한다. 믿음이 없이는 이런 함의들을 따라 궁극적인 논리적 결론에 도달하는 것이 불가능하기 때문에 그 교리는 계시종교에 속한다. 믿음이 없이는 인간의 윤리적 삶에는 언제나 "살아있는 개가 죽은 사자보다 낫다"[102]는 회의적 생각, 즉 모든 도덕적 명령들은 역사적 실존의 기저에 놓여있는 생존 본능에 의해 제한된다는 회의적 생각이 유령처럼 따라다닌다.

---

102 전도서 9:4.

2. 그리스도의 완전성과 역사의 관계

그리스도의 완전과 역사의 관계를 완벽하게 분석하면 기독교적 역사 해석을 포괄적으로 이해하게 될 것이다. 기독교적 역사해석의 몇몇 관점들은 앞에서 이미 논의되었다. 그럼에도 불구하고 기독교적 역사해석의 가장 중요한 특징들을 그리스도의 완전성과 역사의 관계에서 생각하는 것이 필요하다. 그리스도의 아가페는 역사를 주관하는 하나님의 사랑과 역사의 '불가능한 가능성'인 인간의 사랑을 모두 드러내 보여준다는 기독교적 확신에 근거하여 우리는 기독교적 역사해석의 주된 원리들을 정의할 수도 있다. 이 원리들은 다음의 세 가지를 생각함으로써 가장 단순하게 정의될 수 있다. (1) 그리스도의 완전성과 무구성(無垢性) 또는 역사의 시작과의 관계, (2) 그리스도의 완전성과 상호사랑 또는 역사의 본질과의 관계, (3) 그리스도의 완전성과 영원한 성취 또는 역사의 종말과의 관계.

2.1. 그리스도의 완전성과 무구성

그리스도가 본질적 인간, 즉 인간성의 완전한 규범이라는 사상은 그리스도가 두 번째 아담이라는 바울의 주장에서 명시적으로 표현되어 있다.[103] 그리스도의 완전성은 아담이 타락 이전에 가졌던 덕을 재확립

---

103 참조, 고전 15:22; 롬 5:15 ff. 이 내용이 바울에 의해 직접 표현되어 있지는 않다. 그러나 신약성서 전체는 일관되게 그리스도를 인간성의 궁극적 규범으로 간주한다. 요한복음 1

한다. 앞에서 우리는 기독교 신학은 타락 이전의 완전성을 정의하는데 어려움을 가지며, 그 정의는 종종 터무니없는 억측에 빠질 위험성이 있음을 언급했다.[104] 그러나 두 번째 아담에 관한 교리는 – 그 교리가 진지하게 받아들여 질 때 – 이런 혼란과 억측을 차단한다. 기독교 사상은 – 비록 그것이 그 교리의 완전한 함의를 언제나 깨닫지는 못하지만 – 그리스도의 완전성과 무관하게 아담의 완전성 상실, 즉 인간 삶의 이상적인 가능성 상실을 정의하는 것이 불가능함을 이해한다. 하지만 기독교 사상이 이런 확신을 진술할 때는 언제나 그리스도의 완전성은 단지 원초적 완전성을 재확립할 뿐 아니라 그 완전성을 능가한다는 믿음으로 발전될 수밖에 없다.[105]

아담의 타락 이전 무구성은 오직 그리스도의 완전성에 의해서만 회복될 수 있다고 말하는 것은, 삶이 그의 원초적 무구성에 도달할 수 있는

장은 그리스도를 전체 창조의 모형인 신적인 '로고스'의 역사적 현현으로 간주한다.

104 1권 10장.

105 이레니우스에 의하면 그리스도는 "자기 안에 아담을 재현한다." 그는 "첫 번째 아담의 피는 결코 하나님의 형상을 상실하지 않았으며", 그리스도에게서 이 형상이 회복되었으며, 그는 오랜 세월이 지난 후 다시 한 번 지상에 나타난 "첫 사람"이지만, 완전성이 무구성을 초월하듯이 그리스도의 완전성은 타락 이전의 아담의 완전성을 능가한다고 믿었다.(*Against Heresies*, Book III, xix, xxiv).

니사의 그레고리우스에 의하면 "구원은 타락 이전의 아담의 모습으로 회복됨이며, 이때 인간은 무구한 아담의 상태에 도달하는데, 신성하게 되었기 때문에 이전보다 훨씬 더 높아진다." *The Great Catechism*, par. 37.

토마스 아퀴나스는 만일 인간이 죄를 범하지 않았더라도 하나님이 사람의 몸으로 성육신했을 것인지 물음을 제기하며 그 물음에 대해 그렇다고 대답한다. 왜냐하면 그리스도 안에서 "마지막 피조물인 인간이 최초의 원리인 하나님과 연합하게 되었기" 때문이라는 것이다. 아퀴나스에 의하면 "어떤 무한한 영향력에 의해 자신을 드러내는 것은 하나님에게 속한다." 만일 인간이 죄를 범하지 않았다면 그는 "자연적 방식으로 끝까지 하나님과 연합되어 있었을 수도 있다. 그러나 하나님과 인격적으로 연합되는 것은 자연적 완전성을 통해서는 불가능하다."(*Summa Theologica*, Part III, Q. I, Art. 3) 그의 이런 주장은 다소 인위적이기는 하지만, 인간 본성이 무한한 가능성을 가진다는 그의 기본적인 견해는 중요하다.

것은 오직 무한한 목표에 도달하려는 갈망에 의해서만 가능하다고 단언하는 것이다. 이런 주장에 내포된 역사해석의 역설적 성격은 이미 타락 이전 아담의 상태를 '완전성'과 '무구성'으로 정의한 모호한 주장에 암시되어 있다. 원초적인 선은 무구성인데, 이 무구성은 삶과 삶의 조화로서 아직 자유에 의해 교란되지 않은 그런 무구성이다. 이레니우스로부터 헤겔에 이르는 사상이 어느 정도 정당성을 가지는 것은 바로 이런 이유 때문이다. 그들의 사상에 따르면 원초적 선은 역사적 덕과 악의 발원지로서 일종의 전역사적(prehistoric) 상태이다. 헤겔에 의하면 타락은 덕의 필연적인 전제조건이다. 왜냐하면 타락에서 개인은 자기의식에 도달하기 때문이다. 그리고 죄에서 기원된 자기주장은 자유에 의해 삶과 삶이 조화롭고 애정 어린 관계를 향한 필연적인 전주곡이다. 따라서 무구성은 자유와 무관한 삶과 삶의 조화이다. 상호사랑은 자유와의 관계에서 형성된 삶과 삶의 조화이다. 희생적 사랑은 죄와 유한한 역사의 한계를 초월하여 이루어지는 영혼과 하나님의 조화이다.

그러나 정확하게 인간의 유일무이함이 그의 자유와 자기초월에 있다는 논거를 입증하기 위해 원초적 또는 전역사적 무구성의 상징을 사용하는 것은 불가능하다. 그러므로 인간의 역사적 상태에서는 자유와 무관한 조화가 있을 수는 없다. 그 사회가 아무리 원시적이라 할지라도, 또는 어린이가 아무리 미발달 상태에 있다 할지라도 말이다. 최초의 자유는 이미 자연의 조화를 깨뜨렸다. 이것이 타락 이전의 완전성에 역사적 위치를 부여할 수 없는 하나의 이유이다.[106] 그리고 첫 번째 아담에 의해 상징된 이상적 삶의 가능성이 일관되게 '무구성'으로서 정의될 수는 없지만 언제나 '완전성'을 암시하는 어떤 내용을 내포하고 있음이 분명한 이유이기도 하다.

---

106 참조, 1권 10장.

사회적 역사의 관점에서 볼 때 아무리 원시적인 사회라 할지라도 삶과 삶이 불화 없는 조화를 이루고 관계를 맺을 수는 없다. 우리는 원시사회에 관해 어느 정도 알고 있다. 적어도 우리는 원시사회에 관해 역사적 사회를 해석하기 위한 표어로 "자연의 상태"를 이상적인 사회로 제시했던 18세기의 철학자들보다 훨씬 더 많이 알고 있다. 우리는 한편에서 원시사회는 군거와 혈족의 자연적 본능에 의해 유지되었으며, 그런 본능에서 개인은 결코 "원초적 우리" 의식으로부터 해방되지 못했음을 알고 있다.[107] 이런 특징에서 볼 때 원시사회는 본질적으로 동물의 무리와 가족과 유사하다. 그런 사회의 역사는 선사시대로 간주되어야 한다. 그러나 다른 한편 어떤 원시사회도 동물의 무리가 자연적으로 가지는 통일성을 이루기 위해 다양한 전략을 채택하지 않는 사회는 없다. 정치적 책략은 사회적 결속을 다지는데 어느 정도 도움을 준다.[108] 원시사회는 관습을 통해 개인을 집단과 긴밀하게 결속시키고 개인이 기존의 규범으로부터 이탈하는 것을 엄격하게 금지하였는데 ─ 그런 규범들이 아무리 일시적인 원인에 의해 기원되었다 할지라도 ─ 이것은 원시공동체가 무정부상태를 얼마나 두려워했는지 알 수 있게 해준다. 원시공동체는 그의 사회적 구조에 있어서 개인의 자유를 허용하지 않았는데, 이것은 개인이 기초적인 자유의식이 없어서가 아니라 바로 그런 자유의식을 가지고 있었기 때문이다. 그리고 그 공동체는 이런 자유를 억압하는 것 이외에는 다른 대안

---

107 참조, Fritz Gunkel, *Character, Eeinzelmensch und Gruppe.*

108 베르그송(Henri Bergson)은 원시공동체의 "정적인 종교"를 "지성의 용해력에 대항하는 본성의 방어 반작용"으로 간주한다. 그러나 이런 종교는 순전히 "본성"의 전략이 아님이 분명하다. 그런 종교는 인간의 자유에 의해 조장된 상황에 대항하는 부분적으로는 의식적이고 부분적으로는 무의식적인 반작용이다. 그리고 종교는 바로 그런 자유의 산물이다. 일부 해석자들이 사제를 원시 공동체에서 사회적 권력을 획득하기 위해 종교를 조종하는 제국주의자로 간주할 수 있는 것은 원시종교의 전략에 의식적인 요소들이 있기 때문이다. 참조, Bergson, *Two Sources of Morality and Religion*, p. 112.

을 가지고 있지 못했다. 이것은 아무리 원시적 공동체의 형제애라 할지라도 완전히 '무구한' 삶과 삶의 상호관계일 수 없음을 의미한다. 자유의식이 발생하여 자연의 조화를 깨뜨리는 한 그 공동체는 사회적 통일성을 유지하기 위해 그 자유를 억압하고자 했다. 따라서 원시공동체의 사회적 결속에는 전제적 요소들이 있다. 더 나아가 다른 공동체들과 원시공동체의 관계는 처음에는 극히 미미하였다. 그리고 그 관계들이 발전되어 가면서 상호충돌이 시작되었다. 따라서 원시공동체의 무구성은 삶이 삶을 지배하는 전제적 종속과 삶과 삶이 무정부적으로 충돌하는 이중적 악을 내포하고 있었다.

결국 역사가 있는 곳에는 자유가 있으며, 자유가 있는 곳에는 죄가 있다. 그렇지만 원시공동체에서 보이는 상호관계들은 삶과 삶의 우호적 관계의 모호한 상징들이다. 사람들이 역사에서 성취하고자 하는 형제애의 상징으로서 끊임없이 과거에 초점을 맞추는 경향에는 – 그것이 역사 이전의 인류의 관점에서이든 아니면 자기 민족의 삶에 있다고 생각하는 무구성과 단순성의 관점에서이든 – 어느 정도 타당성이 있다.

동일한 상징적 모호성이 어린이의 무구성을 분석할 때 분명해진다. 어린이는 일정한 어떤 자아의식을 가지고 세상에 태어나지 않는다. 어린이는 가족이 가지는 '원초적 우리' 의식 내에서 성장한다. 자아의식이 발전함에 따라 어린이는 자주성을 드러내는데, 이런 자주성은 원시공동체의 자기만족과 유사하다. 그러나 어린 아이가 다른 사람들과 관계를 맺을 때 그는 그들을 지배하려는 본능, 자유의식이 발달하면서 나타나는 시기와 질투, 그리고 그런 자유의식에 동반되는 두려움을 가지게 되며, 이런 두려움을 극복하기 위해 잘못된 술수를 부리게 된다. 따라서 어린이는 결코 완전히 순수하지 않다. 그렇지만 그의 무구성은 모든 사람이 추구해야 하는 선의 모호한 상징이다. 어린이의 무구성이 가지는 모호성은 기독교 사상에서 어린이의 상징에 대해 서로 상반되는 두 입장을 가능하게 한다. 예수는 하나님 나라에서 성취될 완전성을 설명하기 위해 일관되게 어린이 같은 선의 상징을 사용하였다. 그렇지만 아우구스티누스와 함께 시작되는 정통적 신학자들은 어린이다움을 죄의 부패성과 연루되어 있는 것으로 간주하였으며, 따라서 그런 어린이다움도 구원되어야 할 필요가 있는 것이라고 생각했다.

따라서 인간역사의 전체적인 특성은 "첫 번째 아담"과 "두 번째 아담"의 상징에서 함축적으로 정의되어 있다. 역사의 기준을 잠정적으로 역사 이전의 무구성의 관점에서 정의하는 것은 인간의 역사적 실존을 규정하는 기준의 일부가 자연에서의 삶과 삶의 조화에 있음을 인정하는 것이다. 그리고 역사를 초월하는 희생적 사랑의 관점에서 역사의 기준을 정의하는 것은 인간 자신의 역사를 주도하는 인간의 자유를 인정하는 것이며, 그런 자유가 없었다면 역사적 창조성이 불가능했을 것이라고 생각하는 것이다. 역사에서 인간의 실제적인 역사적 성취들, 형제애에 기초하여 형성된 단체들, 도시국가들과 민족들과 제국들의 건설은 언제나 삶이 삶을 지배하는 전제적 종속관계와 삶과 삶의 무정부적 충돌이라는 이중적 악에 의해 붕괴되었다. 그러므로 역사에는 순수한 윤리적 규범이 없으며, 역사가 자체정화를 통해 점진적으로 이런 규범을 수립할 것이라는 어떤 희망도 없다. 따라서 '본질적' 인간, 즉 기준이 되는 인간은 하나님이면서 동시에 인간인 존재자이다. 그의 희생적 사랑은 신적인 영원한 아가페, 즉 삶과 삶의 궁극적이고 결정적인 조화와 일치되기를 추구하고, 그런 아가페에서 정당성을 발견한다. 그렇지만 이런 영원한 기준은 자연에서 삶의 원초적 조화를 보지 못한다면 주어지지 않는다. 기독교 신앙은 낭만적 원시주의에서 타당한 것을 창조의 선을 기독교적으로 확증해 주는 부분으로서 받아들인다. 그러나 삶과 역사에 관한 기독교적 해석은 영원에까지 이르는 자유의식을 가지기 때문에 삶을 단순히 원초적 무구성의 관점에서만 해석하지는 않는다. 기독교는 십자가의 비극적 완전성을 이런 무구성과 관련시켜 해석한다.

2.2. 그리스도의 완전성과 역사의 가능성들

앞에서 언급되었듯이 그리스도 안에서 하나님의 속성과 역사의 의미가 계시되었으며, 이런 계시는 역사상의 문화들과 그들의 메시아 대망에서 이해된 역사의 의미와 삼중적 관계에 있음을 언급했다.[109]
   (1) 그 계시는 그들의 의미이해에 있어서 불완전한 것을 완전하게 해
       준다.
   (2) 그 계시는 의미이해를 위협하는 모호한 점들을 명확하게 해준다.
   (3) 그 계시는 인간의 이기심이 부적적한 인식주체로부터 총체적 삶을
       파악하려는 노력 때문에 발생된 오류들을 바로잡아 준다.
그리스도의 완전성, 즉 십자가에서 상징된 초월적 아가페는 역사의 윤리적 현실들과 바로 이런 삼중적 관계를 가진다. 인간의 자연적 수단에 의해 파악된, 즉 사회에서 삶의 사실들과 요구들을 냉철하게 분석함으로써 파악된 역사의 윤리적 규범은 상호사랑이다. 인간은 그의 경험에 의해 그리고 그의 합리적 본성이 요구하는 논리성에 의해 삶의 목표들은 서로 상반되어서는 안 되며, 자아 내부의 갈등과 자아와 다른 자아들 사이의 갈등은 악이라는 것을 안다. 그런 의미에서 사랑은 자연종교와 도덕성의 통찰들에 따르는 삶의 법칙이다. 어쨌든 사랑은 사회–역사적 실존을 진지하게 생각하고 비역사적인 삶으로 직접 도피하고자 하지 않는

---

109 참조, 2권 2장.

모든 종교나 문화에서 규범적인 것이다.

십자가의 희생적 사랑은 역사에서 이렇게 수용된 이런 규범들과 삼중적인 초월적 관계를 가진다.

(1) 희생적 사랑(아가페)은 상호사랑(에로스)의 불완전성을 완성한다. 왜냐하면 상호사랑은 언제나 자아의 관점으로부터 그리고 자아 자신의 행복을 위해 삶을 이해하려 하기 때문이다. 그러나 타자를 향한 자신의 사랑에 의해 야기될 수도 있는 상호 호혜성의 정도를 측정하고자 하는 자아는 다른 자아의 삶 속에서 자신을 상실할지도 모른다는 염려에서 완전히 자유롭지 못함이 분명하다. 따라서 신중하게 이해관계를 생각하는 것은 불가피하게 타자의 삶에 대한 관심과 배려에 방해가 된다. 우정에 관한 아리스토텔레스의 윤리는 상호성의 논리에 내재하는 이런 난점들을 대단히 명확하게 보여준다.[110] 비록 그가 자기 자신만의 논리를 전개한다고 말하는 것이 옳긴 하지만 말이다. 왜냐하면 마지막 순간에 아리스토텔레스의 윤리학에 등장하는 친구는 자아의 어떤 분명한 이익을 위해서가 아니라 그의 초월적 정신에서 자아의 "행복"을 위해 타자의 이익을 지지하기 때문이다.

동일한 문제에 대한 흄의 논의는 쟁점을 아주 명확하게 제시한다.[111] 그에 의하면 역사에서 가능한 상호사랑이야말로 인간의 이기심을 차단하기 위해 정의의 체계를 통해 수립된 모든 방어기제들과 제한규정들을 불필요하게 만들 이상적인 윤리적 조건이다. "인류의 필요들은 현재처럼 계속되지만, 정신이 우정과 아량으로 충만한 상황을 상상해 보라. 모든 사람이 모든 사람을 위해 최고의 친절을 베풀고, 동료들의 이익에 무관

---

110 *Nicomachean Ethics*, 8장과 9장.

111 *An Inquiry Concerning the Priciple of Morals*, Sec. III, Part I.

심하듯이 자기 자신의 이익에 대해서도 무관심한 상황을 상상해 보라. 그렇다면 관대한 자비심에 의해 재판이 불필요하게 될 것이다. 재산과 의무를 분할하고 울타리를 칠 필요도 없었을 것이다. 다른 사람이 이미 나의 행복을 위해 최선의 노력을 하고 있음을 아는데 왜 그가 나를 위해 좋은 일을 해주거나 약속하기를 바라겠는가? ... 나의 마음이 우리의 이익 사이를 구분하지 않았을 때 왜 이웃의 땅과 나의 땅 사이에 경계 말뚝이 세워지겠는가? 그러나 그의 즐거움과 슬픔에 함께 동참하라. ... 모든 사람이 재산과 무관하게 공동의 삶을 살고, 모든 것이 자유로이 사용되는 곳에서는 온 인류가 한 가족을 이루게 될 것이다."

여기서 우리는 하나님 나라의 완전한 사랑을 본다. 중요한 것은 흄이 그런 사랑을 가정에서의 실제적인 성취에 의해 정의하고 있다는 점이다. 그에 의하면 "우리는 가족들 사이의 사랑이 완전한 사랑에 가깝다는 것을 관찰할 수 있을 것이다. 개인들 사이에서 상호간의 자비심이 강할수록 개인들은 더 가까워져 결국 그들 사이에서 재산의 구분이 사라지게 된다." 그러나 흄은 희생적 사랑과 상호사랑 사이의 역설적 관계를 전혀 이해하지 못했다. 그는 오직 인류의 상호관계와 사회적 상태를 유지하기 위해 사랑이 필요하기 때문에 사랑이 정당화될 수 있다고 확신했다. 그러므로 만일 그 사랑이 완전한 상호성의 결과에 의해 정당성이 인정될 수 없다면, 만일 "인간의 되살아난 이기심 또는 위장된 이기심"에 의해 자아가 타자의 이기심에 대해 방어할 능력이 없는 사회적 상태의 "폐해"가 입증된다면, "경솔한 열광자들"조차도 "다시 정의와 사유재산이 바람직하다는 생각을 하게 될 것이다."

물론 사회적 도덕성은 인간의 이기심이 전제된 상태에서 삶과 삶의 최선의 가능한 조화를 추구해야 하며, 실제로 인간은 이기심으로부터 자신을 보호하기 위해 정의체계와 억제수단을 고안해낸다고 주장하는 흄의 주장은 상당히 옳다. 심지어 아가페가 역사에서 실현될 수 있다고 생각하는 우리 시대의 "경솔한 열광자들"인 기독교 완벽주의자들조차도 그렇게 고안된 정의체계를 이용한다. 그러나 흄은 역사에서 실제로 성취된 상호성은 그가 제안하는 사회적 유용성을 냉철하게 분석하여 확립된 적이 없었음을 이해하지 못했다. 왜냐하면 그런 계산은 불가피하게 "위장된 이기심"의 위험에 지나치게 감동되어 실제적인 형제애의 덕을 조장하지 못할 것이기 때문이다.

역사에는 형제애에 기초하여 조직된 무수히 많은 단체들이 있다. "너희가 너희를 사랑하는 자를 사랑하면 무슨 상이 있으리요"(마 5:46)라는 성서의 경고는 역사적 현실주의자들을 향한 경고임이 분명하다. 왜냐하면 순수한 사랑은 그 사랑에 대해 돌아올 수 있는 것을 계산하지 못하는데, 바로 이것이 형제애에서의 새로운 모험들을 가능하게 하는 힘이기 때문이다. 하지만 상호성의 결과는 행위의 의도된 결과라기보다는 오히려 의도되지 않은 결과임이 분명하다. 상호성의 결과는 너무 불확실한 결과이기 때문에 다른 사람의 삶을 향해 모험을 감행하도록 조장하지 못한다. 예수의 윤리에 따르면 아가페의 실제적인 동기는 언제나 하나님의 뜻과 일치하는 것이다. 따라서 역사에서 실제로 성취되는 조화는 언제나 영원한 하나님으로부터 유래된 것이다.[112]

---

112 이 문제에 관해 니그렌(Anders Nygren) 교수가 그의 책 『아가페와 에로스』에서 제시하는 심오한 분석은 신약성서가 규범적인 것으로 간주하는 순수하고 사심 없는 사랑과 고전적 사상의 모든 사랑(에로스) 이론들에 내포된 이기적 요소 사이의 차이를 잘 보여준다. 실제로 사랑에 관한 비기독교적 견해들은 행위자의 행복에 초점을 맞추어 사랑의 정당성을 입증하고자 한다. 그러나 인간은 자유로운 존재이기 때문에 자기 자신의 행복을 기준으로 해서는 정당성이 입증되지 않는 사랑의 덕에 관해 나름대로의 생각을 가진다. 예수는 자연적 인간의 사랑과 하나님의 아가페 사이의 차이를 절대적인 것이라고 생각하지 않는다. 그는 다음과 같이 선언한다. "너희가 악한 자라도 좋은 것으로 자식에게 줄 줄 알거든 하물며 하늘에 계신 너희 아버지께서 구하는 자에게 좋은 것으로 주시지 않겠느냐?"(마 7:11)
불트만은 하나님 나라의 요구들과 역사의 윤리적 가능성들 사이의 대립을 훨씬 더 확실

보다 보편적인 형제애의 성취를 위해, 즉 보다 완벽하고 보다 포괄적인 상호관계를 위해 역사에서 설정될 수 있는 어떤 한계도 없다. 르네상스와 계몽운동의 모든 특징적인 희망과 열망, 비기독교적 자유주의와 기독교 자유주의의 모든 희망과 열망은 기독교 교리 중에서 하나님 나라의 아가페를 역사에서 보다 완벽한 형제애의 무한한 발전을 위한 원천으로 간주하는 측면을 이해하고 있다. 적어도 이런 점에서 그들은 옳다. 다양한 유형의 사회적 부정의, 노예제도와 전쟁에 대한 인간의 양심의 가책은 역사가 아담의 순수성으로부터 그리스도의 완전성을 향해, 즉 즉자적 자연에서 삶과 삶의 조화로부터 하나님 나라의 완전한 사랑을 향해 움직여야 한다는 기독교적 감정의 표현이다. 사도 바울은 보편적 사랑의 비전을 다음과 같이 표현하고 있다. "너희는 유대인이나 헬라인이나, 종이나 자유인이나, 남자나 여자나 다 그리스도 안에서 하나이니라."(갈 3:28) 그의 이런 비전은 무엇보다 교회를 위한 것이었다. 그러나 그 비전은 모든 사회적 관계에도 타당하다. 왜냐하면 인간은, 자유는 역사에서 성취될 수도 있는 형제애를 이유로 인종, 성 또는 사회적 조건과 관련된 어떤 제한도 설정할 수 없게 하기 때문이다.

심지어 가장 순수한 형태의 아가페, 즉 원수를 사랑하는 것과 악인을 용서하는 것도 역사적 가능성들과 모순되지 않는다. 사법적 정의는 점차로 환상적인 형식들로 구체화될 수 있다. 그리고 악인을 이렇게 환상

히 한다. 그는 산상설교의 엄격한 요구들은 윤리적 의미의 "최고의 선"과 전혀 관계가 없다고 생각한다. 그에 의하면 "하나님의 나라는 불가사의하며, 사실 절대로 불가사의하다. 하나님 나라는 모든 '지금 여기'와 다르다. 하나님 나라는 '전적 타자'이다.(*Jesus and the Word*, pp. 35-37.) 신약성서의 윤리적 명령들은 인간 실존의 윤리적 선과 무관하지만 단순히 신앙으로 받아들여져야 한다는 불트만의 주장은 히브리 사상의 관점에서 보면 지나치고, 역사적 실체의 구조적 측면들과 하나님 사이의 관계에 관한 그리스적 관점에서 보면 미흡하다. 그의 입장은 그리스도를 역사적 구조의 근거로 간주하는 요한복음 1장에서 정확하게 논박된다.

적이고 관대하게 처리하는 것은 범죄자의 교화에 의해 역사적으로 정당화될 수 있다. 그러나 그렇게 처리할 때는 순전히 그에 따르는 사회적 효용성만 고려되어서는 안 된다. 그런 처리에는 언제나 상당한 위험이 따르기 때문이다. 더 나아가 모든 사회는 사회의 안전에 대한 염려와 보복적 격정의 악한 요소들을 행형학적 소송절차에 은밀하게 자리 잡았을 수도 있는 용서하는 아가페의 요소들과 – 그 요소들이 무엇이든 – 조합시키고자 한다. 그러나 사법적 정의에 용서하는 사랑이 혼합될 수 있는 가능성에는 제한이 없다. 물론 어떤 사회도 범죄자들을 순수한 용서의 관점에서 다루고자 하지는 않으며, 정의와 용서 사이의 완전한 관계를 성취하고자 하지도 않는다는 점을 예외로 한다면 말이다.[113]

(2) 십자가는 역사의 모호한 점들을 명확히 밝히고 역사적 발전에서 가능한 것의 한계를 설정하는 초월적 완전성을 상징한다.

역사적 윤리학의 초월적 규범에 관해 어느 정도의 이해를 가지는 모든 역사해석은 초월적 규범을 단순한 가능성으로 간주하는 오류에 빠지지 쉽다. 이런 오류는 대다수의 비주류 기독교 종파들의 사상에서 발견되는데, 르네상스와 계몽운동 시대의 세속화된 기독교 종파들도 그런 오류를 범했다. 그것은 아메리카의 진보적 개신교가 특히 범하기 쉬운 오류이다. 왜냐하면 분리파 완전주의와 세속화된 완전주의가 그런 유형의 기독교 신앙에 혼합되었기 때문이다. 마르크스주의적 종말론도 이런 오류를 범했다. (사이비 종파들의 해석에서처럼) 의롭다고 인정하는 은혜에 의해

---

113 비즈너(W. Wiesner)는 '옥스퍼드 협의회 보고서'의 한 장(*The Christian Faith and Common Life*)에서 용서와 보복적 정의의 관계에 관해 급진적인 루터교 입장을 따르며, 용서와 보복적 정의는 서로 모순된다고 선언한다. 그의 이런 입장은 보복적 정의의 역사적 도표에서 재판관, 감옥, 그리고 사형집행인을 제거할 수 있다고 상상하는 톨스토이의 완전주의와 마찬가지로 옳다.

서이든, 아니면 (비기독교적 자유주의에서처럼) 보편적 교육의 축적된 힘에 의해서이든, 아니면 (마르크스주의에서처럼) 전면적인 사회개혁에 의해서이든 사회적 삶이 상호사랑과 희생적 사랑 사이의 모든 구별이 사라지는 지평으로까지 고양될 수 있다고 확신되었다. 레닌은 정의의 모든 규범들이 초월되는 이런 완전성에 관한 마르크스주의의 견해를 다음과 같이 강력하게 표현하였다. "모든 보수적인 우파 사람들은 서로 동일하지 않고 평등하지 않은 다른 사람들에게 동일한 척도를 적용한다. 이것은 왜 '평등한 권리'가 실제로는 평등의 파괴이며 불의인 이유이다. ... 서로 다른 사람들은 같지 않다. 어떤 사람은 강하고, 어떤 사람은 약하다. 어떤 사람은 결혼했고, 어떤 사람은 그렇지 않다. ... 그러므로 공산주의의 첫 번째 단계는 아직 정의와 평등을 산출할 수 없다. 부의 불공정한 차이는 여전히 존재한다. 그러나 인간에 의한 인간의 불공정하게 착취는 불가능하게 될 것이다. ... 모든 사회구성원들을 위해 형식적인 평등이 달성되면 즉시 ... 형식적 평등으로부터 실제적인 평등으로 나아가야 할 과제가 우리 앞에 제기될 것이다. 즉, '각자 그의 능력에 따라 그리고 각자 그의 필요에 따라' 하는 규칙을 실현해야 할 것이다."[114]

이것은 최고 형태의 평등한 정의가 자발적이고 완전한 상호성에서 완성된 "하나님 나라"를 비기독교적인 관점에서 기대하는 것이다. 마르크스주의자가 그런 기대를 실현가능하다고 보는 것은 그가 사악한 이기주의는 단순히 사회의 계급조직에서 유래한 것이라고 생각하기 때문이다. 비기독교적 자유주의자가 그런 유사한 기대들이 가능하다고 보는 이유는 무엇보다도 보편적 교육에 의해 정신이 점진적으로 일반화되어 각 사람이 다른 사람의 이익을 자신의 이익처럼 지지할 수 있을 단계까지 도달할 수 있을 것이라고 생각하기 때문이다. 편협한 완전주의 기독

---

114 N. Lenin, *The State and Revolution*, Ch. 5, Par. iii and iv.

교인이 그런 기대를 가능하다고 보는 것은 거룩하게 하는 은혜에 의해 죄가 이론적으로는 물론이고 실제로도 제거될 수 있다고 믿기 때문이다. 우리는 다음 장들에서 이런 오류들을 보다 상세히 다룰 것이다. 여기서는 단지 가장 깊은 차원의 기독교 신앙은 결코 십자가가 역사적 실존의 본성 자체를 변화시킴으로써 보편적인 희생적 사랑이 점차로 일반화되어 드디어 희생적 사랑이 성공적인 상호사랑으로 바뀌게 되고, 그런 상호사랑이 역사적 사회적 결과들에 의해 완전하게 보증될 것이라고 믿지 않는다는 사실에 주목할 필요가 있다.

신약성서는 결코 낙관적인 역사적 희망이 역사적으로 성공될 것을 보증하지 않는다. "그러나 귀신들이 너희에게 항복하는 것으로 기뻐하지 말고 너희 이름이 하늘에 기록된 것으로 기뻐하라."(눅 10:20) 이것은 기독교가 유토피아적인 기대들에 의해 왜곡되는 것을 철저하게 경고하고 있다. 아무리 아가페가 역사에서 성공할 가능성이 있다 할지라도 - 그리고 역사는 그의 기초인 아가페와 완전히 모순될 수 없기 때문에 그런 성공 가능성은 있다 - 신약성서에서 제시된 아가페의 길에 대한 궁극적인 정당성 인정은 결코 역사에서 발견되지 않는다. 그리스도는 언제나 하나님을 닮고 하나님의 아가페에 대해 감사할 것을 촉구한다. 따라서 십자가는 역사의 가능성과 한계를 분명하게 해주며, 역사가 어느 순간에 영원성의 차원에 도달한다는 사실을 부정하고 역사에서 절대적 완전성 성취를 꿈꾸는 사람들의 가련한 환상들을 철저히 논박한다. 역사에서 완전성이 성취될 가능성은 존재하지 않기 때문에 기독교인의 모든 행위가 상대적 정의와 상호사랑의 규범들에 따르기보다는 오히려 아가페와 일치해야 한다고 주장하는 것은 옳지 않다. (역사에서는 이런 규범들에 의해 삶이 유지되고 상충되는 이해관계가 조정된다.) 왜냐하면 행위 당사자가 아닌 다른 사람들의 삶과 이익이 행위나 정책에 관련되자마자 이익의 희생은 더 이상 '자기희생'이 아니기 때문이다. 그 희생은 실제로 다른 사람들의 이익을 부당하게 침해할 수도 있다. 이런 단순한 사실을 이해하지 못하고 개별적 행위와 집단적 행위 사이의 역설적 관계를 이해하지 못했기 때문에 우리 시대의 폭군들을 대할 때 기독교적 완전주의와 비겁한 정치적 편의주의 사이에 부정한 결탁이 이루어졌다.

문화와 문명의 보존은 개인이 자신의 성공과 실패에 연연하지 않고 주어진 행위 과정에서 자신의 삶을 유지할 수 있는 가능성들에 지나치게 집착하지 않을 때에만 가능하다. 따라서 효과적인 집단적 역사적 행위는 자기 자신의 운명에 대한 개인의 무관심에 상당히 의존한다. 그런 무관심은 오직 개인이 물질적 삶보다 더 높고 깊은 차원의 존재에 대한 믿음을 소유하고 있을 때에만 가능하다. 이런 믿음을 가질 때 그는 다음과 같이 고백할 수 있게 된다. "우리가 살아도 주를 위하여 살고 죽어도 주를 위하여 죽나니, 그러므로 사나 죽으나 우리가 주의 것이로다."(롬 14:8)

(3) 십자가는 역사에서의 위선적 덕과 전혀 다른 완전성이며, 인간의 악한 독선과 하나님의 아가페 사이의 차이를 드러내 보여주는 완전성이다. 십자가는 특정한 어떤 민족이나 문화의 기대와 야망을 중심으로 역사의 의미를 완성하고자 하는 모든 진리 개념들과 대립되는 삶의 의미를 상징한다. 마찬가지로 십자가는 또한 독선과 사랑이 복합되어 있는 모든 유형의 인간적 선과 대립되는 궁극적 선을 상징한다. 독선과 사랑이 이렇게 사악한 방식으로 혼합되어 있지 않은 역사적 현실은 어디에도 존재하지 않는다. 보복성을 가진 이기적 요소를 전혀 가지지 않고 구조적 악을 조정할 수 있는 정의는 어디에도 존재하지 않는다. 전후 수십 년에 걸친 재건기간에 이런 비극적 사실이 널리 입증될 것이다. 인간 공동체에서 상호성의 영역을 넓히기 위해 고안된 어떤 정치적 수단들도 제

국주의의 이기적 부패가능성으로부터 자유롭지 못하다. 모든 인간 공동체는 이미 주어진 권력중심으로부터 조직되어야 한다. 그리고 그런 권력중심은 다른 사람들의 이익을 공평하게 조정하는 기관이 되고자 노력해야 한다. 심지어 그 기관이 개인적으로나 집단적으로, 국제적으로나 국내적으로 불평등한 많은 사회적 세력들 가운데서 여전히 타산적이고 불공평한 사회적 세력으로 남아있는 동안에도 그렇게 노력해야 한다. 우리는 모든 형태의 정치적 정의와 사회조직에 내재하는 이런 제국주의적 부패에 관해 안일하게 생각할 수 없다. 십자가는 그런 부패와 관련하여 변치 않는 회개의 원천이다. 그러나 역사가 아무리 최고의 단계에까지 발전한다 할지라도 신적인 아가페와 인간 공동체에 있는 이기적 요소 사이의 모순을 제거하는 순수성을 성취하지는 못한다. 역사의 그런 비극적 측면은 전제정치를 패배시킨 세계 권력들이 민족들의 공동체를 조직하고자 할 때 새로이 드러날 것이다.[115] 이것은 현대의 역사해석들에서는 거의 완전히 무시된 역사적 현실성의 한 측면이다. 급진적 종교개혁 사상은 종종 그 측면을 강조한 나머지 우리가 생각한 다른 측면들을 도외시하였다. 유일하게 기독교적 통찰만이 역사의 이런 측면을 인식하였다. 왜냐하면 사실상 역사를 해석하는 모든 다른 유형들은 – 고전적이든 현대적이든, 신비주의적이든 율법적이든 – 인간 삶의 독선과 신적인 아가페 사이의 궁극적 대립을 어떤 방식으로든 무시하였기 때문이다.

2.3. 그리스도의 완전성과 영원성의 관계

---

[115] 이런 부패의 지속성과 불가피성의 문제에 대한 기독교의 대답은 8장과 9장에서 논의될 것이다.

만일 그리스도를 "두 번째 아담"으로 간주하는 기독교 교리가 원초적 무구성으로 돌아갈 수 있다고 생각하는 낭만주의와 역사는 자연-역사가 자연에 근거하면서도 완전성을 향해 초월되는 방식으로 움직인다고 생각하는 진화론적 낙관주의자들을 모두 논박한다면, 기독교 교리는 역사의 모든 생명체들과 개체들의 원천인 영원성에 관해 명상하고 그 영원성과 궁극적 합일을 이룸으로써 완전성에 도달하고자 하는 신비주의도 논박한다. 마이스터 에크하르트의 기독교 신비주의에 따르면 삶의 목표는 아담의 무구성과 전혀 무관하며 창조가 일어나기 이전의 통일성과 같은 것이다. 그에 의하면 "불쌍한 사람은 하나님의 뜻을 행하려는 사람이 아니라 자기 자신의 의지가 없이 하나님의 뜻과 무관하게 사는 사람이며, 그가 없었을 때에 그가 있었던 것처럼 그렇게 스스로를 속이는 방식으로 사는 사람이다."[116] 에크하르트보다는 덜 이단적이고 비교적 기독교적인 야콥 뵈메(Jakob Boehme)의 신비주의에 의하면 완전성으로서의 통일성은 창조 이전의 영원성 단계에는 없었다. 그러나 창조된 세계에서 아담의 완전성은 성적인 차이의 긴장이 없는 자웅동체의 통일성으로 정의된다. 플라톤주의와 헬레니즘 기독교와 마찬가지로 뵈메도 양성성(bisexuality)은 죄의 결과라고 믿었다. 더 나아가 그는 아담은 완전했기 때문에 "장이 없고 위도 없는" – 육체를 혐오하는 신비주의의 생생한 상징적 표현 – 육체를 가지고 있었다고 생각했다.[117]

기독교적 합리주의와 신비주의를 포함하여 모든 유형의 합리주의와 신비주의에는 역사에서의 완전성을 하나님의 의지에 따라 의지와 의지를 서로 조화시키는 사랑으로서 정의하기보다는 오히려 영원한 존재자

---

116 D. de B. Evans(trans.), *Meister Eckhardt*, vol. 1, p. 220.
117 참조, Ernst Benz, *Der Vollkommene Mensch nach Jacob Boehme*, pp. 51-70. 벤츠에 의하면 생물학적 기능에 대한 신비주의의 혐오는 오히려 인간의 배가 인간으로 하여금 자기가 하나님이라는 생각을 하지 못하게 할 수도 있다는 니체의 견해가 옳음을 입증해 해준다.

를 관조하는 것으로 정의하는 경향이 있으며, 역사를 초월하는 완전성을 영원한 로고스 또는 로고스와 형상 자체보다 더 순수한 영원한 통일성과의 합일로 정의하는 경향이 있다. 자연주의적 경향을 가진 아리스토텔레스조차도 궁극적 선을 영원한 완전성을 관조하는 것으로 정의하였다.[118] 그리고 아리스토텔레스와 플라톤의 영향을 받은 중세 기독교는 종종 삶이 추구해야 할 완전성을 사랑의 행위보다는 오히려 명상으로 정의하였으며, 아가페보다는 오히려 그노시스를 완전성의 궁극적 규범이라고 생각하였다.

성육신한 로고스가 "두 번째 아담"이 되었다는 기독교 교리는 역사가 지나치게 단순하게 완성된다고 생각하는 낭만주의와 자연주의 이론들을 거부하듯이 역사로부터 도피하고자 하는 이원론적 이론들도 철저하게 거부한다. 인간은 결코 자유가 없는 통일성이 아니며, 생명력이 없는 자유도 아니다. 자연의 필연성과 유한성을 벗어날 수 없는 인간은 오직 하나님 안에서만 궁극적 안전성을 발견하는 자유를 가진다. 사도 바울은 사랑을 율법과 구분하듯이 '그노시스'와도 철저히 구분한다. 사랑을 율법과 구분하는 것은 인간의 자유를 강조하는 것이다. 어떤 율법도 인간의 자유를 구속하는 규범일 수 없기 때문이다. 사랑을 '그노시스'와 구분하는 것은 삶의 모든 정서와 의지를 포함하는 신적인 사랑을 실천하는 것과 영원한 존재자를 관조하는 것이 다름을 강조하는 것이다.[119] 기

---

118 *Nicomachean Ethics*, Bk. X, viii, 7 and 9.

119 그노시스를 거부하는 바울의 견해는 고린도전서 13장에서 전형적으로 표현되어 있다. "내가 사람의 방언과 천사의 말을 할지라도 사랑이 없으면 소리 나는 구리와 울리는 꽹과리가 되고, 내가 예언하는 능력이 있어 모든 비밀과 모든 지식을 알고 … 사랑이 없으면 내게 아무 유익이 없느니라." 바울의 이런 주장은 밀교 의식들에서 약속된 '그노시스'를 비판하기 위한 것이었을 것이며, 마찬가지로 모든 유형의 합리주의와 신비주의에서 약속된 악으로부터의 해방을 포함하는 넓은 의미의 영지주의를 비판하기 위한 것이었을 것이다.

독교인들이 예배하는 하나님은 영원한 무관심에서가 아니라 고난 받는 사랑에서 그의 절대적 주권과 거룩성을 계시한다. 그리고 신약성서가 규범적인 것으로 간주하는 도덕적 완전성은 생각이 행위의 한계를 넘어서는 것처럼 역사에서 실현될 수 없는 방식으로 역사를 초월하는 것이 아니라 희생적 사랑이 상호사랑을 능가하는 것처럼 역사를 초월한다. 그것은 그리스도를 초역사적 인물로 설정하는 생각이라기보다는 오히려 하나의 행동이다. 그리고 그런 완전성은 행위이기 때문에 역사에서 단순한 사상보다 더 확실하다.

바울의 견해에 의하면 옳은 '그노시스'가 있다. 그런 그노시스는 현재는 하나님에 관한 "부분적인" 지식이지만, 장차 "주께서 나를 아신 것 같이 내가 온전히 알게 될 때"(고전 13:12) 완전하게 될 지식이다. 그러나 역사에서 실제로 항상 있어야 하는 요소들은 "믿음, 소망, 그리고 사랑인데, 그 중에 제일은 사랑이다."

기독교의 사랑 개념은 교회에서 너무나 큰 권위를 가지고 있었기 때문에 에크하르트와 같은 이단적 신비주의자들 이외에는 어느 누구도 궁극적인 완전 개념을 순수한 관조의 하나로 왜곡하여 해석하지 않았다. 그렇지만 기독교는 이 사랑을 오직 하나님을 향한 사랑으로만 간주하고 형제애와 공동체와는 무관하다고 생각하는 신비주의적 해석과 합리주의적 해석에 대하여 성서적 사랑 개념을 고수하는데 어려움을 가지고 있었다. 기독교의 이단들과 자유주의가 그리스도의 완전성이 역사를 초월한다는 사실을 망각하였다면, 중세 기독교의 신비주의적 전통은 그리스도에게서 계시된 사랑의 완전성이 역사에서 실현될 수 있다는 사실을 망각하였다. 십자가의 성 요한(St. John of the Cross)은 다음과 같이 선언하였다. "이 세상에는 하나님과 비교될 수 있는 것이 없다. 누구든지 하나님과 함께 다른 것을 사랑하는 자는 하나님을 모욕하는 것이다."[120] 이런 생각은 이웃을 사랑하라는 "두 번째" 명령이 하나님을 사랑하라는 "첫 번째" 명령과 같다고 선언하는 그리스도 자신의 해석과 분명히 배치된다. 기독교의 신비주의적 해석을 가장 전형적으로 표현하는 중세의 신비주의자인 십자가의 성 요한은 이웃사랑을 궁극적인 완전성에서 제외하기까지 하였다. 그에 의하면 "영혼이 내가 말하는 연합의 상태에 도달하지 못하는 한, 그 영혼은 관조적 삶에서는 물론이고 실제적인 삶에서도 사랑을 실천하는 것이 좋다. 그러나 일단 그 영혼이 연합의 상태에 도달하면, 그는 더 이상 다른 일이나 외적인 실천에 사로잡혀서는 안 된다. 왜냐하면 그런 외적인 행위들의 하나님과 사랑의 관계를 맺고 살아가는데 조금이라도 방해가 될 수 있기 때문이다. 하나님을 섬기는데 가장 적합한 일들도 예외가 아니다."[121]

이런 논리로 인해 그 위대한 신비주의자는 아담의 무구성, 즉 창조된 세계의 본질적 선을 타당한 진리로서 전혀 인정하지 않고 인간의 궁극적 완전성을 신적 존재와의 완전한 합일과 동일시하는 도덕적 이원론에 빠지게 되었다. 십자가의 성 요한은 다음과 같이 선언한다. "영혼이 하나님과 하나가 되었기 때문에 그 영혼은 어떤 면에서 참여에 의한 하나님이다. 비록 이것이 내세의 삶에서처럼 그렇게 완벽하지는 않지만 그 영혼은 말하자면 하나님의 그림자이기 때문이다. 그 영혼은 이렇게 실체적 변화에 의해 하나님의 그림자이기 때문에, 그 영혼은 하나님이 그 영혼 안에서 직접 행하는 그것을 하나님 안에서 하나님을 통해 행한다. 마치 그가 그것을 행하는 것과 똑같은 방식으로 말이다."[122]

---

120 *Ascent of Mount Carmel*, Bk. I, v. 4.

121 St. John of the Cross, *Canticles 2d redaction*, str. 28.

122 *Canticles*, str. 38.

비록 카톨릭의 신비주의가 이와 같이 하나님과의 합일을 강조하는 점에서 카톨릭 합리주의에 의해 일반적으로 고수되어 온 한계를 넘어서기는 했지만, 사도 도마에 의해 암시된 어떤 것과 십자가의 성 요한에 의해 보다 명시적으로 단언된 것 사이에는 차이가 없다고 선언하는 현대의 신토마스주의자 자끄 마리뗑(Jacques Maritain)의 주장에는 잘못된 점이 없다. 마리뗑에 의하면 그런 신비적 실천은 "영혼이 창조된 세계와의 유착을 깨뜨리고 정신의 순수성을 확립할 수 있게 해준다."[123]

이런 기독교 사상에 의해 위험에 처하게 된 – 파괴된 것이 아니지만 – 성서의 변증법적 논리는 사도 바울에 의해 다음과 같이 단적으로 표현되어 있다. "그러므로 주 안에서 갇힌 내가 너희를 권하노니 너희가 부르심을 받은 일에 합당하게 행하여, 모든 겸손과 온유로 하고, 오래 참음으로 사랑 가운데서 서로 용납하고, 평안의 매는 줄로 성령이 하나 되게 하신 것을 힘써 지키라."(엡 4:1-3) 그는 "만유의 아버지로 만유 위에 계시고, 만유를 통일하시고, 만유 가운데 계시는" 하나님의 존재를 확신함으로써, 다시 말해 하나님이 세상을 초월하면서 동시에 세상에 내재한다는 근본적인 기독교 신앙에 의해 이런 교훈의 정당성을 입증한다. 이런 변증법적 논리는 신적 존재와의 연합의 은혜를 다음과 같이 승천한 주님에게 돌림으로써 훨씬 더 강화된다. "올라가셨다 하였은즉 땅 아래 낮은 곳으로 내리셨던 것이 아니면 무엇이냐? 내리셨던 그가 곧 하늘 위에 오르신 자니 이는 만물을 충만하게 하려 하심이아."(엡 4"9-10) 바울의 이런 진술에는 그리스도의 완전성과 역사의 관계에 관한 성서의 견해가 대단히 분명한 관점에서 상징적으로 진술되어 있다. 이런 견해는 역사의 규범을 너무 단순하게 역사 내에서 발견하고자 하는 이론들에 의해 늘 위험에 처하게 되었으며, 영원한 완전성을 역사와 무관한 것으로 생각하는 이론들이나,

---

123 *Degrees of Knowledge*, p. 394.

사상이 행위를 초월할 때 또는 신비적 의식이 사상을 초월할 때, 그리고 의지와 충동이 없고 책임감도 없는 영혼이 영원한 존재를 관조할 때에만 그런 영원한 완전성에 도달할 수 있다고 생각하는 이론들에 의해 늘 위험에 처하게 되었다.

이런 신비주의 이단들은 그리스도의 사랑에 관한 기독교의 견해가 그리스도 안에서 계시된 하나님의 속성에 관한 더 중요한 견해 때문에 기독교인의 삶에서 얼마나 중요한 윤리적 규범인가 하는 것을 대조적으로 드러내 보여준다. 기독교의 계시된 하나님은 그의 최고의 주권적 속성들에 의해 세상으로부터 단절된 하나님이 아니라 세상과 관계를 맺는 하나님이다. 결국 모든 자연적 생명력과 역사적 생명력의 원천인 존재의 통일성에 도달하는 것은 인간이 도달해야 하는 최고의 완전성이 아니다. 최고의 통일성은 자유로운 자아가 하나님의 의지에 따라 자유로운 다른 자아들과 관계를 맺는 사랑의 조화이다.

2.4. 요약

"둘째 아담"과 그리스도의 완전성에 관한 기독교 교리의 완전한 의미를 분석하면 역사의 사실들을 조명해 주고 그 사실들에 의해 확인되는 역사적 실체를 해석하기 위한 원리들을 발견할 수 있다. 무구성과 성숙, 영원성과 완전성의 관계가 역사와 십자가의 관계와 관련하여 이해된다면 역사의 모든 복합적 관계들이 밝혀지게 된다.

완전성에 관한 기독교 교리가 가정하는 무구성의 상태는 삶과 삶의 자연적 조화가 아직 깨어지지 않은 자연적 상태 또는 선사시대의 상태이다. 이런 상태에서는 개인과 공동체가 모두 불안한 감정을 가지거나 아니면 이런 불안을 피하기 위해 잘못된 수단들을 취하여 죄를 범하게 될 정도로 충분한 자유를 가지지 못했다. 그렇지만 인류 역사에는 완전한 자연의 상태가 한 번도 없었기 때문에 개인이나 종족의 삶에서 그런 무구성의 상태가 있었던 시점을 발견하는 것은 불가능하다.

자유가 발달하면서 그와 함께 선과 악이 나타나게 되었다. 순수한 신뢰의 상태가 자유로 인한 불안과 공포로 발전하게 되었으며, 이런 불안과 공포를 피하기 위해 개인과 공동체는 다른 사람들을 희생하면서까지 부당하게 안정을 추구하였다. 다른 한편, 동일한 자유로 인해 사람들은 점점 더 규모가 큰 형제애의 공동체를 형성했을 수도 있다. 형제애에 기초한 삶과 삶의 이런 관계는 가장 기본적으로 "생명의 법칙"이다. 이런 법칙만이 인간정신의 자유와 상호의존성, 서로 자신을 실현해야 할 필연성에 정당성을 부여해 줄 수 있다.

하지만 보다 큰 형제애를 향한 발전에는 언제나 형제애가 불공정하게 부패될 수 있는 가능성이 따른다. 그러므로 역사가 아무리 발전한다 할지라도 형제애가 사랑의 법과 배치되는 악한 방향으로 부패할 수 있는 이런 가능성들이 점차로 제거되지는 않는다. 그러므로 사랑의 법은 역사적 경험에 의해 정당화되는 역사의 규범은 아니다. 오히려 역사적 경험에 따르면 자아, 개인과 공동체가 그의 삶을 보존하면서 동시에 서로의 삶을 조화시키기 위해 고안된 복합적인 사회적 전략들이 역사의 규범이다. 그러나 상호사랑과 정의체계들의 그런 전략들은 역사의 보다 깊은 차원으로부터 오는 영감이 없다면 유지될 수 없다. 역사적 경험에만 의존하는 형제애의 전략은 상호성으로부터 자아의 이익을 위한 관심으로 변질되며, 공동체 본능에서 멀어져 생존본능을 윤리적 정당성으로 인정한다.

아가페, 즉 십자가에서 계시된 희생적 사랑은 역사적 현실을 초월하는 "본질적 실체"인 하나님의 속성에서 그의 근원적 정당성이 입증된다. 그런 사랑은 직접적이거나 역사적으로 그의 정당성이 인정되기를 바라지는 않지만 삶과 역사의 궁극적인 완성을 기대한다. 한편, 기독교의 창조론은 영원하고 신적인 것과 일시적이고 역사적인 것을 절대적인 대립의 관점에서 보지 않는다. 그러므로 타자에 대한 관심을 통해 실제로 상호관계가 형성되는 한 역사에서 아가페가 실현될 수 있다.

역사의 가능성과 한계에 관한 이런 해석은 자연적 경험의 결과이며, 경험의 자연적(합리적) 분석의 결과이다. 왜냐하면 자연과 역사에서 인간의 문제를 엄밀하게 조사해 보면 역사는 역사 자체를 초월하는 경향이 있으며, 역사가 그렇게 초월적인 것을 지향하는 것은 인간정신의 자유와 초월성 때문임이 분명히 드러나기 때문이다. 역사적-자연적 과정이 아무리 높은 단계에까지 도달한다 할지라고 역사는 결코 그런 과정에 완전히 제한되거나 그런 과정에 의해 충족되지 않는다.

그러나 역사의 신적인 근거와 목표를 확실하게 지시하는 경험이 없는 한 – 기독교 신앙은 그런 근거와 목표를 그리스도와 십자가에서 발견하는데 – 이런 해석은 신앙과 계시의 결과이다. 진리의 영역에서와 마찬가지로 윤리의 영역에서도 그리스도의 계시는 어리석음이다. 윤리적 문제에 대해 그리스도의 계시가 제시해 주는 대답은 일반적인 경험에서 볼 때 납득되지 않기 때문이다. 그러나 그것은 "부르심을 받은 사람들에게는 지혜"이다. 일단 그 계시가 일단 받아들여진다면 그 계시는 역사에서 윤리적 문제를 해석하는 적절한 원리가 되기 때문이다. 그 계시는 인간의 상황에서 작용하는 두 요인들을 모두 고려하는 유일한 해석원리이다. 그런 두 요인들 중 하나는 인간의 불가피한 자연적 생존본능을 포함하여 자연적 과정에서 벗어날 수 없는 인간의 운명이며, 다른 한 요인은 생존본능이 그의 모든 윤리적 판단에서 주도적 역할을 할 수밖에 없다는 사실에서 오는 양심의 가책을 포함하여 자연적 과정을 넘어서려는 인간의 초월성이다.

4장

(역사의 성취)

지혜와 은혜 그리고 능력

4장

지혜와 은혜 그리고 능력

(역사의 성취)

  기독교 계시는 – 그것이 역사와 하나님의 관계에 대한 계시이든 아니면 영원한 존재와 인간의 관계에 관한 계시이든 – 언제나 인간이 그의 삶의 진정한 의미를 스스로 성취할 능력이 없음을 지적하며, 죄의 근원은 스스로 삶의 의미를 성취하고자 하는 인간의 잘못된 노력에 있음을 폭로한다. 그럼에도 불구하고 기독교 복음은 그리스도 안에서 인간이 "지혜"와 "능력"을 모두 가질 수 있다고 세상에 선언한다. 이것은 단지 삶의 진정한 의미가 계시되었을 뿐만 아니라 그 의미를 성취하는데 필요한 수단도 이미 마련되어 있음을 말하는 것이다.[124] 믿음이 있는 사람은 그리스도 안에서 단지 "진리"뿐만 아니라 "은혜"도 발견한다.(요 1:17)

  기독교 역사 전체는 기독교 신앙의 "진리"와 "은혜"라는 두 주제들이 서로 모순되지 않도록 조화시키려는 다양한 노력들의 역사였다. 이런 노력들은 결코 전적으로 이론적인 것만은 아니었다. 왜냐하면 복음의 양면성은 역사적 실제의 두 측면에 모두 상응하기 때문이다. 이런 양면성은

---

124 "하나님의 나라는 말에 있지 아니하고 오직 능력에 있음이라."(고전 4:20)

신약성서에서 "은혜"라는 단어가 가지는 이중적 의미에 함축되어 있다. 은혜는 한편에서는 하나님의 자비와 용서를 의미한다. 하나님은 자비와 용서에 의해 인간이 스스로 성취할 수 없는 것을 성취하며, 인간이 성취한 모든 것들에 들어있는 죄의 요소들을 정복한다. 은혜는 인간을 초월하는 하나님의 능력이다. 다른 한편, 은혜는 인간 안에서 역사하는 하나님의 능력이다. 그런 은혜는 인간이 스스로 가질 수 없는 재능을 제공해줌으로써 그의 참된 존재에 도달할 수 있게 해준다. 은혜는 "성령"의 은사와 동의어이다. 그러나 성령은 관념론과 신비주의에서 생각하듯이 단순히 인간정신의 최고 발전단계가 아니다. 성령은 가장 보편적이고 초월적 단계의 인간정신이나 의식과 동일한 것이 아니다. 성령은 인간 안에 내재하는 하나님의 영이다. 그러나 이렇게 성령이 인간 안에 내재한다고 해서 인간의 개성이 파괴되는 것은 아니다. 그러므로 인간의 개성과 성령 사이에는 어느 정도의 양립가능성과 연속성이 존재한다. 그렇지만 성령은 결코 단순히 인간정신의 확장이 아니며, 가장 깊은 또는 가장 높은 단계의 의식에 도달할 때의 인간정신의 순수성과 통일성과 동일한 것도 아니다. 그런 의미에서 "은혜"와 "성령"에 관한 모든 기독교 교리들은 인간정신의 성취에 관해 신비주의와 관념론이 주장하는 이론들과 전혀 다른 것이다.

기독교 사상이 삶의 성취와 완성은 인간 자신의 능력에 의해서가 아니라 은혜에 의해서 가능하다고 주장한다고 해서 은혜에 의한 성취가 보다 근본적인 확신, 즉 인간의 삶과 역사는 스스로 완성될 수 없으며 죄는 삶과 역사를 스스로 완성하려는 잘못된 노력과 동일하다는 보다 근본적인 확신과 모순된다고 생각해서는 안 된다. 더 나아가 그런 기독교 사상은 인간은 오직 믿음에 의해서만 인간의 불완전함을 초월하는 완전성을 이해하고 인간의 죄를 초월하는 거룩성을 이해한다는 주장과 일치한다. 왜냐하면 만일 인간 능력의 한계 저편에서 오는 하나님의 계시를 이해하는 믿음에 의해서 인간 능력의 한계를 깨닫게 되는 것이 가능하다면, 믿음에 의해 인간의 한계를 넘어서는 하나님의 은혜를 파악하는 것도 가능해야 하기 때문이다. 그리고 이것은 기독교 계시의 특성에 의해 확실하게 강화되었다. 기독교 계시에 따르면 하나님은 인간이 열망하지만 도달하지 못하는 천상의 완전성이 아니다. 하나님은 인간에게 내려오는 사랑과 지혜와 능력의 원천이다. "하나님의 지혜", 즉 믿음에 의한 의미구조의 완성을 올바로 이해하려면 그 안에 함축된 "능력"의 의미를 이해해야 한다. 왜냐하면 만일 우리가 삶의 가능성들과 한계들을 우리 자신 저편으로부터 이해한다면, 이런 이해는 삶의 의미를 성취할 수 있는 모종의 잠재성들을 가지기 때문이다. 삶의 의미를 그렇게 이해할 때 인간의 건전한 발전을 저해하는 이기적이고 자기중심적인 성취유형들이 제거된다. 바로 이런 이유 때문에 회개와 믿음의 관계 및 우리의 이해의 한계를 초월하면서 동시에 초월적 능력에 의해 이기적 자아를 분쇄시키는 진리를 전적으로 논리적이거나 정확하게 연대기적으로 설명하는 것은 불가능하다. 만일 인간이 그의 자아의 확장 이상인 하나님에 관한 진리를 – 그런 진리는 오직 믿음에 의해서만 파악될 수 있는데 – 알지 못한다면, 그는 단편적이고 불충분한 자아를 중심으로 성취된 너무 성급하고 이기적인 그의 삶을 회개할 수 없다. 마찬가지로 만일 회개가 없다면, 즉 자기중심적인 자아가 깨지지 않는다면, 인간은 지나치게 자신을 과신하기 때문에 참 하나님을 알 필요를 느끼지 못하거나 그럴 능력을 가지지 못한다. 그러므로 "지혜"와 "능력", "진리"와 "은혜"는 모두 자아 저편으로부터 자아에게 침투해 들어온다. 이런 경험에서 의지와 통찰의 관계, 능력과 지혜의 관계는 너무나 미묘하기 때문에 정확하게 분석할 수 없다.

그렇지만 회개와 믿음의 경험으로부터 오는 "새 생명"은 그것이 참된 기독교 신앙에 의해 지배될 때 언제나 끊임없이 불완전성을 의식하며 죄의 전략이 얼마나 끈질긴지 알게 된다. 따라서 회개에 따르는 마음의 평화는 결코 성취에 대한 만족감이 아니다. 그 평화는 언제나 용서받았음을 알기 때문에 생기는 평화이다.

1. 은혜에 관한 성서의 교훈

은혜에 관한 신약성서의 교훈, 특히 바울의 해석에 주목하면 은혜의 경험이 가지는 두 양상들, 즉 한편에서 인간의 중심에 있는 죄의 정복과 다른 한편에서 인간의 어떤 마음에서도 결코 완전히 정복되지 못한 죄를 이기는 하나님의 자비의 능력은 모두 바울에 의해 잘 설명되어 있음을 알 수 있다. 그들 사이의 관계가 언제나 명시적으로 제시되어 있지는 않다. 그러므로 은혜의 서로 다른 양상을 강조하는 다양한 기독교 교리들은 성서의 서로 다른 본문들에서 그들의 주장을 뒷받침하는 내용을 찾는 것이 가능하였다. 이와 같이 사도 바울의 사상은 은혜에 관한 완전주의의 이론들과 그 이론들을 거부하는 종교개혁자들에게 모두 이론적 근거가 되었다.[125]

슐라터(A. Schlatter)는 바울의 은혜체험이 가지는 양면성을 다음과 같이 철저하고 치우침 없이 기술한다. "그는 그의 모든 행위가 죄에 의해 지배당하고 있다고 생각하였지만, 동시에 그의 행위들이 타당함을 확신하고 안심하기도 하였다. 그의 양심에 나타나는 이런 두 양상들은 모두 하나님의 용서에 대한 깨달음과 하나님의 은혜에 의해 의롭게 되었다는 생

---

125 파울 베른레(Paul Wernle)에 의하면 "구원받은 자들의 죄 없음을 강조하거나 추구하는 모든 영지주의 이단들과 형식주의적 이단들은 바울의 전승에 있는 참된 한 요소를 지나치게 강조한 결과일 뿐이다." *Der Christ und die Suchende bei Paulus*, p. 24.

각에 근거한 것이었다."[126]

바울의 서신들에는 은혜에 관해 서로 다른 해석을 가능하게 하는 본문들이 있다. 옛 사람과 새 사람 사이의 차이를 절대적인 것으로 생각하게 하는 표현들이 빈번히 나타난다.[127] 그러나 동시에 은혜에 관해 완전주의의 해석들을 지지하는 바로 그런 주장들 중 어떤 주장들 다음에는 그런 주장에 의문을 제기하는 권고들이 뒤따라 나온다. 이런 권고들은 다음과 같이 요약될 수 있다. '너희는 이제 죄가 없다. 그러므로 너희는 더 이상 죄를 범하지 말아야 한다.' 그 권고에서 우리는 원래의 진술들에는 겉으로 드러난 의미와는 약간 다른 의미가 함축되어 있음을 추측할 수 있다. 그 권고들의 실제적 의미는 다음과 같다. '이기심은 원칙적으로 너희의 삶에서 파괴되었다. 이제는 그리스도 안에서 하나님을 향한 헌신의 새로운 원칙이 너희의 삶에서 실현되었음을 주목하라.'[128] 완전한 성결

---

126 A. Schlatter, *Der Glaube im Neuen Testament*, p. 503.

127 그 중에서도 특히 다음의 구절들을 참조하라. "우리가 알거니와 우리의 옛 사람이 예수와 함께 십자가에 못 박힌 것은 죄의 몸이 죽어 다시는 우리가 죄에게 종노릇 하지 아니하려 함이니, 만일 우리가 그리스도와 함께 죽었으면 또한 그와 함께 살 줄을 믿노니, 이는 그리스도께서 죽은 자 가운데서 살아나셨으매 다시 죽지 아니하시고 사망이 다시 그를 주장하지 못할 줄을 앎이로다. 그가 죽으심은 죄에 대하여 단번에 죽으심이요 그가 살아 계심은 하나님께 대하여 살아 계심이니, 이와 같이 너희도 너희 자신을 죄에 대하여는 죽은 자요 그리스도 예수 안에서 하나님께 대하여는 살아 있는 자로 여길지어다." (롬 6:7-11) 그리스도의 죽음과 부활은 죄의 죽음과 의로운 새 삶의 부활을 상징한다. 그의 이런 죽음과 부활은 바울 사상에 일관되게 나타나는 주제이다. "육신의 생각은 사망이요 영의 생각은 생명과 평안이니라."(롬 8:6) "그러나 이제는 너희가 죄로부터 해방되고 하나님께 종이 되어 거룩함에 이르는 열매를 맺었으니 그 마지막은 영생이라."(롬 6:22) "하나님을 따라 의와 진리의 거룩함으로 지으심을 받은 새 사람을 입으라."(엡 4:24)

128 그 중에서도 특히 다음의 구절들을 참조하라. "이와 같이 너희도 너희 자신을 죄에 대하여는 죽은 자요 그리스도 예수 안에서 하나님께 대하여는 살아있는 자로 여길지어다."(롬 6:11-12) 에베소서 4장 17-32절에는 그리스도인의 삶의 논리가 다음과 같은 요구와 함께 제시되어 있다. "이제부터 너희는 이방인이 그 마음의 허망한 것으로 행함 같이 행하지 말라." 그들이 원칙적으로 죄를 범할 생각을 포기했다면 실제의 삶에서도 죄를 범하지 말아야 한다. 그리고 구원 받은 사람들은 아주 명백한 죄들을 더 이상 범하지 말

을 주장하는 단언들 바로 다음에 성결의 완전성을 제한하는 언급들이 나타나는데, 이것은 사도 바울의 성결개념이 과연 죄로부터의 완전한 자유를 의미하는지에 대해 의문을 야기한다. 바울은 의심의 여지없이 "육욕적 마음자세"와 "영적 마음자세" 사이에 극단적인 차이가 있다고 주장한다. 그리고 이런 차이는 자기중심성의 원칙에 의해 지배되는 삶과 하나님에 대한 헌신과 순종의 원리에 의해 지배되는 삶 사이의 차이라 할 수도 있다. 그러나 죄 없는 사람들에게 더 이상 죄를 범하지 말라는 바울의 이런 권고는 원칙적으로 죄를 범하지 않기로 결심한 사람들도 죄를 범할 수 있는 가능성이 있음을 암시한다.[129]

이런 해석은 완전성을 부정하는 바울의 다음과 같은 주장에 의해 더욱 강화되었다. "내가 이미 얻었다 함도 아니요, 온전히 이루었다 함도 아니라. 오직 내가 그리스도 예수께 잡힌 바 된 그것을 잡으려고 달려가노라."(빌 3:12) 새로운 삶은 원칙적으로 하나의 선물인데, 이 선물은 차후에 결단과 노력에 의해 점진적으로 실현되어야 한다는 것이다.

은혜의 완전성이 절대적 완전성과는 다른 것이라고 제한하는 이런 구

아야 한다. "도둑질 하는 자는 다시 도둑질 하지 말고 ..."
"너희가 전에는 어둠이더니 이제는 주 안에서 빛이라. 빛의 자녀처럼 행하라."(엡 5:8) "그리스도 예수의 사람들은 육체와 함께 그 정욕과 탐심을 십자가에 못 박았느니라. 만일 우리가 성령으로 살면 또한 성령으로 행할지니, 헛된 영광을 구하여 서로 노엽게 하거나 서로 투기하지 말지니라."(갈 5:24-26)

129 요한의 서신들은 죄 없음의 관념을 더 철저하게 진술한다. 그러므로 그의 서신들은 언제나 특히 동방교회에서 성화론을 입증하는 대표적인 증거자료가 되었다. 참조, "그 안에 거하는 자마다 범죄하지 아니 하나니,"(요일 3:6) "하나님께로부터 난 자마다 죄를 짓지 아니하나니, 이는 하나님의 씨가 그의 속에 거함이요 그도 범죄하지 못하는 것은 하나님께로부터 났음이라."(요일 3:9) 요한의 문서는 실제적인 행위들이 죄가 없다고 단언한다. 왜냐하면 새 삶에 관한 요한의 견해는 헬레니즘 사상의 영향을 받아 새로운 삶과 옛 삶 사이의 차이를 거의 형이상학적으로 진술하기 때문이다. 그렇지만 여기서도 우리는 중요한 예외들을 발견한다. 특히 그 중에서도 요일 1장 8절을 참조하라. "만일 우리가 죄가 없다고 말하면 스스로 속이고, 또 진리가 우리 속에 있지 아니할 것이요."

절들에서 볼 때 바울의 사상에는 근본적으로 아무런 모순이 없음을 분명히 알 수 있다. 비록 은혜의 어떤 측면을 강조하느냐 하는 점에서 차이가 있을 수 있긴 하지만 말이다. 옛 삶과 새 삶 사이에 극단적 차이가 있다는 주장은 은혜를 "칭의", 즉 하나님의 용서를 보증해 주는 것이라고 보는 바울의 견해와 모순되지 않는다. 바울 사상의 이런 측면에서 볼 때 그가 절대적 완전성을 부정한다는 사실은 명백하고 정확하다. 바울 사상의 핵심은 우리 자신이 스스로 의롭다고 생각할 때는 평화가 없다는 것이다. 영혼의 궁극적인 평화는 한편에서는 하나님에 의한 용서를 확신할 때 획득되고, 다른 한편에서는 "믿음"에 의해 획득된다. 믿음에 의해 그리스도를 인정할 때, 즉 영혼이 그리스도에게 전적으로 순종할 때 그리스도는 그 영혼을 의롭다고 인정한다. 그 의는 믿음에 의하지 않고는 실제적으로 도달되지 않는다.[130]

이와 같이 의를 은혜의 결과라고 생각하는 교리는 언제나 기독교 신앙의 도덕주의적 해석과 대립되었다. 기독교 신앙을 도덕적으로 해석하는 사람들은 의로움을 은혜의 결과로 보는 이론을 비도덕적이라고 비판했다. 그러나 선과 악을 초월하는 사랑의 한 형태인 용서는 철저한 도덕

---

130 그 중에서도 특히 다음의 구절들을 참조하라. "그러므로 우리가 믿음으로 의롭다함을 받았으니, 우리 주 예수 그리스도로 말미암아 하나님과 화평을 누리자."(롬 5:1) "모든 사람이 죄를 범하였으매 하나님의 영광에 이르지 못하더니, 그리스도 예수 안에 있는 속량으로 말미암아 하나님의 은혜로 값없이 의롭다 하심을 얻은 자 되었느니라. 이 예수를 하나님이 그의 피로써 믿음으로 말미암는 화목제물로 세우셨으니 이는 하나님께서 길이 참으시는 중에 전에 지은 죄를 간과하심으로 자기의 의로우심을 나타내려 하심이라."(롬 3:23-25) "너희는 그 은혜에 의하여 믿음으로 말미암아 구원을 받았으니, 이것은 너희에게서 난 것이 아니요 하나님의 선물이라. 행위에서 난 것이 아니니 이는 누구든지 자랑하지 못하게 하려 함이라."(엡 2:8) "율법 안에서 의롭다 함을 얻으려 하는 너희는 그리스도에게서 끊어지고 은혜에서 떨어진 나로라."(갈 5:4) "(내가) 모든 것을 해로 여김은 내 주 그리스도 예수를 아는 지식이 가장 고상하기 때문이라. 내가 그를 위하여 모든 것을 잃어버리고 배설물로 여김은 그리스도를 얻고 그 안에서 발견되려 함이니 내가 가진 의는 율법에서 난 것이 아니요 오직 그리스도를 믿음으로 말미암은 것이니 곧 믿음으로 하나님께로부터 난 의라."(빌 3:8-9)

론자들의 입장에서 볼 때 받아들일 수 없는 것이다. 바울의 이론에는 실제로 인간역사와 하나님의 관계에 관한 완전한 기독교적 입장들이 있다. 그의 이론은 인간의 삶에는 그 삶이 아무리 훌륭하다 할지라도 죄악에 오염된 타락한 현상이 있음을 인정한다. 그의 이론에 의하면 죄의 교만은 인간이 죄를 완전히 정복했다고 주장할 때 가장 크다. ("행위에서 난 것이 아니니 이는 누구든지 자랑하지 못하게 하려 함이라"). 그의 이론은 하나님의 자비를 감상주의적인 관점에서 제시하지 않는다. 하나님의 자비의 은혜를 받는 것은 오직 그리스도를 통해서만 가능하다. 그리스도에게서, 특히 그의 십자가에서 하나님의 진노를 무시하지 않으면서도 그 진노를 극복하는 하나님의 자비의 신비를 발견하는 바로 그런 믿음에 의해서 말이다. 그리스도의 고난은 죄에 대한 하나님의 진노를 폭로하며, 인간으로서 그의 완전성은 믿는 자들을 위한 본보기로 인정되었기 때문이다. 물론 그 교리는 왜곡될 여지가 있으며, 기독교 역사에서 수없이 왜곡되기도 하였다. 그 교리는 위안의 도구가 되어 사람들로 하여금 죄에 계속 머물면서 은혜가 더하기를 바라게 할 수도 있다. 그 교리는 사법적이고 율법주의적인 관점에서 해석될 수도 있다. 그런 해석에 따르면 그 교리는 인간의 영적 존재의 핵심을 울리는 종교적 진리를 전달하지 못한다는 것이다. 그러나 이런 모든 것에도 불구하고 "믿음에 의한 칭의" 사상의 깊이는 변하지 않는다. 그리고 그 교리는 인생과 하나님과 역사에 관해 우리가 복음서들에서 발견하는 견해와 완전히 일치한다.

사도 바울은 은혜체험의 두 양상들, 즉 인간의 삶에 개입하여 새로운 삶을 살게 하는 하나님의 능력과 그의 자비에 의해 인간의 죄를 사하는 하나님의 자비의 능력 사이에 균형을 유지하는데, 이런 균형이 그가 유대교의 율법주의와 대결할 때 형성된 몇몇 사상들에서는 약간 흔들렸을 수도 있다. 이 사상들에서 보면 바울은 죄의 용서는 특히 과거의 죄에 적용된다고 주장하며,[131] 율법의 "행위"를 – 바울에 의하면 율법의 행위에 의해서는 아무도 의롭게 될 수 없다 – 유대교의 역사적 법의 행위와 동일시하는 것처럼 보인다.

과거의 죄에 대한 용서를 강조하는 바울의 견해는 칭의와 성화의 관계에 관한 중세 카톨릭 교회 전체의 해석의 기초가 되었다. 이런 해석에서는 칭의는 단지 후속되는 성화의 전주곡으로 간주되었으며, 칭의와 성화 사이의 복합적이고 역설적인 관계가 무시되어 새로운 형태의 독선을 야기하게 되었다. 사도 바울은 자신의 사상을 완결된 체계로 제시하지 않았을 가능성이 있다. 그리고 용서가 기독교적 삶의 시작에서와 마찬가지로 마지막에도 필요하다는 사실이 인식되지 못한다면 은혜에 의한 의는 새로운 형태의 바리새주의를 야기할 수도 있다. 이런 사실은 수 세기에 걸친 기독교 경험에 의해 입증되었다.

로마서 7장에 나타나는 사도 바울의 심오한 신앙고백은 종종 바울의 사상에서 칭의는 단지 회심하기 이전에 범한 과거의 죄에 대해서만 적용된다고 주장하는 해석을 반박하는 근거로 제시되었다. "내가 원하는 바 선은 행하지 아니하고 도리어 원하지 아니하는 악을 행하는" 내적 갈등을 고백하는 사람은 죄의 용서가 단지 회심하기 이전의 죄에 대해서만 적용된다고 믿지 않았을 것이 분명하기 때문이다. 물론 사도 바울이 회심 이후 그의 영적 상태를 로마서 7장에 나타나는 표현대로 기술하고자 했는지는 확실하지 않다. 이런 고백이 순전히 회고적인 것이었는지 아니면 구원 받은 자라 할지도 경험하는 내적 갈등을 표현하기 위한 것이었는지는 이전의 교리적 전제들에 따라 대답되는 주석적 문제이다. 그 문제에

---

131 "그리스도 예수 안에 있는 속량으로 말미암아 하나님의 은혜로 값없이 의롭다 하심을 얻은 자 되었느니라. 이 예수를 하나님이 그의 피로써 화목제물로 세우셨으니 이는 하나님께서 길이 참으시는 중에 전에 지은 죄를 간과하심으로 자기의 의로우심을 나타내려 하심이니." (롬 3:24-25)

관한 우리 자신의 교리적 관점에서 볼 때 우리는 사도 바울이 그의 고백을 회심 이전의 상태에 국한시키고자 했다고 믿을 수 없다. 기독교 교회사에 의하면 로마서 7장이 그렇게 생생하게 묘사하는 내적 갈등으로부터 완전히 해방된 사람은 지금까지 아무도 없다.

사도 바울이 의로움을 보장해 주지 못하는 "율법의 행위"를 단지 유대교 율법에만 국한시키고자 했으며 그렇게 함으로써 은혜의 의가 보다 완전한 법인 사랑의 법을 성취했다는 주장과 관련하여, 이런 이론은 관련된 구절들에 나타나는 대립이 "율법"과 "믿음" 사이의 대립이라는 사실에 의해 정당화되지 못한다. 물론 사도 바울이 아무도 율법을 완전히 지킬 수 없기 때문에 율법 자체는 저주라는 주제와 "율법의 행위"는 어느 누구도 성취할 수 없는 완전성을 요구하기 때문에 자기기만의 원천이라는 주제를 체계적으로 제시할 때 그가 생각하고 있었던 것은 유대교 율법주의였다. 그러나 그렇다고 해서 사도 바울의 사상에서 율법주의적 의에 대한 비판이 유대교 율법에만 해당되는 것으로 해석되어야 할 이유는 없다. 바울 자신이 율법의 완전한 원리를 유대교의 율법적 전통과 도덕적 전통의 경계 너머로 확장하여 다음과 같이 선언하였다. "율법이 없는 이방인이 본성으로 율법의 일을 행할 때에는 이 사람은 율법이 없어도 자기가 자기에게 율법이 되나니."[132](롬 2:14)

물론 전통적인 율법보다 더 고차원적인 것이 "복음"에 내포되어 있음은 사실이다. 신약성서가 율법에 관해 비판적인 것은 단지 율법이 율법 자체의 요구를 충족시킬 수 있는 방안들을 마련해 주지 못하기 때문만이 아니라, 율법의 요구가 충분히 고차원적이지 못하고 어떤 주어진 상황에서 선의 가능성들을 모두 낱낱이 구명하지 못하기 때문이기도 하다.

---

132 바울의 이런 주장은 로마서 3장에서 "율법"과 "믿음"의 관계에 관해 논의하기 위한 예비적 역할을 한다.

이런 가능성들은 오직 모든 율법을 초월하고 성취하는 사랑의 법에서만 파악된다. 그러나 이것은 바울이 율법의 행위를 비판할 때 그의 주된 관심사는 아니었다. 비록 그것이 그의 비판에 포함되어 있었을 수는 있지만 말이다. 바울이 율법의 행위를 비판한 것은 율법을 지키는 것이 잘못된 도덕의식을 조장할 수도 있으며, 율법적으로 의로운 사람의 불의를 모호하게 할 수도 있기 때문이었을 것이다.

따라서 바울의 사상을 개관해 보면 은혜에 관한 그의 체계적인 이론에는 아무런 모순이 없음을 알 수 있다. 적어도 결정적인 모순은 발견되지 않는다. 오히려 바울은 인간의 영적 삶의 복합성에 관해 깊은 통찰을 가지고 있었다. 이기심을 철저히 극복한 사람들의 영적 삶은 사람과 기쁨과 평화에서 생명의 순수한 새로움을 누릴 수 있지만, 이런 새로운 차원의 의에서도 죄의 가능성은 여전히 있다는 것이다.

2. 인간에 내재하는 능력으로서의 은혜와 인간을
   향한 자비로서의 은혜

능력으로서의 은혜와 용서로서의 은혜의 관계를 분석해 보면 성서의
교리가 본질적으로 일관성이 있음을 알 수 있을 것이다. 그렇지만 현대
인에게 그 교리의 타당성을 설득하기는 거의 불가능하다. 인간의 본성
에 관한 현대의 모든 이론들은 – 기독교적이건 비기독교적이건 – 도덕적
인 문제에 대해 비교적 단순한 해결책들을 제시했다. 대체로 그 이론들은
하나같이 이성과 정신의 능력을 강화하고 그 폭을 넓힘으로써 육체의 편
협한 충동을 억제하는 해결책들을 제시했다. 그러므로 성서적 교리의 타
당성을 확립하기 위해서는 성서의 교리를 경험적 사실들에 적용하는 것
이 필요하다. 이런 적용은 대단히 포괄적이고 심오한 바울의 다음과 같
은 주장을 인간의 도덕적 경험과 영적 경험에 적용함으로써 가장 효과
적으로 이루어질 수 있다. "내가 그리스도와 함께 십자가에 못 박혔나니
그런즉 이제는 내가 사는 것이 아니요 오직 내 안에 그리스도께서 사시
는 것이라. 이제 내가 육체 가운데 사는 것은 나를 사랑하사 나를 위하여
자기 자신을 버리신 하나님의 아들을 믿는 믿음 안에서 사는 것이라."(갈
2:20) 이제 새로운 삶의 과정에 관한 바울의 이런 기록에 내포된 의미들을
차례로 살펴보자.

2.1. "내가 그리스도와 함께 십자가에 못 박혔나니"

이미 언급되었듯이 사도 바울은 옛 삶의 죽음과 새로운 삶의 탄생을 그리스도의 죽음과 부활에 비유하여 설명하였다. 그의 첫 번째 주장은 자기중심적인 악한 자아는 십자가에 못 박혀야 한다는 것이다. 그런 자아는 산산이 부서져 깨어져야 한다. 그런 자아는 단순히 육체의 습성을 억제하고 정신의 차원을 고양시키는 것만으로는 구원될 수 없다. 기독교의 은총론은 원죄론과 불가분의 관계에 있으며, 오직 원죄가 인간 경험의 실제적 사실들을 정확하게 묘사한 것일 때에만 의미를 가진다. 이 교리를 여기서 다시 언급할 필요는 없겠다.[133] 그러나 인간의 상황을 원죄의 관점에서 간단하게 다시 언급하는 것은 도움이 될 수 있을 것이다. 자아는 그가 의도하는 선을 행할 능력이 없다.[134] 자아는 명상을 통해 그의 본질적 존재가 요구하는 것들이 무엇인지 알 수는 있지만 그것들을 실현할 능력은 없다. 자아는 자유로운 존재로 창조되었기 때문에 자기 안에서 자기를 실현할 수 없다. 사랑은 자아의 존재의 법이다. 그러나 실제로는 자아는 언제나 그 법을 저버리고 이기적인 자기사랑에 빠지고 만다. 자아는 세계와 인간관계를 자기중심적으로 이해한다. 자아는 선을 행하고자 하는 의지를 가질 수는 있지만 그렇게 함으로써 선을 행하고자 하는 의지를 강화할 수는 없다. 이런 연약성은 부분적으로는 유한성 때문이다. 자연적 생존본능에 기초한 자아의 추진력은 그가 자유로운 정신으로서 깨달은 의무들을 성취하기에 충분하지 못하다. 그러나 연약성은 단순히 '자연'의 일부만은 아니다. 그 연약성은 영적인 연약성이기도 하다. 자아가 그의 자연적 이기심을 추구할 때 그는 언제나 자기를 초월

---

133 이 교리에 관해서는 이미 1권 7-9장에서 언급되었다.
134 "원함은 내게 있으나 선을 행하는 것은 없노라."(롬 7:18)

하는 의무들에 순종하는 것처럼 위장한다. 자아는 자기 자신의 이익을 보다 높은 명분으로 위장하지 않고서는 그 이익을 지나치게 초월하기 때문에 그 이익을 위해 아무것도 할 수 없다. 이것은 부정직을 위장하는 것이며, 자아의 지나친 자기애착에 언제나 동반되는 영적 혼란이다.[135]

자기중심적인 자아의 이런 상태는 깨어져야 하며, 바울의 표현대로 "십자가에 못 박혀야" 한다. 그런 자아는 단순한 깨달음에 의해서는 구원될 수 없다. 그런 자아는 하나의 통일체이며, 따라서 단순히 그의 시야를 자기 너머의 이익에까지 확장함으로써 구원될 수 없다. 만일 자아가 여전히 이기적인 상태에 머문다면, 자아는 단지 그의 권력의지에 따라 더 많은 생명과 이익을 지배하기 위해 그의 넓은 시야를 이용한다. 자아가 그의 존재의 중심에서 깨어져야 할 필연성은 회심의 절박함을 환기시키고자 하는 전도전략에 영원한 타당성을 부여해 준다.[136] 자아가 하나님의 능력과 거룩함에 직면하여 모든 삶의 진정한 원천과 중심을 순수하게 의식할 때는 언제나 자아가 깨어진다. 기독교 신앙에서 그리스도는 하나님과 자아의 만남을 매개해 준다. 왜냐하면 그리스도 안에서 비로소 하나님에 관한 막연한 의미가 구체화되어 신적인 자비와 심판의 계시가 되기 때문이다. 그런 계시에서 심판에 대한 두려움과 자비에 대한 희망이 혼합되어 결과적으로 절망이 회개를 유발하게 된다.[137]

---

135 사도 바울은 이런 영적 상태에 관해 다음과 같이 말한다. "그들의 어리석은 마음이 어두워졌다."(롬 1:21) 아우구스티누스는 자아의 이런 타락한 상태를 "의지의 결함"이라고 정의하는데, 이런 정의는 자아 저편으로부터 능력이 임해야 할 필연성을 지적한다는 점에서는 옳지만, 이기심의 악순환이 영적 혼란 때문이라기보다는 오히려 단순한 연약성 때문이라고 보는 점에서는 옳지 못하며, 적어도 오해의 여지가 있다.

136 물론 단 하나의 위기를 위한 영원한 필연성은 없다. 자아의 깨어짐은 영원한 과정이다. 그리고 자아의 그런 깨어짐은 자아가 하나님의 요구에 직면하고 자아의 이기적 상태를 의식하는 모든 영적 경험에서 일어난다.

137 기독교인들은 그런 영적 체험을 위해 필요한 모든 진리는 오직 그리스도 안에서의 계시를 통해서만 매개된다고 믿는다. 그들의 이런 믿음은 옳다. 그러나 그들은 오직 그리

2.2. "그런즉 이제는 내가 사는 것이 아니요"

기독교에서 새로운 삶의 경험은 새로운 자아성의 경험이다. 새로운 자아는 보다 진정한 자아이다. 자기중심적인 자아의 악순환이 깨어졌기 때문이다. 자아는 다른 자아들과 함께, 다른 자아들을 위해 산다. 자아는 전적으로 하나님에 대한 충성과 하나님의 사랑에 초점을 맞추어 산다. 하나님만이 자아의 자유가 모든 편파적 이익과 가치를 초월할 수 있도록 보장해 줄 수 있기 때문이다. 이런 새로운 자아야말로 진정한 자아이다. 그런 자아는 무한히 자기를 초월하기 때문이다. 그리고 자아가 성급하게 자기 자신의 이익에 초점을 맞추어 자신을 정립하면 그의 자유가 파괴되고 왜곡되어진다.

자아를 재정립할 수 있는 가능성은 자신의 저편으로부터 오는 "능력"과 "은혜"의 결과임을 알 수 있다. 자아의 타락한 상태를 엄밀하게 분석해 보면 자아의 타락은 지식의 부족보다는 오히려 무기력 때문임이 드러나기 때문이다. 고금을 막론하고 지식에 의한 구원을 주장하는 사상은 - 고대에 영지주의가 주장하는 구원의 길들처럼 - 정신과 육체를 분리하는 이원론적 인격해석에 근거한다. 그들은 역동적이고 합리적으로 작용하는 자아의 통일성을 모호하게 만든다. 이런 이원론이 지배적인 곳에서는 언제나 영은 활력을 상실하고, 육체적 삶은 영성을 상실한다.

"이제는 내가 사는 것이 아니요"라는 단언은 두 종류의 대안적 구원론을 비판하는 것이라 할 수 있다. 그 중 하나의 구원론에 의하면 자아는

스도를 "육체에 따라" 아는 사람들만, 즉 실제적인 역사적 계시에서 그리스도를 아는 사람들만 그런 회심을 할 수 있다고 주장해서는 안 된다. "익명의 그리스도"가 역사에서 활동한다. 그리고 역사적 계시를 알지 못하는 사람들이 역사적 계시를 아는 사람들보다 더 순수한 회개와 겸손을 성취할 수도 있는 가능성은 언제나 존재한다. 이런 사실을 간과하면 기독교 신앙은 새로운 교만의 도구가 되기 쉽다.

실제로는 "능력"으로서의 "영"으로 충만하지만, 그 자아는 "성령"이 아니기 때문에 자아를 파괴한다. 또 다른 구원론에 의하면 자아의 영은 모든 능력이 상실되고 결국에는 자아 자체마저 상실될 때까지 자신을 확장하여 가장 보편적이고 추상적인 형태에 도달하고자 노력한다.

자아가 "성령"보다 열등한 어떤 것에 사로잡히는 것은 경험적 현실에 있어서는 자아보다 위대하지만 그의 궁극적 자유를 보장해 주지는 못하는 어떤 능력과 영에 자아가 종속됨으로써 그 자아가 부분적으로는 성취되고 부분적으로는 파괴될 수 있음을 의미한다. 가장 단적으로 말해, 그런 영은 마귀의 영이다. 그런 마귀의 영의 가장 대표적인 현대의 형태는 인종과 민족이 하나님의 지위를 차지하고 무조건적인 헌신을 요구하는 종교적 민족주의이다. 이와 같이 절대적이지 않은 어떤 것을 절대적이라고 주장하는 것은 마귀의 영에 사로잡히는 것이다. 하나님의 자리를 차지하려 했던 마귀가 타락했듯이, 하나님을 사칭하는 것은 마귀의 속성이기 때문이다.[138] 자아에 성령이 아닌 영이 침투하여 그 영에 사로잡히면 헛된 과대망상에 빠지게 된다. 그렇게 사로잡힐 때 자아는 더 이상 왜소하고 좁은 자아가 아니라 인종이나 민족이라는 보다 큰 집단적 자아가 된다. 그러나 그때 본질적 자아는 파괴된다. 본질적 자아는 인종과 민족을 초월하며, 세속의 역사적 집단들보다 더 영원한 존재에 가까운 탁월한 영적 자유를 가진다. 그러므로 마귀에 사로잡히게 되면 본질적 자아가 파괴되어 자연의 차원으로 전락하게 된다.[139]

비록 현대의 악마적 과대망상이 특히 정치적 영역에서 무서운 결과들

---

138 참조, 1권 7장.

139 현대의 악마적 정책들과 관련된 것의 심리학적 분석을 위해서는 참조, Erich Fromm, *Escape from Freedom*. 프롬은 인종과 그 밖의 다른 공동체들에 대한 충성이 인간 정신에게 궁극적이고 절대적인 요구들을 부과하지 않을 때 자유를 파괴하지 않는다고 직접적으로 언급하지는 않는다.

을 초래하기는 하지만, 인간의 삶이 실제로는 권력에 종속되고 단순히 정신에 따르지 않는다는 사실을 입증하는 유익한 교훈을 주기도 한다. 현대의 정치적 종교들이 사람들을 사로잡은 것은 부분적으로는 우리의 자유로운 문화가 생명력을 잃고 합리화되어 삶의 구원이나 성취가 단지 정신의 연장으로 간주되는 데까지 이르렀기 때문이다. 사람들은 그들이 스스로의 주인이라고 확신하였으며, 그들의 자기통제를 통해 자아를 확장하여 그 자아를 보다 포괄적이 되게 하려 했다. 그러나 그런 방식으로 자기를 자제하는 자아는 결코 자아를 벗어나지 못한다. 인간은 만일 그가 자기통제의 감옥을 벗어나려면 타자에 의해 지배되어야 하도록 이루어져 있다. 자아의 무한한 자기초월을 통해 자유의 가능성들이 제시되기는 하지만, 자아의 자기초월이 아무리 반복되어 일어난다 할지라도 자유의 가능성들은 결코 자기통제를 통해 현실화되지 않는다. 왜냐하면 자기통제는 자기중심주의를 의미하기 때문이다. 자아는 자기를 초월하는 곳으로부터 오는 능력에 의해 통제되어야 한다.

그렇지만 만일 자아를 통제하는 영이 성령이 아닌 어떤 다른 영이라면 그런 자아의 통제는 파괴적이 된다. 왜냐하면 그럴 경우 영은 삶과 역사에서 작용하는 모종의 부분적이고 특수한 생명력을 의미하며, 따라서 무조건적인 헌신의 대상이 될 수 없기 때문이다. 기독교 신앙에 따르면 그리스도는 거룩한 영의 기준이다.[140] 그리스도는 두 가지 이유 때문에 거룩함의 기준이다. 첫째, 그리스도를 통한 하나님의 계시는 하나님이 역사와 만나는 하나의 점으로, 이 점을 통해 하나님의 신비가 유한하기 때문에 영원한 존재를 이해할 수 없는 인간의 본성에 도덕적으로 그리고 사

---

140 "사랑하는 자들아, 영을 다 믿지 말고 오직 영들이 하나님께 속하였나 분별하라. 많은 거짓 선지자가 세상에 나왔음이라. 이로써 너희가 하나님의 영을 알지니 곧 예수 그리스도께서 육체로 오신 것을 시인하는 영마다 하나님께 속한 것이요."(요일 4:1-2)

회적으로 의미 있는 것이 된다. 둘째, 그리스도를 통한 하나님의 계시는 하나님의 신성과 영원성을 역사에 계시하지만, 역사의 어떤 특수한 세력, 가치나 효력에도 신성함이나 승리를 부여해 주지 않는다. 역사의 어떤 세력도 그의 유한성과 불완전성 때문에 그런 신성함이나 승리를 가지기에 적합하지 않기 때문이다. 따라서 그리스도는 거룩한 영성의 기준이며, 동시에 하나님과 인간 사이의 소통의 상징이기도 하다.

"이제는 내가 사는 것이 아니요"라는 바울의 말은 단지 자아를 완전히 부패하게 만들고 파괴하는 사악한 과대망상에 의해 자아가 성취될 수 있다는 생각을 경계할 뿐만 아니라, 기독교적 성취개념은 자아의 파괴를 궁극적 목표로 설정하는 신비주의의 구원론과 전적으로 다름을 강조한다. 우리는 이미 앞에서 자아파괴를 추구하는 다양한 유형의 자연주의적, 관념론적 그리고 신비주의적 철학과 종교들에 관해 언급한 적이 있다.[141] 여기서는 단지 신비주의적-관념론적 자아성취 개념과 기독교적 개념 사이의 결정적 차이는 기독교 교리에 있는 자아의 "실존적" 특성에 있음을 지적하고자 한다. 자아는 유한성과 자유의 통일성이며, 자연적 과정에 연루되어 있으면서 그 과정을 초월하는 통일성이다. 그러므로 어떤 자아도 그의 의식이나 이성이 아무리 높은 단계로 고양된다 할지라도 자연의 흐름을 벗어날 수 없으며 따라서 구원을 성취할 수 없다. 그러나 다른 한편 기독교 신앙에 의하면 자아의 통일성은 그의 성취과정에서 파괴되지 않는다. 바울이 구원에 관한 신비주의 이론들을 표현했다면 다음과 같이 바꾸어 말했을 것이다. " 내 안에 있는 그리스도께서 부활하셨다. 그러므로 나는 더 이상 살지 않는다."[142] 이런 이론들에 따르면 본질

141 참조, 1권 3장.
142 기독교의 구원론과 신비주의 구원론 사이의 차이는 데니(James Denney)의 『기독교의 화해교리』(*The Christian Doctrine of Reconciliation*)에서 철저하게 분석되어 있다. 데니는

적 자아는 구원의 첫 단계에서는 결코 위험하게 되거나 심판을 당하거나 십자가에 못 박히거나 파괴되지 않지만, 결국에는 파괴되어 소멸된다. 이런 이론들에 따르면 다양한 자아들, 특히 두 개의 자아들이 있다. 하나의 자아는 유한성에 묻힌 자아이며, 다른 자아는 유한성을 초월하는 자아이다.[143] 그렇지만 어떤 자아도 참 자아는 아니다.

기독교 교리에 다르면 죄 있는 자아는 자아 자체 저편으로부터 파괴되어야 한다. 자아는 그의 편협한 이기심을 스스로 극복할 능력이 없기 때문이다. 자아는 그의 모든 초월하는 능력들이 근본적으로 그의 유한성과 관련되어 있기 때문에 그렇게 할 수 없다. 자아는 이런 상황으로부터 해방된 것처럼 위장하려는 유혹을 받는다. 그렇지만 죄 있는 자아가 깨어지고 참 자아가 저편으로부터 성취될 때 그 결과는 파괴가 아니라 새로운 삶이다. 그러므로 기독교 교리에서 자아는 다른 대안적 이론들이 주장하는 것보다 더 무력하지만 더 가치가 있으며, 더 의존적이지만 더 파괴할 수 없는 존재이다.[144]

그 차이를 다음과 같이 단적으로 표현한다. "나는 하나님과 하나가 되어 나를 잃어버리기보다는 오히려 그리스도 안에서 구원되기를 바란다."

143 다양한 유형의 관념론적 학파와 신비주의 학파들에서 이런 자아파괴의 많은 예들이 발견된다. 브래들리(Francis H. Bradley)의 사상에서 하나의 예를 발췌하여 제시하면 도움이 될 것이다. "유한한 존재는 어느 정도 변하며, 그런 상태로 사라져 완성된 존재가 된다. 이런 일반적인 운명이 선의 목표임은 분명하다. 자기주장과 자기희생에 의해 추구된 목표들은 모두 도달될 수 없는 것들이다. 개인은 결코 스스로 조화로운 체계가 될 수 없다. 완전한 선물에서 그리고 인격이 사라질 때 개인 자체는 사라짐이 분명하다. 그리고 그와 함께 선 자체는 초월되고 가라앉아 보이지 않게 된다. ... 어떤 자기주장이나 자기희생도, 그리고 어떤 선이나 도덕성도 그 자체로는 절대적 실재성을 가지지 못한다." *Appearance and Reality*, pp. 419-20.

144 우리는 다음 장에서 기독교의 이런 자아개념이 "육체의 부활"에 대한 기독교의 역설적 희망에서 어떻게 강조되고, 옹호되며 표현되는지 살펴보아야 할 것이다.

2.3. "오직 내 안에 그리스도께서 사시는 것이라"

회심과 '자아실현'의 경험에서 자아가 갱신된다는 바울의 마지막 주장은 '부정의 부정'이라고 정의될 수 있을 것이다. 왜냐하면 자아가 파괴되었다는 부정이 이제는 또 다른 차원의 부정에 의해 부정되기 때문이다. "이제는 내가 사는 것이 아니요 오직 내 안에 그리스도께서 사시는 것이라"는 이런 궁극적인 부정에서 바울의 의도는 무엇인가?

자아와 그리스도의 관계에 관한 바울의 이런 결정적인 표현에는 모호한 점이 있는데, 이런 모호성은 우리가 전에 언급한 적이 있고 모든 시대의 기독교인들의 관심사인 은혜체험의 이중적 양상 때문일 수도 있다. "이제는 내가 사는 것이 아니요"라는 표현은 단순히 '은혜의 우선성'을 역설하기 위한 것이었을 수 있으며, 회심한 자아가 그의 새 삶은 자신의 능력과 의지의 결과가 아니라 위로부터 주어진 능력과 은혜의 결과임을 고백하기 위한 것이었을 수 있다. 그것은 또한 새로운 자아는 결코 완성된 실체가 아님을 역설하기 위한 것이었을 수 있으며, 모든 역사적 현실에는 왜곡된 자아실현의 요소가 있거나 아니면 자기중심적 자아의 성급한 완성이 있음을 역설하기 위한 것이었을 수 있으며, 따라서 새로운 자아는 실제적 성취라기보다는 오히려 그리스도를 닮아가는 자아임을 역설하기 위한 것이었을 수 있다. 새로운 자아의 가장 중요한 목적과 의도는 그리스도를 중심으로 방향이 설정되어 있다. 그런 의미에서 새로운 자아는 오직 믿음에 의한 자아이다. 하나님의 자비는 그리스도의 완전성을 인간에게 귀속시키며, 성취를 향한 자아의 의도를 성취된 것으로 인정한다. 그런 의미에서 자아는 오직 은혜에 의한 자아이다.

이중부정은 이런 두 가지 역설들 중 하나일 수 있다. 그러나 그것은 이 둘을 모두 의미할 수도 있다. 영적 삶의 다양한 해석들에는 언제나 – 강조하는 정도는 다르지만 – 은혜의 이런 두 양상들이 내포되어 있다는 것이 바울 사상의 근본이 아닌가? '사랑, 기쁨과 평화'를 궁극적으로 경험할 때 우리가 스스로의 힘에 의해 소유할 수 없었던 어떤 것을 소유하고 있다는 의식과 그것을 소유하지는 못하지만 오직 믿음에 의해서만 그것을 가진다는 의식을 구분하는 것은 불가능하지 않은가?

이들 두 역설들이 모두 바울의 '부정의 부정'에 내포되어 있다는 전제에서 그 역설들을 차례로 살펴보자.

a. 우리 자신의 것이 아닌 능력으로서의 은혜

악한 자기사랑의 힘이 심각한 것으로 받아들여질 때는 언제나 자아로부터의 해방을 경험하면서 감사하는 생각이 동반된다. 이것은 자아가 성취할 수 없었던 기적이라는 생각이 들기 때문이다.[145] 자아는 죄의 "헛된 망상"에 의해 너무나 완벽하게 자기 자신의 감옥에 갇혀 있기 때문에 스스로를 구원할 수 없다. 자아가 그의 본질이라고 생각하는 거짓 진리의 악순환을 깨뜨리는 하나님의 진리가 자기중심적인 자아에게는 "어리석은" 것일 수밖에 없다. 그 진리가 "은혜"에 의해 전달되어 믿음에 의해 받아들여지기 전에는 말이다. 마찬가지로 자기중심적 의지를 깨뜨리는 능력은 자아 저편으로부터 오는 능력이다. 그리고 그 능력이 새로운 의지에 편입되었을 때조차도 그의 원천은 "이제는 내가 사는 것이 아니요"라는 고백에서 인식된다.

---

145 아우구스티누스는 새로운 삶에서 늘 느끼는 이런 감사와 겸손을 다음과 같이 말한다. "어째서 가련한 인간들은 그들이 자유롭게 되기 이전에는 그들의 자유의지를 자랑하며, 자유롭게 되었다면 그들 자신의 능력을 자랑하는가? … 그들이 죄의 종이라면 왜 자유의지를 자랑하는가? 인간은 그를 압도한 바로 그것에 의해 그것의 종이 되기 때문이다. 그러나 만일 그들이 자유로워졌다면 왜 그것이 그들 자신의 행위에 의한 것인 것처럼 자랑하며, 그것이 받아들여지지 않았던 것처럼 자랑하는가?" "On the Spirit and the Letter", Ch. 52, in: *Nicene and Post-Nicene Faathers*, First Series, Vol. V.

그렇지만 이 고백에는 하나의 어려운 문제가 있다. 하나님의 은혜만이 새로운 삶의 원천이라면 기독교 신앙은 인간의 모든 책임의식을 위태롭게 하는 것처럼 보일 결정론을 인정하지 않을 수 없을 것이다. 이것은 바로 칼빈주의 신학의 예정론에 내재하는 위험이다. 그리고 이런 경향은 K. 바르트의 급진적인 개혁신학에서 재확인되었다. 그 교리에 어느 정도의 성서적 근거가 있음은 부인할 수 없다. 사도 바울은 종종 하나님의 자비에 거의 자의적 성격이 있음을 단언했다.[146]

신적인 결정론 사상으로부터 발생할 수 있는 결과들은 아우구스티누스 자신에 의해 인정된 한 예에 잘 드러나 있다. 그에 의하면 일단의 수도사들이 그들의 경건이 타락하여 발생한 도덕적 나태함에 대해 무거운 짐이 부과되자 다음과 같이 선언했다. "왜 당신은 우리의 의무에 관해 우리에게 설교를 하시며 그 의무를 수행하라고 권고하십니까? 우리 안에서 뜻을 정하여 행하게 하는 이는 우리가 아니라 하나님이기 때문입니다. ... 우리의 지도자들이 우리의 의무를 지적하는 것으로 만족하고 우리가 잘못할 때 책망하지 않게 하소서. 우리는 하나님께서 이미 예견하신 그런 존재이며, 그의 은혜는 우리가 더 잘 하도록 하기 위해 주어진 것이 아니기 때문입니다."[147]

이 수도사들의 도덕적 영적 무책임은 지나치게 결정론적인 구원관 때문에 영적 삶에 미치는 지속적인 위험의 한 예이다. 비록 어떤 기독교 전통들은 실제로는 그들의 예정론이 부정하는 책임의식을 성취하기는 했지만 말이다.

그 수도사들이 부분적으로 이용한 바울의 본문에는 전체적으로 볼 때

---

146 그 중에서도 특히 롬 9장 18절을 참조하라. "그런즉 하나님께서 하고자 하시는 자를 긍휼히 여기시고, 하고자 하시는 자를 완악하게 하시느니라."

147 St. Augustine, *De corruptione et gratia*, 4-10.

은혜와 자유의지에 관한 보다 역설적인 언급이 들어 있음을 주목할 필요가 있다. 바울에 의하면 "두렵고 떨림으로 너희 구원을 이루라. 너희 안에서 행하시는 이는 하나님이시니 자기의 기쁘신 뜻을 위하여 너희에게 소원을 두고 행하게 하시나니."[148] (빌 2:12-13) 하나님의 은혜와 인간의 자유와 책임의 관계에 관한 이런 역설적인 언급은 관련된 복합적 사실들을 회심에 관한 순전히 결정론적인 해석이나 순전히 도덕주의적인 해석보다 더 정확하게 해명해 준다.

이미 언급했듯이[149] 어떤 사악한 이기심도 인간의 자유와 자기초월을 무너뜨릴 수 없다면 당연히 인간의 영혼에는 악한 이기심의 전략을 차단하는 속성과 구조가 있음이 분명하다. 유한한 정신은 자신의 유한성을 어느 정도 이해한다. 그러므로 그는 자기만을 위해 자신의 삶을 성취하려는 자신의 악한 노력에 대해 양심의 가책을 피할 수 없다. 이것이 바로 은혜와 영혼의 자연적 기질 사이의 '접촉점'이다. 루터는 인간의 전적 타락을 주장함에도 불구하고 이런 접촉점을 인정하지만, K. 바르트는 필사적으로 이런 접촉점을 부정하려 한다. 그런 접촉점이 있는 한 인간 안에는 하나님과의 관계를 가능하게 하는 어떤 것이 있다. 비록 사악한 자아의 자기 확신을 흔드는 사건들에 의해 인간이 회개보다는 오히려 절망에 빠지게 될 수도 있음이 인정되어야 하긴 하지만 말이다.

은혜와 자유의지를 조화시키려는 카톨릭 신학의 세심한 노력은 회개나 믿음과 관련하여 인간의 모든 역할이나 책임을 부정하는 아우구스티누스와 종교개혁 신학보다 더 타당한 것처럼 보인다. 토마스 아퀴나스는 은혜와 자유의지 사이의 관계를 태양의 빛과 시력의 비유를 통해 정

---

148 요한계시록에도 마찬가지로 역설적인 구절이 있다. "볼지어다, 내가 문 밖에 서서 두드리노니 누구든지 내 음성을 듣고 문을 열면 내가 그에게로 들어가 그와 더불어 먹고 그는 나와 더불어 먹으리라."(계 3:20)

149 참조, 특히 1권 10장.

의한다. 은혜는 태양으로부터 오는 빛과 같은데, 그 빛이 없으면 인간은 아무것도 볼 수 없을 것이다. 그러나 인간의 행위의 필요성과 가능성이 그 비유에는 다음과 같이 표현되어 있다. "눈을 태양의 빛에서 다른 곳으로 돌린 사람은 그의 눈을 저쪽으로 돌림으로써 태양 빛을 받을 준비를 한다."[150]

카톨릭 신학의 이런 '신인협력설'의 약점은 그것이 인간의 행위와 책임의 한계와 하나님의 은혜의 한계를 지나치게 엄밀하게 정의하며, 그것들을 지나치게 동일한 수준에 놓는다는 점이다. 이것은 최후의 신비들에 관한 모든 토마스주의 신학의 분석들에 공통되는 약점이다. 그렇게 함으로써 회심 체험의 깊이가 무색해지는 경향이 있다. 사실 그리스도 안에서 하나님만이 인간의 악한 자아를 깨뜨리고 재구성할 수 있다는 주장과 자아가 문을 열어야 하고 또 그렇게 할 수 있다는 주장은 모두 타당하다. 그 주장들은 서로 다른 측면을 강조하고 있을 뿐 모두 절대적으로 참이다. 그렇지만 만일 한 주장이 다른 주장을 무시한다면 그 주장은 거짓이 된다.

죄에 속한 자아가 그의 수준에서 자신의 상황을 관찰한다면 그 자아는 그의 이기적인 자기사랑이 부당함을 의식하게 될 가능성이 있으며, 따라서 그런 의식에 대해 책임감을 가질 수 있다. 그러나 자아가 믿음에 의해 자신을 초월한다면 그 자아는 그가 지금까지 행한 또는 앞으로 행할 수 있는 모든 것은 은혜의 기적 때문임을 안다. 그런 관점에서 볼 때 모든 것은 은혜의 기적이며, 모든 유형의 새로운 삶은 "왜 당신은 당신이 받지 않은 것을 가지는가?"라는 질문의 정당성을 입증해 준다.

믿음에 의한 이런 상황이해가 흐려지게 될 때는 언제나 은혜와 자유의지라는 구원의 두 요인들이 곧 거의 언제나 새로운 형태의 독선으로

---

150 *Treatise on Grace*, Question 109, Art. 6.

바뀌게 된다. 따라서 신학자 그레고리우스는 두 요소들이 훌륭하게 조화를 이룬 자기 아버지의 삶을 기술할 때 다음과 같이 서두를 시작했다. "나는 그를 불러 낸 은혜와 그 자신의 선택 중에서 어떤 것을 더 찬양해야 할지 모르겠다." 그러나 자기 아버지의 기독교적 신앙에 관한 그의 평가에는 자비에 대한 감사와 은혜의 요소가 결여되어 있다. 그는 다음과 같은 말로 평가를 맺는다. "그는 기질적으로 믿음을 선호하는 사람이었다. … 그는 그의 덕에 대한 보상으로 믿음을 받았다."[151]

　종교개혁 신학에서 인간의 행위와 은혜 사이의 관계에 관한 견해는 그 문제의 궁극적이고 종교적인 차원에는 주목하였지만, 인간 자유의 실재성을 부정함으로써 그 관계의 복합성을 간과할 위험이 있다. 한편 카톨릭 신학은 그 관계에서 두 요소들을 모두 고려하기는 하지만 그 둘들을 모두 동일한 차원에서 이해하려는 경향이 있으며, 그들의 복합적 관계를 무시하고 서로의 경계를 명확하게 분리하여 생각하려는 경향이 있다.

b. 죄의 용서로서의 은혜

　"이제는 내가 사는 것이 아니요, 오직 내 안에 그리스도께서 사신 것이라"라는 바울의 주장에 나타나는 '부정의 부정'은 이중적 의미를 가진다. 이때 "내 안에 그리스도께서 사신 것이라"라는 두 번째 부정은 새로운 삶은 인간의 노력에 의해 성취된 것이 아니라는 사실을 강조한다. 새로운 삶은 "믿음"에 의해 그리스도를 삶의 기준으로 설정한다. 그리고 새로운 삶은 믿는 자를 완전하게 하는 하나님의 은혜를 받아들인다. 이런 두 번째 의미는 그 구절의 후반부에 나오는 다음과 같은 말에 의해 확증된다. "이제 내가 육체 가운데 사는 것은 나를 사랑하사 나를 위하여 자기 자신을 버리신 하나님의 아들을 믿는 믿음 안에서 사는 것이라."(갈 2:20)

---

151 Nicholas N. G. Gloubosky, Ch. II, in: *The Doctrine of Grace*, S. C. M. Press, London, p. 78.

그 본문에 두 가지 의미가 모두 함축되어 있느냐 아니냐 하는 것은 크게 중요하지 않다. 비록 그렇지 않다고 주장할 아무런 이유가 없기는 하지만 말이다. 전체적으로 볼 때 사도 바울의 사상에는 은혜의 경험이 가지는 두 측면이 모두 나타난다. 그러나 지금 우리의 관심사는 바울의 사상이 아니라 은혜에 관한 성서의 이론이 삶의 경험에서 볼 때 타당한가 하는 것이다. 이런 이중적 개념이 경험에 의해 확증되는가?

성서적 이론의 타당성을 어떤 자연적 경험에서 입증하려는 것은 잘못일 것이다. 믿음과 이성의 관계, "성령"과 인간 정신의 관계에 관한 우리의 분석이 옳다면 성서적 이론의 타당성을 입증하는 경험은 오직 그 이론 자체에 의해서 촉발될 수 있을 뿐이다. 왜냐하면 믿음을 통해 이해된, 그리고 인간의 지혜와 부분적으로 모순되는 "하나님의 지혜"가 없다면, 인간은 결코 죄의 심각성을 깨닫지 못하기 때문이며, 인간의 교만과 자기과시에 대한 하나님의 심판이 파악되지 못하기 때문이다.

자연신학과 성서에 기초한 신학 사이의 일치와 차이의 정확한 한계를 지적하는 관념론 철학에도 바울의 신학에서처럼 믿음에 의한 의인(justification, 義認)을 주장하는 이론이 있다. 이 이론에 따르면 삶에는 모종의 성취경험이 있음에 틀림없으며, 완전성이 인간의 공로에 의해 성취된 것이 아님에도 불구하고 그것이 성취된 것이라고 생각하는 모종의 느낌이 있음에 틀림없으며, 아직 과정에 있음에도 불구하고 목표를 예상하는 모종의 기대가 있음에 틀림없다. 그러나 이런 이론들 중 어떤 이론도 죄를 심각하게 다루지는 않는다. 성취경험은 과정 속에 있는 불완전성과 초월적인 선 사이의 간극을 메워준다. 그 사이에서 인간은 자기의 정신 속에 있는 영원한 요소에 의해 영원성을 예견함으로써 스스로를 정당화

한다.[152]

성서적 종교에 있는 철저한 심판개념이 없다면 자기를 정당화하려는 모종의 계획을 발견하는 것은 언제나 가능하다. 인간은 스스로를 판단할 수도 있다. 그러나 자기를 판단하는 이런 능력은 아마도 경험적 자아를 판단하는 자아의 장점을 입증할 것이다. 그러므로 이렇게 판단하는 자아는 "그러므로 나는 정당하다"고 선언할 수 있다. 그런 자아는 진화의 목적이 이미 달성된 자아이다. 그는 영원한 진리이다. 자신을 판단할 수 있는 인간의 능력은 궁극적으로 정당화될 수 있는 탁월함이 인간에게 있다는 증거이다. 그러나 성서는 언제나 이렇게 고백한다. "내가 자책할 아무것도 깨닫지 못하나, 이로 말미암아 의롭다 함을 얻지 못하노라. 다만 나를 심판하실 이는 주시니라."(고전 4:4)

그런 경험은 그 자체가 은혜의 결과이다. 그런 경험은 지금은 어리석어 보이지만 오직 회고적 반성에서만 지혜인 그런 전형적인 삶의 "지혜"이기 때문이다. 경험 자체는 그것이 은혜의 결과임을 밝혀주지 못할 수도 있지만 결국은 그것이 정당함을 입증해준다. 이와 관련하여 우리는 특히 새로운 삶에서는 최고의 성취에도 불구하고 양심이 가책을 느낀다는 주장이 경험에 의해 정당화되는지 물어보아야 한다. 비록 죄가 "원칙적으로는" 용서되었지만 실제로는 새로운 삶에서도 여전히 남아있는가? 평화는 결코 단지 삶의 목표를 성취했다는 만족감만이 아닌가? 평화는 언

---

152 B. 보상케는 그 이론을 다음과 같이 해석한다. "종교는 종교적인 사람을 정당화 해준다. 종교가 그의 유한성, 그의 연약성 또는 그의 죄를 완전히 제거하지는 않는다. 그러나 종교는 그런 요소들이 실제적이라는 사실을 부정한다." *What is Religion*, p. 49.
브래들리(Francis H. Bradley)도 보상케와 유사한 견해를 가진다. "종교적 신앙의 입장에서 볼 때 진화는 이미 완결되었다." *Ethical Studies*, p.279.
케어드(J. Caird)도 동일한 견해를 다음과 같은 말로 표현한다. "도덕성의 이념이 점진적으로 실현되는데 반해 종교적 도덕성은 그의 이념이 지금 여기서 실현되었다는 점에서 도덕성을 능가한다." *Introduction to Philosophy of Religion*, p. 284.

제나 희망의 요소와 용서에 대한 확신을 포함하고 있는가? 궁극적인 평화는 인간의 이기적인 자기사랑과 하나님의 목적 사이에 상존하는 모순을 해결할 수 있는 신묘한 방책이 있다는 확신에 의존하는가?

현대의 기독교는 인간의 경험에 관한 이런 해석의 적절성에 관심을 갖지 않았다. (이제 우리는 그 이유에 관해서 보다 철저히 검토할 것이다.) 그러므로 이 이론의 적절성에 관한 연구는 현대인들이 – 기독교인이든 비기독교인이든 – 가지는 무관심과 적개심에 직면하지 않을 수 없다.

중요한 것은 우리가 역사에서 절대적 완전성을 성취할 수 있느냐 하는 것이 아니다. 아무리 완전을 지향하는 종파들이라 할지라도 인간의 삶이 과정에 있다는 사실을 부정하지는 않기 때문이다. 문제는 새로운 삶의 단계에서도 인간의 자기의지와 하나님의 목적 사이에 모순이 여전히 남아 있느냐 하는 물음이다. 중요한 것은 기독교 신앙에서 이해된 인간역사의 본질적 속성이 그것을 그렇게 이해한 사람들의 삶에서 극복되었느냐 하는 것이다.

그런 물음은 한편에서는 논리적으로, 그리고 다른 한편에서는 경험적으로 대답될 수 있는 것처럼 보일 것이다. 인간이 그의 이기심을 자각하게 되고 그런 이기심이 하나님의 뜻과 양립할 수 없음을 자각하게 되었을 때 바로 이런 자각이 이기심의 힘을 깨뜨릴 것이라고 생각하는 것은 논리적이다. 더 나아가 이런 논리는 적어도 부분적으로는 경험에 의해 확인된다. 회개는 새로운 삶의 시작이다. 그러나 기독교 역사는 이런 논리를 무비판적으로 따르는 사람들에게 이의를 제기한다. 기독교 역사에서 발견되는 기독교 광신주의, 사악한 종교적 증오, 종교적 신성함의 가면 뒤에 숨어있는 사악한 야망들, 하나님께 헌신함을 가장한 정치적 권력욕은 은혜에 의해 하나님과 인간 사이의 모순이 완전히 제거될 수 있다고 주장하는 모든 기독교 교리의 오류를 가장 철저하게 입증해 준다. 유감스럽게도 우리는 기독교 역사를 통해 신성함이 무조건적으로 주장되는 바로 그 지점에서 어떻게 인간의 교만과 영적 오만이 최고조에 이르렀음을 보았다.

기독교 역사의 비극적이고 명백한 경험을 통해 우리는 거룩함이 달성되었다고 단적으로 주장될 때는 언제나 성도들이 부패하게 되었음을 발견한다. 이런 사실을 망각한 기독교 광신주의에 대항하여 "세리와 죄인들"은 삶에 관한 진리의 중요한 한 측면을 수호하고 건전한 인간관계를 회복시키지 않을 수 없었다. 그러므로 기독교 신앙의 심오한 사상을 올바로 인식하는 사람은 교회가 복음의 온전한 진리를 망각하고 새로운 유형의 독단에 빠지게 될 때마다 경각심을 일깨워 준 이들 "세리와 죄인들"에게 감사해야 한다. 물론 세리와 죄인들이 온전한 진리를 가지고 있다는 것은 아니다. 도덕적 회의주의에 입각하여 종교적 광신주의를 비판하는 그들이 도덕적 회의주의를 떠날 때 그들 자신이 광적인 분노에 빠지게 되기 때문이다. 그들은 삶을 해석하는 아무런 원리도 가지고 있지 않기 때문에 회의주의가 아니면 광신주의에 빠지지 않을 수 없다. 그럼에도 불구하고 모든 진리와 모든 선을 이기심의 위장술에 불과한 것으로 간주하는 도덕적 회의주의자는 적어도 진리와 선이 이기적으로 타락할 수 있음을 이해하고 있는 것은 사실이다. 결국 그는 오직 믿음에 의해서만 도달될 수 있는 부패하지 않은 진리와 선에 관해 무지하기 때문에 도덕적 허무주의에 빠지게 된다. 카톨릭 신앙이 지배적 역할을 했고 정치와 역사의 상대적인 사실들을 언제나 궁극적 신성과 결합시켜 생각한 모든 민족문화들에서 카톨릭의 제도를 거부하는 세속주의의 저항은 이와 관련하여 특히 시사해 주는 점이 있다.

우리가 역사에서 어떤 개인의 삶이나 어떤 사회적 성취를 연구해 본다면 자아의 중심 저편으로부터 삶을 체계적으로 조직화할 수 있는 무수히 많은 가능성들이 있으며, 마찬가지로 자아를 조직의 중심으로 다시 끌어들일 수 있는 무수히 많은 가능성들이 있음을 발견하게 된다. 전자의 가능성들은 언제나 은혜의 결과이다. (기적의 주체는 종종 "익명의 그리스도"와 불가사의한 은혜이기는 하지만 말이다.) 그런 가능성들은 언제나 은혜의 결과이다. 왜냐하면 자기 자신을 망각할 수 없고 따라서 형제애를 단순히 자신의 행복이나 자아완성의 도구로 생각하는 어떤 삶도 자기중심주의의 악순환을 결코 피할 수 없기 때문이다.[153] 그렇지만 은혜에 의해 새로운 악의 가능성들이 사라지는 것은 아니다. 개인적 자아이든 집단적 자아이든 자아가 역사의 긴장 속에서 이율배반적인 상황, 즉 역사의 과정에 있으면서 동시에 역사를 초월하는 상황에서 벗어날 수 없는 한 자아는 그의 초월성을 과대평가하고 그의 이익을 보다 포괄적인 이익들과 결합시키는 죄에서 벗어날 수 없다.[154]

따라서 상실된 부모의 권위를 회복시키고 자식의 복지를 가정생활의 목적으로 생각할 수 있는 막연한 가능성들이 있다. 그러나 한 단계 더 나아가서 본다면 사랑에 기초한 가정의 관계성을 부모의 권위를 행사하는 도구로 이용할 수 있는 많은 가능성들도 있다. "성도들"은 이런 오류를

---

153 아들러(Mortimer Adler)의 네오토마스주의 저서인 『도덕의 변증법』(*A Dialectic of Morals*)은 윤리학적 분석에서 나타나는 이런 "변증법적" 요소를 결코 이해하지 못한다. 아들러는 '아가페'와 '에로스'의 차이를 이해하지 못한다. 그러므로 그는 자아완성이 행복에 이르는 길이라고 생각하기는 하지만 행복추구가 이기주의에서 벗어날 수 없다는 사실을 알지 못한다. 자아완성을 통해 행복을 추구하는 사람은 여전히 자기중심성에 사로잡혀 있는 것이다.

154 기독교 사상, 특히 종교개혁 사상은 빈번하게 우리가 "육체 안에" 있는 한 계속해서 죄를 짓게 될 것이라고 주장했다. 이런 주장에 따르면 죄는 유한성의 결과임이 분명하다. 그러나 기독교 사상은 명시적이든 암묵적이든 이 구절을 사도 바울의 "육체"(sax) 개념과 동일한 의미로 이해한다. 인간의 역사적 실존은 결코 단순한 유한성이 아니라 유한성이면서 동시에 자유이다. 그러므로 역사적 실존의 한 부분은 부분적 가치에 대해 궁극적 의미를 요구하고 부분적 관점들에 대해 궁극적 타당성을 요구하려는 유혹이며 그런 유혹에 굴복하는 것이다.

알지 못할 수도 있다. 그러나 부모의 지나친 간섭과 관심으로부터 벗어나고 싶어 하는 아이들은 그것을 안다. 가정을 보다 높은 차원의 조화로운 공동체와 관련시켜 생각할 수 있는 모종의 가능성들이 있다. 그러나 가정의 행복과 불행이 전체를 위해 실제보다 더 중요하다고 생각하는 오류를 피할 수 없다. "우리의" 국가를 다른 나라들의 삶과 보다 잘 조화시킬 수 있는 무수히 많은 기회들이 있다. 그러나 국가이기주의에 의해 전혀 오염되지 않고 그렇게 할 수 있는 가능성은 없다.[155]

은혜의 삶이 가지는 이런 두 측면들을 모두 표현하기는 쉽지 않다. 이것은 모든 역사가 논리적 규칙들을 범하는 것처럼 보이지 않으면서 입증해 주는 사실이다. 이런 이유 때문에 윤리학자들은 언제나 "믿음에 의한 칭의" 교리를 무시하는 것이 오히려 더 쉬움을 발견했다.[156] 그러나 많은 경우들에서 그렇듯이 여기서도 논리를 무시하는 것처럼 보이는 것은 단지 복합적인 경험적 사실들을 표현하기 위한 노력의 결과이다. 회심한 사람이 어떤 의미에서는 의롭지만 어떤 의미에서는 의롭지 않다는 것은 경험을 통해 입증된다.

사실들의 복합성 때문에 일관성의 규칙을 범하지 않으면서 그 사실들

---

155 지금도 새로운 세계질서를 바라는 순수한 희망은 "앵글로-색슨" 문명이 장차 그 세계질서에서 차지하게 될 명성에 대한 긍지와 결합되어 있거나, 아니면 미국의 힘을 통해 "미국의 세기"를 성취할 가능성들에 대한 긍지와 결합되어 있다.

156 브루너(Emil Brunner)는 은혜의 양면성을 다음과 같이 정의한다. "은혜는 소유이면서 아직 소유하지 못함이며, 모순의 극복이면서 동시에 모순 속에 서 있음이다. 은혜는 의롭다고 인정되었지만 여전히 죽을 때까지 죄인일수밖에 없는 죄인의 칭의이며, 회심의 날에 그랬듯이 여전히 용서를 필요로 하는 죄인의 칭의이다." *Theology of Crisis*, p. 63. 루터는 그런 역설을 예를 들면 다음과 같이 다양한 방식으로 표현하고 있다. "칭의의 은혜를 받은 사람은 그가 하나님의 법을 섬기면서 동시에 죄의 법을 섬기기 때문에 자비가 필요하다는 사실을 인식한다." "둘은 모두 사실이다. 어떤 기독교인도 죄를 가지지 않으며, 모든 기독교인들은 죄를 가진다." "성도들은 언제나 내적으로 죄인이다. 그것이 바로 그들이 외적으로 의롭다고 선언되는 이유이다." "우리는 실제적으로는 죄인이지만 의롭다고 인정되기를 희망하고 있다." *Works*(ed. by Ficker), Vol. II, pp. 104, 105, 176.

을 정형화하여 이해하는 것은 어렵다. 또한 은혜의 경험이 가지는 양면성 중 어느 하나라도 부당하게 무시하지 않고 그 경험의 양 측면을 모두 표현하는 것도 어렵다. 성도들은 그럼에도 불구하고 여전히 죄인이라는 사실을 강조한 신학들은 종종 – 아마도 일반적으로 – 개인의 삶과 사회적 삶에서 모두 실현될 수 있는 모종의 선의 가능성들을 무시하였다. 영적 신생의 긍정적 측면들을 강조한 신학들은 일반적으로 새로운 차원의 모든 덕에 새롭게 나타나는 죄의 현실들을 무시하였다. 특히 현대의 기독교 완전주의 유형들이 그랬다. 왜냐하면 그런 유형의 기독교 완전주의에는 진화론적이고 점진적인 역사해석들이 보다 순수한 기독교적 근원을 가지는 오해들과 혼합되었기 때문이다.

이제 이런 논쟁과정을 자세히 추적해 보자. 이런 논쟁은 서구 기독교 역사 전반에 걸쳐 있었다. 그리고 이런 논쟁과정에서 우리 시대의 영적 삶을 이해하고 재정립하는데 결정적인 쟁점들이 모두 논의되었다.

중요한 것은 은혜의 경험이 가지는 두 측면들은 서로 밀접한 관계에 있기 때문에 서로 모순되지 않고 상호보완적이라는 사실을 인식하는 것이다. 우리 안에 있는 그리스도는 소유가 아니라 희망이며, 자아완성은 이미 실현된 것이 아니라 실현되어야 할 목표임을 인식하는 것이 중요하다. 이런 삶에서 우리가 아는 평화는 결코 성취에 의해 도달된 평화가 아니라 완전히 알려지고 모두 용서된 상태의 평정심이다. 이 모든 것은 도덕적 열정이나 책임감을 파괴하지 않는다. 오히려 그것은 성급한 성취를 막는 유일한 길이며, 겸손의 토양에서 자라는 새롭고 더 위험한 교만을 차단하는 유일한 길이며, 죄인임을 망각한 성도들의 조급한 위선으로부터 그리스도인이 삶을 구제하는 유일한 길이다.

단순한 윤리학자들은 언제나 종교적 경험이 도달하는 이런 궁극적 상태에 관해 거의 관심이 없을 것이다. 그들은 그런 종교적 경험은 단지 우리로 하여금 "은혜를 더하게 하려고 죄에 거하게" 하는 신앙고백에 불과하다고 주장할 것이다. 그러나 "하나님의 어리석음"이 참으로 믿음의 지혜와 결합되었을 때 이런 비판에 대해 다음과 같이 대답할 수 있다. "그럴 수 없느니라. 죄에 대하여 죽은 우리가 어찌 그 가운데 더 살리요."(롬 6:1)

5장

은혜와 교만 사이의 갈등

5장

은혜와 교만 사이의 갈등

　지금까지 우리의 분석이 옳다면 은혜와 새로운 삶에 관한 바울의 해석은 복음서들에 추가될 수 있었거나 추가될 수 없었던 그의 독단적 주장이 아니다. 바울의 해석이 가지는 의미는 예언자적 역사해석에서는 부정적으로 이해되었던, 그러나 예언자적 기대들에 관한 예수의 재해석에서는 긍정적으로 평가되었던 삶과 역사의 문제를 명확하게 체계화 했다는 데 있다. 바울의 그런 해석은 하나님의 심판대 앞에서 의롭다고 주장할 수 있는 사람은 아무도 없다는 예수의 주장과 밀접하게 연관되어 있으며, 하나님의 정의와 자비의 계시로서의 고난 받는 종에 관한 예수의 사상과도 밀접한 관계에 있다.

　기독교 역사 전반에 걸쳐 기독교 신앙의 핵심적 교의가 어떻게 해석되어 왔는지 추적해 보면 인간의 자존심 때문에 기독교 복음의 진리가 그 진리를 피상적으로 받아들인 신앙집단들 내에서 얼마나 철저히 왜곡되는지 알 수 있다. 복음이 전파되기 이전 시대에 그랬듯이 말이다. 기독교 역사는 그리스도를 기대하기는 했지만 그 역사가 기대한 그리스도는 오직 하나님만이 정의롭고 자비롭다고 주장하는 그런 그리스도가 아니었다. 기독교 역사는 그리스도를 통해 의롭게 된 사람들을 옹호하는 새로운 길을 모색하였다.

이런 왜곡은 다양한 형태로 이루어졌으며, 다양한 시대의 많은 철학들을 이용하였다. 신학자들이 삶과 역사에 관한 복음의 해석이 가지는 근본적 역설을 부정하거나 무시한 특별한 이유가 무엇이었는지 주목할 필요가 있다. 그러나 보다 중요한 것은 이런 다양한 해석들의 기저에 놓인 근본적인 동기는 본질적으로 동일함을 인식하는 것이다. 인간은 현세의 유동성과 유한성에 처해 있으면서 동시에 그것을 초월하는 그의 실존의 기이한 상황을 인정하지 않으려 한다. 아니 더 정확하게 말해, 인간은 아무리 새로운 삶의 차원에 이른다 해도 이런 상황에서 벗어날 수 없다는 사실을 인정하지 않으려 한다. 인간성과 신성 사이의 영원한 모순성을 부정하기 위한 가장 좋은 전략은 그리스도를 통한 하나님의 계시를 영원한 존재자가 역사 안에 나타나 믿는 자들을 역사적 유한성으로부터 영원성으로 변화시켰다고 해석하는 것이다. 그런 대속은 영원한 진리에 대한 이해를 포함한다. 그리고 이런 진리이해가 삶에서 그 진리의 실현, 즉 완전성의 성취를 보장해 줄 것으로 생각한다.

우선 기독교 역사에서 지속적으로 반복된 복음의 총체적 진리에 대한 왜곡으로 인해 서구 문명의 역사를 일그러지게 만든 광신주의와 종교를 가장한 제국주의적 욕망들이 탄생했음을 인식해야 한다. 이런 왜곡에서 변하지 않는 전략은 기독교 진리의 총체성보다 단편적 진리를 더 강조하는 것이다. 이런 왜곡은 왜 많은 종교들 가운데서 유독 역사적 창조성과 책임성을 모두 권장하지만 여전히 인간의 역사적 가능성들에 한계를 설정하는 종교에 의해 형성된 문화가 동양의 보다 현세적인 종교(유교)와 보다 염세적인 종교(불교)의 관점에서 볼 때 무제약적 야망과 지나친 열정의 문화로 나타날 수밖에 없는지 설명해 준다.

그렇지만 특정한 신학적 경향이 특정한 시대에 주도적 역할을 하지 않았었다면 인간의 자만심에 의한 기독교 진리의 왜곡이 일어나지 않을 수 있었을 것이라는 의미는 아니다. 전통적인 문화의 자기 과신이 이런 왜곡의 주된 원인이라는 주장은 역사적으로 볼 때 일반적인 경향이기는 하지만 절대적이지는 않다. 인간의 교만은 그 교만이 이용하는 어떤 도구들보다 더 강력하기 때문이다. 믿음에 의해서만 인간과 하나님에 관한 진리를 이해하는 종교는 불가피하게 인간 교만의 도구로 이용될 것이다. 믿음에 의해 파악된 진리가 인간의 모든 노력을 초월하는 것이기 때문에 확실한 진리로 간주될 때는 언제나 이렇게 종교가 교만의 도구로 이용된다. 이럴 경우 그런 진리는 더 이상 인간에게 위험스러운 것이 아니다. 그런 진리는 인간 삶의 위선적이고 제국주의적인 성취들에 대해 비판하지 않는다. 오히려 그 진리는 삶의 유한성과 죄가 극복되었다는 자기기만의 도구가 된다. 신약성서는 복음이 이렇게 왜곡될 것을 알고 있었다. 말세에 등장할 거짓 그리스도와 적그리스도에 관한 신약성서의 경고는 이런 이해의 표현이다. 그러나 기독교 역사의 이런 비극적 양상이 신약성서를 제외하면 거의 인식되지 못하였다. 왜냐하면 그 밖의 기독교 역사에서는 언제나 성도들이 기독교인들의 삶의 무오성을 주장하거나 교회의 장점이 그의 악을 능가함을 입증하고자 함으로써 회의론자들과 죄인들의 정당한 조소를 반박하고자 했기 때문이다. 그렇지만 기독교는 삶과 역사에 관한 기독교적 진리의 관점에 입각하여 기독교를 도구로 이용하는 거짓 진리들의 발생을 이해할 수 있을 때에만 그런 진리를 입증할 수 있다.

1. 은혜에 관한 아우구스티누스 이전의 견해들

복음의 진리가 직면한 저항을 역사적으로 추적함에 있어서 우리는 궁극적인 종교적 문제에 관한 바울의 체계화된 사상이 아주 불완전하게 이해되었던 시기인 사도시대로부터 아우구스티누스에 이르는 시기에서 시작하는 것이 좋을 것이다. 그 시기의 사상은 그리스-로마 문화에서 그리고 그 문화에 대응하여 기독교 신앙을 확립하고 변호할 필연성에 의해 형성되었다. 그리스-로마 문화는 시간과 영원의 문제를 인간 삶에 있어서 가장 중요한 쟁점으로 간주하였으며, 신비주의 종교들, 영지주의, 마니교, 플라톤과 신플라톤주의 철학에서 구원을 찾았다. 이런 종교들과 철학들에서는 현세가 영원한 세계로 바뀔 수 있거나 영원한 세계가 현세를 정화할 수 있을 것으로 생각되었다.

기독교는 신적인 것과 역사적인 것 사이의 괴리를 주장하는 헬레니즘 사상에 대처할 수 있는 능력과 그 사상의 이원론 체계에 의존하지 않는 기독론을 제시할 수 있는 충분한 능력을 가지고 있었다. 그러나 기독교는 역사적 현실에 관한 기독교적 해석과 불가분의 관계에 있는 죄의 문제를 명확하게 해명하지 못했으며, 이런 문제에 대한 기독교적 대답으로서 대속교리를 명확하게 제시하지 못했다. 하르낙에 의하면 "교회의 교리적 입장이 바울의 신학에서 유래되었다고 생각하려 한다면 그런 시도들은 … 언제나 실패할 것이다. 왜냐하면 그런 시도들은 신약성서의 핵심 사상이라고 볼 수 없는 한 요소, 즉 헬레니즘의 정신이 카톨릭 교리의 가장 중요한 전제에 속한다는 사실을 주목하지 못하기 때문이다."[157] 세례를 통해 신자가 죄에서 구원된다는 생각은 - 이런 생각이 현세에서 완전한 상태에 도달할 수 있다고 주장하는 완전론적 망상의 주된 근원이 되었는데 - 기독교 역사의 아주 초기부터 있었다.[158] 구원이 그리스도를 통한 하나님 지식과 동일시되었는데, 이런 동일시가 다른 종교들의 오류와 두드러진 차이로 간주되었다. 기독교의 더 중요한 문제들은 일부 사도 교부들에게서 부분적으로 퇴색되었으며, 다른 교부들에게서는 완전히 퇴색되었다.[159] "영원한 생명", 지식(그노시스)과 율법, 특히 그리스도의 새 계명이 복음의 핵심이라고 간주되었다. 이런 형편은 사도 교부들을 계승한 호교론자들의 사상에서도 바뀌지 않았다. 순교자 유스티누스는 기독교를 "새로운 법"과 "새로운 철학"이라고 생각하였다. 물론 그의 이런 생각은 단순히 플라톤주의를 그대로 수용한 것은 아니었다. 그는 인간이 진리에 도달하고 덕을 성취할 수 있는 선천적 능력을 가지고 있다고 믿지 않기 때문이다. 이런 능력들은 은혜의 선물이라고 생각하였다. 그러나 우리가 그런 선물을 가지기도 하고 가지지 못하기도 한다는 역설은 이해하지 못했다. 물론 죄의 용서에 관한 성서의 견해가 결코 부정되지는 않았다. 그러나 용서는 과거의 죄를 한 번 면제해 주는 것이라고 생각되었다.[160] 이와 같이 칭의보다 성화를 더 중요하게 생각하는 카톨릭의

---

157 R. Harnack, *History of Dogma*, Vol. I, p. 48. 바울의 심오한 사상이 아우구스티누스 이전의 기독교에서 상실되었다는 하르낙의 이해는 더 놀랄만하고 인상적이다. 왜냐하면 하르낙 자신도 바울 사상의 의미를 충분히 인식하지 못하기 때문이다.

158 바나바의 편지(70-79년)에 특히 그런 사상이 잘 나타난다.

159 클레멘스, 바나바, 폴리캅과 이그나티우스에게서 부분적으로 퇴색되었으며, 헤르마스와 클레멘스의 두 번째 편지에서는 완전히 퇴색되었다. (참조, Harnack, *History of Dogma*, Vol. I, p.172.

160 은혜에 대한 이런 제한은 바나바의 편지 5:9과 클레멘스의 두 번째 편지 2:4-7에 잘 나타난다.

교리는 아주 초기에 형성되었다.

　이런 문제들에 대한 테르툴리아누스의 입장은 특히 중요한 의미가 있다. 그는 헬레니즘에 경도된 초기 기독교 철학자들의 입장에 반대하여 성서, 특히 히브리 사상을 역설한 사람이었다. 그는 헬레니즘에 근거한 역사해석을 거부하고 예언자적-종말론적 해석을 견지하려 했다. 더 나아가 그는 원죄론을 알고 있었다. 그렇지만 그는 하나님의 정의와 자비에 관한 기독교 교리에 관해서는 제대로 이해하지 못했다. 그는 하나님의 용서에 관한 견해가 불합리하고 불공정하다고 생각하여 다음과 같이 단언하였다. "만일 우리가 이성의 원리를 따르지 않고 선을 하나님에게 돌려야 한다면 하나님이 존재하지 않아야 하는 것이 더 나을 것이다."[161]

　기독교를 영원한 것에 도달하는 길과 완전을 실현하는 길이라고 생각하는 경향은 서방교회에서보다는 동방교회에서 훨씬 더 두드러졌다. 동방교회의 가장 위대한 신학자이자 실제로 아우구스티누스 이전의 신학자들 중 가장 독창적인 신학자였던 오리게네스는 거룩성에 도달하는 방법에 관한 그의 견해에 있어서 현세에서 완전성에 도달할 수 있다고 생각하는 완전주의자이자 도덕주의자였다.[162] 오리게네스보다 이전에 알렉산드리아의 클레멘스는 그리스도를 통해 인간이 하나님과 같이 될 수 있다는 그의 사상을 다음과 같이 표현하였다. "우리가 영적으로 다시 태

---

161 *Adv. Marcionem*, I, 25. 헬레니즘화 하는 경향에 대한 비판에도 불구하고 테르툴리아누스는 종종 그리스도의 의미를 헬레니즘의 관점에서 정의함으로써 교회에서 헬레니즘 사상의 힘을 인정하기도 했다. "하나님이 우리 가운데 거하시면서 인간으로 하여금 하나님의 일을 하도록 가르치신다. 하나님은 인간이 하나님과 같은 차원에서 행할 수 있도록 하기 위해 인간과 같은 차원에서 행동하신다." *Adv. Marcionem*, ii, 27.

162 오리게네스는 다음과 같이 단언하였다. "인간은 하나님을 닮고자 하는 스스로의 철저한 노력에 의해 하나님과 같은 완전성을 성취해야 한다. 왜냐하면 완전한 존재의 가능성이 고귀한 하나님의 형상을 통해 태초에 인간에게 주어졌기 때문이다. 그러나 인간은 그에게 부여된 임무를 완수함으로써 그런 완전한 모습을 스스로 성취해야 한다." *De princ*, III, vi, I.

어날 때 우리는 즉시 우리가 추구하는 완전성에 도달한다. 왜냐하면 그
때 우리는 깨달음을 갖게 되고 하나님을 아는 지식에 도달할 수 있기 때
문이다. 완전한 것을 깨달은 사람이 불완전할 수 없기 때문이다."[163] 그의
이런 주장에는 구원의 길에 관한 영지주의의 영향이 반영되어 있다. 니사
의 그레고리우스에 의하면 "타락 이전의 순수한 아담의 모습으로 회복
된 인간은 최상의 지위를 획득하여 아담보다 훨씬 더 높은 존재가 된다.
그는 하나님과 같이 되기 때문이다."[164]

이레니우스와 아타나시우스와 같이 헬레니즘의 영향을 덜 받은 신학
자들의 사상에는 성서와 바울에 입각한 견해들이 지배적이었지만, 그들
이 죄와 은혜에 관한 성서의 의미를 충분히 이해했다고 볼 수는 없다. 현
대의 어떤 역사가가 주장하였듯이 "아우구스티누스 이전의 교회는 결코
믿음으로 말미암아 의롭게 인정된다는 사도 바울의 교리를 전적으로 수
용하지는 않았다. ... 그 교리가 때로는 완전히 무시되었으며, 때로는 – 그
교리가 높이 평가될 때조차도 – 인간의 구원은 회개에 의존한다고 말함
으로써 은혜의 의미가 퇴색되는 방식으로 해석되었다."[165]

따라서 그리스의 그노시스(영적 지식)에 관한 헬라 사상이 아우구스티
누스 이전의 여러 세기동안 지배적인 사상이었다. 그리고 비록 교회가 영
지주의의 이원론적 사상을 이단으로 분명히 규정했다 할지라도 교회는
구원에 관해 보다 완화된 헬레니즘의 영향을 피할 수 없었다.[166] 때로 그
리스 정교회는 철저히 헬레니즘의 영향을 받아 복음은 단순히 보다 높
은 형태의 지식에 불과한 것이 되었다. 보다 성서적일 때 그리스 정교회

---

163 *paedagogus*, I, vi.

164 *De instituto Christiano*.

165 Hastings Rashdal, *The Idea of Atonement in Christian Theology*, p. 206.

166 하르낙에 의하면, "헬레니즘과 동일한 영지주의가 카톨릭 교회에서 절반의 승리를 쟁
취했다." *History of Dogma*, I, p. 227.

는 "은혜"와 "능력"의 필요성을 인정한다. 이것은 그리스 정교회가 인간의 문제를 전적으로 합리적인 관점에서보다는 오히려 의지적인 관점에서 이해하고 있음을 의미한다. 그러나 그렇다 할지라도 예언자적-성서적 사상에서 발견되고 죄와 은혜에 관한 신약성서의 견해에서 최고조에 이른 인간의 역사적 실존의 문제를 충분히 이해하지는 못했다. 따라서 이집트의 한 교부에 의하면 "하나님의 은혜는 인간을 즉시 정화하여 그를 완전하게 할 수 있다. 하나님에게는 불가능이 없기 때문이다. 한 순간 믿음에 의해 변화되어 낙원에 이른 강도의 경우가 그랬듯이 말이다."[167]

완전주의의 환상은 성 크리소스토무스(St. John of Chrysostom)의 사상에서 가장 일관되게 나타난다. 그는 하나님의 은혜를 세례예식에 한정하여 다음과 같이 단언한다. "은혜가 영혼의 내면에 도달하여 죄의 뿌리를 뽑는다. 세례를 받은 사람의 영혼은 햇빛보다 더 순수하다. 그의 영혼은 그렇게 근원적으로 다시 태어났다. 아니 이보다 훨씬 더 낫다. 그 영혼은 사방에서 그를 불타오르게 한 성령을 경험하고 그의 신성을 확장하기 때문이다. ... 용광로에서 쇠가 녹듯이 그의 영혼을 개조시켜 죄를 태워버리는 성령이 그의 영혼을 어떤 순금보다 더 순수하게 빛나게 한다."[168]

서방교회의 사상은 동방교회처럼 철저히 완전주의가 아니었으며, 따라서 결과적으로 서방교회는 보다 온건한 입장을 취하게 되었다. 이와 달리 동방교회의 사상은 정교회 교부들로부터 현대의 정교회 교리에 이르기까지 철저히 일관된 입장을 견지하고 있다. 문화사적인 관점에서 볼 때 이것은 헤브라이즘에 대한 헬레니즘의 승리이며, 종교적 관점에서 볼

---

167 이집트의 성 마르카리우스, *De custodia cordis*, xii.
168 Homil: In Epist. I and Cor. 15:1-2.

때는 교회가 교회와 그의 성도들을 향한 복음의 경고를 이해하는데 실패한 것이다.[169]

---

169 동방교회의 완전주의 사상을 현대에 이르기까지 일일이 추적할 필요가 없기 때문에 동방교의 이런 지배적인 경향에 관해 현대의 정교회 신학자 한 사람의 글을 인용하는 것이 좋을 것이다. 그 신학자에 의하면 "정교회 교부들은 하나님이 성례전을 통해 일하실 때 그의 행위는 단지 일시성이나 단편적인 효과만 가질 수 없다고 믿는다. 하나님의 은혜의 능력은 성례전을 통해 입증되며 그의 효과는 영원하다." Hamilcar S. Alivisatos, *The Doctrine of Grace*. S. c. M., Press, Londen, p. 267.

최근의 가장 권위 있는 정교회 신학자들 중 한 사람인 크레스토스 안드루스토스(Chrestos Androustos)는 성화에 관한 동방 정교회의 교리를 다음과 같이 가장 단적으로 진술하고 있다. "죄의 용서와 칭의의 두 요소들은 서로 불가분의 관계에 있다. 마치 죄를 씻으면 성화가 바로 뒤따라 일어나지만 그 둘은 동일한 사태의 두 측면이듯이 말이다. ... 죄의 용서는 단순히 죄로부터의 자유가 아니라 실제적인 죄의 제거이다. ... 하나님이 죄인을 심판할 때 그는 인간이 여전히 죄인임에도 불구하고 그를 의롭다고 인정하는 것이 아니라 그를 실제로 의롭게 만든다. 하나님의 칭의의 능력에 의해 죄의 상태가 완전히 제거된다. ... 왜곡된 의지에 들어있는 죄의 원리와 토대가 완전히 제거되고, 새로워진 의지가 하나님을 향해 다시 태어난다." Frank S. Gavin, *Some Aspects of Contemporary Greek Thought*, p. 227.

톨스토이는 그런 완전주의의 망상에서 비롯된 도덕적 결과와 영적 혼란을 비판한다. 그는 『참회록』에서 다음과 같이 말한다. "정교회라는 명칭에서 떠오르는 생각은 오직 극히 자신감에 차있고, 속으면서도 무식한 주교와 대주교라고 불리는 몇몇 털보들이다. 성례전을 가장하여 사람들을 강탈하는데 바쁜 수많은 털보들이 떠오른다. 겸손 대신 위엄이 있으며, 가난 대신 사치가 있으며, 죄를 용서하는 대신 미움과 전쟁이 있다. 모든 사람들은 자기를 부정하지 않고 서로 다른 사람들을 부정한다."

이런 비판이 전적으로 옳지는 않다. 톨스토이는 분리파 교회의 완전주의자로 만일 보다 철저한 전략이 취해진다면 사람들이 죄에서 해방될 수 있을 것이라고 확신하였기 때문이다. 그는 성례전 완전주의자들과 마찬가지로 역사적 실존의 반복적인 요소들을 이해하지 못했다.

2. 은혜에 관한 카톨릭 교회의 견해

삶과 역사의 가장 중요한 쟁점은 시간과 영원의 관계라기보다는 오히려 죄와 은혜의 관계라는 속사도 시대 교회의 자각이 처음으로 명시적으로 체계화된 것은 아우구스티누스의 사상에서였다. 아우구스티누스 이전에도 성서의 권위 덕분에 예언자적-성서적 전통의 개념들이 완전히 상실되지는 않았었다. 그러나 그런 개념들이 아우구스티누스 이전의 여러 세기동안 모호하게 된 것은 사실이었다. 아우구스티누스가 원죄에 관한 바울의 이론을 체계화함으로써 기독교 역사는 역사에 혼란과 악을 야기하는 것은 유한성이 아니라 죄의 "거짓 영원성", 즉 유한성이 극복되었거나 극복될 수 있다는 망상 때문이라는 사실을 확실히 자각하게 되었다.[170]

아우구스티누스의 사상에 내재하는 신플라톤주의 철학의 영향은 성서적 역설을 약간 모호하게 만들었다. 인간의 현실에 관한 그의 분석은 성서적이지만 죄가 실재성의 결핍, 즉 선을 행할 수 있는 능력의 결핍이라는 그의 사상은 부분적으로 플로티노스의 영향이며, 인간의 자유에는 이기적인 자기사랑의 경향이 불가피하게 내재한다는 그의 심오한 통찰과도 완전히 일치하지 않는다. 그의 죄론에 내재하는 헬레니즘 사상의 이런 영향 때문에 그는 죄 문제에 대해 성서적 대답을 시도하는 은총론에서도 오류를 범하고 있다. 은혜에 관한 그의 이론은 능력으로서의

---

170 참조, Vol. I., Ch. VI.

은혜와 용서로서의 은혜 사이의 복합적 관계를 모호하게 만들기 때문이다. 그는 그 둘 사이의 관계에 관한 전통적 입장에 대해 이의를 제기하지 않는다. 우리는 하나님의 용서와 칭의가 성화보다 앞서 일어나고 성화의 근거가 된다는 사상이 아주 일찍 시작되었음을 살펴보았다. 이 이론에 따르면 그리스도를 통해 매개된 하나님의 자비에 의해 인간과 하나님 사이의 벽이 허물어지고, 영혼은 이기적 자기사랑으로부터 순종으로 돌아선다. 그리고 하나님의 그런 자비 덕분에 영혼은 은혜가 성장하고 점점 더 높은 성화의 단계에 도달한다. 칭의가 성화보다 앞서 일어난다는 사상은 삶과 역사에 관한 카톨릭 교회의 전반적 입장을 결정하는 중요한 요소가 된다. 카톨릭 사상은 헬레니즘과 달리 인간이 자신의 능력에 의해서는 선을 실현할 수는 없지만 하나님의 능력에 의해 선이 성취될 수 있다고 생각한다. 아우구스티누스에 의하면 "우리가 원한다면 계명을 지킬 수 있다. 그러나 계명을 지키고자 하는 그런 의지는 주님에 의해 마련되어 있기 때문에 우리는 우리로 하여금 의지대로 행동할 수 있도록 하는 그런 의지의 힘을 구해야 한다. 물론 우리가 원할 때 원하는 것을 행하는 것은 우리이다. 그러나 우리로 하여금 선한 것을 의지하도록 하는 이는 그분이다. … 우리의 의지대로 행할 수 있는 효과적인 힘을 공급함으로써 우리로 하여금 행할 수 있도록 하는 이는 그분이다."[171] 이런 주장은 우리 자신의 능력과 우리 자신의 것이 아닌 능력의 관계를 정확하게 제시하고 있다. 이것은 펠라기우스의 도덕주의에 대한 논쟁에서 아우구스티누스가 견지하고자 하는 핵심이다. 그러나 그는 새로운 삶에도 여전히 잔존하는 이기적 자기사랑의 힘을 충분히 인식하지 못하였다. 그는 사랑이 인간의 본성에 의해 실현될 수 있는 단순한 가능성이 아니라 인간의 마음에 내재하는 하나님의 가능성임을 확신한다.

---

171 *On Grace and Free Will*, xvii, 32.

기독교인의 완전을 주제로 한 아우구스티누스의 탁월한 논문은 "내가 이미 얻었다 함도 아니요 온전히 이루었다 함도 아니라"(빌 3:12)는 바울의 본문에 대한 해석이다. 이 본문을 해석할 때 그는 대다수의 기독교 완전주의자들이 그렇듯이 인간의 유한한 본성은 목표에 도달할 수 없음을 인정한다. 인간은 역사적 존재이며, 역사는 과정에 있기 때문이다. 그러나 그는 그 목표에 도달하려는 시도는 완전할 수 있음을 확신한다. 그는 말한다. "많은 사람들이 완전하게 달리고 있듯이 우리도 지금까지 우리가 완전하게 달려온 그 길을 따라 완전을 향해 달려가자."[172]

물론 그는 기독교인들이 죄가 없기 때문에 완전하다고 믿지는 않는다. 그는 죄를 완전히 정복할 수 있는 가능성을 없다고 본다. 그는 육체적 욕망은 여전히 남아있으며 따라서 인생의 마지막 순간까지 하나님의 용서가 필요함을 확신한다.[173] 그러나 그는 기독교인에게 남아있는 죄는 용서받을 수 없는 죄가 아니라 사소한 죄라고 믿는다. 말하자면 그는 대속 이후의 이기적인 자기사랑의 표현들은 본질적인 마음가짐의 표현이 아니라 부차적인 것이라고 생각한다. 아우구스티누스에 의하면 "그가 죄 없이 깨끗하게 산다고 말하는 것이 아니며, 이미 여행의 목표에 도달했다고 말하는 것도 아니다. 그는 끝까지 깨끗한 태도로 살려고 노력하고 있으며, 치명적인 죄로부터 자유로우며, 동시에 자선을 베풂으로써 일상의 사소한 죄를 씻기를 게을리 하지 않는다."[174] 용서받을 수 없는 죄와 사소한 죄 사이의 구별은 카톨릭 사상에서 중요한 주제였으며 아직도 중요한 주제로 다루어지고 있다. 영혼의 사소한 죄가 자선에 의해 사해질 수 있다는 생각은 마치 낙타가 천막 안에 코를 집어넣듯이 "공로

---

172 *On Mans's Perfection in Righteousness*, Ch. 19.

173 *Enchiridion*, lxiv.

174 *On Man's Perfection in Righteousness*, Ch. 20.

에 의한 의"라는 낙타의 코가 은혜의 천막 안에 슬며시 들어온 것이다.

아우구스티누스 사상에서 중요한 쟁점은 죄의 용서가 "본질적으로" 터무니없는 자기사랑이 실질적으로 제거되었음을 의미하느냐 하는 것이다. 아우구스티누스와 모든 카톨릭 신학은 그렇다고 주장한다. 나머지 죄는 중추적 의지에 의해 아직 완전히 통제되지 않은 변덕스런 욕망과 충동의 분출이라는 것이다. 그런 주장은 그럴듯해 보이지만 타당하지는 않다. 만일 이기적 자기사랑이 제거되었다는 것이 "본질적으로" 어떤 근본적인 의미에서 "실제로"를 의미하지 않는다면 그것은 무엇을 의미한단 말인가? 영혼의 삶에 새로운 지침을 제시해 주는 어떤 사실들이 있음에 틀림없다. "회개에 합당한 열매"가 있어야 한다.

그러나 도덕적 삶의 복합적 요소들이 그 요소들에 관한 지나치게 단순한 주장에 의해 모호해졌다. 사실 인간이 이기적 자기사랑으로부터 해방되었다는 것은 그가 자기사랑의 악을 인정하고 하나님의 사랑을 유일하게 적합한 행위동기로 인식하기는 하지만 (단순히 부차적이라고만 할 수 없는 의미에서) 여전히 이기적일 수도 있음을 의미한다. 주교의 교만, 신학자의 헛된 망상, 종교적 경건을 빙자한 사업가의 권력의지, 그리고 교회 자치의 영적 오만은 단순히 부차적인 결합들이 아니며, 단순히 사소한 죄가 아니다. 그것들은 아무리 새로운 단계의 은혜에 의해 새로운 삶이 시작되었다 할지라도 여전히 작용하는 이기적 자기사랑의 결과이다. 순수한 사랑은 믿음에 의해서만 가능하다. 그리고 이 경우 믿음이란 인간이 기도와 명상에서 자신을 초월하여 이기적 자기사랑이 작용하지 않는 단계에 도달했음을 의미한다. 이런 믿음의 단계에서는 자기사랑의 힘이 하나님의 사랑의 새로운 능력에 의해 약화되기 때문이다.

영적 삶의 이런 비극성은 종교개혁 때까지는 분명히 인식되지 못했다. 영적 삶의 비극성에 대한 인식에 의해 종교개혁은 기독교 역사에서 특수하고 독자적인 위치를 점하게 된다. 아우구스티누스는 그것을 이해하지 못했기 때문에 은혜에 관한 그의 교리에 있어서 카톨릭 교회의 아버지가 되었다. 동시에 그는 죄에 관한 그의 교리에서 종교개혁의 결정적 원인이 되었다. 종교개혁은 인간의 상황에 관한 바울의 분석과 아우구스티누스의 분석에는 아우구스티누스의 대답에 의해 해결될 수 없는 너무나 뿌리 깊은 문제가 있음을 발견했다.

개인적인 역사적 상황은 물론 집단적인 역사적 상황에 대한 아우구스티누스의 설명은 이와 같이 제한적인 완전주의의 한계 내에 머문다. 역사에서의 갈등은 "신의 도성"(civitas Dei)과 "세속도시"(civitas terrena) 사이의 대립인데, 신의 도성은 "하나님의 사랑"에 의해 감동되어 자아를 경멸하는 단계에 이르고, 세속도시는 "자기사랑"에 빠져 하나님을 멸시하는 지점에까지 이르게 된다. 아우구스티누스에 의하면 역사에는 두 도성들이 서로 혼재한다. 그래서 그는 악한 세상에서 발생하는 상대적 정의의 문제들을 - 이런 문제들은 심지어 기독교인들에게도 발생하는데 - 단순히 완전주의의 관점에서 해결하고자 하지 않는다. 그러나 그는 대체로 신의 도성을 역사적 교회와 동일시하며, 오직 교회에서만 진정한 정의가 발견될 수 있다고 단언한다. 그러나 그는 신의 도성과 교회를 무조건적으로 동일시하지 않고 모든 종류의 제한조건들을 설정하였다. 그런데 후대의 카톨릭 역사는 신중하지 못하게도 이런 제한조건들을 보존하지 못하였다. 그는 지상에서의 신의 도성과 "천상의 도성"(civitia superna)를 구분하며, 현재의 교회와 미래의 교회를 구분한다.[175] 아우구스티누스는 분명히 말한다. "이 책의 어디에서도 나는 교회가 오점이나 주름을 가지지 않는다고 언급한 적이 없다. 그 교회는 지금 존재하는 교회가 아니라 그의

---

175 *"Ecclesia qualis nunc est"* and *"ecclesia qualis tunc erit." De civitate Dei,* Book XX, Ch. 9.

존재가 준비되고 있는 교회이다."[176]

　이런 제한 조건들에도 불구하고 교회는 어떤 의미에서 지상에 있는 하나님의 왕국이다. 교회는 지금까지 궁극적 완전성을 성취하지 못했다. 게다가 아우구스티누스에 의하면 교회에 출석하는 모든 사람들이 다 구원된다는 보장도 없다. 그러나 교회의 완전성에 대한 그의 견해는 본질적으로 성도들의 완전에 관한 그의 생각과 논리적 일관성에 있다. 교회는 그가 "지금까지 완전하게 달려온" 그 길을 따라 "완전을 향해 가는 과정"에 있다.[177] 그러나 그는 교회가 그 자체로 하나님의 심판을 받는다고 생각할 수는 없었을 것이다. 다시 말해, 그에게 있어서 교회는 역사에서 하나님의 심판과 자비가 매개되는 장소와 역사적인 것과 거룩한 것 사이의 대립이 원칙적으로 극복되는 장소라기보다는 오히려 역사적인 것과 신적인 것 사이의 모순이 실제로 극복되는 역사적 장소였다. 이런 확신이 아우구스티누스의 역사철학 전반을 지배한다. 이기적 자기사랑과 하나님의 사랑 사이의 갈등은 본질적으로 교회와 세상 사이의 갈등이다. 그리고 교회가 세상과 공존한다는 것은 결코 교회가 역사적 제도로서 악의 도구가 된다는 것을 의미하지 않는다. 다시 말해, 교회는 실제로 하나님의 심판을 받지 않는다는 것이다. 오히려 교회는 그리스도와 함께 세

---

176 *Retract*, II, xvii.

177 고어 주교가 옳게 지적하듯이 가시적 교회라는 생각, 구원은 교회를 통해서만 가능하다는 믿음, "교회를 어머니로 가지지 않는 사람은 하나님을 아버지로 가질 수 없다"는 확신은 아우구스티누스의 독창적 사상이 아니었다. 그는 단지 이런 확신들을 체계화하여 카톨릭의 일반적인 교리로 정립했을 뿐이다. Charles Gore, *The Church and the Ministry*, pp. 13ff.
고어와 마찬가지로 로버트슨도 아우구스티누스가 가시적 교회 사상을 처음으로 제창한 사람이 아니었음을 인정하면서, "비가시적 교회 사상이 아우구스티누스에게서 유래되었다"고 말하는 것이 더 정확하다고 덧붙인다. A. Robertson, *Regnum Dei*, p. 187.
교회에 관한 아우구스티누스의 제한조건들에는 종교개혁의 비가시적 교회 사상이 들어 있었는데, 종교개혁은 이런 사상에 기초하여 역사적 교회가 하나님의 심판을 필할 수 없다고 주장했다.

상을 다스린다는 것이다. 그에 의하면 "지금도 교회는 그리스도의 왕국이며, 천상의 왕국이다. 말하자면, 지금도 그리스도의 성도들이 그와 함께 다스리지만, 실제로는 그들이 장차 다스리게 될 것과 같은 방식으로 다스리지는 않는다. 물론 가라지들이 그와 함께 다스리지도 않는다. 비록 교회에는 가라지들이 밀과 함께 자라고 있기는 하지만 말이다."[178]

아우구스티누스 이후 교회사에서는 인간의 상황에 대한 그의 분석이 약화되어 반펠라기우스적 교리로 바뀌었다고 볼 수 있다. 그러나 인간의 상황에 대한 기독교적 해결책에 관한 그의 견해가 바뀌지는 않았다. 은혜에 관해 아우구스티누스와 카톨릭 교회의 이론은 동일하기 때문이다. 그리고 그런 동일한 교리가 카톨릭 역사 전반에 걸쳐 일관되게 흐르기 때문이다. 은혜에 관한 그의 이론에 따르면 죄는 본질적으로 인간 안에 있는 하나님의 형상의 부패라기보다는 오히려 원초적 완전성의 상실이다. 그리고 은혜는 불완전한 본성의 완성이다. 선하지만 불완전한 본성의 성취가 – "본성"과 "은혜"를 언제나 대립시키는 타락의 원리와 대비되는 것으로서 – 강조된다.

역사에서 인간의 위치에 관한 분석에 있어서 성서의 역설적 요소는 토마스 아퀴나스에 의해 최종적으로 정리된 공식적인 카톨릭 교회의 교리에서보다는 아우구스티누스에게서 조금 더 강하게 나타난다. 그러나 은혜에 의해 성취되는 것에 관한 정의에서는 아우구스티누스와 아퀴나스 사이에 아무런 차이가 없다.

아우구스티누스와 아퀴나스의 이런 정의에는 인간과 하나님 사이의 대립에 관한 성서의 견해와 고전적 인간의 자만심이 잘 융합되어 있다. 인간은 '역사내존재'(man-in-history)라는 성서의 견해는 인간의 능력, 특히 합리적 능력이 충분하다고 보는 고전적 견해를 비판한다. 카톨릭 교

---

178 *De civ. Dei*, Book XX, Ch. 9.

회의 견해에 의하면 인간이 선을 행할 수 있는 것은 언제나 은혜에 의해서이다. 그러나 고전적 견해는 죄의 용서를 받아 인간성이 회복된 사람은 원리에서는 물론이고 사실에서도 역사의 죄를 초월한다는 견해에서 성서적 견해를 비판한다. 인간의 상황에 관한 이런 상충되는 견해들은 칭의보다 성화가 더 중요하다는 주장과 용서가 필요하며 그 용서는 무엇보다 과거의 죄에 대한 용서라는 주장으로 융합된다.

카톨릭의 이런 새로운 독단을 결정적이고 가장 단적으로 보여주는 것은 최후의 심판 때 인간은 그가 공로에 의해 구원되지만 그 공로가 하나님의 은혜에 의해 성취된다는 것을 깨달아야 한다는 카톨릭의 신앙에 들어있는 믿음이다. 이 점에 있어서 아퀴나스의 다음과 같은 주장은 아우구스티누스의 견해와 완전히 일치할 수 있다. "인간은 자신의 의지에 의해 영생을 얻기에 합당한 일들을 수행한다. 그러나 아우구스티누스가 말하듯이 이를 위해서는 인간의 의지가 은혜에 의해 준비되어야 한다. 영생은 선한 일에 대한 보상으로 주어진다. 그러나 영생을 보장해 주는 그 일은 하나님의 은혜에 속한다."[179]

이런 논쟁이 무관심한 학생에게는 진부한 것일 수도 있으며, 비판적인 학생에게는 무익한 신학적 논쟁처럼 보일 수도 있다. 그러나 철학에서든 신학에서든 모든 중요한 쟁점들은 마지막에는 아주 정확한 구별에서 정의된다. 그렇게 정확하게 구별하면 초보자라도 부주의하여 쟁점의 중요성을 놓치지 않을 수 있기 때문이다. 여기서 쟁점이 되는 것은 인간의 역사적 실존이 이성의 어떤 훈련이나 공로에 의해서 그의 삶에 대한 하나님의 심판을 확실하게 견딜 수 있느냐 하는 것이다. 만일 그럴 수 있다면 그것은 개인적 자아의 중심에 위치한 어떤 의지가 만물을 지배하는 의지와 능력과 본질적으로 일치될 수 있음을 의미한다. 이런 질문에 대해 카

---

179 Thomas Aquinas, *Treatise on Grace*, Quest. 109, Art. v.

톨릭의 대답은 일관되게 긍정적이다.[180]

은혜에 의해 인간이 완전해 질 수 있다고 주장하는 카톨릭의 신비주의자들은 카톨릭의 절충주의 입장보다 더 극단적이다. 중세사상의 이런 경향은 현대의 완전주의의 근원들 중 하나라고 생각되어야 한다. 지금 우리에게 중요한 것은 성서적 견해와 고전적 견해(일반적으로 비성서적 견해) 사이의 조화를 추구하는 카톨릭 사상, 즉 인간은 자기 자신의 삶과 역사를 완전하게 할 수 없음에도 불구하고 만일 그가 그럴 수 있다는 망상에 사로잡히면 악에 빠지게 된다는 성서의 견해와 유한성과 과정을 초월하는 인간의 어떤 능력은 그가 그런 초월성에 의해 파악하는 비전을 실현할 수 있다는 고전주의적 견해 사이에서 조화를 추구하는 카톨릭 교리의 의미를 인식하는 것이다.

카톨릭의 절충적 견해는 다양한 방식으로 표현된다. 그런 견해는, 인간은 자연적 상태에서는 필연성으로부터 자유로우며, 은혜의 상태에서

---

180 카톨릭의 교리가 주장하는 것은 결코 구원 받은 사람의 의지와 하나님의 의지 사이의 절대적 차이가 아니라 본질적 일치라는 점이 강조될 수도 있다.
아퀴나스에 의하면 "일상적인 은혜는 우리에게 하나님의 도움이 더 이상 필요하지 않을 수 있도록 그렇게 우리에게 주어져 있지는 않다"고 단언한다. 모든 피조물은 그가 하나님으로부터 받은 은혜를 보존하기 위해서 하나님의 도움이 필요하기 때문이다.
하지만 그는 다음과 같이 단언한다. "구원 받은 상태에서 인간은 이성에 근거하여 저지르는 용서받을 수 없는 죄를 범하지 않을 수 있다. 그렇지만 그는 저급한 감각적 욕망 때문에 일상적으로 범하는 죄를 피할 수는 없다. 물론 그는 이성을 통해 그런 욕망의 충동들을 일부 억제할 수 있지만 ... 모든 욕망을 다 억제할 수는 없다. 하나의 욕망을 억누르면 다른 욕망이 고개를 들고 일어나기 때문이다." 이런 주장에 다르면 인간의 의지가 하나님의 의지에 복종해야 하는 것은 거의 절대적이다. 유일하게 남은 죄는 의지의 수준 이하의 종잡을 수 없는 충동에 의해 야기된다. 이런 견해는 성서적이라기보다는 전적으로 고전적이다. 그러나 아퀴나스의 절충적 입장은 언제나 두 입장을 모두 만족시킬 수 있을 정도로 완벽하게 균형 잡힌 것이었다. 따라서 그는 저급한 욕망의 변덕스러움은 하나님의 뜻에 완벽하게 복종하지 못하기 때문이라고 주장함으로써 나머지 죄에 관한 그의 이런 해석이 순전히 고전적 의미로 오해되는 것을 차단한다. "인간의 의지가 하나님께 전적으로 복종하지 않기 때문에 이성의 행위들에는 많은 혼란들이 있을 수밖에 없다." *Treaties on Grace*, Quest. 109, Art, ii.

는 죄로부터 자유로우며, 영광의 상태에서는 불행으로부터 자유롭다는 베르나르 끌레르보(Bernard Clairvaux)의 주장에 단적으로 요약되어 있다.[181] 말하자면, 역사에서 삶의 성취와 역사 너머에서의 삶의 성취 사이의 차이는 단지 전자가 아직 유한성에 종속된다는 사실이다.

이런 일관된 카톨릭 교리와 유일하게 다른 주장이 '라티스본(레겐스부르크) 신앙고백'(Formula of Ratisbon)에 포함되어 있는데, 종교개혁과 화해하려는 의도에서 촉발된 이 신앙고백에는 다음과 같은 카톨릭의 입장에서 보면 놀라운 명제가 들어있다. "우리는 의롭지 못하며 우리 자신의 의로운 행위에 의해서는 하나님의 인정을 받지 못하지만 오직 예수 그리스도의 공로에 의해 의롭다고 인정된다." 그러나 종교개혁과의 화해 가능성이 무산된 이후 카톨릭 교회는 트렌트 공의회에서 다른 입장을 표명했다. "만일 어떤 사람이 의롭다고 인정된 인간의 선한 행위가 하나님의 선물이라고 말하면서 그 선물이 의롭다고 인정된 그의 선한 공로는 아니라고 말한다면, 또는 선한 행위에 의해 의롭다고 인정된 그 사람이 진실로 더 큰 은혜와 영생을 받을만한 자격이 없다고 말한다면 그에게 저주가 있을지어다."[182]

---

181 St. Bernardof Clairvaux, *Concerning Grace and Free Will*, Ch. iii.

182 트렌트 공의회 27조. 종교개혁에 대한 트렌트 공의회의 적대적 입장표명이 언제나 잘못되었다는 인상을 가지는 것은 잘못일 것이다. 아주 빈번하게 그 공의회는 은혜의 역설 중 한 측면을 수호하는데 관심을 가지고 있었다. 그 회의는 종교개혁의 도덕적 패배주의와 반유명론적 경향을 거부하는 의의 능력이다. 27조는 프로테스탄트의 반유명론에 대해 다음과 같이 천명하고 있다. "만일 어떤 사람이 그리스도 예수는 대속의 구원자로 인간에게 주어졌기 때문에 그를 믿어야 한다고 말하면서 그를 입법자로 생각하여 그에게 순종하는 것은 안 된다고 말한다면 그에게 저주가 있을지어다."
11조에도 용서만이 은혜라는 생각에 대한 타당성 있는 반박이 제시되어 있다. "인간은 오직 그리스도의 의에 의해서만 의로워질 수 있다고 말하는 사람이 있다면, 아니면 반대로 성령에 의해 인간의 마음 밭에 뿌려져 그들에게 생득적으로 내재하는 은혜와 자비가 없이 죄가 용서되고 의로워진다고 주장하는 사람이 있다면, 그리고 심지어 우리를 의롭게 한 그 은혜가 단지 하나님의 호의라고 말하는 사람이 있다면 그런 사람에게 저주가 있을지어다."

트렌트 공의회의 확고한 입장은 구원받은 사람에게는 그의 현재 인간
성과 미래에 되어져야 할 인간성 사이에 아무런 실제적인 모순도 존재하
지 않는다는 것이었다. "은혜를 통해 의롭다고 인정된 사람조차도 하나
님의 계명을 지킬 수 없다고 말하는 사람이 있다면, 그에게 저주가 있을
지어다."[183]

"사소한" 죄에 관해 카톨릭 사상이 어떤 유보적 제한조건들을 추가
한다 할지라도 용서로서의 은혜와 능력으로서의 은혜가 실제로 동일
하다는 사상에 관해 또는 구원 받은 사람의 근본적인 무죄성에 관해 카
톨릭은 조금도 의심하지 않는다. 추기경 뉴먼(Newman)에 의하면 "카톨
릭 사상은 칭의는 카오스에 대한 창조적 말씀으로서 우리가 처한 현실
의 암울한 상태를 해체하는 전능하신 하나님의 명령이라고 믿는다. 칭의
는 영혼이 의롭다고 선언하며, 그렇게 선언할 때 한편에서는 영혼이 과거
에 저지른 죄를 용서하며, 다른 한편에서는 그 영혼을 실제로 의롭게 만
든다."[184]

카톨릭의 은총론은 카톨릭 교리의 모든 부분들에서 일관된 논리로 나
타나는 전체 신학적 구조의 토대이다. 카톨릭의 모든 교리들에서는 삶
과 역사에 관한 성서적-예언자적 견해가 잠정적으로 수용된다. 비록 그
런 견해가 죄를 적극적인 타락으로 정의하기보다는 오히려 원초적 완전
성의 결핍으로 정의함으로써 빈번하게 약화되긴 하지만 말이다. 그러나

---

183 18조.

184 칭의에 관한 강의들, p. 83. 영국 카톨릭 교회의 입장도 로마 카톨릭 교회의 입장과 크
게 다르지 않다. 영국 카톨릭 교회의 신학자 로버트 모벨리(Robert C. Moberly)는 은혜
에 관한 그의 탁월한 논문들 중 하나에서 다음과 같이 주장한다. "'의롭다고 선언하는
것'과 '의롭게 만드는 것' 사이에는 아무런 궁극적인 차이도 없다. 인간이 하나님의 진리
에 의해 의롭다고 선언되는 것과 하나님의 진리 안에서 의로운 것 사이에는 아무런 차이
가 없다. *Atonement and Personality*, p. 335. 모벨리의 책은 은혜와 인간의 인격적 자유의 관
계를 분석한 탁월한 책이다.

인간의 상황에 관한 정의가 아우구스티누스의 경우에서처럼 고전적 성향보다는 성서적 성향에 더 강할 때조차도 그 상황에 관해 제시된 해법은 성서의 견해와는 달리 인간의 가능성들이 가지는 한계를 인정하지 않는다. 그 해법은 역사에서 죄가 극복되고 유한성만이 남아있는 한 장소를 찾는다. 그런 장소를 찾을 때 그 해법은 영적 교만의 죄에 빠질 위험이 있으며, 인간의 망상을 근본적으로 극복한 종교의 보호 아래 결정적인 인간의 망상이 가장 성공적으로 이루어짐을 예증해 보여줄 위험이 있다.

구원받은 사람의 무죄함을 지나치게 강조하는 카톨릭의 모든 오류들은 교회론에서 절정에 달하거나, 아니면 적어도 가장 강렬하고 두드러지게 표현된다. 카톨릭의 교회론에서는 아우구스티누스의 유보적 제한조건들이 망각되고, 교회가 하나님의 나라와 절대적으로 동일시된다. 교회는 완전한 공동체(societas perfecta)이다. 교회는 은혜의 유일한 창구이다. 교황은 예언자적 역사관에서 보면 신성모독처럼 보이는 "그리스도의 대리자"(Vicar of Christ)라는 칭호를 가진다.[185] 그런 칭호와 교황의 무오설은 인간이 저지른 과대망상의 극치였다. 그런 이유 때문에 종교개혁은 교황을 적그리스도라고 고발했다. 사실 교황의 정치적 적대자들은 카톨릭 시대에 그렇게 고발하는 종교개혁이 일어나기를 기대했다. 로마 카톨릭이 아닌 카톨릭 교회들은 교황과 계급적 허위의식 일반을 본질적인 카톨릭 교리의 표현이라기보다는 오히려 본질적 교리의 타락으로 간주했을 수도 있다. 이전에는 지금 교황이 가지는 권위를 공의회가 가지고 있었다. 그리고 힐데브란트는 "그리스도와 함께 다스리는 성도들"이라는 아우구스티누스의 개념에 근거하여 실제적인 정치적 지배를 주장했는데 이것은 지나친 과대망상이었다. 힐데브란트의 이런 주장에서 우리는 원

---

185 이런 칭호는 이노첸시오 3세(Innocent III)에 의해 처음 사용되었다. 이노첸시오 3세 이전에는 그리스도의 대리자는 성령이었으며, 교황은 단지 베드로의 대리자일 뿐이었다.

래 공동체 자체에게 귀속되어야 하는 신성함을 완전한 공동체의 통치자들이 자기들의 것이라고 주장했음을 알 수 있다. 결국 두 주장은 모두 터무니없는 주장이다. 비록 아우구스티누스의 주장이 힐데브란트의 주장보다 더 그럴듯하기는 하지만 말이다.

교회를 신격화하는 것은 영적으로 위험하다. 교회가 "성육신의 연장"이라는 카톨릭 교리는 교회가 "그리스도의 몸"이라는 바울적-성서적 교리와는 강조점이 상당히 다르다. 교회가 몸으로 간주될 때 교회는 여전히 역사적 현실의 법칙들에 종속된다. 이 경우 교회의 이념과 규범은, 교회의 모든 구성원들은 "머리"인 그리스도에게 복종함으로써 서로 완전한 조화를 이루어야 한다는 것이다(참조, 고전 12장). 그러나 실제적 현실은 언제나 역사적 실존의 특징인 상호모순의 틀을 벗어나지 못한다. 역사에는 언제나 "마음의 법과 싸우는 내 지체 속의 다른 한 법"이 있다(참조, 롬 8:23). 이런 싸움은 구원받은 사람의 집단적 삶과 개인적 삶에서 모두 일어난다.

역사적 실존의 모든 모호성들에 대해 하나님의 심판을 매개하는 어떤 제도가 이런 임무수행에 의해 자신에게는 그런 모호성들이 없다고 주장할 때 그는 선지자들이 이스라엘의 죄로 고발한 바로 그런 죄를 범한다. 이런 죄는 특히 그 제도가 정치적 권력의지를 드러낼 때 분명해진다. 그리고 그런 죄는 용서받을 수 없는 죄이다. 그 죄는 역사적 교회와 교황권이 영예롭게 생각하는 보편성의 성취에 의해 약간 완화된다. "그리스도의 대리자"가 역사에서 많은 경쟁적인 사회적 정치적 힘들 가운데 하나를 의미한다면, 그런 대리자는 역사에서 힘이 없었던 그리스도의 진정한 대리자일 수 없다. 그에게서는 특별한 어떤 대의명분이나 힘도 성공하고 입증되지 않았기 때문이다. 교황권에 기초한 교회의 힘은 실제로 불화하는 나라들과 경쟁적인 사회적 세력들을 능가하는 상당한 정도의 공평성과 초월성을 성취했으며, 그렇게 함으로써 서구역사에서 창조적 역할을 수행할 수 있었다. 이런 사실은 크게 감사할 일이다. 그러나 그것이 교회가 모든 역사적 투쟁의 특징인 창조성과 부패성의 혼합을 피할 수 있다는 증거는 아니다.

역사는 위대한 교황들의 동기들과 방법들에는, 그리고 성취와 과대망상이 혼합된 교회사 전체에는 "그리스도의 영"과 "시저의 천재성"이 얼마나 기묘하고도 비극적으로 혼합되어 있는지 분명하게 보여준다. 교회에 의한 경제활동의 통제는 상충되는 이해관계를 공정한 관점에서 조화시킨 것이면서 동시에 성직세력과 봉건세력 사이의 부적절한 동맹이기도 하였다. 부상하는 중산층들은 봉건질서의 정의와 부정의를 이렇게 종교적으로 정당화하는 것에 분노하였다. 그들은 그 질서를 지원하는 종교적 권위에 도전하지 않고는 그 질서가 바뀔 수 없다는 불가피한 결론에 도달했다.

교황의 정치적 지배는 한편에서는 국가들의 상충되는 이해관계를 "그리스도의 법"으로 통제하려는 노력이었으며, 다른 한편에서는 황제와 공유하면서도 불안하게 유지된 지배권을 주장하는 것이었다. 황제와의 이런 경쟁에서 세속권력에 대해 주장된 영적 권위의 우위는 언제나 "세속적" 지배권을 확립하기 위한 무기로 사용되었다. 그러나 이런 주장만으로는 교황권의 불안한 명성을 유지하기에 충분하지 못했다. 교황권은 "세속의" 외교적 수단과 정치적 책략도 동시에 이용하였다. 이런 세속적 책략들은 마침내 독일 황제들을 견제하기 위해 프랑스의 힘을 이용하는 극단적으로 세속적인 단계에까지 이르렀다. 억압적 구조의 종교적 파국은 교황권에 내재하는 종교적 허위의식에 대한 반감에 의해 야기되었다. 정치적 파국은 원래 황제에 대한 견제수단으로 이용되었던 프랑스의 이해관계에 교황권이 점차로 굴복하게 됨으로써 초래되었다. 이런 갈등의 세부적이고 복잡한 내용들은 지금 우리의 관심사가 아니다. 그렇지만 중요한 것은 하나님의 주권을 찬탈하려는 역사적 지배권에 대해 심판이 있을 것이라는 예언자적 경고가 성취되었다는 것이다.[186]

유럽의 문화생활에 대한 종교적-신학적 지배는 교회의 경제적이고 정치적인 지배와 마찬가지로 양면성을 가지고 있었다. 그런 지배는 한편에서는 과학과 철학, 문화의 진리를 복음의 진리를 통해 - 복음에서는 부분적 진리가 성취되며 악한 행위들이 드러나고 정화되기 때문에 - 통제하려는 노력이었으며, 다른 한편에서는 오직 믿음에 의해서만 획득될 수 있는 궁극적인 종교적 지위를 인간의 소유로 변질시키고 다른 지식들을 지배하는 도구로 삼으려는 성직자들의 교만의 표현이었다.

우리는 카톨릭 교리의 이런 전체적인 발전을 기독교 사상과 삶의 역사에서 불가피한 것이었다고 간주함으로써 숙명론자가 될 필요는 없다. 그것이 불가피했던 이유는 인간의 자만심이 인간의 모든 성취들을 부정하고 그 성취들에 내재하는 인간의 사악한 자기신격화의 요소를 폭로하는 복음의 진리를 올바로 이해하지 못하게 하기 때문이다. 복음의 진리를 올바로 이해하지 못하는 그런 오해는 그리스도가 예언자적 해석에 의해 드러난 역사의 문제를 해결위해 위해서는 메시아적 대망들에 의해 제시된 해법들이 부적절하다고 비판하기 전에는 분명했다. 메시아적 대망들은 그들이 대망하는 것이 하나님에 의해 정당화되길 기대했기 때문에 해결책을 발견할 수 없었다. 그런 오해는 메시아를 고난당하는 자가 아니라 승리자라고 생각했던 예수 자신의 제자들 사이에서 분명했다(참조, 막 8:31-38). 그런 오해는 복음서 가운데서 불완전한 인간의 삶이 완전해

---

186 에스겔 선지자는 세계의 모든 나라들이 그들의 마음을 하나님의 마음과 동일시했기 때문에 그들에게 심판이 있을 것이라고 예언했는데, 그 예언은 영적 지도자들에 대한 심판으로 끝난다. "내 목자들이 내 양을 찾지 아니하고 자기만 먹이고 내 양떼를 먹이지 아니하였도다."(겔 34:8)

질 것이라고 약속한 부분이 죄의 문제에 대한 대답으로서 대속보다는 더 타당하다고 생각한 초대교회에서 분명했다.

더 나아가 종교적 삶의 복합적 요소들, 특히 은혜의 양면성은 인간의 교만에 의해 촉발된 혼란이 없었다 할지라도 당황스럽게 하기에 충분했다. 우리는 믿음과 은혜에 의해 역사의 모순들과 모호성들을 넘어서게 되는데, 이성은 이런 믿음과 은혜가 단순한 소유가 아니라는 것을 쉽게 이해할 수 없었다. 이성은 믿음과 은혜가 하나의 소유이면서 동시에 소유가 아니라는 것을 이해할 수 없었다. 믿음과 은혜가 하나의 안전한 소유로서 주장될 때 그것은 죄에서 해방된 것처럼 보이지만 실상은 죄의 도구가 된다. 이성은 이런 사실을 쉽게 이해할 수 없었다. 이런 모든 이유들 때문에 역사의 모순들을 초월하는 완전성을 성취하려는 노력은 기독교인의 삶에서 불가피하였다. 그리고 동시에 이런 노력은 불가피하게 교회를 그의 영적 성취의 정점에서 새로운 죄에 빠지게 하기도 했다. 이것이 바로 중세 기독교의 영광과 쇠퇴의 파토스이다.

3. 카톨릭 신학체계의 붕괴

마찬가지로 불가피하게 카톨릭 신학의 이런 성취와 과대망상에 대해 역사적 반작용이 일어났다. 어떤 의미에서 복음의 완전한 진리는 보다 단순한 해석들의 오류들이 역사적으로 이론의 여지없이 확실히 입증되기 전에는 결코 완전히 알려지지 않았으며, 적어도 결코 교회에서 명시적으로 언급되지 않았다. 여기에 종교개혁의 의미가 있다. 복음서에서 역사적 성취들을 부정하고 그런 성취들과 모순되는 측면이 비로소 보다 완전히 알려지게 된 것은 종교개혁에 의해서였다. 이런 진리가 서구인의 의식에 거세게 침투하여 기독교 역사 전체를 바꾸어 놓았다. 그렇게 함으로써 시작된 역사적 논쟁의 논증적 관심들은 종종 재발견된 복음의 진리를 일방적으로 제시하는 발단이 되었다. 복음의 한 측면이 이렇게 일방적으로 강조될 때 카톨릭의 절충적 신학체계에서 구현된 복음의 다른 측면은 종종 무색해지거나 아니면 잊혀진다. 그러나 종교개혁의 어떤 논증도 또는 그 밖의 어떤 다른 약점도 "믿음에 의한 칭의" 교리에서 구체화된 종교개혁의 통찰들이 가지는 근본적 특성을 손상시키지는 않는다. 기독교 신앙에 관한 카톨릭의 해석과 종교개혁의 해석에 모두 익숙하지 않은 현대인들에게 무의미해 보이는 이런 교리는 삶과 역사를 완전하게 하려는 인간의 노력을 - 그런 노력이 하나님의 은혜를 통해서이든 아니면 그렇지 않든 - 기독교의 중심에서 궁극적으로 부정하는 것이다. 그 교리는 예언자적 역사해석의 극치이다. 왜냐하면 그 교리는 역사의 현실에 관해 예언자들이 처음 폭로한 측면들을 전적으로 인정하기 때문이다. 그 교리는 인간역사가 자연과 유한성의 흐름과 인간역사의 영원한 원천과 목표 사이에서 영속적으로 지속된다는 사실을 안다. 그 교리는 이런 상황을 피하려는 모든 노력은 인간으로 하여금 그의 실존의 제한성을 거부하려는 사악한 교만에 빠뜨린다는 사실을 안다. 그리고 그 교리는 비록 인간이 "은혜에 의해" 이런 사실을 안다 할지라도 그런 지식이 죄로부터의 자유를 보장해 주지 못한다는 사실을 안다.

종교개혁은 우리가 믿음에 의해 의롭다고 인정되고 소망에서 구원을 받는다는 사실을 이해하며, 우리가 우리의 능력과 우리의 이해를 초월하는 완전한 삶을 기대해야 한다는 사실을 이해한다. 인간 실존의 통일성은 자연적 과정에 연루되어 있으면서 동시에 그런 과정으로부터 자유로움에도 불구하고 그의 자유를 거부하고 자연으로 돌아감으로써 구원을 받을 수도 없고 영원한 세계에 오를 수 있을 정도로 그의 피조성을 벗어남으로써 구원을 받을 수도 없다. 이것은 오직 믿음과 소망에 의해서만 풀릴 수 있는 인간 실존의 궁극적인 불가사의이다. 그 이외의 모든 대답들은 인간 이성의 범주를 넘어서기 때문이다. 그렇지만 이런 대답들이 없다면 인간의 삶은 한편에서 회의주의와 허무주의에 빠질 위험이 있으며, 다른 한편에서 광신주의와 교만에 빠질 위험이 있다. 어느 경우이든 인간의 삶은 인간이 가지는 모든 관점들의 상대성과 편파성에 의해 압도되며, 어떤 인간도 진리를 왜곡시키지 않고는 진리를 설명할 수 없기 때문에 진리가 없다는 결론에 도달하게 된다. 아니면 인간의 삶은 인간이 가지는 관점들의 유한성에도 불구하고 절대적 진리를 깨달았다는 망상에 사로잡힌다.

그러나 종교개혁의 교리의 의미를 보다 충분히 고찰하기에 앞서 인간의 자신감과 복음의 겸손의 기묘한 합성은 - 이런 합성은 중세의 절충주의의 결과인데 – 단지 종교개혁에 의해서 뿐만 아니라 르네상스에 의해서도 비판의 대상이 되었음을 아는 것이 중요하다. 최근 몇 세기동안의 영적 삶은 이 두 세력들 사이의 상호작용에 의해 결정되었다. 현대의 문화사학자들은 이들 커다란 두 영적 운동들을 서로 연관시키는데 약간의 어려움을 가지고 있었다. 흔히 그들은 단순히 교회의 지배와 미신으로부터 "해방"을 주도한 공동의 두 운동들로 간주된다. 그렇지 않으면 그들은 해방을 이끈 연속적인 운동들이라고 해석된다. 그리고 그럴 경우 르네상스가 일반적으로 더 철저한 해방운동으로 간주된다. 그런 해석들에서는 논리적 순서가 연대기적 순서와 일치하지 않는다. 르네상스는 종교개혁보다 2세기 먼저 시작되었기 때문이다. 더 나아가 그것이 카톨릭의 심장부에서 일어났다는 것이 중요하다. 15세기 바티칸의 삶은 르네상스 정신의 중심이었다. 사실 르네상스는 종교개혁보다 더 카톨릭적이었으며 동시에 더 "현대적"이었다.

　이런 사실은 역설적인 것처럼 보일 것이다. 만일 르네상스와 종교개혁이 중세의 절충적 신학체계의 와해에 의해 야기된 부분적으로는 서로 상반되는 역사적 세력들이라는 것이 인식되지 않는다면 말이다. 르네상스의 입장에서 볼 때 인간의 상황에 대한 카톨릭의 해석은 지나치게 비관적이며, 종교개혁의 입장에서 보면 지나치게 낙관적이다. 그러나 카톨릭의 절충적 신학체계는 비관적인 요소보다는 낙관적인 요소가 더 많기 때문에 르네상스와 카톨릭 사이에는 종교개혁과 르네상스 사이보다 또는 종교개혁과 카톨릭 사이보다 더 유사성이 많다. 카톨릭의 완전주의와 르네상스의 완전주의는 비교적 단절되지 않은 연결고리를 가진다. 비록 르네상스가 삶의 완성을 위한 전제조건으로 "은혜"를 필요로 하지 않기는 하지만 말이다. 르네상스는 인간의 삶 자체 내에서 성취능력을 발견한다. 반면에 종교개혁은 중세의 전통과 보다 완전한 단절을 나타낸다. 종교개혁은 "은혜"를 인간 안에 있는 하나님의 능력으로 해석하지 않고, 인간을 향한 하나님의 용서의 능력이라고 해석한다. 종교개혁은 개인의 삶이든 역사적 사건이든 어느 것도 카톨릭의 은총론이 주장하는 것과 같은 정도의 완전성에 이를 수 있다는 사실을 부정한다.

르네상스는 이성의 자율성에 의지하여 모든 문화적 삶에 대한 교회의 지배를 거부하였으며, 또 그렇게 함으로써 전반적인 현대의 문화적 발전을 위한 초석을 놓았다. 종교개혁은 성서의 권위에 의지하여 교회에 의한 신학사상의 독단적 통제를 거부했으며, 인간의 어떤 권위도 (심지어 교회의 권위도) 복음의 진리를 소유하고 해석할 권리를 요구할 수 없다고 주장하였다. 복음의 진리는 인간의 모든 지혜를 능가하며 이런 해석들에 의해 언제나 (적어도 상세한 부분에서는) 오염되기 때문이다. 교회만이 궁극적 진리를 해석하고 적용할 수 있는 권리와 능력을 가진다는 허위의식에 대한 르네상스와 종교개혁의 반발은 각자 나름의 타당성을 가진다. 그러나 그들의 주장은 전혀 다른 차원의 경험에 기반을 가지고 있었다.

이성의 자율성에 의존하는 르네상스는 궁극적인 인간의 문제에 관해 훨씬 덜 심각하게 생각하였다. 르네상스는 인간이 가지는 관점들이 단편적이고 유한하다는 사실을 알고 있었다. 그러나 이런 유한성을 정신의 능력을 확장함으로써 점진적으로 극복하고자 했다. 르네상스는 유한성과 자유의 이율배반적 경향이 언제나 보다 심각한 죄의 문제로 연결된다는 사실을 이해하지 못했다. 그럼에도 불구하고 교회의 권위에 대한 르네상스의 반발은 나름대로 타당성을 가지고 있었다. 종교적 독단은 언제나 그가 궁극적이라고 주장하는 의미가 인간의 정신이 자연의 인과성을 탐구함으로써 그리고 인간의 이성에 내재하는 논리적 능력에 의해 모든 현상들을 의미화 함으로써 발견하는 여타의 모든 의미 영역들을 대체할 수 있다고 생각하는 경향이 있기 때문이다.

르네상스 문화의 가장 위대한 성취는 합리적 탐구정신을 자연과학적으로 체계화한 것이었다. 왜냐하면 자연을 탐구할 때 인간의 정신은 그가 역사의 사실들을 연구할 때 소유하고 있다고 착각하는 신성한 대상성을 어렴풋이나마 사실적으로 깨달을 수도 있기 때문이다. 역사 분야에서는 사실을 관찰하는 것이 순수한 정신이 아니라 염려하는 이성이다. 염려하는 이성은 근본적으로 인간의 정당성을 주장하는 이러저러한 표현의 위대함이나 연약함에 대하여, 약속된 지원이나 위협에 대하여 연민의 정이나 멸시하는 마음으로, 두려워하거나 교만한 마음으로 반응하는 염려하는 자아와 관련되어 있기 때문이다.

교회의 권위에 대한 종교개혁의 반발은 인간 삶의 모든 특수하고 부차적인 의미영역들을 초월하는 인간의 궁극적인 문제만 중요한 쟁점으로 생각했다. 종교개혁은 인간의 삶이 스스로 완전해질 수 없음을 알았으며, "세상이 그의 지혜로 하나님을 알지 못하였다"는 사실을 알았으며, 세상은 전체적인 결속을 위해 어떤 부적절한 의미중심을 발견함으로써 악에 빠진다는 사실을 알았다. 종교개혁은 종교적 교의를 교회가 통제하는 데에서 기독교적 차원의 새로운 우상숭배 형태가 있음을 간파했다. 여기서는 인간의 제도가 삶과 역사의 중심이 된다. 인간의 제도는 모든 진리를 초월하는 진리를 "소유함으로써", 그리고 인간의 모든 능력을 초월하며 인간이 자신의 한계를 인정할 때에만 작용하는 "은혜"를 그 제도 스스로가 나누어 준다고 착각함으로써 삶과 역사의 중심이 된다.

종교개혁은 교회의 권위와 대조되는 권위로서 성서의 권위를 강하게 주장하는데, 이런 주장은 새로운 우상숭배의 위험성을 내포하고 있었다. 종교개혁의 성서주의는 머지않아 원인과 결과를 찾아 나가는 인간 정신의 자유를 위협하게 되었다. 이전의 종교적 권위가 그랬듯이 말이다. 그러나 건전한 성서의 권위는 오직 복음의 진리를 수호하기 위한 것이었다. 복음의 진리에서 모든 진리는 완성되고 모든 왜곡된 진리들은 거부되기 때문이다. 이런 권위는 성서적 권위이다. 왜냐하면 성서에는 그리스도에게서 정점에 달한 구속사의 역사가 들어있기 때문이다. 바로 그런 구속사에서 인간의 모든 경영은 그의 한계를 완전히 의식하게 되고, 그 경영이 그의 한계를 넘어섰음을 깨닫게 되고, 그 문제들에 대한 하나님의 대답을 알게 된다. 성서가 사회적, 경제적, 정치적 그리고 과학적 지식의 지침이 될 때, 성서는 원래 규범집에 간직되어 있어야 할 지식과 도덕의 상대적 기준들을 부당하게 신성시 하는 도구로 이용된다.

권위와의 이런 투쟁에서 출현한 르네상스와 종교개혁의 자유개념은 또한 서로 다른 방향으로 발전하여 나갔다. 그러나 그들의 자유개념은 비록 방향은 달랐지만 자유개념의 근저에 놓인 그들의 삶에 대한 견해들처럼 그렇게 완전히 대립적이지는 않았다. 르네상스의 가장 중요한 관심사는 인간의 삶을, 특히 지식탐구를 비정상적인 사회적, 정치적 그리고 종교적 억압과 통제로부터 해방시키는 것이었다. 그러므로 르네상스는 인간 사회에서 자유를 위한 투쟁의 직접적인 원천이었다. 종교개혁에 있어서 자유는 무엇보다도 영혼이 어떤 제한적인 제도의 개입도 없이 믿음에 의해 하나님의 은혜를 누릴 수 있는 권리와 능력을 의미했다. 종교개혁의 관심은 모든 사회적 상황을 초월하며 심지어 독재적인 정치체제 아래서도 스스로를 표현할 수 있는 자유에 있었다.

그렇지만 은혜를 나누어 주고 하나님의 자비를 통제하고 매개해 준다고 주장하는 바로 그 종교적 권위가 또한 사회적-정치적 상황에서 궁극적 권위를 요구하기 때문에 종교적 자유를 위한 투쟁과 사회적 자유를 위한 투쟁은 서로 동일한 목표를 지향하며 서로를 지지해 주는 경향이 있다. 바로 이런 사실 때문에 자유를 향한 공동의 욕구를 서로 다르게 표현한 르네상스와 종교개혁의 해석들은 저마다의 타당성을 가진다.

하지만 종교적 권위를 거부하는 르네상스와 종교개혁의 투쟁은 각자의 운동에서 형성된 영성의 두 유형들에 있어서 완전히 다르다. 물론 근본적인 원리에 있어서는 실제의 표현에서보다 차이가 더 크지만 말이다. 그런 차이는 은혜에 관한 기독교 교리의 두 측면인 "성화"와 "칭의"에 의해 정의될 수도 있다.

기독교 교리의 입장에서 볼 때 르네상스는 원칙적으로 "성화"이다. 르네상스는 삶을 성취하고 예언자적-기독교적 의식에서 표현된 삶의 최고 가능성들을 실현하려는 희망에 대해 가해진 모든 종류의 제한들을 일축한다. 카톨릭 교리가 "칭의" 개념에서 상징된 기독교 진리의 요소, 즉 전적인 은혜를 지나치게 경시한다면, 르네상스는 그런 요소를 완전히 일축해 버린다. 그 결과 르네상스는 현대인의 영성에 결정적 역할을 했다. 전형적인 현대인도 삶과 역사에 관해 그 교리에 내포된 진리의 가치를 인정하지 않기 때문이다.

그러나 르네상스는 한 발 더 나아가 "칭의"와 "성화"의 역설을 부정할 뿐 아니라 "은혜"와 관련된 모든 사상을 일축해 버린다. 르네상스 사상은 선에 관한 지식과 선을 행할 수 있는 능력 사이에는 아무런 차이가 없다고 생각하기 때문이다. 결과적으로 르네상스는 인간의 상황에 관해 고전적 견해로 의식적으로 회귀하였다. 인간은 삶의 가장 초월적인 목표들을 성취할 수 있는 능력을 – 그 능력이 합리적 능력이든 아니면 신비적 능력이든 – 자기 내면에 가지고 있다는 것이다.[187] 여기서도 마찬가지로

---

187 이탈리아의 초기 르네상스는 인간의 능력에 대한 이런 신뢰를 다양한 형태로 표현하였다. 포타노(Potano)는 "내가 내 자신을 만들었다"고 말했다. 알베르티(Alberti)는 "인간은 그가 원하는 것이 무엇이든 스스로 만들 수 있다"고 선언했다. 팔미에리(Palmieri)는 "우리의 영적 본질은 우주적이다"로 말했으며, 피치노(Picino)는 "인간은 어디서나 드리고 언제나 하나님처럼 되고자 한다"고 믿었다.
인간의 능력에 관한 이런 주장은 후기 르네상스에서는 덜 두드러지게 나타난다. 기독교의 은혜 개념에 대항하여 더 이상 그렇게 말할 필요가 없었기 때문이다.

르네상스는 현대의 영성에 결정적이다. 이런 일반적인 경향에 대한 유일한 예외는 "분리파" 프로테스탄티즘에서 발견될 수 있다. 비록 종교개혁의 여러 분리파 종파들은 본질적으로 구원을 종교개혁의 관점보다는 오히려 르네상스와 "완전주의"의 관점에서 정의하기는 했지만, 그들은 여전히 은혜에 관해서는 기독교적 견해를 고수하고 있었다. 경건한 분리파 신도들은 개인의 완전을 실현하기 위해서는 은혜가 필요하다고 믿었으며, 종말론적 분리파 신도들은 하나님의 섭리에 따라 모든 역사적 과정이 끝나고 이상적인 사회가 도래할 것이라는 해석에 의존하였다.[188]

르네상스의 완전주의는 한편에서는 의식적으로 인간의 상황에 관한 고전적 해석들에 근거하면서, 다른 한편에서는 그의 세계관에 무의식적으로 기독교적-성서적 요소를 추가했다. 이런 요소가 없었다면 르네상스 완전주의는 역사의 전 과정에 대해 낙관적인 태도를 취할 수 없었을 것이다. 역사가 점점 더 높은 가능성을 향해 나아가는 의미 있는 과정이라고 생각하는 완전주의의 견해는 성서적-기독교적 종말론에서 유래한 것이었다. 그러나 르네상스는 그리고 그와 함께 현대의 모든 문화는 성서적 역사관을 두 가지 중요한 관점에서 바꾸어 놓았다. 르네상스는 역사를 초월하여 역사의 "종말"을 다시 설정하는 것이 역사의 성취라고 보지 않았으며, 성서적 종말론처럼 최후의 심판을 종말의 일부로 보지도 않았다. 다시 말해 르네상스는 역사의 모호하고 비극적인 요소들을 의식하지 않았으며, 적어도 그런 요소들은 역사적 과정 자체에 의해 점진적으로 제거될 것이라고 생각했다. 따라서 현대의 모든 유토피아적 이상주의는 르네상스 정신에 함축되어 있었다. 현대인의 신조에 가장 특징적이고 확고하게 자리 잡은 "발전의 이념"은 르네상스에서 기원된 불가피한 역사철학이다. 이런 결과는 인간에 대한 고전적 신뢰를 역사의 유의미성

---

188 분리파 기독교와 르네상스 정신의 관계는 다음 장에서 보다 상세히 다루어질 것이다.

에 대한 성서적 확신과 결합시킴으로써 이루어졌다. 하지만 역사에는 예언자적-성서적 견해에 내포된 의미보다 더 단순한 의미가 주어져 있음을 간과해서는 안 된다.

오늘날 인간의 상태를 재평가할 때 우리가 직면한 과제들 중 하나는 르네상스 세계관에서 잘못된 것을 거부하고 옳은 것을 수용하는 것이다. 실제로 인간의 역사는 무한한 가능성들로 가득 차 있다. 그리고 르네상스는 고전주의나 카톨릭이나 종교개혁보다 더 분명하게 보았다. 그러나 르네상스는 역사에 무한한 선의 가능성들과 악의 가능성들이 동시에 가득 차 있다는 사실을 알지 못했다. 르네상스는 역사의 과정에서 자연적으로 일어나는 지식의 축적과 이성의 확장, 자연의 점진적 정복과 사회적 결속의 기술적 확장은 이성과 질서의 힘에 의한 혼돈과 악의 점진적 정복을 보장해 주었다고 믿었다. 르네상스는 인간의 모든 새로운 잠재력은 질서의 계기가 되기도 하지만 혼돈을 야기하기도 하며, 따라서 역사는 자신의 문제를 해결할 수 없다는 사실을 알지 못했다.

르네상스가 부분적으로 간과한 역사의 이런 비극적 측면을 바로 종교개혁은 가장 완벽하게 이해하고 있었다. 이런 이해는 모든 종류의 성화론를 거부하는 – 그 성화론이 카톨릭의 성화론이든 아니면 비기독교적이거나 분리주의적 성화론이든 – 종교개혁의 논쟁에서 발견된다. 종교개혁은 이런 모든 성화론이 역사적 가능성을 지나치게 단순히 신뢰함을 발견했다. 종교개혁의 "믿음에 의한 칭의" 교리에는 적절한 역사해석을 위한 암시들이 함축되어 있는데, 역사적 문제에 관심을 가지는 대부분의 개신교 신학들은 종교개혁보다는 오히려 르네상스의 영향을 받았기 때문에 이런 암시들의 의미를 충분히 인식하지 못했다.

하지만 역사적 실존의 궁극적 문제에 대한 종교개혁의 이해는 제대로 체계화되지 못하고 (또는 체계화될 수 없었고) 도덕적이고 문화적인 패배주의에 빠지고 말았다. 종교개혁은, 인간의 모든 경영은 결국 실패할 수밖에 없다고 생각했기 때문에 당면한 현실의 모든 문제들을 다룰 때 대수롭지 않게 처리하는 경향이 있었다. 이런 문제들을 접할 때 모든 도덕적 상황을 충분히 분석해 보면 – 그 상황이 개인적이든 아니면 집단적이든 – 보다 높은 성취 가능성들이 무수히 많음을 알 수 있다. 개인의 삶에서의 성화이든, 아니면 집단적 삶에서의 사회적 완전이든 아무런 제한이 없다. 물론 새로운 성취 단계에서 어떤 형태이든 덕과 진리의 왜곡과 결함이 있을 것이라는 점을 예외로 한다면 말이다.

종교개혁의 이런 도덕적 비관주의와 문화적 무관심은 르네상스의 세력에 의해 종교개혁이 패배하게 된 하나의 원인이었다. 근대성의 영적 삶은 무엇보다 이런 패배에 의해 결정되었다. 하지만 가장 직접적인 문제들과 인간 실존의 당면한 가능성들에 대한 무관심은 종교개혁이 패배하게 된 단 하나의 원인이었다. 다른 원인은 모든 과학과 사회적 기술의 현저한 진보, 자연의 정복, 인간 능력의 전반적인 확장에 의해 르네상스의 인생관에서 옳은 것은 더욱 돋보이게 되었고 잘못된 것은 덮어지게 되었다는 것이다.

근대의 상황에 관한 이런 해석을 정당화하기 위해서는 르네상스와 종교개혁을 보다 충분히 논의할 필요가 있다. 특히 중요한 것은 인간의 본성과 운명에 관한 진리와 관련하여 르네상스와 종교개혁은 서로 대립적인 입장을 취하는데, 그런 대립적인 측면들이 왜 그리고 어떻게 인간의 본성과 역사에 관한 가치 있는 통찰들을 대표하는지 이해하는 것이다. (르네상스와 종교개혁의 입장들을 모두 포함하는 중세의 절충적 체계에서는 이런 통찰들이 부분적으로 무디어지고 무색하게 되었었다.) 문제는 그런 통찰들이 서로 모순되지 않고 서로를 무화시키지 않는 방향에서 이해되고 정의될 수 있느냐 하는 것이다. 만일 이것이 가능하다면 인간의 본성과 운명에 관해 중세의 절충적 체계보다 더 높고 깊은 삶의 단계에 도달할 철학이 등장할 수 있을 것이다. 그런 철학은 비관주의와 낙관주의, 냉소주의와 감상주의가 교차하는 현대문화의 병폐를 치유하게 될 것이다.

6장

근대문화에서 인간의 본성에 관한 논쟁: 르네상스

6장

근대문화에서 인간의 본성에 관한 논쟁: 르네상스

지금까지 우리는 기독교 신앙에 비추어 인간의 상황을 분석했다. 우리는 이런 분석을 통해 르네상스와 종교개혁에는 모두 역사적 실존으로서 인간의 가능성과 한계를 적절하게 다시 정의할 때 고려되어야 할 통찰들이 들어 있다는 확신에 도달했다. 일을 효과적으로 하기 위해서는 종교개혁에 대해 르네상스가 거의 완벽하게 승리함으로써 근대문화에서 성급하게 결론지어진 논쟁을 다시 시작해야 할 필요가 있다. 르네상스의 이런 승리는 종교개혁의 가장 특징적인 통찰들이 프로테스탄트 기독교의 큰 종파들의 의식에서조차 기억되지 않을 정도로 결정적이었다. 현대의 프로테스탄트는 종종 믿음에 의한 칭의 교리를 통해 대답했던 궁극적 문제들에 대해 카톨릭이나 세속문화보다 더 무관심하고 무지하다. 카톨릭은 그 문제를 너무 쉽게 해결했을 수도 있다. 그러나 그 문제를 결코 잊은 적은 없었다. 한편 세속적 정신은 종종 건전한 상식에 근거하여 프로테스탄트의 완전주의 전제들보다 더 냉정하게 역사의 불가피한 상대성과 실패를 인식하며, 때로는 칭의론을 비기독교적 관점에서 해석하여 역사적 실패의 문제를 다룬다. 한편 자유주의 프로테스탄트는 여전히 감상적이고 환상적인 희망에 빠져 있었다.[189] 대체로 자유주의 프로테스탄트는 인간의 운명에 관한 논쟁에서 종교개혁보다는 르네상스를 지지하였다.

영국성공회의 영적 상황은 다른 교회들과 달리 르네상스 양식에도 적합하지 않고 종교개혁 양식에도 적합하지 않았다. 비록 영국성공회의 39개 조항들과 기도서가 종교개혁 신학과 경건에 기초하고 있기는 하지만, 종교개혁의 특징적 통찰들은 무색하게 되었다. 최근 몇 세기동안 영국성공회 내부에는 카톨릭의 중요한 교리들과 르네상스 이전의 자유주의 - 이것은 적어도 부분적으로는 영국성공회 신학이 교부철학의 강한 영향을 받은 결과인데 - 사이에 영적 긴장이 있었다. 이전의 영국 대학들에서는 고전사상 연구가 강조되었고, 영국성공회 사제들은 신학 연구보다는 오히려 일반 교양과목 공부에 더 의존하였다. 따라서 영국성공회 교리에는 고전적인 내용이 강하게 반영되었고, 성서적 관점과 고전적 관점이 서로 충돌하는 쟁점들은 사라지게 되었다.

따라서 영국성공회 내부에서의 논쟁은 아우구스티누스 이전의 신학과 아우구스티누스 이후의 카톨릭 사상 사이의 논쟁이었다. 이 논쟁에서 양측은 모두 완전주의를 강하게 지향하였다. 아우구스티누스 이전의 신학은 현대의 자유주의와 유사하였다. 그러나 경건한 기도서와 기독교 역사의 영향은 이런 반펠라기우스주의가 세속화되는 것을 막았다. 한편 기도서에 들어있는 종교개혁 내용은 영국성공회의 교리에 다양한 방향에서 영향을 주었다. 얼마나 많은 설교들이 "우리 안에는 선한 것이 없습

---

189 이런 판단은 유럽보다는 아메리카의 영적 상황에 더 적합하다. 일반적으로 유럽의 프로테스탄트는 그 자신의 종교개혁 뿌리와 밀접한 접촉을 유지하고 있었다. 아메리카의 프로테스탄트는 주로 분리파에서 기원되었으며, 따라서 종교개혁 분리파들의 완전주의를 계승하였다. 이런 완전주의는 영적으로 종교개혁보다는 르네상스에 속한다. 아메리카에서는 이런 완전주의가 빈번하게 프랑스의 계몽운동에서 유래한 비기독교적 완전주의와 혼합되었다.

니다"라고 고백하는 경건한 사람들의 공동참회기도 정신을 무시하고 얼마나 많은 설교들이 거기서 영감을 받았는지 평가하기는 어려울 것이다. 영국성공회 사상에서 최악의 경우는 자유주의적 도덕주의와 전통적 경건의 혼합이며, 최선의 경우는 은혜에 관한 모든 유형의 기독교 교리들을 다른 교회들보다 더 충실하게 종합했다는 것이다.

르네상스와 종교개혁 사이의 논쟁이 재개되어야 한다는 확신은 인간의 상황을 정의하는데 있어서 르네상스는 전적으로 잘못이고 종교개혁은 전적으로 옳다는 것을 의미하지 않는다. 그것은 단지 그들 사이의 논쟁의 결과가 르네상스는 옳지 않고 종교개혁은 그르지 않다는 것을 가리키는 것처럼 보인다는 뜻이다. 실제로 그 논쟁은 "변증법적 신학"과 함께 이미 다시 시작되었다. 이 신학은 1차 세계대전을 통해 사람들이 현대 역사의 사실들이 현대 문화에 대한 그들의 해석과 다름을 느끼기 시작했을 때 일어난 현대 문화에 대한 일반적인 반작용의 일부였다. 그러나 불행하게도 이런 신학적 운동은 르네상스는 전적으로 잘못되었고 종교개혁은 전적으로 옳다는 선입관을 여전히 고수하고 있었다. 이런 확신을 체계화하는 과정에서 그 신학은 종교개혁 사상의 가장 부정적인 측면들을 강조하였으며, 심지어는 종교개혁이 여전히 간직하고 있었던 성화에 대한 강조와 삶의 완성을 금기시하기도 했다.[190] 결과적으로 바르트에 의해 주도된 신학운동은 교회의 사상에 깊은 영향을 주었지만, 단지 부정적인 영향을 끼쳤을 뿐이다. 바르트의 신학은 교회 밖의 사상에 맞서 대응하지 않았다. 그 신학은 르네상스 문화에서 옳은 것을 너무 철저하게 무시했기 때문에 그 문화의 잘못된 것에 맞서 응전할 수도 없었다.

---

190 아돌프 쾨벨레(Adolf Koeberle)는 『성결의 추구』(The Quest of Holiness)라는 책에서 루터의 입장에 서서 바르트의 신학이 성화를 장려하는 종교개혁 신학을 파괴한다고 비판했다.

그러므로 르네상스와 종교개혁 사이의 논쟁을 다른 방식으로 재개하는 것이 필요해 보이며, 우리가 르네상스로 하여금 르네상스의 오류가 무엇인지 설득하기 이전에 삶과 역사에 관한 르네상스의 해석에서 기독교적인 것이 무엇이며 옳은 것이 무엇인지 판단하여 그 가치를 인정할 필요가 있어 보인다.

1. 르네상스의 의미

　정신적 운동으로서 르네상스의 의미는 인간 실존의 무한한 가능성에 관한 절대적 확신이며, 역사의 의미를 재발견한 것이다. 르네상스의 이런 확신은 다양한 형태로 표현되었으며, 모든 유형의 확신들이 그 운동의 근본적 목표와 일치하는 것도 아니었다. 그러나 전체적으로 볼 때 그 운동에는 이탈리아의 초기 르네상스, 데카르트의 합리주의와 프랑스 계몽운동, 자유주의 진보사상과 마르크스주의의 격변설(catastrophism), 분리파의 완전주의와 세속적 유토피아주의와 같은 그런 다양한 철학적, 종교적 그리고 사회적 운동들을 하나의 역사적 범주로 통일시키기에 충분한 일관성이 있다. 이런 모든 다양한 표현양식들에는 하나의 통일적 원리가 있다는 말이다. 그 원리는 역사에서 삶의 완성을 향한 자극이다. 삶은 성서와 종교개혁 사상이 설정한 유보조항들과 제한조건들이 없이 완성될 수 있다는 생각은 서로 다른 두 원천을 가진다. 그 중 하나는 인간의 능력에 대한 고전적 확신이며, 다른 하나는 성화와 삶의 완성을 장려하는 성서적-기독교적 자극, 특히 역사 자체의 완성에 대한 성서적-종말론적 희망이다.

　이런 두 원천들이 바로 르네상스라는 단어가 가지는 이중적 의미를 결정했다. 르네상스가 의식적으로 고전적 학문으로 돌아가 인간의 상황에 관한 고전적 개념들을 다시 수용한 데서 알 수 있듯이 "르네상스"라는 단어의 보다 분명한 의미는 단적으로 말해 일반적인 관점에서는 학문의

"재탄생"이며, 특수한 관점에서는 고전적 학문의 재탄생이다. 이것은 현대의 대다수의 문화사들에서 인식된 의미이지만, 그 단어는 훨씬 더 중요한 어떤 것을 의미한다. 그것은 지구와 인간 사회의 재탄생을 의미했다. 그것은 기독교적인 종말론적 희망의 표현이었다. 이런 심층적 의미는 단순히 고전의 재탄생이라는 전자의 의미보다 덜 의식적이었을 수도 있다. 그러나 초기 르네상스에서는 적어도 "르네상스"의 보다 심층적이고 원대한 의미가 그 단어의 의미와 함축된 운동에 관한 후기의 이론들보다 더 분명했음을 알아야 한다.[191]

개인의 완성과 역사의 완성에 관한 르네상스의 견해는 부분적으로는 카톨릭 시대의 자료들에 의존한다. 인간 삶의 무한한 가능성에 관한 르네상스의 사상은 분명 고전적 견해들에 기초하고 있다. 그러나 이런 고전적 견해들은 카톨릭 합리주의에서도 완전히 사라지지 않았다. 그리고 그런 견해들은 카톨릭 신비주의와 수도원 제도의 완전주의에서 특히 강하게 나타났다. 이런 고전적 견해들은 중세 신비주의로부터 프로테스탄트 경건주의에까지 이어졌다. 역사의 완성에 관한 르네상스의 사상은 최종적으로 17세기와 18세기의 진보사상에서 체계화되었으며, 부분적으로는 프란체스코 수도회의 급진주의에서 유래되었다.

13세기에 일어나는 프란체스코 수도회의 경건은 특히 수도원의 금욕적 완전주의의 마지막 꽃이면서 동시에 역사의 완성에 관한 새로운 의식의 시작이었다. 그 수도회의 개인적 완전주의의 매력은 전통적인 중세의 수도원 운동의 형성에 부분적으로 영향을 준 현세부정적인 이원론과 신

---

191 콘라드 부르닥(Conrad Burdach)은 『종교개혁, 르네상스, 인문주의』(Reformation, Renaissance, Humanismus)에서 르네상스 사상가들이 바라던 재탄생은 학문의 부흥 이상의 어떤 것이었다는 확실한 증거를 제시한다. 그들이 "nova vita", "renovatio", "renovari", "renasci", "regeneratio"에 관해 말했을 때 그들이 생각한 것은 때로는 개인의 삶의 재탄생이었으며, 때로는 교회의 재탄생이었으며, 때로는 로마와 이탈리아 문화의 재탄생이었으며, 때로는 세상의 재탄생이었다.

비주의에서 기원되었다기보다는 오히려 복음서 윤리의 절대주의에서 기원되었다. 개인적 완전주의에 의하면 지상에서 하나님 나라의 수립을 향해 나아가는 역사는 역동적이고 의미 있는 것인데, 이런 생각은 요아킴 플로레스(Joachim Flores)의 종말주의와 성 프란체스코의 성화사상이 혼합된 것이다. 요아킴 플로레스는 중세 사상가들 가운데서 교회와 하나님 나라를 동일시하는 카톨릭 교리에서 유래된 정적 역사관에 도전한 최초의 사상가였다 할 수 있다. 그에 의하면 세계사는 성부시대, 성자시대 그리고 성령시대로 구분된다. 성자시대는 요아킴 플로레스 당시의 교회의 시대이며, 그 시대는 끝나가고 있었다. 그러나 그는 카톨릭의 성례전에 하나의 약속으로 내포되어 있을 뿐인 그리스도의 법이 내적으로 성취되는 성령의 시대가 도래할 것을 기대하고 있었다.

프란체스코 수도회의 급진파는 요아킴의 종말론적 기대는 성 프란체스코의 완전한 삶에서 실현되었으며, 그 수도회가 제정할 이상적인 규율에서 성취될 것이라고 주장했다. 프라터 페터 존 올리비(Frater Peter John Olivi)는 종종 프란체스코야말로 기독교 교의학에서 그리스도 중심주의를 환기시킨 영적 탁월성의 소유자라고 주장했는데, 그와 같은 유형의 "영성주의자들"의 사상은 신비주의의 무역사적(a-historic) 경건으로부터 역사적 의식의 출현이라고 볼 수 있을 것이다. 이것은 중세의 절충주의 신학체계에 들어있는 고전적 요소들과 성직제도에 의해 오래 전에 망각되었던 성서적 종말론 사상이 다시 한 번 그의 본래성을 획득한 것이다. 하지만 중요한 것은 새로운 근대적 요소가 기독교 종말론과 미묘하게 혼합되었다는 것이다. 올리비에 따르면 역사 자체는 구속사(Heilsgeschichte)이다. 역사적 과정이 구원의 능력을 가진다는 근대의 확신은 프란체스코 수도회 영성주의자들의 사상에서 배태되었음이 분명

하다.[192]

프란체스코 수도회 신학자들은 개인적 완전주의 추구와 역사적 완성에 대한 희망을 르네상스와 화해시켰다. 프란체스코 신학자들 가운데 가장 위대한 신학자인 보나벤투라는 개인적 완전주의를 르네상스와 중재했으며, 베이컨은 역사적 성취의 희망을 르네상스와 중재했다. "완전한 사랑을 가지고 하나님을 사랑하는 사람은 하나님 안으로 초월된다"고 주장하는 보나벤투라의 역설이 다시 울려 퍼졌으며, 빈번하게 르네상스의 "반항심"에서 세속화되었다. 보나벤투라는 언제나 인간의 은혜 의존성을 잊지 않았다. 이와 달리 르네상스는 인간의 본성에 내재하는 놀라운 지성적 능력을 르네상스 문학이 찬양한 인간 삶의 무한한 모든 가능성들의 근원이라고 생각했다. 그럼에도 불구하고 프란체스코의 완전주의와 르네상스의 희망 사이의 관계는 실제적이었다.

베이컨의 학문적 열정 때문에 근대 역사가들로 종종 그를 "최초의 근대인", 중세의 겨울에 새 시대의 봄을 예고한 자라고 찬양했다. 그러나 그가 학문을 때가 찰 때 나타날 적그리스도의 위험에 대처하기 위해 무기를 마련해 주는 최선의 방책으로서 옹호한 것이 언제나 주목을 받은 것은 아니었다. 이와 같이 프란체스코 수도회의 종말론과 새로운 학문적 열정은 베이컨의 사상에서 종합되었다. 당연히 역사가 현재와 미래에 성취될 것이라는 역동적 역사의식은 순전히 기독교에서 기원되었거나 프란체스코 수도회와 요아킴에게서 기원된 것만은 아니었다. 르네상스의 보편적 계몽, 즉 새로운 힘과 잠재성에 대한 르네상스의 의식은 역사의 성취에 관한 의식이 자발적으로 형성되도록 고취시켰다. 그렇지만 기독

---

192 요아킴과 프란체스코 수도회 사상의 합류점에 신비적이고 종말론적-역사적 의식이 이렇게 비정상적으로 혼합되어 있다는 사실에 관한 가장 권위 있는 역사적 분석은 에른스트 벤츠(Ernst Benz)의 책(*Ecclesia spiritualis*)에서 발견될 수 있다.

교의 종말론적 가정들이 없었다면, 르네상스에 의해 재탄생된 고전적 견해들은 이런 분위기 형성에 적합한 수단을 마련해 주지 못했을 것이다.

실제로 개인적 재탄생과 정치적 재탄생에 관한 단테의 상상적 통찰력, 페트라르크(Petrarch)의 잠에서 깨움의 상징, 후기 르네상스의 유토피아 묘사, 프란시스 베이컨의 『뉴 아틀란티스』(New Atlantis), 토마스 모어의 『유토피아』, 캄파넬라의 『태양의 도시』(civitas solis)에는 새로운 것과 옛 것이 묘하게 뒤섞여 있다. 로마를 통합한 카를로 리엔조(Carlo Rienzo)[193]의 정치적 메시아 망상에는 프란체스코 수도회의 종말론이 반영되어 있었으며, 심지어는 프리드리히 2세의 어리석은 메시아 의식, 즉 교회 당국이 그를 적그리스도라고 고발하도록 촉발시킨 공허한 주장들에도 프란체스코 수도회의 종말론이 반영되어 있었다.[194]

르네상스 정신의 고양된 개체성 의식과 개인의 최고 가능성 성취를 향한 충동은 이 책의 다른 장(1권 3장)에서 이미 고찰되었다. 그러므로 여기서는 기독교의 종말론적 견해들317이 근대의 진보사상으로 전이되도록 한 역사관들의 발전과정을 개관함으로써 르네상스의 사상에 관한 설명을 마무리할 필요가 있다.

이런 역사관들의 주된 발전 동인은 의심의 여지없이 이성의 진보, 지식과 경험의 축적, 그리고 자연의 합리적 정복에 대한 새로운 신뢰였다. 이런 역사적 경향에서 합리적 인간에 대한 고전적 신뢰는 고전문화의 역사적 비관주의와 결별하였으며, 역사적 낙관론이 등장하는 계기가 되었다.[195] 데카르트의 경우처럼 역사의 의미에 관한 문제들이 의식적이거

---

193 Brrdach, 위의 책, 2장.

194 Benz, 위의 책, 225쪽.

195 이것은 특히 프란시스 베이컨의 사상에서 분명히 보인다. 그는 고전주의에서 유래된 순환적 역사해석을 거부하면서 그런 역사해석은 학문의 발전에 장해가 된다고 주장했다.

나 명시적으로 사유되지 않을 때조차도 학문에 대한 열정은 묘하게도 역사적 낙관주의와 이어져 있었다.[196]

이성이 역사적 진보의 힘이라고 믿는 이런 신뢰가 어떤 형태를 취하든 모든 유형의 그런 확신들은 통일된 철학적 분위기의 표현이었다. 진보 사상의 기초가 된 철학의 주된 원리는 더 이상 영원한 형식으로서 역사를 초월하는 것이 아니라 역사 안에서 작용하면서 역사의 혼돈을 점진적으로 이성에 의해 통제되도록 한다고 생각된 '내재적 로고스'(immanent logos)의 원리였다. 때로는 피히테와 헤겔의 사상에서처럼 이런 내재적 로고스 사상이 형이상학체계 전체의 일부로 생각되었다. 그리고 역사는 피히테의 사상에서처럼 합리적 이성의 희미한 목표가 불확실하게 다가오는 것이거나, 아니면 헤겔의 사상에서처럼 영원한 정신의 자기의식의 점진적 발전이다. 때로는 프랑스 계몽운동에서처럼 역사적 낙관주의는 단순히 이성이 개인의 덕을 생성시킬 것이라는 확신, 또는 이성이 사회적 발전을 저해하는 미신을 타파할 것이라는 확신[197], 또는 이성이 어리석은 정부보다는 오히려 현명한 정치를 가능케 할 것이라는 확신에 의존한다.[198] 때로는 특히 르네상스에 이어 일어난 18세기의 계몽운동에서처럼 역사적 희망은 자연의 합리적 정복에 의해 외적인 복지의 질을 향상되고 물질적 풍요가 증진될 것이라는 생각에 전적으로 의존하였다.[199]

---

196 데카르트는 원래 그의 『방법서설』(*Discourse of Method*)에 다음과 같은 제목을 붙이려 했었다. "우리의 본성을 최고 단계의 완전성에까지 고양시킬 수 있는 보편적 학문의 설계".

197 콩도르세(Condorcet는 "독재자들과 노예들, 사제들과 그들의 아둔한 위선적 도구들"이 사라질 날과 인간이 "이성 이외의 어떤 주인도 필요로 하지 않는" 자유인이 될 때를 고대하였다.

198 볼테르는 "편견이 … 나라를 통치하는 사람들에게서 점차로 사라지게 되고, 철학이 널리 보급되어 인간성이 모든 시대에 경험하는 재난들에 대해 위안을 줄" 시기가 도래할 것을 소망했다. 그는 많은 동시대인들과 달리 시종일관 낙관론자는 아니었다.

199 세바스티안 메르시에(Sebastien Mercier)는 물었다. "기하학, 역학적 기술과 화학으로 무장한 인간의 완전가능성은 어디서 멈출 것인가?" 그리고 그는 이런 세속적 발전이념

발전의 이념은 근대성의 신조에서 가장 지배적이고 특징적인 조항으로서 다양한 철학들을 도구로 이용하기에 충분한 힘을 가지고 있었다. 그렇지만 내재적 로고스 원리에 대한 근본적인 신념은 결코 변하지 않았다. 19세기에 역사적 낙관주의 분위기를 표현하기 위해 다윈주의가 이용되었을 때조차도, 그리고 생물학적 적자생존 사상이 역사적 낙관주의를 지지하게 되었을 때조차도 로고스 원리의 자연주의적 해석은 여전히 중요한 역할을 하였다. 왜냐하면 자연에서 생존의 법은 조화와 발전의 힘으로서 역사의 가장 비극적인 갈등들까지도 역사적 발전의 수단이 되도록 바꾸어 놓을 것이라고 생각되었기 때문이다.

19세기와 20세기는 모두 초기 르네상스로부터 18세기까지 간직된 일반적인 발전의 신조를 그대로 고수하였다. 근대의 대다수 사회철학과 역사철학은 그런 이념을 당연한 것으로 생각하였으며, 그런 이념을 콩트와 스펜서의 사상에서 기원된 관점에서 또는 적어도 그들의 사상과 유사한 관점에서 체계화했다.

이들 근대의 발전이념들과 기독교 종말론은 모두 역사를 정적이거나 퇴화하는 것이 아니라 역동적이라고 생각했다.[200] 그들 사이의 차이는 이중적이다. 첫 번째 차이는 르네상스가 개인적 삶이든 총체적 사회적 삶이든 삶은 은혜가 없이도 성취된다고 생각했다는 것이다. 르네상스는 개인적 삶의 성취를 위해 어떤 힘의 개입도 필요로 하지 않으며 그런 힘의 개

___

을 다음과 같이 정확하게 표현하였다. "자연의 질료들과 그의 법칙들은 점차로 우리에 의해 정복될 것이다. 인간은 이 세상에서 그의 환경을 점점 더 안락하고 편안하게 만들 것이다. 인간은 세상에서 그의 존재를 연장할 것이고, 매일매일 더 행복하게 될 것이다. … 따라서 세상이 어떻게 시작되었건 그 마지막은 우리가 지금 상상하는 것보다 더 영화롭고 낙원처럼 될 것이다." J. B. Bury, *The Idea of Progress*, pp. 197, 122.

200 교회와 하나님 나라를 동일시한 것이 중세의 정적 역사관의 원인이 되었다. 세계가 퇴화하고 있다는 훨씬 더 지배적인 중세의 사상은 아마도 세계의 종말에 대한 기독교의 기대가 가지는 부정적인 측면과 고전적 비관론이 혼합된 것이었을 것이다. 초기 르네상스는 이런 퇴화하는 역사관을 끊임없이 논박하였다.

입을 기대하지도 않았으며, 역사의 성취에 "섭리"의 작용을 필요로 하지 않으며 그런 섭리를 기대하지도 않았다. 자연법과 이성의 법이 섭리를 대치하였다. 그 법들은 역사 전체에 의미를 부여해 준다. 그들이 역사의 성장을 보장해 주기 때문이다. 르네상스는 힘의 문제를 다루지 않았다. 르네상스는 로고스, 이성, 법 또는 삶을 형성하는 어떤 원리가 필연적으로 역사를 존속시킨다는 고전적 명제를 수용하기 때문이다.

두 번째 차이는 훨씬 더 중요하다. 르네상스는 역사를 역동적이라고 생각했지만, 일반적으로 역사에 내재하는 이중적 역동성을 간과하였다. 르네상스는 모든 발전은 선의 진보를 의미한다고 생각했으며, 인간 존재의 고양된 능력이 악의 가능성을 의미할 수도 있음을 인정하지 않았다. 르네상스의 발전이념과 기독교 종말론의 결정적인 차이는 기독교 종말론에서 역사의 종말은 심판이면서 동시에 성취라는 사실이다. 이에 반해 근대의 견해는 종말을 단지 성취로서만 본다.[201] 때때로 근대의 그런 발전이념은 순전히 공상적 이념으로 자연-역사의 조건들 내부에서 무조건적인 선의 실현을 기대한다. 그러나 무한히 회귀하는 목표에 관한 개념들이 있을 때에도, 예를 들면 피히테의 경우처럼 역사적인 것과 무한한 것 사이의 관계는 무엇보다도 "생성"(Becoming)과 "존재"(being) 사이의 관계로 간주되었다.[202] 역사적인 것은 아무리 높은 성취단계에서도 영원한 것과 동일할 수 없다는 생각을 하지 않았다. 이런 비극적 생각은 기독교 신앙에서 모든 역사가 직면하게 될 "마지막 심판"에 관한 교리에 의해 표현되었다.

역사적인 것과 신적인 것 사이의 이율배반은 모든 개인과 집단이 역사

---

201 자본주의 사회의 악에 대해 파국적 심판이 있을 것이라고 주장하는 마르크스주의 파국이론은 기독교 종말론과 상당히 가깝다.

202 참조, *Die Grundzüge des Gegenwärtigen Zeitalter*(1806).

의 의미를 이해하고 실현할 때 자아를 - 개인적 자아이든 집단적 자아이든 - 체계의 중심, 원천 또는 목표라고 주제넘게 생각함으로써 필연적으로 의미체계를 그릇되게 완수하는 경향 때문에 발행한다. 어떤 시대이든, 어떤 문화나 철학이든 그의 관점의 유한성과 능력의 한계를 이해하지 못하면 언제나 궁극적 목표에 도달했다는 주제넘은 주장을 하게 된다.

근대의 역사해석들은 거의 모두 이렇게 오판하는 경향이 있었다. 그 해석들은 그들 자신의 시대나 문화 또는 그들 자신의 철학을 삶과 진리와 역사의 궁극적 성취와 동일시했다. 이것은 그들의 근본적인 해석원리에 있어서 그들이 고려하지 못한 또는 무시한 바로 그 오류이다. 어떤 철학이든 이런 오류를 완전히 피하는 것은 불가능하다. 그러나 믿음에 근거하여 오류가 범해질 것을 이해하며 하나님의 주권을 무시하는 모든 주제넘은 역사관들도 그런 오류를 범하게 된다는 것을 이해하는 하나의 철학 또는 적어도 하나의 신학을 가지는 것은 가능하다.[203]

프랑스의 역사가 샤를 페로(Charles Perrault)는 1687년에 이렇게 선언했다. "우리 시대는 어느 정도 최고 단계의 완전에 도달했다. 그리고 몇 해 동안 발전의 정도가 훨씬 더 둔화되었으며 지금은 발전을 거의 느낄 수 없는 것처럼 보이기 때문에 - 여름에 하지가 가까워지면 낮의 길이가

---

203 베네데토 크로체(Benedetto Croce)는 프랑스의 역사가이자 역사철학자인 미슐레(Michelet)의 사상에서 "프랑스의 환상적 우상화"에 주목한다(Croce, *History as the Story of Liberty*, p. 24). 피히테는 역사가 주로 독일 철학을 통해 이성과 과학의 제4시기로부터 "군림하는 이성과 기술"의 제5시기를 향하여 움직일 것이라고 믿었다. 헤겔은 그의 견해에 있어서는 민족주의적 색채는 덜했지만, 훨씬 더 오만하였다. 그에 의하면 "독일 정신은 새로운 세계의 정신이다. 그리고 이런 새로운 정신의 목표는 절대적 진리를 실현하는 것인데, 이때 절대적 진리란 절대적 형식 자체를 자신의 내용으로 가지는 자유의 부단한 자기결정을 말한다. 독일 국민의 소명은 기독교적 원리를 견지하는 자들을 준비해 주는 것이다."(*Philisophie der Geschichte*, GW 9, p.415) 헤겔의 이런 견해는 민족주의적이지 않다. "독일 국민"은 "독일인" 이상의 어떤 것을 의미하기 때문이다. 그러나 그의 이런 견해는 피히테의 사상보다 더 오만한 것이었다. 그것은 역사의 종말을 기대하지 않기 때문이다. 오히려 그것은 현재의 문화가 역사의 궁극적 선을 성취했다고 생각하는 것처럼 보인다.

더 이상 길어지지 않는 것처럼 - 우리가 미래 세대들을 부러워할 일이 거의 없을 것이라고 생각할 정도이다."[204]

역사의 성취가 언제나 현재를 위해 요구되는 것은 아니다. 현대의 역사철학은 현재보다는 오히려 미래를 하나님의 대리자로 만들며, 미래로 하여금 현재를 심판하고 구원하는 신적인 기능을 떠맡도록 요구한다. 이런 유형의 역사철학은 단지 인간 일반의 교만을 표현하는 것이지 어떤 특정한 시대와 문화의 교만을 표현하는 것이 아니다. 그러나 이런 유형에서도 미래는 일반적으로 단지 현재의 연장으로 간주될 뿐 현재의 성취와 대립될 수 있는 더 이상의 어떤 역사적 발전도 기대되지 않는다.

간단히 말해, 근대의 역사해석들에서 공통적이고 가장 중대한 오류는 역사의 진보를 너무 단순하게 생각했다는 것이다. 그 해석들이 역사를 역동적으로 파악한 것은 옳았다. 개인적 실존과 집단적 실존은 모두 무한한 가능성을 가진다는 그들의 견해는 카톨릭이나 종교개혁의 견해보다 더 심오하다. 그리고 이런 통찰은 인간 운명의 문제를 재정립할 때는 언제나 고려되어야 한다. 그러나 그런 해석들이 역사의 역동적 측면들을 너무 단순하게 이해한 것은 잘못이었다. 그들은 모든 역사적 생명력에 대한 "형식"과 "질서"의 우위가 점점 더 강화되기를 바랐으며, 역사가 우주를 강화시킬 때는 언제나 우주를 고양시킨 바로 그 잠재력에 의해 카오스의 가능성들도 나타날 수밖에 없음을 인정하지 않았다.

---

204 Bury, 위의 책, p. 87.

2. 분리파 프로테스탄티즘과 르네상스

역사에 대하여 근본적인 르네상스와 놀라울 정도로 유사한 태도를 취하는 프로테스탄티즘의 한 유형인 분리파 프로테스탄티즘에 관해 생각하지 않고 르네상스의 영성에 관한 논의를 마치는 것은 가능하지 않다. 종교개혁과 동시대에 등장한 분리파 프로테스탄트들은 종교개혁과는 거의 완전히 다른 이유들 때문에 카톨릭에 대해 비판적이었다. 그들은 카톨릭이 주장하는 완전성에 대해 반대하지 않았다. 그들 자신이 극단적 완전주의자들이었기 때문이다. 그들이 카톨릭을 비판하는 가장 주된 이유는 카톨릭의 성례전중심주의(sacramentalism)가 거짓 완전성을 성취하고, 은혜의 파이프를 너무 쉽게 죄인의 영혼에 연결하여 은혜를 베풂으로써 새로운 삶으로의 순수한 변화를 이끌어 내는데 실패했다고 생각하기 때문이다.[205]

비록 일부 유형의 분리파들은 중세의 신비주의에 공통의 뿌리를 가지기는 했지만, 분리파 프로테스탄티즘은 르네상스보다는 오히려 성서로부터 그들의 영감을 이끌어 내었다. 그러나 분리파 프로테스탄티즘은 공

---

205 크롬웰 시대에 분리파에 속하는 수평파(leveller, 영국 청교도혁명 당시 참정권 확대, 법 앞의 평등, 종교적 관용 등을 주장한 정치운동, 역주) 당원이었던 로버트 코츠맨(Ronert Coachman)은 성례전적 은혜에 관해 다음과 같이 비판하였다. "사악한 사람들의 모든 태도가 하나님의 은혜의 인장과 담보물로 부양되고, 경건한 대다수의 신자들과 마찬가지로 최고의 특권과 특전이 부여될 때, 그리고 매일 여기 그들을 위해 그리스도의 피와 몸이 있다고 선포 때 그들은 얼마나 기고만장하게 될 것인가." *The Glory of the Stone*(1641), p. 15.

통적으로 삶과 역사의 완성을 추구하였다.

분리파 교회의 특성을 보다 충분히 조사하기 위해서는 다음과 같이 그 분파들의 두 유형을 구별하거나, 최소한 분리파 교회 내부의 두 방향을 구별하는 것이 바람직하다. (a) 경건주의 종파에서처럼 개인의 완전성을 추구하는 유형, (b) 특히 재세례파와 사회적 급진 종파들에서처럼 역사의 완성을 추구하는 유형.

a. 경건주의 분리파들.

경건주의적-신비주의 종파들은 신비적 요소와 성서적 요소를 서로 다른 비율로 혼합하였다. 신비주의적 요소가 가장 강한 종파에서는 구원이 명상을 통해 삶의 근원적 통일성을 회복하는 것이라고 생각되었다. 성서적 요소가 가장 강한 종파에서는 "은혜"에 의한 회개가 강조되었다. 은혜에 대한 강조는 복음주의적 종파들에서 가장 강하였다. 여기서는 회심의 체험이 자아의 내면에서 어떤 내적인 힘이 발현되는 것이라기보다는 오히려 성령에 의해 이전의 악한 자아가 깨지고 새로운 자아가 형성되는 것으로 간주되었다. 늦게 등장한 경건주의적-복음주의적인 메도디스트파(Methodism, 감리교파)는 영혼이 그리스도의 영을 만나게 함으로써 회심의 위기를 마련해 주는 전략을 가장 강조했다. 이런 위기는 자아 전체에 영향을 주어 창조적 절망을 야기하는데, 이런 절망은 "거룩한 슬픔"으로서 성령의 능력이 자아를 최고 단계에서 재형성할 수 있도록 해준다.

분리파 기독교에서의 완전주의 충동은 우리가 아우구스티누스 이전의 기독교에서 논의한 것과 동일한 논리에 의해 알려졌다. 때로는 그런 충동이 퀘이커교의 창시자인 조지 폭스의 다음과 같은 말에서처럼 과도하게 표현되기도 했다. "내가 함께 토론한 모든 기독교 종파들은 어떤 사람이라도 아담처럼 죄 없이 순순하고 깨끗하기 위해서 아담의 완전성,

하나님의 형상, 타락 이전 아담의 의와 성결의 상태에 도달해야 한다는 말을 받아들이려 하지 않았다. 그러므로 그들이 어느 누구도 세상에 사는 동안 선지자들과 사도들과 동일한 능력과 영성을 가지게 될 것이라는 말을 인정할 수 없는데 어떻게 모든 사람이 그리스도처럼 완전한 상태에 도달할 것이라는 말을 인정할 수 있을 것인가."[206]

분리파의 완전주의는 정통적 기독교 내부에서 성화와 칭의의 역설을 파괴할 위험이 있다. 분리파는 은혜체험을 "우리를 향한 그리스도" (Christus pro nobis)로서가 아니라 전적으로 "우리 안에 있는 그리스도" (Christus in nobis)로서 경험하는 것이라고 생각한다. 조지 폭스와 마찬가지로 대다수의 분리파 완전주의자들은, 정통적 기독교인들은 – 카톨릭 교인이든 프로테스탄트 교인이든 – 엄격하고 일관성 있게 열심히 노력하지 않기 때문에 또는 완전성을 기독교인의 삶의 목표로 정의하지 않기 때문에 완전성에 도달하지 못한다고 생각하였다.[207]

분파적 교리들의 토대가 되는 인간의 본성에 관한 견해들을 연구하고 거기에 표현되어 있는 신비주의적 요소, 합리주의적 요소 그리고 성서적 요소를 분석해 보면 완전주의의 구원론은 인간의 본성에 관한 이전의 견해들과 대단히 유사하며 그 견해들에 의존하고 있음이 분명해진다. 이런 견해들은 비록 성서의 사상에 의해 여러 가지로 영향을 받긴 했지만

---

206 George Fox, *Journal*, p. 101. 폭스는 구원받은 자신의 상태를 설명하기 위해 주저하지 않고 성화주의 주장을 하였다. "나는 그리스도 예수의 형상으로 갱신된 후 순수성과 무죄함과 의로움 이외의 어떤 것도 알지 못했다. 그래서 나는 내가 타락하기 이전 아담의 상태에 이르게 되었다고 말한다. ... 그러나 곧 나는 영적인 각성 상태에서 아담의 무구성보다 더 확고한 상태를 보게 되었으며, 심지어 결코 타락하지 않을 그리스도 예수의 상태에 이르렀다." 같은 책, 286쪽.

207 현대의 가장 저명한 퀘이커 철학자인 루퍼스 M. 존스(Rufus M. Jones)는 그의 책 『영적 개혁가들』(*Spiritual Reformers*)에서 완전주의를 추구하는 분리파 종파들이야말로 진정한 종교개혁의 대표자들이며, 실제의 종교개혁은 기독교적 성화의 논리를 따르지 않음으로써 진정한 결론에 도달하지 못했다고 주장했다.

본질적으로는 신비주의적이거나 합리주의적이다. 고전주의와 중세 신비주의와 마찬가지로 경건주의는 인간의 본성에는 현세로부터 해방될 수 있는 보편적이고 신적인 요소가 있다고 믿는다. 경건주의는 죄는 영혼의 결과이며 현세로부터 해방될 수 있는 그런 자유에서만 가능하다는 역설을 거의 이해하지 못했다. 영혼을 인간에 내재하는 신적인 본질이라고 간주했기 때문이다.[208] 기독교 교리의 상징들과 관련하여 볼 때 이런 오류는 하나님의 형상을 하나님 자신과 동일시하는 오류이다. 경건주의 분리파와 묵시적 분리파의 아버지인 한스 덴크(Hans Denck)에 의하면 "하나님의 나라는 당신 안에 있습니다. 그러므로 하나님의 나라를 자기 밖에서 찾으려 하는 사람은 결코 발견할 수 없을 것입니다. 하나님을 떠나서는 어느 누구도 그를 찾거나 발견할 수 없기 때문이며, 하나님을 찾는 사람은 이미 진리 안에서 그를 가지기 때문입니다."[209]

"내면의 빛"이라는 개념과 "숨겨진 씨앗"이라는 개념은 언제나 인간 삶에 내재하는 신적인 요소는 가장 깊은 수준의 의식과 가장 높은 단계의 정신에서 발견될 수 있음을 암시한다. 그런 개념은 때로는 신비적 요소가 더 강했고 때로는 합리주의적 요소가 더 강했다. 세바스찬 프랭크는 그런 개념을 전적으로 신비주의 의미로 해석했다. 그에 의하면 "이런 내면의 빛은 하나님의 말씀 이외의 어떤 것도 아니다. 그것은 만물을 창조하셨고 모든 인간의 깨달음의 근원인 하나님 자신이다. ... 어느 누구도 자기 자신 밖에서는 하나님을 알 수 없으며, 그가 자신에 근거하여 자신

---

208 폭스 당시의 한 비평가는 이런 오류를 대단히 분명하게 보았다. 그에 의하면 "그들은 내면의 빛은 우리가 따라야 하는 유일한 심판이며, 우리의 유일한 안내자이며, 우리가 어디에서나 들어야 하는 목소리이며, 우리가 구원을 위해 피해야 하는 유일한 성소라고 말한다. 그러나 그들은 이런 성소가 어떻게 끊임없는 우상숭배와 거기서 행해지는 간통에 의해 더럽혀지는지 기억하지 못한다." Richard Sherlock, *The Quakers Wilde Questions*(1954), p. 66.

209 Rufus M. Jones, *Spiritual Reformers of the Sixteenth and Seventeenth Centuries*, p. 24.

을 아는 바로 그곳 이외의 어디서도 하나님을 알 수 없다."[210]

　전형적인 신비주의 전략인 "내면으로의 여행"이 구원의 길로서 추천되었다. 덴마크의 분리파 대학생 운동의 지도자인 피터 베일링(Peter Balling)은 내면화의 전략을 일반적인 신비주의의 관점에서 다음과 같이 정의했다. "당신의 내면으로 들어가십시오. 내면의 마음으로 방향을 전환하여 당신의 내면에 있는 그것에 주목해야 합니다. 세상에 들어와 모든 사람을 비추는 진리의 빛, 참 빛에 주목해야 합니다."[211] 크롬웰의 궁정 설교자들 중 한 사람인 피터 스테리(Peter Sterry)도 인간의 의식 깊은 곳에 놓여 있어 내적 반성에 의해서만 발견될 수 있는 신적인 요소에 관해 베일링과 같은 생각을 가지고 있었다. 그에 의하면 "땅 속에 묻힌 씨앗처럼 자연인 아래 감추어져 있는 영적 인간이 있다. … 만일 당신이 자연인을 넘어 당신의 내면으로 들어가면 하나님의 성령을 만날 것입니다. 영혼의 깊은 곳에 도달하여 영혼을 아는 사람은 하나님을 알 것입니다."[212] 덴마크의 경건주의자이며 인문주의자인 콘허트(Kornhert)는 인간의 내면에 있는 신적인 요소를 보다 철저히 합리주의적 관점에서 해석했다. 그에 의하면 "인간은 이성을 통해 이성 자체이자 계시되어 선포된 하나님의 말씀에 참여한다. 그러므로 인간은 우리가 외적 사물들에 관해 아는 저급한 지식을 훨씬 초월하는 확실성을 가지고 자신의 구원을 알 수 있을 것이다."[213]

　퀘이커 교도인 존 노리스(John Norros)는 성서와 합리적 개념들을 애매하게 결합하여 내면의 빛을 정의하였다. "인간의 내면에 빛이 있다. 그

---

210 *Ibid.*, P.54.

211 Peter Balling, *The Light of the Candlestick*(1962). 베일링은 스피노자와 친밀한 관계를 맺고 있었다.

212 Rufus M. Jones, 앞의 책.

213 같은 책.

렇지 않으면 그는 어떤 것도 알거나 지각할 수 없을 것이다. 인간은 자기 자신의 빛이 아니거나 자신을 향해 비추는 빛이 아니다. 하나님은 빛이다. 인간은 하나님의 빛을 추구해야 하며, 그 빛의 대답에 주목해야 한다."[214]

퀘이커파의 사상에는 애매한 점들이 많다. 퀘이커파의 논문들에는 "그리스도"와 "성령"이 성서적 의미로 사용되었는지 아니면 신비주의적 의미로 사용되었는지 분명하지 않다. 때로는 그 개념들이 단순히 영혼에 선천적으로 부여된 것을 가리키기도 하고, 때로는 퀘이커파의 조직신학 논문들 중 가장 유력한 논문이 바클레이의 "변증"에서처럼 모호하게 사용되었다. 바클레이에 의하면 "이 씨앗에 의하여 ... 우리는 하나님이 성부, 성자와 성령으로서 그 안에 거하시는 영적이고 비가시적인 원리를 이해한다. 그 원리의 신적이고 영광스런 삶이 일정량 모든 사람의 내면에 씨앗으로 뿌려져 있으며, 바로 이 씨앗이 우리를 하나님에게로 인도한다. 우리는 이것을 '하나님의 매개물'(vehiculum Dei) 또는 '그리스도의 영적 몸'이라고 부른다. 그것은 결코 하나님과 분리될 수 없으며 그리스도와도 분리될 수 없기 때문이다. ... 그러므로 그것이 부정될 때는 하나님이 부정된다. 반대로 그것이 진심으로 받아들여져 그의 고유하고 자연적인 효과가 나타나게 되면 그리스도가 우리 내면에서 다시 형성된다."[215]

다양한 분파적 완전주의자들의 사상 중에서 웨슬리의 견해는 토마스 아켐피스, 윌리엄 로우, 『독일신학』(Theologia Germanica)과 타울러와 같은 신비주의자들의 영향을 받았음에도 불구하고 성서적 요소를 가장 많이 포함하고 있다. 웨슬리는, 구원은 죄로부터의 구원이지 유한성으로부터의 해방이 아님을 확신하고 있었다. 그리고 그는 구원에 이르는 과정

---

214 William C. Braithwaite, *Second Period of Quakerism*, p. 392.

215 Robert Baclay, *An Apology for the True Christian Divinity*, p. 136.

은 순전히 명상적인 과정이라기보다는 오히려 실존적 과정이라고 생각했다. 더 나아가 그의 사상은 용서와 칭의에 관한 신약성서에 기초하고 있었다. 하지만 그는 칭의를 본질적으로 아우구스티누스의 관점에서 과거의 죄에 대한 용서라고 생각했다. 그리고 그는 성화가 최고 단계의 구원이라고 생각했다.

웨슬리는 칭의와 성화와 관련하여 독일 경건주의자들, 특히 모라비안 교도들과 지속적으로 논의하였다. 모라비안 교도들 중 특히 친젠도르프는 종교개혁 사상의 강한 영향을 받은 사람이었다. 웨슬리는 친제도르프와의 토론에 관해 그의 일기에 다음과 같이 기록하고 있다.

친젠도르프: "나는 이생에서는 인간성의 본질에 속하는 완전은 없다고 생각한다. 이것은 오류들 중의 오류이다. 나는 세상 어디서나 불과 칼을 가지고 그것을 추구합니다. 그리스도는 우리의 유일한 완전입니다. 누구든지 본질적 완전을 추구하는 사람은 그리스도를 부인합니다."

웨슬리: "나는 그리스도의 영이 진실한 신자들 안에서 이런 완전을 행한다고 믿습니다."

친젠도르프: "결코 그렇지 않습니다. 우리의 모든 완전은 그리스도 안에 있습니다. 우리의 온전한 완전은 그리스도의 피에 대한 믿음입니다. 모든 기독교인의 완전은 그리스도에 의해 부여된 것이지 인간성의 본질에 속하는 것이 아닙니다. 우리는 그리스도 안에서 완전합니다. 우리 스스로는 결코 완전하지 못합니다."

웨슬리: "우리는 서로 표현이 다를 뿐입니다."[216]

웨슬리와 모라비안 교도들 사이의 이런 토론에는 종교개혁 영성과 완전주의 영성 사이의 가장 중요한 쟁점들이 모두 등장한다. 웨슬리는 무엇보다 종교개혁 사상에 들어있는 도덕 폐기론을 경계하고자 했다. 그

---

216 Wesley's *Journal*, Vol. II, p. 487.

는 "신약성서에는 오직 하나의 계명, 즉 믿으라는 계명만 있다"는 주장을 거부했다. 그는 이런 주장을 "신약성서의 전체적인 취지와 명백히 모순되는 것이라고 보았다. 신약성서의 모든 부분은 마태복음부터 요한계시록에 이르기까지 계명들로 가득 차 있기 때문이다."[217] 헤른후트에 있는 교회에 보낸 한 편지에서 그는 다음과 같이 썼다. "여러분들 중 어떤 사람들이, 구원은 하나님의 계명들로부터 해방되는 것이기 때문에 구원받은 사람은 그 계명들을 지킬 의무가 없다고 주장한다는 말을 들었습니다." 바로 이 편지에는 종교개혁 사상이 빠지기 쉬운 도덕 폐기론을 경계하는 분리파 기독교의 도덕적 노력이 잘 제시되어 있다. 그런데 그 편지에서 웨슬리는 또한 종교개혁 사상에 들어 있는 올바른 것을 오해하여 다음과 같이 단언하기도 했다. "여러분들 중에는 구원은 우리의 죄를 완전히 제거하여 우리의 영혼을 모든 죄로부터 정화하는 것이 아니라 단지 죄의 조직을 깨뜨리는 것이라고 주장하는 사람들이 있다는 말을 들었습니다."[218]

각자가 한편에서는 옳고 다른 한편에서는 옳지 않은 이 논쟁은 르네상스와 종교개혁 사이에서 있었던 전체 논쟁의 축소판이라 할 수 있겠다.[219] 르네상스는 복음의 도덕적 명령을 유지한다는 점에서는 옳았지

---

217 *journal* II, p. 356.

218 *Ibid.* II, 491. 동일한 쟁점이 뵐러(Boehler)와 슈팡겐베르그(Spangenberg)라는 두 명의 모라비안 교도들과의 대화에도 나타난다. 슈팡겐베르그는 "옛 피조물 또는 옛 사람은 우리가 죽을 때까지 우리에게 여전히 남아있다"고 주장하였다. 그러나 "새 사람은 옛 사람보다 더 강하다. 그래서 타락이 끊임없이 노력하여도 우리는 타락이 굴복시킬 수 없는 그리스도를 바라본다." 웨슬리는 그에게 물었다. "그렇다면 당신의 마음에 부패가 있습니까?" 슈팡겐베르그는 역설적으로 대답했다. "나의 옛 사람의 마음에는 있지만 새 사람의 마음에는 없습니다. … 내적 부패는 우리 몸이 죽어 흙이 될 때까지 없어질 수 없습니다." 웨슬리는 이 대화를 기록하고 다음과 같이 덧붙인다. "우리 주님에게 내적 부패가 있었는가? 종이 그의 주인과 같을 수 있는가?" *Ibid.*452.

219 웨슬리의 완전주의가 주장하는 모든 내용들을 논의하는 것은 가능하지 않다. 하지만 그의 완전주의 주장들 중 일부는 펠라기우스의 죄론에서 기원되었다는 것은 언급되어

만, 그 도덕적 명령이 완전하게 실현될 수 있다고 생각하는 점에서는 잘 못이었다. 종교개혁은 역사적 실존의 한계를 이해하는 점에서는 옳았지 만, 도덕 폐기론에 빠질 위험이 있다는 점에서는 잘못이었다. 도덕 폐기 론은 인간으로 하여금 "은혜가 넘치도록 하기 위해 죄에 계속 머물게" 하 기 때문이다.

성서적 전제들과 신비주의 전제들을 합성한 분리파 경건주의는 결코 르네상스에서 기원된 비기독교적인 영적 운동들과 같은 방식으로 삶의 성취를 주장하지 않았다. 그럼에도 불구하고 그 경건주의가 유토피아적 이상주의처럼 효과적으로 역사적 실존의 현실들을 무시하는 완전주의 를 주장하였다는 것은 중요하다. 그리고 그런 경건주의는 종종 훨씬 위 험한 감상주의에 빠지기도 했다. 분리파 완전주의가 범하는 오류의 뿌리 는 비기독교적 완전주의자들이 생각하는 개념들과 논리적으로 그리고 역사적으로 관련된 한 개념에서 발견될 수 있다. "숨겨진 씨앗"과 "내면 의 빛"은 주류의 르네상스에서 사용하는 내재적 로고스에 상응하는 내 재적 그리스도이다. 내재적 그리스도가 내재적 로고스보다 더 역동적이 라고 생각할 수도 있다. 그러므로 회심과 대속적 구원은 다양한 세속적 로고스 이론들보다 더 많이 총체적 인격을 포함할 수도 있다. 그러나 그 리스도가 인간의 내면에 내재한다는 생각은 완전히 역사에 내재하는 로

야 한다. 그는 죄를 "알려져 있는 율법을 의도적으로 무시하는 것"이라고 정의했다. 알려 져 있는 율법을 의식적으로 준수하는 것이 완전이라면 그런 완전은 가능하다. 한편 웨슬 리는 너무나 현실적이어서 구원 받은 사람들의 삶에는 전적으로 의식적이지도 않고 완 전히 무의식적이지도 않은 죄의 요소들이 있음을 부정할 수 없었다. (참조, 1권 7장과 8 장.) 따라서 웨슬리의 사상에는 그의 실재론과 그의 불완전한 죄론 사이에 충돌이 있다. 그리고 불완전한 죄론 때문에 그는 다음과 같이 모호한 진술을 하게 되었다. "나는 '죄 없음'이란 용어에 만족하지 않지만 그렇다고 반대하지도 않는다." 그는 그런 충돌을 오 히려 교묘한 신학적 장치에 의해 해결하였다. 그는 삶에는 죽기 직전의 순간을 제외하면 실제적인 완전이 주장될 수 있는 어떤 순간도 없다고 단언했다. 그의 제자들은 언제나 동일한 한계들을 설정할 수 있을 정도로 현명하지 못했다.

고스와 마찬가지로 역사적인 것과 영원한 것 사이에 실재하는 변증법을 무색하게 만든다. 그것은 역사에서 인간의 자유는 – 그것이 합리적 의미의 자유이든 아니면 신비주의적 의미의 자유이든 – 선과 악의 가능성을 모두 포함한다는 사실을 인식하지 못한다.

b. 종말론적 분리파들

종교개혁 분리파들의 완전주의 충동은 경건주의적-개인주의적인 분리파들 내에서의 개인적 성화에만 국한되지 않았다. 그런 충동은 역사의 성취에 대한 종말론적 희망과 급진적 사회 분파들, 특히 대륙의 재세례파와 17세기 영국의 크롬웰주의 분파들의 완전한 사회실현에 대한 종말론적 희망에서도 나타났다. 트뢸치(Troeltsch)의 구분에 따르면 이들 중 일부는 "인내하는"(suffering) 분파들이었고, 일부는 "투쟁하는" 분파들이었다. 말하자면, 일부는 보다 철저하게 종말론적이어서 하나님이 "그리스도의 왕국"으로 인도해 주시길 기다렸고, 일부는 하나님의 나라를 지상에 건설하기 위해 싸울 준비가 되어 있었다. 그들 사이의 차이가 어떻든 그들은 모두 삶과 역사의 성취를 추구하는 르네상스 정신에 속하였다.

경건주의 분리파들이 "은혜"와 "능력"을 통한 개인적 회심을 주장함으로써 그들의 사상과 삶에 있어서 성서적 요소를 가지고 있었다면, 종말론적 분리파들은 역사의 과정을 악에 대해 선이 승리하는 점진적인 과정이라기보다는 오히려 그리스도와 적그리스도 사이의 결정적인 싸움을 향해 가는 과정으로 이해함으로써 성서적 사상세계와 관계가 있었다.[220]

---

220 퀘이커 교도들이 지상에서 그리스도 왕국의 사회적 실현을 희망하는 한, 그들은 진화론적 역사관 또는 점진적 역사관에 가장 접근하였다. 그들은 개인의 삶에서 사랑의 실현을 동시에 점진적으로 사회를 구원할 힘으로 간주하였기 때문이다. 한편, 대륙의 평화주의 분리파들은, 특히 메노파 사람들은 더 철저하게 묵시적이었다. 메노 시몬스(Menno

16세기 대륙의 재세례파와 17세기 영국의 "제5군주국"(Fifth Monarchy) 사람들의 견해는 명백하게 묵시적 종말론이었다.[221] 이런 묵시적 견해들에 의해 대륙에서는 하나님의 왕국을 지상에서 실현하려는 터무니없는 시도들이 있었다. 그런 시도들 중 가장 유명한 것은 뮨스터에서 얀 보켈존(Jan Bokelson)이 자신을 "온 세상의 왕"이라고 선포했던 사건이었다.[222] 영국의 묵시적 종말론자들은 불행하게도 또는 다행스럽게도 왕국의 실현을 주장할 수 없었다. 결국 그들은 크롬웰파의 잉글랜드에서 일어난 모든 민주적이고 평등주의적인 운동들과 훨씬 더 창조적인 관계를 가지게 되었다. 대륙의 종말론자들과 영국의 종말론자들 사이의 이런 구별에서 우리는 완전주의자의 핵심적 주장은 언제나 '장차'(in spe)란 개념에서 가장 완벽하게 나타나 있음을 알 수 있다. 지상에서 하나님 나라를 추구하는 것은 좋지만, 하나님 나라를 발견했다고 주장하는 것은 대단히 의심스러운 일이다. 그런 주장을 할 때는 모종의 새로운 역사적 상대성과 모종의 새로운 이기적 힘에 의해 신성을 자처하는 사람들이 등장하게 되는데, 그런 사람들의 주장은 기껏해야 터무니없는 주장이며, 최악의 경우는 새로운 열광과 광신주의를 야기한다. 그렇기 때문에 마르크스주의는 역사에서 누룩으로서(잠재적 원동력으로서) 스탈린에 의해 실현된 마르크

Simons)는 대륙에서 일어난 재세례파 운동의 "투쟁하는" 분리파들에 대해 거부하는 운동을 주도했다. 그러나 그는 결코 "인내하는 사랑"이 역사적으로 성공하여 세상을 이길 것이라는 환상을 가지지는 않았다. 오히려 그는 인내하는 사랑을 때가 되면 도래할 하나님 나라의 표적과 상징이라고 생각했다. 그에 의하면 역사적 악의 문제는 인간의 이해와 능력을 넘어서는 문제였다.

221 "제5군주국" 사람들은 역사를 다섯 시기로 구분하였는데, 그 중 4개의 군주국들은 대제국들에 의해 지배되었으며, 다섯 번째 군주국은 세상의 모든 왕국들이 그리스도의 왕국에 종속하게 될 시시일 것이다. 이런 묵시적 사상은 긴밀하게 결합된 분파에만 국한되지 않고 크롬웰주의 분리파들에게까지도 확장되었다. 참조, George P. Gooch, *Democratic Ideas in Seventeenth-Century England*.

222 참조, E. B. Bax, *The Rise and Fall of the Anabaptists*; Eduard Bernstein, *Cromwell and Communism*.

스주의보다 훨씬 더 낫다.

종말론적 분위기가 분리파의 삶에서 그렇게 두드러지지 않았을 때에도 크롬웰 군대의 좌파를 구성했던 대다수의 영국 분리파들은 암묵적으로는 종말론적이었다. 그들은 불합리한 정치적 경제적 체제를 역사적 악의 마지막 형태라고 간주하였으며, 따라서 그런 체제를 타파하여 사회적 완성의 마지막 시기가 도래하기를 희망하였다.

따라서 성서의 종말론은 역사가 마지막 파국을 향해 치닫고 있다는 그들의 역사관에 결정적 영향을 주었으며, 역사적 낙관주의의 일반적인 분위기는 그들로 하여금 하나님 나라를 철저히 역사에서 추구하도록 했다. 그들은 성서의 "마지막" 심판사상과 모든 가능한 역사적 현실들 너머에서의 "마지막" 성취사상을 인정하지 않았다.

더 나아가 르네상스 사상과 그들의 유사성은 하나님과 성령을 이성과 동일시하고, 이성을 정의의 "자연법"과 동일시하는 – 그들에게 정의의 "자연법"은 역사에서 일어나는 불의의 형태들에 대한 비판원리였다 – 그들의 사상적 경향에서 드러난다. 청교도혁명 당시 기독교공산주의에 기초해 급진적인 토지개혁을 주창했던 분파인 '디거스'(Diggers)의 지도자인 제라드 윈스탠리(Gerrard Winstanley)에 의하면 "인류를 정화시킬 영은 순수한 이성이다. ... 비록 이성이란 단어가 하나님 아버지를 설명하기에는 너무 부족하다고 생각하는 사람들이 있을지 모르나 그 단어는 하나님에게 주어질 수 있는 최고의 이름이다. ... 왜냐하면 만물을 조성시킨 것은 이성이었고, 모든 피조물을 다스리는 것은 이성이기 때문이다."[223]

크롬웰을 추종하는 분리주의자들 중 가장 철저하고 가장 급진적인 윈스탠리는 그의 사상에서 성서적 견해와 근대적 견해 사이에 극단적으로 대립되는 입장을 취하고 있었다. 그는 한편에서는 타락에 관해 성서

---

223 *The Saint's Paradise*, p. 78.

적 견해를 견지하였는데, 그런 견해에 따르면 타락은 "보편적 사랑"을 버리고 "개별적인 사랑"을 택한 것이다. 그의 또 다른 이론은 그가 마르크스주의에 입각한 역사해석의 실제적인 선구자로 간주되는 계기가 되었다. 그 이론에 의하면 죄는 사유재산의 등장을 통해 세상에 들어왔다는 것이다. "이렇게 나의 재산과 너의 재산을 구분함으로써 모든 불행이 인간에게 유입되었기 때문이다. 첫째, 그런 구분은 사람들로 하여금 다른 사람의 것을 훔치려는 마음이 생기게 한다. 둘째, 그것은 훔친 사람들을 벌하기 위해 법을 만들었다."[224] 이 이론에 따르면 역사의 시초에 존재했던 "공동재정"의 상태로 돌아감으로써 죄를 없애는 것이 가능하다.[225] 바로 여기 두 번째 해석에 역사의 어떤 특정한 자리에서 그리고 특별한 역사적 "타락"에서 역사적 악의 기원을 찾는 근대적 해석들에서 가장 두드러진 하나의 해석이 있다. 윈스탠리는 마르크스주의적 역사해석의 선구자이다.

크롬웰 시대의 모든 급진적인 분리파들은 하나의 이상적 사회를 꿈꾸고 있었다. 비록 그들이 모두 동일한 관점에서 이상적 사회를 정의하지는 않았지만 말이다. 수평파운동(Leveller Movement)은 자유를 더 강조하였으며, 디거스는 평등을 더 강조했다. 그들은 근대의 부르주아적 자유이념과 프롤레타리아적 평등이념의 선구자들이었다.

하나님의 나라가 역사의 모든 사회적 문제들에 관련되어 있으며, 형제애가 역사의 가능성이라는 분리파 기독교의 주장은 기독교 복음의 일부

---

224 *The New Law of Righteousness*, p. 61.

225 크롬웰의 좌파 사상에 관한 최근의 연구를 위해서는 참조, A. S. P. Woodhouse, *Puritanism and Liberty*; David W. Petegorsky, *Left-Wing Democracy in English Civil War*; G. H. Sabine, *The Works of Gerrard Winstanley*. 페테고르스키는 윈스탠리의 사상에서 죄의 근원에 관한 비종교적-사회적 이론을 강조하며, 자비네 교수는 성서적-종교적 이론을 강조하는 경향이 있다.

임이 분명하다. 종교개혁 분리파들과 종교개혁 자체 사이의 논쟁은 성서적 기독교 내부에서 르네상스와 종교개혁 사이의 쟁점을 결합하였다. 분리파들은 역사에서 하나님 나라를 성취하고 인간의 가능성을 실현하려는 충동이 얼마나 철저히 기독교적인지 입증하였다. 적어도 이런 충동들은 복음의 일부이다. 그러나 분리파들이 이해하지 못한 기독교적 인생관의 한 부분이 있다. 종교개혁은 분리파들이 간과한 그 진리의 한 측면을 재발견하여 그것을 수호하는데 몰두한 나머지 분리파들이 구현하고 표현하였던 진리를 간과하게 되었다.

하나님의 법을 역사에서 성취하고 역사의 현실들을 하나님의 나라와 일치시키려는 충동은 분리파 기독교가 정치적 경제적 민주주의 전체와 효과적으로 관계를 맺을 수 있게 해주었다. 트뢸츠가 올바로 지적했듯이 칼빈주의는 그의 많은 특징들에서 반(semi)분리파였으며, 민주주의의 목적에 기여하기도 했다. 마치 카톨릭과 르네상스의 결합이 영국 성공회에서 구체화되었듯이 말이다. 한편 루터의 종교개혁은 사회적 반발에 직면하게 되었다.

그러나 분리파 급진주의는 또한 근대문화의 모든 유토피아적 환상들을 드러냈으며, 그렇게 함으로써 복음의 총체적 진리가 여기서 발견될 수 없음을 입증하였다. 종말론적 분리파들은 역사적 과제들과 가능성들을 해석하는데 있어서 르네상스의 주류 사상보다 더 사회적이고 더 급진적이었다. 그의 사회적 관심과 급진적 해석은 의심의 여지없이 성서의 예언자 정신에서 유래했다. 그러나 분리파들은 이런 예언자 정신에 내재하는 가장 심오한 요소의 의미를 이해하지 못했다. 그들은 모든 역사와 모든 역사적 성취들은 여전히 하나님의 심판 아래 있어야 함을 보지 못했으며, 우리가 역사에서 성취하는 하나님의 나라는 결코 우리가 기다리는 하나님의 나라와 동일하지 않다는 사실을 알지 못했다. 분리파들은 사랑의 법에 모순되는 모든 것이 제거되는 이상적 사회를 추구했다. 그러나 그런 사회는 역사에서 가능하지 않다. 아무리 성화된 사람이라 할지라도 마음의 법과 지체의 법이 서로 싸우지 않는 사람은 없듯이 말이다.

3. 르네상스의 승리

　종교개혁 사상을 보다 자세히 관찰하지 않더라도 지난 3세기 동안 르네상스와 종교개혁의 대결에서 르네상스가 현저하게 승리를 거둔 원인을 찾는 것은 가능하다. 종교개혁이 르네상스가 조명해준 역사적 현실들을 충분히 고려하는데 실패하지 않았음에도 불구하고 르네상스는 아마도 근대사의 특수한 상황 때문에 승리했을 것이다. 근대사의 여명기에 일어난 여러 현상들, 즉 과학의 발달, 과학의 발달에 의해 가능해진 부와 상품의 현저한 증가, 정치체제와 산업의 혁명적 변화, 새로운 대륙들의 발견과 정착, 상업적 교류의 확장 등 이 모든 발전들은 역사적 낙관주의 정신을 조장하였다. 삶의 조건들에서 일어난 엄청난 변화가 새로운 조건들과 성취들에 의해 영원한 문제들이 제거되었다는 낙관적 환상을 조장한 시기에 역사에서 인간 실존의 영원한 문제들이 모든 단계의 역사적 성취에서 다시 나타날 것이라는 사실을 이해하는 것은 쉽지 않다.

　부르주아 계층들이 우리의 민주적 자본주의 사회를 수립하는 동안, 그들은 자연스럽게 봉건체제가 완전히 극복되었을 때 모든 불의가 사라졌거나 사라질 것이라고 생각했을 것이다. 마찬가지로 17세기와 18세기의 민주주의 환상들이 19세기와 20세기의 슬픈 현실들로 바뀌었을 때, 새로운 혁명주의자들과 이상주의자들은 자연스럽게 부르주아의 불의가 제거되기만 하면 완전한 정의를 확립할 수 있을 것이라고 생각했을 것이다. 이런 특수한 프롤레타리아적 꿈의 비현실성이 역사적으로 완전히 각성되지는 않았다. 비록 마르크스주의의 희망과 러시아의 현실들 사이의 모순에 의해 그런 각성이 일어나기는 했지만 말이다. 자신의 마음과 상상력을 깨우고, 신체적 힘이 성장되고 책임감이 확대되면 삶의 성공적 성취가 보장될 것이라고 상상하는 청년의 자신만만한 정신처럼 우리 문화의 전체적인 낙관주의는 자연스런 현상이다. 삶의 새로운 능력과 잠재력은 또 다른 새로운 문제를 야기한다는 사실을 충분히 깨닫도록 청년에게 기대하는 것은 무리일 것이다.

　근대의 기술문명에 의해 사회적 결속을 더욱 강화되고 확장시켜 형제애와 같은 어떤 것이 점점 더 넓은 지역들에서 확립했을 때 사람들은 이런 성취에 도취되어 그림의 다른 면이 있음을 망각하게 되었을 것이다. 장차 세계공동체를 수립하게 될 바로 그 기술문명이 또한 국제적 혼란을 야기할 수도 있다는 사실이 인식되지 못했다. 그렇게 형성된 세계 공동체에 그 공동체의 삶을 체계적으로 관리할 적절한 정치적 기구들이 없다면 말이다. 그런 세계공동체가 수립될 수 있기 전에 인류가 파괴의 심연에 빠지게 될 수도 있다는 사실을 아무도 예상하지 못했다. 근대의 기술을 파괴적이고 제국주의적인 목적을 위해 이용하려는 시도들이 있을 것이라고 예상하지 못했으며, 기술사회의 이런 파괴적 가능성들을 이용해 폭력으로 세계를 통합하려는 나라들이 있을 것이라고 예상하지 못했으며, 그런 나라들이 거의 성공하게 될 위험을 예상하지 못했으며, 그 나라들의 성공의 일부는 잘못된 안전의식 때문이며 나머지 문명세계에서 기술사회에 의해 안락함에 대한 기생적 의존성 때문임을 아무도 예상하지 못했다.

　우리는 아직도 여전히 이런 비극적인 역사적 현실들에 완전히 빠져 있기 때문에 어떻게 그런 현실들에서 탈출할 수 있을지 그 방안을 찾을 수 없다. 우리는 단지 20세기는 근대의 여러 세기 동안의 꿈을 가장 비극적인 표현으로 논박했으며, 근대문화는 이런 논박에 의해 애처로운 혼란에 빠져들게 되었다는 사실을 알 수 있을 뿐이다. 그런 혼란은 어제는 확실했던 것들이 오늘의 현실에 의해 와해되었을 때 근대문화가 삶과 역사에 관해 지향할 수 있는 아무런 대안적 전망도 가지지 못했기 때문에 아주 심각했다.

어떤 대안적 전망들도 소용이 없었다. 르네상스의 승리는 단지 기독교의 특수한 해석들을 파괴했을 뿐만 아니라 어떤 의미에서는 근대문화의 잠재력으로서 기독교 자체를 침몰시킬 정도 완벽했기 때문이었다. 근대적 삶의 모든 자유와 사회적 정치적 정의의 모든 성취들은 카톨릭의 봉건적 사회체제를 하나님 나라의 신성과 동일시하는 카톨릭의 성급한 정책을 무시하여 확립되었다. 바로 이런 사실에 의해 카톨릭 형태의 종교는 불신의 대상이 되었다. 종교개혁 형태의 종교는 사라질 정도로 그렇게 큰 불신을 받지는 않았다. 그것은 그럭저럭 살아남았다. 역사의 어떤 것도 완전히 사라지지는 않았기 때문이다. 그것은 카톨릭이 자랑하는 것처럼 그렇게 생생하게 살아남지는 못했다.

종교개혁의 특징적인 통찰들이 근대인들의 기억에서 그렇게 완벽하게 잊혀진 이유를 묻는다면, 우리는 근대사회의 특수한 환상들 때문에 종교개혁에서 참이었던 것이 르네상스에서 거짓이었던 것에 의해 얼마나 압도되었는지 알아야 한다. 왜냐하면 그런 환상들을 현대의 관점에서 논박하는 것은 종교개혁의 진리를 현대의 관점에서 확신하는 것이기 때문이다.

그러나 종교개혁은 그의 진리를 오류가 없이 완벽하게 제시하지 못했다. 종교개혁은 은혜에 관한 성서의 역설적 견해와 역사적 성취의 양면성을 르네상스와는 또 다른 측면에서 파괴하는 경향이 있었다. 이런 이유 때문에 우리의 물음은 종교개혁의 주장들을 비판적으로 다룰 때 특히 주의해야 한다. 그렇지 않으면 우리는 과거 수십 년 동안 낙관적 환상들에 의해 역사적 유토피아주의가 조장되었듯이 단순히 역사적 패배주의에 각성된 현대의 갑옷을 입히게 될 것이다. 그 경우 우리는 어떤 것도 우리의 경험을 기준으로 판단해서는 안 된다. 우리는 단지 역사의 흥망성쇠에 따라 희망과 절망의 분위기가 상호 교차되었음을 객관적으로 바라보아야 한다.

7장

근대문화에서 인간의 운명에 관한 논쟁: 종교개혁

7장

근대문화에서 인간의 운명에 관한 논쟁: 종교개혁

당시의 종교적 상황에 관한 분석은 종교개혁에 관해 여러 가지 성급한 평가와 비판을 야기했다. 이제 그 종교개혁에 관해 보다 충분히 조사해 보자. 종교개혁은 기독교 사상과 삶의 역사에서 우리가 일반적으로 생각하는 것보다 더 중요한 위치를 차지한다. 종교개혁은 구원 받은 사람들의 삶에도 여전히 죄가 존재한다는 것을 가장 충실하게 깨닫게 된 역사의 현장이었다. 이런 깨달음의 결과, 그리고 상호 교차하는 더 낙관적인 견해들에 대한 논박의 결과 하나님의 자비에서 삶의 궁극적 완성을 발견한 복음의 가치를 새로이 인식하게 되었다.

이미 언급되었듯이 종교개혁은 종종 "우리 안에 있는 그리스도"와 "우리를 위한 그리스도"의 성서적 역설, 우리 안에 있는 능력으로서의 은혜와 우리를 초월하는 능력으로서의 은혜의 역설을 파괴하였으며, 분리파 기독교는 또 다른 측면에서 그 역설을 파괴하였다. 이런 비판을 보다 충분하게 생각해 보자.

은혜에 관한 성서의 이중적 견해에 충실하고자 한 종교개혁의 가치를 충분히 이해하지 못하고 그렇게 비판하는 것은 억측에 불과할 것이다.

이 문제에 대한 루터의 입장과 칼뱅의 입장을 조심스럽게 구분하지 않으면 그 비판은 성립하지 못할 것이다. 그들은 이 쟁점에 관해 서로 다른 결론에 도달했기 때문이다. 그러므로 이제 그들의 입장을 차례로 생각해보는 것이 좋을 것이다.

1. 루터의 종교개혁

기독교적 삶의 궁극적 문제에 대한 루터의 접근방식은 두 가지 확신에 의해 주도되었다. 하나는 의로움에 도달하려는 어떤 노력에 의해서도 궁극적 평화는 발견될 수 없다는 그의 확신이었다. 그는 금욕적인 완전주의 방식을 시도했지만 실패했었다. "의인은 믿음으로 말미암아 살리라"는 바울의 확신은 그를 율법의 속박으로부터 해방시켜 주었으며, 완전에 대한 요구가 절박할수록 더욱 절망적이 되는 양심의 가책으로부터 그를 해방시켜 주었다. 두 번째 확신은 내적 경험보다는 오히려 역사적 관찰의 결과였다. 그는 교회에서 궁극성과 완전을 자처하는 것이 영적 교만과 독선의 뿌리라고 확신했다. 완전을 향한 신비적이고 금욕적인 노력이 무익하다는 그의 믿음은 수도원제도에 대한 그의 논쟁을 촉발시켰다. 궁극성을 자처하는 것이 위험하다는 그의 확신은 교회중심주의에 대한 그의 논쟁을 촉발시켰다.

은혜와 기독교적 삶에 관한 자신의 이론을 체계화시킬 때 그는 은혜가 새로운 삶의 원천이며, "사랑과 기쁨과 평화"의 원천이라는 역설적 측면을 무시하지 않았다. 루터는 신비주의적 전통과 자신의 고유한 관계를 맺고 있었다.[226] 그리고 그는 하나님과의 연합을 추구하는 고전적 신비주의를 "그리스도 신비주의"로 전환시킨 사람들을 지지했다. 그에 의하면 믿는 자들의 영혼은 그리스도와 연합되었기 때문에 그리스도의 모든 덕

---

226 참조, Rudolf Otto, *Mysticism, East and West.*

이 그 영혼에 흘러 들어간다. "하나님의 약속은 거룩함, 진리, 의, 자유와 평화의 말씀이며, 보편적 선으로 충만하기 때문에 확고한 믿음을 가지고 그 말씀을 따르는 영혼은 그 말씀과 연합되었고 더 나아가 그 말씀에 흡수되었기 때문에 그 말씀의 모든 덕에 참여할 뿐 아니라 그 덕에 의해 완전히 흡수된다."[227]

루터는 의의 능력을 심리학적 관점에서 무엇보다 하나님을 향한 사랑과 감사의 동기라고 해석한다. 이 동기는 동료들의 감사나 배은망덕, 칭찬이나 비난과 무관하다. "따라서 믿음으로부터는 주 안에서 사랑과 기쁨이 흘러나오며, 사랑으로부터는 감사나 배은망덕, 칭찬이나 비난, 이해득실을 따지지 않고 자발적으로 이웃을 섬기는 자유의 영이 흘러나온다. 그의 목적은 사람들에게 의무감을 가지게 하는 것이 아니며, 친구와 원수를 구분하는 것이 아니라 … 아낌없이 재산을 나누어 준다. 배은망덕으로 인해 그들을 잃든 아니면 호의를 받든 간에 말이다."[228] 여기서 루터는 기독교적 아가페의 총체적 아름다움과 능력, 특히 모든 자연적인 윤리적 태도를 따지지 않는 아가페의 초월적 자유를 이해하고 있다.

다시 말해, 그는 새로운 삶이 새로운 의의 능력이 있음을 부정하지 않

---

227 *On Christian Liberty*, p. 261. 루터는 그리스도와 영혼의 연합을 묘사하기 위해 아주 빈번하게 결혼의 비유를 사용했다. "세 번째 절대적인 믿음의 은혜는 이것이다. 즉 부인이 남편과 연합되듯이 그 은혜가 영혼을 그리스도와 연합시킨다. 그리고 바울이 가르치듯이 이런 신비에 의해 그리스도와 영혼은 한 몸이 된다. 그들이 한 몸이라면, 그리고 온전한 결혼이 … 그들 사이에 성취된다면 … 그들이 가진 모든 것은 좋은 것이든 나쁜 것이든 그들의 공동소유가 된다. 그러므로 그리스도가 소유하고 있는 것은 무엇이든 믿는 영혼은 그것을 가질 수 있으며 그것을 자기 것이라고 자랑할 수 있을 것이며, 그 영혼에 속하는 것은 무엇이든 그리스도가 그의 것이라고 주장한다." … "그리스도는 은혜와 생명과 구원으로 충만하다. 영혼은 죄와 사망과 지옥으로 가득 차있다. 죄와 죽음과 지옥은 그리스도에게 속하고, 은혜와 생명과 구원은 영혼에게 속한다." 마지막 구절에서 그리스도에 의해 부여된 의가 전적으로 성취된 의와 이어져 있다는 사실을 주목할 필요가 있다. *Ibid.*, p. 264.

228 *Ibid.*, p. 270.

는다. 그는 단지 새로운 삶이 의로운 행위들에 의해 의롭다고 인정되는 것이 아님을 강조할 뿐이다. "그의 믿음에 의해 성화된 기독교인은 선을 행한다. 그러나 그는 이런 선행에 의해 더 거룩한 사람이 되거나 더 기독교적인 사람이 되는 것이 아니다. 이것은 믿음으로만 가능하다."[229] 루터가 강조하는 많은 사상들은 은혜의 우선권에 관해 카톨릭과 종교개혁이 공유하는 고전적 기독교 교리를 수용하면서 은혜에서 용서의 위치를 새로이 강조하였다. 영혼은 영적 결혼식에 "죄 보따리" 이외에는 아무것도 가져올 것이 없는 "가난하고 보잘 것 없는 매춘부"이지만, 그녀의 "부유한 남편인 그리스도"는 모든 좋은 것을 가져온다. 그 영혼은 하늘에서 은혜의 비가 내리지 않으면 과실을 생산할 수 없는 "메마른 땅"이다. 그러나 은혜의 비가 내리면 그리스도인은 "좋은 나무로서 좋은 과실을 맺을 것이다. 믿는 사람은 성령을 가지기 때문이다. 그리고 성령이 있는 곳에서 성령은 내가 게으르도록 허락하지 않을 것이며, 경건을 연습하고, 하나님을 사랑하고, 고통 가운데서 인내하고, 기도하며 모든 것에 감사하고 사랑을 보이도록 격려하기 때문이다."[230]

모든 것에 대한 이런 사랑의 가능성을 묘사할 때 루터는 기독교적 아가페의 의미에 관해, 특히 이기적 욕망을 완전히 초월한 아가페의 동기들에 관해 가장 깊은 이해를 보여준다. 그는 인격적 태도와 관계를 다룰 때는 언제나 산상설교의 윤리가 그리스도인들에게 결정적으로 중요하다

---

229 선행에 관한 이런 올바른 주장은 또한 루터의 오류들 중 하나이기도 하다. 왜냐하면 루터의 주장대로라면 평화는 "은혜에 의해서만"이라기보다는 오히려 "믿음에 의해서만" 가능하기 때문이다. 이것은 은혜 자체보다는 오히려 인간이 믿음에 의해 은혜를 수용하는 것이 결정적으로 중요하다는 것을 의미한다. 이런 오류로 인해 루터는 기독교적 삶의 밖에서는 어떤 선도 실현될 수 없다고 생각하게 되었다. 그에 의하면 "아니 그가 이미 기독교인이 아니었다면 그의 어떤 행위도 전혀 무가치할 것이다. 그 행위는 실제로 불경건하고 심판받을 죄이다." *Ibid.*, p. 275.

230 *Works*(Weimar, ed.), Vol. 40, p. 265.

고 생각했다.[231] 루터의 입장이 가지는 이런 커다란 장점들에도 불구하고
그 안에는 정적주의(quietistic) 경향이 있다. 이것은 그가 인격종교의 복잡
한 요소들을 분석할 때에도 그랬으며, 그가 대체로 성서의 역설에 대해
가장 충실한 곳에서도 그랬다. 그는 때로는 신비주의적 이론에 빠지기
도 했으며, 의로움은 아무런 공로가 없이 주어지는 것이라는 칭의 개념
을 정적주의와 결합시키기도 했다. "행위의 의"에 대해 비판할 때 그는 종
종 "공로가 없이"라는 개념을 "행위가 없이"라는 개념과 동일시하는 오
류를 범했다. 그에 의하면 "하나님이 아무런 공로 없이 그리스도를 통해
우리에게 부여해 주신 ... 이런 놀라운 믿음의 의는 정치적이거나 의례적
인 것이 아니며, 하나님의 율법의 의도 아니며, 행위에 그 본질이 있는 것
도 아니다. 오히려 그와 정반대로 단순한 수동적 의이다. ... 왜냐하면 이
런 의에서 우리가 하나님을 위해 할 수 있는 것은 아무것도 없으며, 우리
는 단지 하나님이 우리 안에서 일하도록 할 뿐이기 때문이다. 그러므로
나는 이런 믿음의 의 또는 그리스도인의 의를 수동적 의라고 부르는 것
이 좋다고 생각한다."[232]

　신비주의는 모든 행위는 죄로 오염되어 있다고 생각하기 때문에 행동
하는 것을 두려워하는데 행위에 대한 이런 두려움은 루터에게도 있었다.
루터는 행위가 새로운 교만의 원인이 될 수도 있다고 보았기 때문이다.
그래서 에밀 브루너는 다음과 같이 경고한다. "모든 적극적인 윤리적 행
동에는 커다란 위험이 동반된다. 그런 행동에 의해 악으로부터의 해방이
가능하다고 생각할 수도 있기 때문이다."[233] 그런 위험은 부정할 수 없는

---

231 참조, Werner Betcke, *Luther's Socialethic*, 기독교 윤리학에서 사랑의 계명이 최고의 계명
　이라는 루터의 이해는 확실히 칼뱅의 이해보다 훨씬 더 깊이가 있다.

232 Commentary on Galstians, xciii.

233 Emil Brunner, *The Divine Imperative*, p. 72.

사실이다. 그러나 만일 그런 이유로 인해 도덕적 행위가 억제된다면 종교개혁 신학은 특정한 도덕적 사회적 책임에 동반되는 죄의 오염 때문에 그런 책임을 거부하는 금욕적 완전주의자들보다 나을 것이 없다. 믿음에 의한 칭의는 이론적으로 볼 때 영혼의 행위이다. 그러나 그것은 잘못 해석되어 나태함을 조장할 염려가 있다. "믿음에 의한 칭의"를 왜곡하여 "믿음의 의"와 동일시한 17세기 루터주의의 메마른 정통주의는 불가피하지는 않다 할지라도 자연적으로 그리스도인의 삶의 도덕적 내용을 파괴했다. 루터 자신의 사상에는 그런 동일시를 경계하는 확실한 경고가 있었음에도 불구하고 말이다.

은혜에 관한 루터주의의 분석에서 더 큰 약점은 은혜와 율법의 관계에 관한 루터의 생각에서 발견된다. 그의 어려움은 여기서 그의 칭의론보다는 오히려 성화사상에서 비롯된 것이었다. 루터에 의하면 구원 받은 사람이 그리스도 안에서 가지는 "사랑과 기쁨과 평화"는 "당위성", 즉 도덕적 의무감의 내적 모순을 포함하여 역사의 모든 모순들을 초월하는 무아지경의 상태에서 가지는 느낌이다. 율법의 성취로서 아가페는 율법에 대한 의무감이 완전히 사라지는 결과를 낳으며, 그 결과 가장 넓은 의미의 "율법"에 속하는 정의의 모든 세심한 구별들을 제거하는 결과를 낳는다.[234]

종교개혁 윤리에 관한 에밀 브루너의 해석도 정확하게 동일하다. 그

---

234 율법과 은혜의 관계에 관한 루터의 견해는 그의 갈라디아서 주석에서 가장 분명하게 나타난다. "우리가 그리스도에 의해 율법의 저주로부터 자유롭게 되었다고 바울이 말했을 때, 그가 말한 것은 율법 전체이며 주로 단지 양심을 고발하고 저주하며 정죄하는 도덕법이었다. 그러므로 도덕법 도는 십계명의 규정들은 예수 그리스도가 그의 은혜에 의해 다스리는 양심을 고발하거나 위협할 아무런 능력이 없다. 왜냐하면 그가 율법의 그런 힘을 소멸시켰기 때문이다." 갈 2:21.
루터는 율법에 관해 근본적으로 부정적인 생각을 가지고 있었다. 율법의 목적은 "인간에게 그의 눈멀음, 그의 유한성, 그의 불신앙, 무지, 하나님의 미워하고 모욕함, 죽음, 지옥, 심판, 그리고 하나님의 진노를 받을 수밖에 없음을 깨닫게 하는 것이다." *Ibid.*

에 의하면 "성서적 윤리가 가장 강조하는 것은 불법에 대한 승리가 아니라 율법주의에 맞서 싸우는 것이다. … 만일 내가 의를 행해야 한다고 느낀다면 그것은 내가 그렇게 할 수 없다는 징후이다. … 자발적 순종은 의무감의 결과가 아니라 오직 사랑의 열매이다. … 자유는 의무감으로부터의 해방이며, 율법의 속박으로부터 벗어나는 것이다."[235]

고도로 개인적이고 내적인 성화를 강조하는 종교개혁은 그의 칭의론에 내재하는 지혜를 무색하게 만들었다. 왜냐하면 칭의론에 따르면 영혼의 내적 갈등은 결코 완전히 해결되지 않기 때문이다. 이기적 자기사랑과 하나님 사랑 사이의 갈등, 양심과 자아의 생존충동 사이의 갈등이 극복되는 초월적 순간들이 있음은 분명하다. 그러나 이런 순간들은 단지 삶의 궁극적 성취를 보장하는 증거일 뿐이다. 그런 상태에서 율법과 은혜의 관계는 훨씬 더 복잡하다. 왜냐하면 은혜에 의해 율법은 극복되면서 동시에 연장되기 때문이다. 회개와 믿음은 삶의 범위를 점점 더 넓혀야 한다는 의무감을 촉발시키기 때문이다. 이웃의 빈곤, 사회적 상황의 요구들, 오늘의 삶이 나에게 요구하는 것들은 비록 오늘은 인식되지 않았지만 내일은 인식될 수도 있고 양심의 가책을 일으킬 수도 있다. 사회적 의무감이 점점 더 커지는데, 이것은 은혜를 체험한 삶의 본질적인 한 부분이다. 이것을 부정하는 것은 르네상스가 정확하게 이해한 역사적 실존의 한 측면, 즉 삶은 가능성들의 연속이라는 측면을 무시하는 것이며, 그 가능성들을 성취해야 한다는 의무를 무시하는 것이다. 이것이 그런 것은 완전한 성취가 있을 수 없기 때문이다. "인간은 그가 추구하는 것을 잡을 수 없다."("A man's reach should exceed his grasp" - Robert Browning) 은혜와 율법의 관계에 관한 루터의 견해를 도덕률 폐기주의라고 비판할 필요는 없다. 그러나 그의 견해는 상대적인 도덕적 차이를 중요하게 생각

---

235 Emil Brunner, *The Divine Imperative*, pp. 72-78.

하지 않았다. 그것은 도덕적 경험의 궁극적 지점에서 도덕적 긴장을 완화시키지 않는다. 왜냐하면 거기서 그것은 율법의 폐기가 아니라 율법의 완성인 사랑을 요구하기 때문이다. 그러나 그것은 모든 중간 지점들에서 긴장을 완화시키며, 인간이 양심의 가책에 의해 도달해야 하는 모든 가능한 정의의 외연들을 중요하게 생각하지 않는다.[236]

루터의 종교개혁에서 율법과 은혜의 문제를 다룰 때 그의 종교개혁의 약점은 그 문제가 내적 삶으로부터 문화와 문명, 그리고 집단적 삶의 복잡한 문제들로 옮겨갈 때 훨씬 더 분명하게 나타난다. 여기서는 종교개혁의 "실패"가 훨씬 더 분명해진다. 역사적 실존의 궁극적 문제에 대한 종교개혁의 이해는 근사한 모든 문제들의 이해를 방해하는 것처럼 보인다. 종교개혁에 의하면 인간의 모든 지식과 지혜는 하나님을 아는 지혜에 이르지 못한다. 종교개혁은 "세상이 그의 지혜에 의해 하나님을 알지 못함"을 깨달았으며, 인간의 모든 지식이 가지는 사악한 자기중심성을 극복하는 믿음에 의한 은혜를 강조했다. 그러나 종교개혁은 과학과 철학의

---

236 이 문제를 분석할 때 브루너는 빈번하게 도덕적 의무를 특정한 행위규범에 한정시키는 "율법주의"와 도덕적 의무감을 혼동한다. 따라서 그는 완전한 사랑과 율법주의 사이에 중간지점이 있음을 알지 못한다. 그에 의하면 "율법적인 사람은 동료들과의 실제적인 인격적 만남이 불가능하다고 생각한다. 그와 이웃 사이에 비인격적인 어떤 것, 즉 '이념', '관습' ... 관념적인 어떤 것이 가로놓여 그가 다른 사람의 진심을 보지 못하게 방해한다." 이것은 좁은 의미에서 율법주의가 비난 받아야 할 이유일 수도 있다. 그러나 브루너는 모든 도덕적 의무를 율법주의라고 생각한다. "어떤 사람이 단순히 의무감에서 행하는 선은 결코 선이 아니다. 의무와 순수한 선은 서로 배타적이다." *Ibid.*, pp. 73-74.
그런 기준에 의한다면 역사에는 선이 거의 없을 것이다. 모든 의무감이 사랑으로 승화된 그런 선이 있을 수 없음을 우리가 인정한다고 가정하자. 그럼에도 불구하고 의무감의 확장에 의해 점점 더 높은 유형의 선을 성취하는 것은 여전히 중요할 것이다. 우리가 이웃의 요구에 직면할 때 우리가 그 요구를 어떤 고정된 정의의 기준에 의해 판단하지 않는다면 우리는 "율법적"이라 할 수 없을 것이다. 그렇지만 그런 요구들이 우리 자신의 이익과 상충될 때는 마음이 불편할 수도 있을 것이다. 이런 전체적인 윤리적 과정이 기존의 어떤 "율법"과 전혀 무관하게 이루어질 수도 있을 것이다. 그것은 철저히 인격적이고 개인적일 수 있을 것이다. 그러나 그것은 여전히 브루너가 "율법주의"로부터의 유일한 해방이라고 간주하는 완전한 사랑에는 미치지 못할 것이다.

재료를 구성하는 진리와 기만의 무한한 다양성들에는 관심을 가지지 않았다.

궁극적 진리가 문화사의 축적과정에 의해 발견될 수 있을 것이라고 생각한 르네상스는 분명 잘못이었다. 르네상스는 새로운 지혜가 발견될 때마다 새로운 오류의 위험이 있음을 인식하지 못했다. 무엇보다 큰 오류는 이전의 모든 세대들보다 유리한 위치에 있는 시대가 궁극적 진리에 도달할 것이라고 생각한 것이었다. 그러나 종교개혁과 달리 진리를 향한 의무를 진지하게 생각한 것은 옳지 않았는가? 그리고 종교개혁은 문화사에서 대단히 중요한 진리와 기만의 상대적 구분들에 무관심함으로써 문화적 반계몽 운동의 죄를 범하게 된 것은 아닌가? 종교개혁은 다음과 같이 항변한 마태복음의 무익한 종과 같은 입장이 되지 않았는가? "주인이여, 당신은 굳은 사람이라 심지 않은 데서 거두고 헤치지 않은 데서 모으는 줄을 내가 알았으므로 두려워하여 나가서 당신의 달란트를 땅에 감추어 두었나이다. 보소서, 당신의 것을 가지셨나이다."(마 25:24-25)

집단적 삶에서 정의를 실현하는 문제들에 있어서 루터의 종교개혁은 훨씬 더 분명하게 실패하였다. 인간 사회는 모종의 정의에 의해 공동의 삶을 조직하고자 노력하는 무한히 다양한 구조와 조직을 가지는 집단이다. 보다 높은 정의를 구현할 수 있는 가능성들은 무수히 많다. 역사적 사회적 성취는 쉽게 평가될 수 있는 것이 아니다. 실제로 정의의 모든 구조는 인간의 죄악성을 전제하며, 부분적으로 억제수단을 가진 조직체이다. 그리고 바로 이런 억제수단 때문에 상충하는 의지와 이해관계가 있음에도 불구하고 한 조직체는 무정부적 혼란에 빠지지 않을 수 있다. 그러나 그 조직체는 또한 사람들이 직접적이고 개인적인 관계성에서 제시된 가능성들을 넘어 이웃에 대한 의무를 수행하는 유기적 기구이기도 하다. 그러므로 하나님의 나라와 완전한 사랑의 요구는 모든 정치적 조직에서 구현되어져야 하며, 자아가 다른 자아의 요구들과 조화를 이루고자 노력하는 모든 사회적 상황에 영향을 준다.

루터는 이런 관련성을 단호하게 부정하였다. 그에 의하면 "율법과 복음의 차이를 분간하는 길은, 복음은 하늘에 속한 것이고 율법은 땅에 속한 것으로 규정하는 것이며, 복음의 의는 하늘에 속한 것이고 율법의 의는 땅에 속한 것으로 규정하는 것이며, 하나님이 창조하실 때 하늘과 땅을 구분한 것처럼 그들의 차이를 분명히 구분하는 것이다. … 그러므로 믿음과 양심이 문제라면 율법을 철저히 배제하고 그것을 땅에 맡기자. … 반대로 세상 정책에서는 법에 순종하는 것이 엄격하게 요구되어야 한다. 양심, 복음, 은혜, 죄의 용서, 하늘의 의 또는 그리스도 자신에 관해서는 율법에 의해 규정되어 알려져야 할 것이 아무것도 없다. 그러나 모세는 오직 율법과 율법의 행위와 함께 알려져야 한다."[237]

여기서 루터는 궁극적인 은혜체험과 역사에서 성취되어야 하는 자유와 정의의 모든 가능성들을 완전히 구분한다. 이런 구분에 기초하여 루터는 기독교인에게 있어서 자유는 "하나님의 진노"로부터의 자유 이외의

---

237 갈라디아서 주석. 종교적 자유개념과 시민적 자유개념의 완전한 분리를 밀턴(John Milton)의 견해와 비교하는 것은 흥미 있다. "기독교 행정관이 되고자 하는 것은 가장 천박한 기독교인에게 어울릴 것이다. 기독교인으로서 그들은 기독교적 자유, 우리의 양자됨의 장자 상속권과 외적 증거에 성급하게 간섭하지 않는다고 알려지기를 얼마나 바라겠는가. 영적으로 자유롭게 태어난 사람들을 박해한다는 인상을 주지 않고 … 그들에게서 우리 주님이 자신의 피로 산 거룩한 자유를 빼앗는다는 인상을 주지 않기 위해서 말이다." *Of Civil Power in Ecclesiastical Causes.*
밀턴에 의하면 "실제로 우리를 대신하여 종의 모습을 취하셨으나 구원자로서 그의 목적을 한시도 잊지 않은 우리 주님의 예를 들면서 우리를 노예가 되라고 설득하려는 것은 당치 않은 일이다." … "그는(예수는) 세금으로 낼 동전을 요구했다. 그는 말한다. '그것은 누구의 모습이며 위에 무엇이라고 쓰여 있는가?' 그들은 그것이 가이사의 형상이라고 대답한다. 그러자 그는 '가이사의 것은 가이사에게 주라'고 말한다. … 우리의 자유는 가이사의 것이 아니다. 그것은 우리가 하나님으로부터 받은 축복이다." *Pro popuo Anglicano defensio.*
이것은 복음과 사회적 문제의 관계에 관한 분리파의 견해가 옳고 종교개혁이 잘못된 또 다른 예이다.

어떤 다른 의미를 가질 수 없다고 주장하게 되었다. 그리스도는 우리를 사회적이나 육체적으로 자유롭게 한 것이 아니라 영적으로 자유롭게 했기 때문이다. 말하자면, 이제 우리의 양심은 "하나님의 진노가 임할" 것을 두려워하지 않기 때문에 자유롭고 평온하게 되었다는 것이다. 그는 다음과 같은 명령을 통해 사회적인 도덕 폐기주의를 경계하였다. "그러므로 모든 사람은 그의 소명에서 그의 의무를 부지런히 수행해야 하며 힘이 닿는 한 그의 이웃을 도와야 한다."[238] 그러나 분명한 것은 사회적 구조가 형제애의 요구들에 더 완벽하게 일치할 수 있도록 바꾸어야 할 의무가 기독교인에게 있는 것은 아니다. 농민혁명에 대한 그의 태도에서 루터는 "영적 왕국과 "세속 왕국" 사이의 이런 구분을 엄격하게 적용하였으며, 보다 높은 사회정의를 요구하는 농민들에게 그들이 하나님의 왕국과 세상의 왕국을 혼동하고 있다고 비난하였다.[239] 그는 봉건제도의 사회적 불평등에 대해 만족했으며, 지상에서는 언제나 주인과 노예가 있을 것이라고 생각했다. 루터는 두 왕국의 구분을 "내적" 왕국과 "외적" 왕국 사이의 구분에까지 확장함으로써 이런 사회윤리를 더욱 왜곡하였으며, 결과적으로 공공의 도덕과 개인적 도덕을 구분하게 되었다. 통치자들은 공공의 윤리를 수호하는 자로서 폭도들을 다룰 때 "때리고, 찌르고, 죽여도 좋다고" 권고했다. 루터는 무정부상태의 혼란을 병적으로 두려워했으며, 당국에게 그런 무정부상태를 진압할 수 있는 어떤 수단을 마련해

---

238 *Ibid.*, 5, 2.

239 루터에 의하면 농노제도를 폐지해야 한다는 농민들의 요구는 "모든 사람들을 평등하게 만들어 그리스도의 영적 왕국을 외적인 세상의 왕국으로 바꾸게 될 것이다. 그것은 불가능하다. 세상의 왕국은 개인적 차이가 없이는 존속할 수 없다. 어떤 사람들은 자유인이고, 어떤 사람들은 노예이며, 어떤 사람들은 지배자이고, 어떤 사람들은 하인이다." *Works*(Weimar ed.), Vol. 18, p.326. "그리스도가 우리를 자유하게 했기 때문에 농노제도가 폐지되어야 한다는 생각은 부당하고 사악한 것이다. 이것은 단지 우리가 마귀를 이길 수 있도록 하기 위해 그리스도에 의해 우리에게 부여된 영적 자유를 가리킬 뿐이다." *Ibid.* p.333.

주고자 했다. 한편, 농민들에게는 개별적인 시민으로서 산상설교의 윤리에 따라 살아야 한다고 경고했다. 정의에 대한 그들의 요구는 신약성서의 무저항의 윤리를 위반한다는 것이었다.[240]

이와 같이 "내적" 윤리를 개인적 윤리와 동일시하고 "외적" 또는 "비기독교적" 윤리를 통해 정부의 권위를 강화시켜 줌으로써 루터는 왜곡된 사회윤리를 가지게 되었다. 그는 완전주의적인 개인윤리와 현실적인, 냉소적이라 할 수는 없지만 공적인 윤리를 병치시켰다. 그는 국가는 너무 신중하게 정의에 관심을 가지지 않고 질서를 유지해야 한다고 주장했지만, 사회윤리의 구성요소인 주장과 반론에 개인이 참여하는 것을 허용하지 않으면서 개인의 인내와 무저항적 사랑을 요구했다. 그런 윤리의 불가피한 결과는 전제정권을 조장하는 것이었다. 정부에 저항하는 것은 정부를 유지하는 것과 마찬가지로 중요한 정의의 원리이기 때문이다.

무정부상태에 대한 루터의 병적인 두려움과 – 이런 두려움은 그의 비관주의에서 유래된 것인데 – 전제정치의 불의에 대한 그의 무관심은 독일의 역사에서 치명적인 결과를 낳았다. 현대사의 비극적 사건들은 그와 무관하지 않다. 사회–정치적 문제에 대한 루터의 일방적인 해석은 또

---

240 루터는 농민들에게 다음과 같이 선언했다. "너희들은 어떤 사람이 부정의의 악을 너희들에게 가할 때 그것을 견디지 못할 것이다. 너희들은 자유를 원하고 오직 정의와 선만 견디고자 한다. … 만일 너희들이 그런 권리(고난당하는 권리)를 견디고 싶지 않다면 차라리 그리스도인이라는 이름을 지워버리고 너희들의 행위에 어울리는 다른 이름을 자랑하는 것이 나을 것이다. 그렇지 않으면 그리스도가 직접 너희에게서 그의 이름을 지울 것이다." *Works*(Weimar, ed.), Vol. 18. p.399.
그리고 제후들에게는 다음과 같이 권고했다. "만물이 평등하게 창조되었으며 만물이 모두 동등하게 세례를 받는다고 주장하는 것은 농민들에게 도움이 되지 않을 것입니다. … 신약성서에서 모세는 전혀 중요하지 않기 때문입니다. 신약성서에는 우리 주님 그리스도가 중심입니다. 그리스도께서 우리의 몸과 소유를 황제와 세상의 법아래 맡기셨습니다. 그는 '가이사의 것은 가이사에게 주라'고 말씀하십니다." *Ibid*, p.361.
농민들에게 쓴 글에서는 성서의 완전주의가 절대적인 것으로 공언되었지만, 제후들에게 보낸 편지에서는 그 완전주의가 완전히 부정되었다.

한 다음과 같은 바울의 명령에 대한 그의 지나친 강조에 의해 영향을 받았다. "각 사람은 위에 있는 권세들에게 복종하라. 권세는 하나님으로부터 나지 않음이 없나니, 모든 권세는 다 하나님께서 정하신 바라. ... 다스리는 자들은 선한 일에 대하여 두려움이 되지 않고 악한 일에 대하여 되나니."(롬 13:1-3)

이런 특수한 오류가 없었다 할지라도 루터의 정치윤리는 사회정치 분야에서 패배주의에 빠지게 되었을 것이다. 그의 정치윤리는 "영적" 왕국과 "세속적" 왕국을 절대적으로 구별함으로써 양심에 대한 하나님의 궁극적 요구와 역사에서 선을 실현할 수 있는 모든 가능성들 사이의 긴장을 파괴했다. 정의를 다양한 방식으로 점진적으로 실현하는 것의 영적이고 도덕적인 의미가 두 가지 관점에서 부정되었다. 현실주의적 측면에서 루터의 윤리는 모든 역사적 성취들은 하나같이 죄로 오염되어 있으며, 따라서 그런 성취들을 구분하는 것이 중요하지 않음을 발견했다. 복음적 완전주의의 관점에서 루터의 윤리는 그런 역사적 성취들이 하나같이 구원의 유일한 보증인 하나님 나라의 완전한 사랑에 미치지 못함을 발견했다.[241]

---

241 사회윤리 분야에서의 패배주의는 - 이런 실패는 급진적인 종교개혁 사상에 의해 유발되었는데 - 현대의 변증법적 신학자인 한스 아스무센(Hans Asmussen)에 의해 인상적으로 잘 설명되었다. 그에 의하면 "이 집(세상)이 윤리적 행위를 통해 가능한 한 아름답게 될 것이라고 교회가 선포하는 한, 우리는 세속주의의 도구이다. ... 만일 교회가 세상과 이방인들에게 다음과 같이 말했다면 그것이 더 나은 신앙고백일 것이다. '우리는 기다립니다. 모든 사회적 불의를 끝내십시오. 전쟁을 그치십시오. 당신들이 그 모든 것을 행한 후에 우리는 여전히 기다립니다. 이 모든 것은 우리에게 충분하지 못합니다. 인류를 도덕적으로 그리고 영적으로 최고 단계의 완전성까지 정화시키십시오. 그것도 우리에게 충분하지 못합니다. ... 나는 여전히 기다릴 것입니다. 나는 복음을 가지고 있기 때문입니다. 나는 죽은 자의 부활과 장차 도래할 세상에서 살기를 기다립니다.'" *Zwischen den Zeiten*, July, 1930.
여기서는 아주 명백하게 기독교적 역사관에 속하는 종말론적 긴장이 역사의 유의미성을 파괴하며, 모든 역사적 과제들과 의무들을 무의미하게 만든다.
에밀 브루너는 다른 변증법적 신학자들보다 더 역사적 행위에 관심을 가졌음에도 불구이와 같이 루터의 종교개혁은 언제나 종교적 긴장을 극단적으로 고조시켜 모든 품위 있는 행위의 원천이 되는 도덕적 긴장을 깨뜨릴 위험이 있었다. 양심은 인간의 모든 경영에서 일어나는 죄의 오염에 대해 가책을 느낀다. 그러나 기존의 행동방식에 대한 어떤 대안적 방식도 마찬가지로 오염될 것이며 결국 하나님의 용서는 부정한 것을 신성하게 해줄 것이라는 종교적 확신은 불편한 양심을 편안하게 해준다.[242] 따라서 죄인들이 인간관계를 조금이라도 더 건전하고 조금이라도 더 정의롭게 개선하려고 노력하고 땀을 흘리는 동안, 성도들은 은혜를 넘치게 해줄 수도 있는 죄에 계속 머물려 한다.

루터의 사회윤리는 상대적 정의의 성취를 위해 확실한 기준을 제시해줄 수 없었다. 이로 인해 사회윤리 분야에서 루터의 견해가 가지는 약점은 더욱 악화되었다. 루터의 견해에 따르면 성화는 모든 율법을 초월하는 사랑이다. 그리고 그의 칭의론은 양심이 선을 완전하게 실현할 수 없

하고 비슷한 패배주의적 결론에 이르렀다. 한편에서, 그는 사악하게 오염된 인간의 모든 행위들을 궁극적인 종교적 관점에서 평가함으로써 근사한 모든 구별들을 무의미한 것으로 생각하였다. 그에 의하면 "우리는 인간 삶의 기본적인 틀을 구성하는 '질서들'이 바뀔 때마다 삶의 실제적인 목적이 얼마나 좌절되고 있는지 발견한다. 추구된 목표들이 얼마나 무익하고 허망하며, 이런 목표들을 성취하기 위해 사용된 수단들이 얼마나 하찮은 것인지 발견한다."

다른 한편에서, 그는 이런 모든 불의를 수용하도록 유도하는 방식으로 "믿음에 의한 칭의"를 해석했다. "재판관은 현재의 법에 따라 판결해야 한다. 비록 그가 개인적으로는 그 법이 공정하지 못함을 확신한다 할지라도 말이다. 만일 그가 믿음의 정신으로 행하고 있다면 이런 방식으로 행할 때 그는 타협하지 않는다. 그가 더 나은 법을 제정할 수 없고 이 세상에서는 법이 필요함을 알기 때문이다. 그러나 그는 또한 법을 제정하는 사람들이 공정하지 못하다면 ... 진실로 공정한 법체계는 없을 것이라는 사실도 안다." *Divine Imperative*, pp. 253-255.

법체계의 전체 역사를 살펴보면 새로운 상황에 법을 상상력이 풍부하게 사법적으로 적용함으로써 합법적인 전통에서 삶을 유지하는 것이 얼마나 중요한지 알 수 있다. 다행히도 믿음에 의한 칭의 교리를 한 번도 들어본 적이 없어서 민감한 양심에 의해 법을 가능한 한 공정하게 적용한 재판관들이 언제나 있었다.

242 참조, E. Brunner, *ibid*., p. 246.

음에도 불구하고 가책을 느끼지 않아도 되게 해준다. 그럼에도 불구하고 루터의 견해는 상대적 선과 상대적 악의 어떤 기준을 마련하지 않을 수 없었다. 루터는 이성의 무오성을 카톨릭보다 덜 신뢰했기 때문에 "자연법", 즉 사회적 의무에 관한 합리적 분석을 부적절한 안내자라고 생각하여 배경으로 격하시켰다. 그러나 그의 견해는 단지 "자연법"의 자리에 이러저러한 질서체계들을 대체했을 뿐이다. 이런 질서체계들은 무엇보다 두 가지 견해들로 구성되어 있었다. 하나의 견해는 어떤 상황에서도 수립될 수밖에 없었을 질서와 정의였다. 이 질서는 기존 정의의 비판기준이 되는 정의의 원리가 없었기 때문에 무비판적으로 수용되었다. 다른 하나의 견해는 창조된 세계질서에 하나님에 의해 직접 부여된 "창조질서"였다. 그런데 이런 견해의 문제점은 인간의 자유에 의해 기존의 창조질서가 너무나 많이 바뀌고 변하여 인간의 어떤 제도도 순전히 고정된 창조원리를 기준으로 하여 판단될 수 없다는 것이었다.

예를 들어, 성적인 관계에서 양성생식과 생물학적 차이에 기인하는 어머니와 아버지의 고유한 소명은 "창조질서"의 범주에 해당될 수 있는 유일한 요인들이다. 일부일처제는 창조질서에 해당될 수 없으며, 어떤 다른 형태의 결혼제도나 성적인 관계기준도 창조질서에 해당될 수 없다. 정치적 관계에서 루터는 종종 정부를 "창조질서"에 속하는 것으로 간주하였으며, 때로는 정부의 권위가 성서적으로, 특히 로마서 13장에서 인증된 특별한 "신적인 명령"에 기인한다고 생각했던 것처럼 보인다. 하지만 정부가 "창조"에 속한다고 간주될 수 있는 것은 오직 인간의 자유와 그 자유의 남용 때문에 인간사회는 동물의 자연적 결속보다 더 견고한 결속력이 요구되기 때문이다. 그러나 어떤 특정 정부도 "창조질서"에 의해 그 정당성이 보장될 수는 없다. 그리고 루터가 주장하듯이 정부에 대한 무비판적인 복종은 그런 창조질서가 요구하는 것도 아니다.

2. 칼뱅주의 종교개혁

　루터의 종교개혁이 언제나 '도덕률 폐기론'(antinomianism)까지는 아니더라도 적어도 '초도덕론'(supramoralism)의 절벽 위를 걸었는데 반해, 칼뱅의 종교개혁은 그와 반대로 새로운 도덕주의와 율법주의의 위험에 빠질 염려가 있었다. 이것은 종교개혁이 직면한 문제가 얼마나 복잡했었는지 알 수 있게 해준다. 청교도운동은 이런 위험에 빠진 역사적인 사례라 할 수 있을 것이다. 종교개혁 사상은 스킬라(Scylla)와 카리브디스(Charybdis) 사이의 진퇴유곡 사이를 완벽하게 항해할 수 없었기 때문에 우리는 종교개혁의 궁극적 문제를 다룰 때 조심하고 망설일 수밖에 없다. 역사에서 선과 악의 차이와 역사에서 선의 실현가능성과 실현의무를 객관적으로 판단하기는 쉽지 않다. 그리고 이런 상대적 판단들과 성취들을 복음에서 선언된 삶과 역사의 궁극적 진리보다 하위에 종속시키는 것도 쉽지 않다. 그렇게 하려면 역사의 총체적 역설, 즉 역사는 한편에서는 유의미하지만 다른 한편에서는 하나님의 심판과 자비에서만 그 의미가 완성된다는 역사의 역설을 모두 고려해야 한다.

　칼뱅이 카톨릭의 교리와 대결할 때, 그는 종교개혁 사상을 루터의 입장과 거의 구별할 수 없는 관점에서 개진했다. 그에 의하면 "아무리 경건한 사람의 행위라도 하나님의 엄격한 정의의 관점에서 보면 의롭다고 인정될 수 없다. 이것이 교황과 우리의 논쟁에서 결정적인 차이다. 우리와 건전한 학자들 사이에는 칭의의 시작에 관해서는 논쟁의 여지가 없기 때문이다. 그러나 카톨릭은 일단 그리스도에 대한 믿음을 통해 하나님과 화해한 사람은 그의 선한 행위 때문에 의롭다고 인정된다고 믿는다. 선한 행위 덕에 그가 의롭다고 인정된다는 것이다. 그러나 우리 주님은 믿음이 아브라함에게 의로 인정되었다고 선언하신다."[243]

칼뱅에 의하면 "중생한 사람에게도 여전히 악의 근원이 남아있어 끊임없이 비정상적인 욕망을 일으킨다. … 죄는 성도들이 그들의 육체를 벗어버릴 때까지 그들 속에 언제나 존재한다."[244] 그는 완전성과 죄의 복합성에 관한 그의 예리한 통찰을 다음과 같이 표현했다. "우리가 성도들의 덕을 완전하다고 부를 때 진리와 겸손에 있어서 모두 불완전함을 인정하는 것도 이런 완전성에 속한다."[245]

그러나 칼뱅이 자신의 성화론을 전개할 때, 그는 카톨릭의 교리와 거의 구분할 수 없는 결론에 도달했다. 그는 묻는다. "당신은 그리스도의 의를 획득하고 싶어 하십니까? 당신은 먼저 그리스도를 소유해야 합니다. 그러나 당신은 그의 거룩함에 참여하지 않고는 그를 소유할 수 없습니다. 그는 나누어질 수 없기 때문입니다. … 우리를 의롭게 해주는 그리스도와의 연합은 의는 물론이고 성화도 포함합니다."[246] 그에 의하면 행위에 의한 칭의 사상을 거부하는 것은 "어떤 선한 행위도 행해질 수 없다거나 행해진 일들이 선하다고 인정되지 않음을 의미하는 것이 아니라, 우리가 그 행위에 의지하거나 우리의 구원을 그 행위의 덕으로 돌려서는 안 된다는 것을 의미한다."[247]

---

243 *Insti.*, III, xiv, 11.

244 *Inst.*, III, iii, 10.

245 *Inst.* III, xvii, 15.

246 *Inst.* III, xvi, 1.

247 *Inst.*, III, xvii, 1.

칼뱅은 종종 가벼운 죄와 용서받을 수 없는 죄를 구분하는 카톨릭의 입장에 오히려 더 가까웠다. 예를 들면 그가 성화의 상태가 어떤 상태인지 설명할 때 그렇다. 그에 의하면 성화는 "우리의 육욕이 매일매일 점점 더 극복되는 것을 의미하며, 우리가 성화되는 것, 즉 우리의 마음을 그의 법에 순종하도록 도야하여 우리의 일반적 성향이 그의 의지에 복종할 수 있도록 함으로써 우리의 삶이 실제로 순수해질 때까지 주님께 헌신하는 것을 의미한다."[248] 바로 여기에 문제의 핵심이 있다. "근본적으로" 죄에서 해방된 그리스도인이 그에게 남아있는 죄는 단순히 우연적인 육체적 욕망이라고 주장하면서 자기사랑의 죄가 보다 근본적인 형태로 여전히 현존함을 인정하지 않을 때는 언제나 그에 상응하여 "찢어진 심령과 뉘우치는 마음"이 사라진다. 삶의 성취는 더 이상 그것을 가지면서 가지지 못하는 역설에 좌우되지 않는다. 칼뱅은 종종 그 역설을 아우구스티누스의 관점에서 정의하며, 비록 성도들이 궁극적인 완전성에 도달하지는 못했다 할지라도 그들이 본질적으로 의롭다고 믿는다. 그에 의하면 "믿는 자들은 그들의 경건한 삶에 의해 의롭다고 인정된다. 그러나 그들이 의 자체에 실제로 도달하기보다는 오히려 의를 추구하는데 헌신하기 때문에, 인간이 이렇게 추구하는 의는 믿음에 의한 칭의보다 하위에 속한다. 인간의 그런 의는 믿음에 의한 칭의에서 기원되기 때문이다."[249]

칭의와 성화의 역설은 다른 어떤 사상체계에서보다도 칼뱅의『기독교 강요』에서 더 면밀하게 정의되어 있다. 만일 그가 마지막 부분에서 지나치게 많이 주장하는 오류를 범했다면 그 오류는 그와 정반대의 오류, 즉 지나치게 적게 주장하는 오류를 피하지 않고는 바로잡기 어려운 오류였다. 그러나 칼뱅이 그리스도인의 성화를 지나치게 의존하는 오류를 범

---

248 *Inst.*, III, xiv, 9.

249 *Inst.*, III, xvii, 11.

했다는 사실은 그의 다른 저작들에 의해서 뿐만 아니라 그 자신의 행동에 의해서도 입증된다. 죄를 근원적인 자기사랑보다는 오히려 육체적 욕망으로 정의하는 경향은 새로운 독선을 야기한다. 왜냐하면 가장 중요한 목적을 위해 모든 욕망을 절제함으로써 철저하게 훈련된 경건은 가장 중요한 목적에서 모든 이기적 요소들을 제거한 완전성보다 더 단순한 가능성이기 때문이다. 청교도적인 독선의 역사는 이 점에서 칼뱅주의의 약점을 보여준다. 칼뱅은 궁극적인 법으로서 사랑의 법을 충분히 이해하지 못했다. 그것은 적어도 왜 그가 약간은 지나칠 정도로 자신만 하게 자기는 존재의 사악한 모순들과 무관하다고 생각한 이유이다. 그는 구원을 선행의 덕으로 돌리지 않을 것이라고 단언했음에도 불구하고 말이다. 그의 해석에 따르면 믿음, 소망, 사랑 중에서 사랑이 최고의 덕이라는 바울의 주장은 단지 "극히 일부 사람들만이 믿음에 의해 의롭다고 인정될 수 있는데 반해 자선은 더 많은 사람들에게 유익이 됨"을 의미한다.[250] 그는 덕의 우선순위를 정할 때에도 사랑을 믿음보다 하위에 두었을 뿐만 아니라 "믿음의 순수성"보다 더 하위에 두었다. 이렇게 순위를 정한 목적은 이단들에 대한 그의 단호함을 정당화하기 위해서였다. 그에 의하면 이단들은 "하나님의 절대주권을 욕되게 하는" 죄를 범하는 사람들인데, 이런 죄는 "무죄한 사람을 죽이는 것보다" 더 가증스럽고, "손님을 독살하는 것보다" 더 가증스러우며, "친부를 살해하는 것보다" 더 가증스런 범죄이다.[251] 그는 이런 이단들에 대해 무정한 태도를 취했는데, 이런 태도는 자기들도 그들이 정죄하는 사람들과 동일한 정죄의 대상이 된다는 사실을 알지 못하는 독선적인 사람들이 범하는 특별한 죄

---

250 *Opera*, I, 789. 칼뱅에 의하면 "우리의 자유가 자선을 위한 것이듯이 우리의 자선은 믿음의 순수성에 기여해야 한다. 사실 우리는 자선을 귀하게 생각해야 한다. 그러나 이웃을 사랑하기 위해 하나님을 노하게 해서는 안 된다." *Inst., xix*, 13.

251 Commentary on Zech. 13:3.

이다.[252] "선택된 자"에게 순수하게 겸손한 심령, 즉 "찢어진 심령"이 있다는 궁극적 증거는 자비를 베풀고 용서할 수 있는 능력이다. 자기 스스로가 용서를 받아야 하는 사람이라는 의식이 없다면 아무리 "좋은" 사람들이라도 "나쁜" 사람들에게 자비를 베풀지 못한다.

은혜와 법의 관계에 관한 칼뱅의 견해와 루터의 견해 사이의 차이는 그들의 일반적인 신학적 차이에 따른 것이다. 칼뱅은 초도덕론보다는 오히려 율법주의의 경향을 가진다. 루터와 달리 그는 은혜가 율법을 폐기한다고 믿지 않았다. 그는 성화가 모든 율법을 초월하는 사랑의 경험이라기보다는 오히려 율법에 대한 철저한 순종이라고 생각했다. 그러나 죄의 상태에 있는 영혼이 완전한 율법을 알 수 없기 때문에 영혼은 "하나님의 율법", 특히 성서에서 계시된 율법에 의해 인도되어야 한다. 칼뱅에 의하면 "비록 하나님의 율법에는 하나님의 형상을 우리 안에 재생시켜 주는 새 생명이 포함되어 있기는 하지만 우리의 게으름은 많은 자극과 도움을 필요로 하기 때문에, 성서의 여러 곳에서 삶의 개혁을 위한 규범을 수집하여 진심으로 회개하는 사람들이 삶을 개혁하고자 할 때 당황하지 않도록 해주는 것이 필요할 것이다."[253] 칼뱅은 모든 도덕적 문제와 사회적 문제에 대한 해답을 "하나님의 율법"에서 발견했다. 바로 그 "하나님의 율법"이 여기서 잘 정의되어 있다. 왜냐하면 그것은 정경에 기록된 다양한 역사적 사실들과 무관하게 "성서의 다양한 곳"에서 수집된 일람표이기 때문이다. 이것은 칼뱅의 신학체계에서 그의 일반적인 성서주의

---

252 이 문제는 다음 장에서 보다 충분히 다루어질 것이다. 칼뱅이 육욕의 억제를 강조하고 자기수양과 의를 동일시한 것은 성서에 기초하여 죄를 교만으로 규정한 그의 정의와 완전히 일치하지는 않는다. 그가 사랑을 궁극적 선으로서 높이 평가하지 않은 것은 아니었다. "가능한 한 자신을 위해 살지 않는 사람의 삶은 최선의 삶이며 가장 거룩한 삶이다." *Inst.* II, viii, 54.

253 *Inst.,* III, vi, 2.

의 – 성서숭배까지는 아니지만 – 윤리적 귀결이었다. 루터가 성서를 무엇보다도 "그리스도의 요람"(cradle of Christ)이라고 생각하여 성서비평의 원리를 성서의 그리스도에게서 찾았듯이, 칼뱅도 사랑의 계명이 성서의 모든 다른 계명들보다 우선한다고 생각했다. 따라서 그는 신학과 윤리학에서 모두 성서주의의 오류를 피할 수 있었다. 반면에 그는 두 가지 오류를 범하였다.

칼뱅의 "하나님의 율법" 개념은 사회적 정치적 삶의 영역에서 루터의 불충분한 명령들보다 논리적 일관성의 장점을 가진다. 그러나 그 개념은 반계몽주의와 허위의식의 오류를 모두 범하고 있다. 그 개념은 사람이 동료들과의 관계에서 무엇이 옳고 그른지 결정할 때 이성의 능력을 충분히 보장해 주지 않는다는 점에서 볼 때 반계몽적이다. 그 개념은 합리적으로 해결할 수 있는 모든 도덕적 문제와 사회적 문제에 대해 성급하게 성서의 권위에 의존하여 해결하고자 한다. 카톨릭의 사회윤리는 비록 정의의 규범들을 정의할 때 보편적 이성의 능력에 의존하여 형성되었지만 "하나님의 율법"에 호소하는 칼뱅의 윤리보다 더 분별력이 있다. 칼뱅의 윤리체계는 반계몽적일 뿐만 아니라 허세를 부리는 인상을 주기도 한다. 왜냐하면 그 체계는 그가 성서로부터 도출한 도덕적 기준들의 절대적 완전성을 주장하며, 성서의 기준을 특수한 상황에 적용할 때 생기는 상대적 판단들은 물론 이런 성서적 기준들 자체에 들어있는 상대적인 역사적 사실들도 모호하게 만들기 때문이다.

비록 칼뱅주의가 민주적 정의의 발전에 어느 정도 기여하기는 했지만 놀랍게도 최근 몇 세기 동안 보다 높은 정의를 위해 더 크게 기여한 것은 세속주의와 다양한 유형의 르네상스 운동들이었다. 이런 운동들은 역사의 모든 정의체계에서 발견되는 이기적인 부패에 대해서는 카톨릭 교회보다 더 무지했을 수도 있다. 그러나 그 운동들은 합리적인 사람들이 이웃의 필요를 예측하고 "나의 것"과 "너의 것"을 구분하는 기준을 객관적으로 정의할 때 그들의 이성을 사용할 수 있는 가능성과 당위성을 모두 이해했다. 반면에 종교개혁의 두 방향은 모두 인간의 악한 성향 때문에 정의의 문제는 해결될 수 없는 문제라고 생각했거나, 아니면 인간의 악한 성향에 의해 오염되지 않았다고 생각되는 초월적인 정의의 기준들에 너무 성급하게 의존함으로써 그 문제를 너무 단순하게 해결하고자 했다. 그러나 이런 기준들에 의존하는 것은 단지 역사적 모호성과 모순을 넘어서는 하나의 절대적으로 안전하고 확실한 입장을 발견하려는 인간의 또 다른 노력을 야기했을 뿐이다.

종교개혁 사상과 삶의 이런 다양한 측면들을 개관한 결과 우리는 다음과 같은 결론에 도달했다. 종교개혁은 역사를 성급하게 초월하려는 카톨릭 교회의 경향을 논박했음에도 불구하고 카톨릭과 동일한 오류를 범했으며, 마찬가지로 역사를 지나치게 합리적으로 해석하려는 정반대의 오류도 범했다.

이런 사실에서 볼 때 종교개혁의 통찰들은 종교개혁이 실제로 성공적으로 수행한 것보다 더 "변증법적으로" 인간 경험의 전 영역을 포함했어야 한다. 종교개혁의 주장들에 들어있는 "긍정"과 "부정"의 변증법적 요소들에는 다음과 같은 것들이 있다. 그리스도인은 죄인이면서 동시에 의인이다(justus et peccator). 역사는 하나님의 나라를 실현하면서 동시에 부정한다. 은혜는 자연과 일치하면서 동시에 모순된다. 그리스도는 우리가 도달해야 할 존재의 목표이면서 동시에 도달할 수 없는 존재이다. 하나님의 능력은 우리 안에(in) 있으면서 동시에 심판과 자비에서는 우리와 마주대하여(against) 있다. 이런 모든 단언들은 단지 역사와 복음의 역설적 관계를 다양한 형식으로 표현한 것으로 삶의 모든 경험들에 적용되어야 한다. 삶의 어떤 영역에서도 은혜가 작용하지 않는 곳은 없다. 사회정의의 관계들이 아무리 복잡하다 할지라도 하나님 나라의 사랑이 타당하게 적용되지 않는 관계는 없다. 한편 역사적 불확실성과 불안이 원리에서가 아니라 실제로 전혀 없는 곳은 없다. 실제로 인간이 "칠층 천"에 들어 올려지는 기도의 순간들이 있으며, 아가페가 성취되는 순간들이 있을 것이다. 그러나 이런 순간들은 단지 삶의 성취를 "보증"하는 것이지 소유로서 주장되어서는 안 된다. 마지막으로 인간은 믿음에 의해 역사와 죄를 초월한다. 그러나 그것도 역시 하나의 "보증"이며, 안전한 소유물로서 저장되면 광야에서 만나가 썩듯이 썩게 된다.

3. 종교개혁과 르네상스의 종합

　인간은 아무것도 할 수 없다는 루터의 패배주의와 칼뱅주의 종교개혁에서 발견되는 반계몽주의적 경향은 종교개혁이 르네상스에게 패배하게 된 유력한 원인으로 간주되어야 한다. 종교개혁은 죄 문제에 대한 은혜의 궁극적 대답을 삶의 모든 직접적인 문제들과 대답들에 연계시켜 적용하는데 실패했다. 그러므로 종교개혁은 모든 역사적 상황과 사회적 상황에서 진리와 선을 실현시키고 증진시킬 수 있는 가능성과 한계를 밝혀주지 못했다.

　이런 패배주의는 단지 종교개혁이 패배한 하나의 유력한 원인일 뿐이다. 왜냐하면 지난 수세기 동안을 지배해 온 역사적 낙관주의 분위기는 종교개혁에서는 옳은 것도 논박하고, 르네상스에서는 옳을 것과 그른 것을 모두 정당화해주는 것처럼 보였기 때문이다. 그러므로 종교개혁에서 올바로 강조한 것과 잘못 강조한 것을 구별하는 경향은 거의 없었으며, 삶과 역사에 관한 종교개혁의 궁극적 견해와 이런 견해를 문화와 사회적 조직의 문제와 연계시키는데 실패한 것을 구별하는 경향도 거의 없었다.

　그러나 우리 시대의 문화를 재정비하는 과업에 직면한 우리에게 있어서 중요한 것은 모든 운동에서 참인 것과 거짓인 것을 구별하는 것이다. 물론 그렇게 구분하려 할 때는 그런 구분에 동의하지 않는 사람들이 용납할 수 없는 것처럼 보이는, 그리고 그런 판단들이 적어도 동시대의 역사에 의해 정당화되었다고 생각하는 사람들조차도 용인할 수 없는 강한 억측의 요소가 있다.

만일 현대사에 관한 우리의 판단이 옳다면 현대사의 추이는 현대의 다양한 종교운동들과 문화운동들에 포함된 역동적 해석을 정당화해 주고 낙관적 해석을 논박해 왔다. 그런 운동들은 우리가 대체로 "르네상스"라고 정의한 것에서 내적으로 서로 연관되어 있기 때문이다. 그것은 동일한 증거에 의해 종교개혁의 근본적 진리를 정당화해 주었지만, 삶의 모든 직접적인 문제들과 간접적인 문제들에 관한 종교개혁의 반계몽적이고 패배주의적인 태도를 비판했다.

이렇게 거창하게 주장된 현대사의 "논리"는 간단하게 정의될 수 있다. 한편에서 모든 유형의 지식의 확장, 기계적 기술과 사회적 기술의 체계화, 인간 능력의 발전과 역사적 잠재력과 그에 따른 인간공동체의 외연의 확장과 복합성은, 삶은 그의 개인적 형태들에서는 물론이고 그의 집단적이고 총체적인 형태들에 있어서도 성장에 의해 지배됨을 분명하게 입증해 주었다. 다른 한편 역사의 추이, 특히 지난 2세기 동안의 역사는 성장과 발전을 동일시한 과거의 견해가 잘못이었음을 입증해 주었다. 우리는 특히 현대사의 비극적 사건들로부터 삶의 새로운 발전은 언제나 – 그 발전이 개인적이든 아니면 사회적이든 – 역사에서 선을 실현할 수 있는 새로운 가능성들을 제시해 주며, 우리는 이런 가능성들에 따르는 의무를 가지지만, 동시에 새로운 발전단계들 마다 새로운 장애물이 나타나며, 새로운 단계의 역사적 성취는 역사에서 모든 삶을 지배하는 모순과 모호성으로부터 결코 우리를 해방시켜 주지 못함을 배웠으며 또 배워야 했다. 다시 말해 역사는 스스로 구원될 수 없다. 역사가 아무리 오래 흘러도 역사는 궁극적인 의미에서 구원할 수 있는 능력이 없다. 기독교 신앙에 관한 종교개혁의 견해가 타당함을 새롭게 조명해 준 것은 현대사의 이런 때늦은 발전이다. 역사의 교훈이 교육학적으로 얼마나 중요한 의미를 가지는지에 관해서는 어떤 논증도 필요하지 않다. 복음에 내포된 진리는 인간의 지혜에서 발견된 것이 아니다. 그렇지만 그 진리는 인간의 지혜와 인간의 선이 한계를 인정하는 그 지점에서 발견될 수도 있다. 창조적 절망은 믿음을 일으키기 때문이다. 일단 믿음이 일어나면 그 믿음은 비로소 달리는 무의미하게 남을 수밖에 없는 삶과 역사를 의미 있게 만드는 지혜가 된다. 이것은 모든 시대의 개인들에게도 가능하다. 그 시대의 역사적 상황이 어떻든 간에 말이다.

그러나 역사적 상황이 회개를 일으키는 "거룩한 슬픔"을 야기하는데 다소 도움이 될 수도 있다. 역사에는 기독교 신앙이 불필요해 보이는 희망의 시기들이 있다. 왜냐하면 그런 시기에는 기독교 신앙이 그리스도에게서 계시된 하나님 안에서 발견하는 심판과 구원을 모두 역사가 스스로 제시해 주는 것처럼 보이기 때문이다. 한편 그런 희망이 전적으로 공허한 것으로 드러나는 절망의 시기들도 있다. 우리는 지난 수세기 동안 그런 희망의 시대를 살았지만, 지금은 절망의 시기에 있다. 희망이 지배한 수세기의 역사는 현대 문화와 문명의 잠재력인 기독교 신앙을 거의 완전히 와해시켰다. 지금 우리가 처해 있는 환멸의 시기는 필연적으로 기독교 신앙을 다시 회복시킬 것이다. 이 시기는 기독교의 타당성을 재확인시켜 주었다. 절망, 즉 "세계의 슬픔"에는 언제나 새로운 믿음을 야기하는 창조적 절망이 대안으로 등장한다.

하지만 지금 이 세대가 단순한 역사적 성장을 헛되이 신뢰하지 않고 삶이 유의미함을 발견할 수 있게 된다면, 지난 세기들의 부분적인 배교에서 삶과 역사에 관해 어떤 진리가 학습되었든 그 진리를 거부하지 않고 수용하는 것은 이 세대에 복음을 전해주는 사람들의 의무이다. 이렇게 학습된 것들은 역사를 언제나 역동적인 관점에서 종말을 향해 움직이는 것으로 이해하는 성서적 예언자적인 역사관에 함축되어 있으며, 따라서 그만큼 더 중요하다.

그러므로 새로운 종합이 요구된다. 그것은 기독교의 은혜 개념이 가지는 두 측면들을 통합하고 근대역사, 종교개혁과 르네상스의 역사해석이 은혜의 역설에 던져준 빛을 고려하는 종합이어야 한다. 간단하게 말해, 이것은 한편에서는 역사에서의 삶이 무한한 가능성으로 채워진 것으로 인식되어야 함을 의미한다. 어떤 개인적인 또는 내적인 영적 상황에서도, 어떤 문화적 또는 과학적 과제에서도, 어떤 사회적 또는 정치적 문제에서도 인간은 선의 새로운 가능성들과 그 가능성들을 실현해야 하는 의무에 직면한다. 그것은 다른 한편에서는 삶을 – 개인적 관점에서이든 아니면 집단적 관점에서이든 – 완성하려는 모든 노력과 요구, 즉 역사의 모순들을 초월하거나 역사의 궁극적 부패를 제거하려는 모든 욕망이 거부되어야 함을 의미한다.

르네상스와 종교개혁은 모두 기독교적 역설의 양 측면이 가지는 의미를 한층 더 예리하게 통찰했기 때문에, 중세시대의 종합으로 다시 돌아가는 것은 가능하지 않다. 그렇게 하려는 노력들이 많이 있을 것이겠지만 말이다. 중세적 카톨릭의 종합은 부적절하다. 그 종합은 은혜의 두 측면들을 절충하는 것으로 만족했기 때문이다. 그 종합은 두 측면이 모두 가장 완전하게 발전하는 것을 방해했다. 인간의 노력에 의해 삶을 완성하려는 카톨릭의 견해는 은혜의 능력을 인간의 역사적 제도에 제한하였다. 영적이고 도덕적인 삶의 영역에서 볼 때 이것은 은혜가 제도화된 성례전에 한정되었음을 의미했다. "은혜"는 인간의 모든 가능성들을 넘어서는 능력들과 가능성들을 위해 필요한 것이라고 생각했기 때문에 하나님의 자유를 인간의 한계에 제한하는 오류를 범하게 되었다. 예수는 니고데모에게 "바람이 임의로 불매"(요 3:8)라고 말했다. 이 말은 사제나 교회의 어떤 허락도 없이 역사에서 기적을 행하는 하나님의 은혜의 자유를 비유적으로 표현한 것이다. 사회정의를 봉건적 삶의 본질적 조건들에 한정시켰던 성례전 교회를 무시하고 사회적 도덕의 영역에서 가장 의미 있는 어떤 발전들이 현대의 삶에서 일어났기 때문에 현대문화는 여전히 그런 교회의 주장들에 강하게 맞서 형성되어야 한다.

　문화 분야에서도 마찬가지로 카톨릭의 절충적 종합은 타당하지 않다. 철학이나 과학의 어떤 체계도 복음에 내포된 진리 이상을 제시해 줄 수 없다고 믿는 것과 과학이나 철학이 복음의 권위를 손상시키는 것을 막기 위해 인위적 제도를 통해 문화 활동 전체를 통제하는 것은 별개의 문제이다. 인간의 모든 문화를 능가하는 복음의 궁극적 권위가 역사적이고 인위적인 제도의 권위로 변질될 때는 불가피하게 사제들이 인간의 모든 상황과 성취를 초월할 때에만 궁극적일 수 있는 권위를 사취하게 된다. 인간의 권위가 진리추구의 조건들을 제한한다면 불가피하게 중요한 진리가 억압될 수밖에 없으며, 귀중한 문화적 열정들이 믿음에 의해 이해된 삶과 역사의 궁극적 진리에서 이탈하지 않도록 보존한다는 명분 때문에 그 열정들이 피지도 못하고 사장될 수밖에 없다.

　사실 인간의 마음은 다양한 분야의 문화에서 사물들 상호간의 관계를 분석함으로써 – 그 관계가 논리적 관계이든 생물학적 관계이든, 사회적 관계이든 심리학적 관계이든, 역사적 관계이든 철학적 관계이든 – 무한히 다양한 의미체계들을 발견하고 체계화할 수 있다. 만일 이런 부수적인 의미 영역들이 서로 침투하지 않는다면 그것들은 존재의 특성에 관한 우리의 이해를 더욱 풍성하게 하며 현실에 대한 우리의 통찰을 더욱 풍부하게 할 것이다. 더 나아가 그것들은 자연을 이용할 때나 사회적 세력들을 조정할 때나 개인적 삶을 수양할 때에 귀중한 행동지침들이다. 그런데 만일 이런 부수적인 의미영역들 중 어떤 한 영역이 전체의 의미를 결정하는 역할을 하게 된다면 문화적 추구는 우상숭배에 빠지게 된다. 삶의 의미에 결정적인 원인과 목표가 너무 성급하게 발견된 것이다. 말하자면 신이 발견되었지만 실제로는 신이 아니며, 결정적 심판의 원리가 발견되었지만 실제로는 결정적이지 못하며, 구원과 삶이 성취되었다고 주장되지만 결정적인 구원은 아니다.

자유로운 지식추구는 불가피하게 그런 다양한 우상숭배에 빠질 수밖에 없을 것이다. 기독교 신앙이 발견한 비극적이고 역설적인 의미보다 우월한 의미체계에서 세계를 이해했다고 주장하는 철학들이 있을 것이다. 역사에서 완벽한 형제애를 성취할 수 있는 길을 발견했다고 확신하는 사회철학들이 있을 것이다. 인간 실존의 모든 불안을 극복했고 따라서 모든 부패를 극복했다고 자처하는 정신병리학의 주장들이 있을 것이다. 심지어는 단순히 편의시설들을 확충함으로써 삶을 성취하고자 하는 기계적 계획들도 있을 것이다.

우리는 인간의 어떤 권위에 의해서도 이런 기만적 주장들에 대항해 복음의 진리를 보존할 수 없다. 따라서 문화가 우상화 되는 것을 막고자 하는 노력은 어리석은 일이다. 오류를 제거할 때 진리도 함께 제거될 수밖에 없기 때문이다. 밀과 가라지의 비유가 적절한 교훈을 준다. "둘 다 추수 때까지 함께 자라게 두라. 추수 때에 내가 추수꾼들에게 말하기를 가라지는 먼저 거두어 불사르게 단으로 묶고 곡식은 모아 내 곳간에 넣으라 하리라."(마 13:30)

그러므로 그런 노력은 무의미하게 될 것이다. 사람들이 궁극적 진리라고 생각하는 것에서 오류가 나타나기 전에는, 그리고 그들이 가장 자랑하는 의미체계의 한 부분에 도사리고 있는 무의미의 심연을 두려워하기 전에는 복음의 진리를 확신시킬 방법이 없기 때문이다. 사람들은, 다시 말해 기독교 신앙은 문화와 신앙과 관련하여 중세의 교회가 허용한 것보다 훨씬 더 자유롭게 인간의 문화적 삶의 능력과 열정을 효과적으로 이용해야 한다.

그러나 다른 한편 종교개혁은 문화적 노력을 통해서는 궁극적 지혜에 도달할 수 없다는 이유에서 그런 모든 노력을 부정하는 경향이 있었으며, 역사에서 보다 건전한 형제애를 성취하려는 노력은 구원에 이르지 못한다는 이유로 그런 노력에 무관심했다. 이것도 마찬가지로 잘못된 것이다. 우리 시대의 르네상스 사상가들은 아무 근거도 없이 카톨릭의 문화적 사회적 반계몽주의가 개신교의 그것과 동일한 것이라고 생각했다. 그들은 카톨릭과 개신교의 전략이 얼마나 다른지 거의 이해하지 못했다. 카톨릭이 반계몽적이라면 그것은 카톨릭이 지식탐구와 사회적 기관들의 개발을 성급하게 제한하고 억압하기 때문이다. 개신교가 반계몽적이라면 그것은 모든 인간이 비록 궁극적인 구원의 문제를 해결할 수는 없다 할지라도 고려해야 하는 사상과 삶의 문제들에 대해 개신교가 무관심했기 때문이거나 아니면 새로운 권위, 즉 성서의 권위를 내세워 복음에 내포된 삶의 궁극적 의미가 그 밖의 부수적인 모든 의미영역들을 대체하도록 만들거나 이런 부수적인 의미영역들을 수립할 필요가 없다고 생각하기 때문이다.

문화와 기독교 신앙 사이의 어떤 실현 가능한 종합도 – 그런 종합은 또한 은혜의 두 측면들 사이의 종합이기도 한데 – 궁극적인 인간의 상황을 무시해서는 안 된다. 모든 사회적 또는 도덕적 의무는 한편에서는 우리로 하여금 보다 높은 선의 가능성들을 실현할 수 있도록 인도해주며, 다른 한편에서는 역사에서는 선의 한계가 있음을 보여준다. 삶의 모든 신비 또는 인과적 관계의 복합성은 호기심이 많은 사람들로 하여금 그런 신비와 복합적 관계들을 이해하고자 노력하도록 자극하며, 그들 자신을 초월하는 하나의 신비를 조심스럽게 지시한다. 그러므로 만일 우리가 가장 적절한 대답과 해결책을 부지런히 추구하지 않는다면 인간 실존의 궁극적 문제를 이해할 수 있는 길이 없다. 그런 실존적 문제를 적절한 모든 가능성들과 지속적으로 관련시켜 생각하지 않는다면 궁극적 해결책의 정당성을 확인할 수 있는 어떤 길도 없다. 이런 문제를 바라보는 르네상스의 시각은 카톨릭이나 개신교의 시각보다 더 진정성이 있다.

종교개혁이 그런 종합에 가장 우선적으로 기여해야 하는 점은 삶과 역사를 은혜에 의해서이든 아니면 인간의 본성이나 역사적 과정에 내재하는 자연적 능력에 의해서 성취할 수 있다고 주장하는 카톨릭과 르네상스의 오만을 논박하는데 있다. 여기서 종교개혁은 구약성서의 예언자 정신에 암시되어 있었고 신약성서에서 명시적으로 드러난 삶과 역사의 궁극적 진리를 재발견했다. 이런 의미에서 종교개혁의 통찰은 카톨릭의 종합에서 구현된 진리를 능가한다. 그리고 그런 통찰은 카톨릭의 종합에서 성취된 헬레니즘과 예언자 정신 사이의 절충에서는 주장될 수 없다.

은혜의 양면성, 즉 삶의 가능성들을 성취해야 한다는 의무를 강조하면서 동시에 모든 역사적 현실들에 내재하는 한계와 부패를 강조하는 것은, 역사는 유의미한 과정이지만 스스로를 성취할 수 있는 능력이 없음을 의미하며, 따라서 역사의 완성을 위해 역사 저편에서 하나님의 심판과 자비가 있어야 함을 가리킨다. 그러므로 하나님의 진노와 하나님의 자비의 관계에 관해 역설적 견해를 주장하는 기독교의 대속이론은 이런 역사해석의 핵심이다. 하나님의 진노와 심판은 역사의 진지성을 상징한다. 선과 악 사이의 차이들은 중요하며 궁극적 의미를 가진다. 선은 철저하게 실현되어야 한다. 곳간에 저장된 것은 가라지에서 골라낸 밀이다. 이것은 유한한 흐름에서 행한 선이 흐름 저편에서 중요함을 의미한다.

한편, 낯선 방식으로 성취하지만 여전히 하나님의 심판과 모순되는 하나님의 자비는 모든 역사적 선이 불완전함을 가리키며, 모든 역사적 성취들에는 악의 부패가 있음을 가리키며, 모든 역사적 의미체계들은 불완전함을 가리킨다. 악을 스스로 담당함으로써 그 악을 파괴하고 변화시키는 방법을 아는 영원한 자비가 없다면 말이다.

그러므로 기독교의 대속이론은 납득할 수 없는 어떤 미신적인 잔존물이 아니며 전혀 납득할 수 없는 신앙의 한 항목도 아니다. 사실 그것은 인간의 지혜와 정면으로 배치된다. 세상의 모든 신비들이 인간의 정신에 의해 통찰될 수 있다고 확신하는 자신만만한 눈으로 세상을 바라보는 지혜에게는 이해할 수 없는 것이기 때문이다. 그렇지만 그것은 지혜의 시작이다. 그것은 인간이 해야 하는 것과 할 수 없는 것에 관해, 인간의 의무와 그 의무를 성취할 수 없는 무능력에 관해, 역사에서의 결정들과 성취들의 중요성에 관해, 그리고 그런 결정들과 성취들이 궁극적으로 무의미함에 관해 기독교 신앙이 주장하는 모든 것을 상징적으로 포함하고 있기 때문이다.

8장

진리를 가지면서 동시에 가지지 못함의 역설

8장

진리를 가지면서 동시에 가지지 못함의 역설

은혜에 관한 기독교의 견해가 참이라면 모든 역사는 역사의 의미가 드러나서 성취되기까지의 "중간기"이다. 이 시기에는 삶의 의미가 부분적으로 실현될 뿐만 아니라 왜곡되어 타락하기도 한다. 구원이 사악한 부패의 제거를 보장하는 것은 아니다. 사실 타락은 구원 받은 사람들이 타락에서 완전히 해방되었다고 주장할 때마다 더 강하게 나타난다. 그러나 모든 역사적 성취들이 죄에 오염되었다고 해서 그런 성취들의 가능성이 사라지는 것은 아니며 역사에서 진리와 선을 실현해야 할 의무가 사라지는 것도 아니다. 만일 역사에서 성취된 의미들에 대해 순수성이 성급하게 요구되지 않는다면, 그렇게 성취된 의미들을 실제로 훨씬 더 흠이 없을 것이다. 역사의 모든 활동들은 은혜의 이런 역설에서 이루어진다.

이런 활동들은 대체로 진리에 대한 탐구와 다른 동료들과의 공정하고 친밀한 관계라는 두 범주로 구분될 수 있을 것이다. 이런 범주들에는 사회의 문화적 문제와 사회-도덕적 문제가 포함된다. 역사에서 진리와 정의가 성취되고 있지만 여전히 성취되고 있지 못하다는 역설이 얼마나 사실에 부합하는지, 그리고 그런 역설에 대한 우리의 이해가 우리의 행위에 얼마나 영향을 미치는지 또는 미칠 수 있을지 알기 위해서는 이런 두 유형의 역사적 활동을 차례로 연구하는 것이 좋을 것이다.

1. 진리의 문제

문화 분야에서 이상적인 가능성과 악한 현실 사이의 역설에 관해서는 이미 논의되었다(참조, 1권 7장). 자연과 역사를 초월하는 인간 정신의 자유는 '우리의 진리'가 '그 진리' (절대적 진리)라고 생각하는 것을 불가능하게 만든다. 합리적인 자기초월의 능력은 우리의 유한한 관점을 보다 포괄적인 진리의 빛에서 판단할 수 있도록 해주는 새롭고 보다 높은 차원의 관찰점을 지속적으로 열어준다. 한편, 자연과 역사의 과정에서 벗어날 수 없는 우리의 유한성 때문에 우리의 진리탐구는 궁극적으로 한계를 가질 수밖에 없으며, 최고의 문화라 할지라도 부분성과 특수성에서 벗어날 수 없다. 따라서 인간의 문화는 유한성과 자유, 제한성과 무한성의 긴장 아래 있다.

이런 긴장관계 이외에도 두 가지 복합적인 요소들이 더 추가되어야 한다. 인간의 인격성은 생명력과 합리적 능력의 유기적 통일체이기 때문에 합리적 이해는 단순히 유한한 정신의 한계에 의해 제약될 뿐만 아니라 인간의 생명력에 의해 그 과정에서 발생하는 격정과 편견에 의해 영향을 받기도 한다. 따라서 진리인식은 불가피하게 편견에 의해 "이데올로기적으로" 착색되기 때문에, 우리의 진리이해는 절대적인 '그' 진리에 대한 인식이 아니라 '우리의' 상대적 인식이 된다. 더 나아가 문화적 탐구는 인간이 언제나 그의 유한한 관점들을 성급하게 절대시함으로써 왜곡되어진다. 이런 주제넘은 주장은 문화에 내재하는 사악한 요소이다. 그런 주장은 단순히 우리의 관점들이 가지는 유한성을 부정하려는 것이 아니다. 그것은 우리의 지식에 착색된 편견과 격정을 은폐하고 모호하게 하려는 시도이다. 이런 교만이 바로 "이데올로기"의 정체이다. 그런 교만이 없다면 모든 지식의 단편성은 무해하며, 사람들로 하여금 다른 사람들의 단편적 관점들로부터 자신의 불완전한 지식을 보완하고 완성하도록 격려할 것이다. 죄가 인간의 합리적 능력을 파괴하지 않았고 또 파괴할 수 없거나 그들을 완전히 부패시킬 수 없는 한 그런 보완은 문화적 과정에 영원히 존재하는 요소이다.

지식의 유한성을 부정하고 궁극성을 주장하는 것은 언제나 부분적으로는 우리의 무지를 알지 못하는 것이다. 그것은 우리의 자기초월 능력에 내재하는 오류이다. 그러나 이런 능력은 인간의 본성에 속하기 때문에, 궁극성 주장은 언제나 부분적으로는 우리의 진리인식이 가지는 단편성과 편견을 은폐하려는 의도적인 노력이다. 우리는 단지 우리의 무지를 알지 못하는 것이 아니라 진리를 제대로 알지 못하는 것이다.

이런 문제에 대해 기독교는 그리스도 안에서 진리를 이해해야 한다고 대답한다. 이런 진리이해는 삶과 역사에 관한 진리로서 우리의 진리인식에서 타당한 것을 실현시키고 사악한 것을 부정하는 것이다. 그런 진리이해는 타당한 것을 실현시킨다. 왜냐하면 인간은 그의 자기초월 능력에 의해 자신의 저편에 중심과 원천을 가지는 의미가 드러나기를 기대하고 추구할 수 있기 때문이다. 그런 진리이해는 사악한 것을 제거해 준다. 왜냐하면 그것은 인간이 바라고 기대하는 모든 것에서 부적절한 의미영역의 중심인 자아를 중심으로 – 그 자아가 개별적인 자아이든 아니면 집단적 자아이든 – 삶의 의미를 완성하고자 하는 요소를 차단해 주기 때문이다. 따라서 사람들은 참 그리스도를 기다리기도 했지만 동시에 거부하기도 했다. 말씀(로고스)이 육신이 되었을 때 "빛이 어둠에 비치되 어둠이 깨닫지 못하였다."(요 1:5) 그렇지만 이 진리가 모든 사악한 진리와 모순됨에도 불구하고, 아니 오히려 그렇기 때문에 그 진리를 받아들일 수 있다. 그렇게 진리를 받아들임으로써 믿는 사람은 원칙적으로 역사에서 그 진리를 이기적으로 왜곡시키지 않을 수 있게 된다. "영접하는 자 곧 그 이름을 믿는 자들에게는 하나님의 자녀가 되는 권세를 주셨으니."(요 1:12)

우리는 이미 앞에서 역사에 계시되어 역사에서 거짓의 어두움을 정복하는 기독교적 로고스 개념과 인간에 내재하는 로고스를 유한성의 조건들로부터 해방시킴으로써 진리가 성취된다고 주장하는 고전문화의 로고스 이론 사이의 차이를 논의했다. 여기서는 성서의 이론을 성서적 해석의 토양에서 등장한 두 개의 대안적 이론들과 대비시켜 고찰할 필요가 있다. 인간에 내재하는 영원한 신적인 요소는 역사에서의 유한성의 조건들에 제약되지 않는다고 주장하는 기독교 신비주의는 성서적 교리에 대한 하나의 대안으로서 고전적 로고스론을 채택했다. 보다 유력한 현대의 대안들은 진리 문제에 관한 기독교적 해석과 미묘하게 혼합되어 있다. 첫 번째 대안에 따르면 진리는 단지 원리에 있어서만이 아니라 실제로도 그리스도를 받아들인 사람들의 마음속에 확립된다. 그들은 진리를 이해하고 있기 때문에 더 이상 죄인이 아니다. 또 다른 대안에 따르면 역사에서 문화가 진보함에 따라 점진적으로 완전한 진리가 이해된다.

첫 번째 대안은 문화영역에서 "성화"에 관한 카톨릭의 해석임이 분명하다. 물론 역사에서 오염되지 않고 진리를 성취할 수 있다는 이런 오만한 주장은 그런 견해가 가장 정확하게 정의된 그 기관에만 한정되지 않는다. 그런 해석은 모든 형태의 기독교에서 끊임없이 반복되는 오류이다. 그리고 이런 전제하에서만 카톨릭의 그런 해석은 "카톨릭적인" 해석으로서 올바르게 정의된다.

두 번째 대안은 문화적 문제에 대한 "르네상스" 방식의 대답임이 분명하다. 르네상스의 이런 대답에는 고전적인 견해와 기독교적 견해가 결합되어 있다. '로고스' 교리는 역사적 의식에 의해 변화되었다. '로고스'는 더 이상 역사와 분리됨으로써 정화되지 않는다. '로고스'는 역사 자체의 과정에 의해 정화된다. 사실 역사는 '로고스'의 단계적인 출현과 정화의 기록이다. 어떤 의미에서 헤겔주의는 역사에서의 진리 문제를 르네상스 방식으로 해결하고자 한 가장 완벽한 설명이었다. 물론 지혜와 진리의 축적을 주장하는 자연주의적 해석들이 - 이런 해석들은 관념론을 거부함에도 불구하고 헤겔주의의 표현들인데 - 있었음에도 불구하고 말이다.

만일 우리가 이런 대안들을 성서적 교리와 대립시킨다면 그것은 물론 "성서적"이란 용어를 통해 기독교 역사에서, 특히 종교개혁에서 표현된 은혜의 역설을 강조하기 위한 것이다. 기독교 역사에는 기독교인들은 이기주의적으로 진리를 왜곡하지 않는다는 주장들만 있었던 것이 아니다. 부분적으로는 이런 주장들에 대한 반작용으로 표현방식은 다르지만 문화와 진리의 영역에서의 "구원"은 진리를 가지면서 동시에 가지지 못함이라는 깨달음들이 있었으며, 진리를 가졌다고 주장하는 것은 새로운 거짓으로 인도한다는 각성들도 있었다. 이것은 은혜의 역설이 진리에 적용된 것이다. 기독교 계시에 함축된 진리는 인간은 진리를 완전히 알 수 없으며 그가 진리를 가졌다는 위선의 오류를 피할 수도 없다는 인식을 포함한다. "은혜"는 언제나 "본성"과 부분적으로 모순된다는 사실과, 은혜는 단순히 본성의 완성이 아니라는 사실이 인식되었다.

이런 역설에 대한 바로 그런 이해는 그 자체로 은혜의 양면성을 표현하는 것이다. 그런 이해는 인간의 모든 사상을 넘어서는 사상이며, 단지 간접적으로만 생각에 영향을 줄 수 있다. 왜냐하면 우리가 우리의 생각과 행위에서 진리를 확립하고 진보시키고자 노력하는 동안 진리에 내재하는 이기적 부패를 완전히 의식하는 것은 불가능하기 때문이다. 그러나 깊은 신앙을 통해 편향된 생각과 행위를 초월하는 순간에는 그런 부패를 의식하는 것이 가능하다. 그리고 이렇게 우리의 편향된 사고와 행위를 통찰함으로써 우리의 진리를 비판하고 우리의 행위를 방해하는 사람들에 대해 동정심을 가지고 용서하는 것도 역시 가능하다. 그러나 "은혜"는 오직 은혜와 "본성"(이 경우에는 왜곡된 진리) 사이의 모순이 이해될 때에만 우리의 생각과 행위를 완전히 정화시킬 수 있다. 바로 여기에 용서의 비밀이 있다. 원수에게 자비를 베푸는 것은 오직 자신이 죄인임을 인식하는 사람들에게만 가능하다.[254]

---

254 이 문제에 대한 틸리히의 분석은 – 나는 그의 이런 분석에 크게 빚지고 있는데 – 다음과 같은 논리를 따름으로써 모든 역사적 진리의 모호성을 확실히 초월한다. "진리를 상대화시키는 모든 것과 마찬가지로 지식의 특성이 하나의 결정이라는 이론은 자신을 상대화시키며, 따라서 자기모순이다. … 하지만 모든 지식에 대해 타당한 것이 지식의 지식에도 타당할 수는 없다. 그렇지 않으며 그것은 더 이상 보편적 의미를 가지지 못할 것이기 때문이다. 반면에, 만일 하나의 예외가 인정된다면 존재의 단일성은 조금이라도 파괴된다. … 그것이 가능한가? 존재의 모호성이 존재의 어떤 장소에서 제거될 수 있다면 그것은 불가능할 것이다. 지식에 속하는 것은 그것이 무엇이든 모호성에서 벗어날 수 없다. 그러므로 존재의 모호성이 존재의 어떤 장소에서 제거될 수 있다는 명제는 지식과 관련된 논의에서는 성립될 수 없다. … 그것은 절대적인 것에 대한 지식의 관계를 표현하는 것이어야 한다. … 모호성에서 벗어난 판단은 … 단지 절대적인 것과 상대적인 것의 관계에 관한 근본적인 판단뿐이다. … 이런 판단의 내용은 우리의 주관적 생각은 결코 절대적 진리에 이를 수 없다는 판단이다. 이런 판단은 분명 그 판단을 표현하는 어떤 표현형식들에도 의존하지 않는 절대적 판단이다. 그것은 진리로서의 진리를 구성하는 판단이다." Paul Tillich, *The Interpretation of History*, pp. 169, 170.
모든 상대적인 사상을 초월하며, 사상의 유한성을 깨달음으로써 그의 초월성을 입증하는 사상에 관한 틸리히의 분석은 자신의 유한성을 이해하는 능력에서 드러난 인간 정신의 궁극적인 자기초월성을 정확하게 정리하고 있다. 그의 분석은 이런 실상을 철학적으로 정리한 것이며, 따라서 죄의 문제가 아니라 유한성의 문제를 다룬다. 죄는 유한성을 인정하기를 거부하는 것이다. 정신은 그의 유한성을 인식하는 능력을 가지고 있다. 바로 그렇기 때문에 유한성을 인정하지 않는 것은 죄이다. 정신이 그렇게 유한성을 인정하지 않을 때, 정신의 악한 자기우상화는 "은혜"의 힘에 의해 와해되어야 한다.
그러므로 틸리히가 기술하고 있는 것은 내가 전에(1권 10장) "타락 이전의 완전성", 즉 현실성으로서가 아니라 가능성으로서 모든 행위 위를 맴도는 완전성이라고 정의한 것그러나 반대의 "진리"를 주장하는 사람을 동정하고 용서할 수 있게 해주는 바로 그 거룩한 인식(죄인이라는 감정)이 영혼으로 하여금 그 영혼이 고수하는 그리고 그의 행동지침이 되는 진리를 가장 부지런히 정화시킬 수 있도록 하기도 한다. 따라서 전통적으로 "성화"와 "칭의"라고 정의된 은혜의 양면성은 다른 영역에서와 마찬가지로 문화의 영역에서도 더 이상 서로 모순되지 않는다.

진리 문제에 대한 이런 접근방식이 성서적인 것이라고 정의되고, 은혜의 성서적 역설이 종교개혁에서 최고조에 달한 기독교 역사의 빛에서 이해된다면, 진리와 문화의 문제를 처리할 때 종교개혁이 하나의 특별한 역사적 사건으로서 성공적이었다고 볼 수는 없다. 복음의 이런 역설이 얼마나 잘 이해되었는지, 그리고 그 역설이 얼마나 순수하게 경험되었는지에 관한 시금석은 기독교인들이 그들과 다른 확신을 가지는 사람들에 대해 취하는 태도이다. 다시 말해, 그 시금석은 관용의 문제에서 발견될 수 있다. 그 시금석을 만족시키기 위해서는 단순히 우리와 다른 신앙을 가지는 사람들에 대해 관용적 태도를 취하는 것만으로는 충분하지 않다. 그 시금석은 이중적이다. 그것은 결정적인 확신을 고수하고 실천하는 능력을 포함하며, 우리와는 달리 진리가 아닌 확신들에 집착하는 사람들을 용서하는 정신의 능력도 포함한다. 그런 기준에서 판단해 볼 때 종교개혁은 다른 유형의 기독교 신앙들과 비교하여 더 나은 점이 거

과 일치한다. 만일 이런 가능성이 조금이라도 실현된다면 그것은 은혜의 영역에 속한다. 그리고 그것은 단순히 정신의 천부적 역량, 즉 정신의 자기초월 능력 때문이라 할 수는 없다. 그런 능력이 없다면 사실상 "은혜를 위한 접촉점"이 없을 것이다. 즉 정신이 자기충족적이고 보편적이라는 착각을 깨뜨리지 않는다면 인간의 정신에 내재하는 자기초월성의 첨탑이 보편적 정신, 즉 하나님이 될 때까지 그 첨탑을 확장하려는 노력이 – 관념론 철학에서 그렇듯이 – 이루어지게 될 것이다.
바로 이런 이유 때문에 인간의 문화에서 상대적인 것과 절대적인 것의 진정한 "변증법"은 원칙적으로 오직 기독교 신앙에서만 진지하게 수용되었다.

의 없다. 더 나아가 기독교 역사에는 종종 다른 문화들의 우상숭배와 마찬가지로 한심한 광신주의들이 등장하였다.

기독교 역사에서 볼 때 기독교인의 삶에서 드러난 그런 은혜는 인간을 정신의 유한성 이상으로 고양시키지 못한다. 그리고 그런 은혜는 유한성을 초월했다고 주장하는 죄에서 인간을 구원하지도 못한다. 지리적 조건과 기후적 조건, 계급적 차이와 경제적 환경, 민족적이고 인종적인 특수성, 모든 종류의 역사적 제한들에 의해 야기된 교회의 분열은 은혜에 의해 사는 사람들이 여전히 유한성에서 벗어나지 못함을 입증해 준다.[255] 광적으로 치열한 종교적 논쟁, 신학논쟁에서 야기된 증오심, 교파간의 경쟁과 과장된 주장들은 모두 "구원받은 사람들"의 삶에 여전히 죄의 힘이 작용하고 있음을 보여주며, 죄가 거룩성의 위선을 이용하고 있음을 보여준다.

사실 기독교를 적대하는 사람들은 종종 기독교에서 모든 허위의식들이 근본적으로 파괴되었다고 생각하기 보다는 오히려 기독교가 무절제한 역사적 주장들과 허위의식들의 온상이라고 생각한다. 그리고 그들은 탄식하면서 종교가 무너지기를 바란다. 그것이 인류를 광신주의로부터 해방시키는 유일한 길이라고 생각하기 때문이다. 물론 종교를 적대하는 사람들은 그들이 여러 종교들에 의해 야기된 어떤 것보다도 더 근본적인 문제를 다루고 있음을 알지 못한다. 그들은 그 문제가 역사에서 상대적인 것과 절대적인 것의 문제임을 알지 못하며, 그 문제가 기독교에 의해 근본적으로 해결되었음을 알지 못하며, 기독교 신앙이 그것보다 더 많은 것을 요구하면 문제를 더 악화시킬 수도 있음을 알지 못한다. 그러나 그들은 세속의 문화에서 제시된 대안적 해결책들이 우리를 회의주의나 새로운 광신주의의 늪에 빠뜨린다는 사실을 알지 못한다.

---

255 참조, H. R. Niebuhr, *The Social Sources of Denominationalism*.

2. 관용의 시금석

만일 우리가 다양한 유형의 기독교 신앙형태들이 복음의 지혜에 얼마나 가까이 접근해 있는지 결정하기 위해 그들에게 관용의 시금석을 적용한다면, 우리는 몇몇 명백한 결과들을 발견하게 되는데, 어떤 결과들은 그들이 보다 충분히 탐구되기 전에는 놀랍게 보일 것이다. 기존의 결론에 따르면 카톨릭은 원칙적으로 관용적이라기보다는 오히려 편협하다. 이것은 놀랍지 않다. 진리 문제와 관련하여 성화에 관한 카톨릭의 생각은 은혜에 관한 카톨릭의 일반적인 이론들과 일치하기 때문이다. 그런 역사적 탐구의 더 놀라운 결과는 종교개혁 신학이 실제로는 종교개혁의 은혜론과 칭의론과 일치하는 지성적 논쟁 분야에서 회개하는 영혼과 깨어진 마음의 열매를 맺지 못했다는 사실이다. 이런 실패의 원인은 부분적으로는 우리의 일반적 관찰에서 예견되었던 것이지만, 관용의 시금석에 비추어 생각되어야 한다. 현대사에서 관용의 주된 원천은 르네상스 운동의 다양한 세력들인 분리파 운동과 비종교적 운동에 있었다. 그러나 "자유로운" 정신의 관용적 태도가 관용의 시금석이 가지는 두 측면들을 모두 만족시키느냐 아니면 한 측면만 만족시키느냐 하는 것을 조사할 필요가 있다. 그 정신은 상반되고 모순적인 견해들과 의견들을 포용하면서 사상과 행위 사이에서 역동적이고 유기적인 관계를 유지하는가?

1) 카톨릭과 관용

카톨릭은 그의 전체적인 역사에 의해 그리고 그의 특수한 은총론에 의해 진리의 무조건적인 소유를 주장하지 않을 수 없다. 문화 분야에서의 이런 주장에서 카톨릭은 분명 은혜의 성서적 역설을 파괴한다. 카톨릭은 소유될 수 없는 것을 단순한 소유로서 가진다고 주장한다. 카톨릭은 신앙형태의 차이에 대해서는 때에 따라 그의 태도를 약간 바꿀 수도 있다. 그러나 자신만이 진리와 총체적 진리를 소유하고 있다는 확신에 있어서는 전적으로 일관되며 단호하다.

현대 카톨릭에서 아우구스티누스주의 사상의 대표적 인물들 중 하나인 에릭 프르지와라(Erich Przywara)는 종교재판에 관해 다음과 같이 말한다. "도미니카 수도회는 어쩔 수 없이 종교재판의 하수인이 되었다. 이것은 일종의 광신주의 때문이 아니라 – 위대한 도미니카 수도회 사람들은 모두 어린이처럼 겸손하고 심지어는 민감한 감수성을 가지고 있었다 – 영원한 진리를 위해 모든 개인주의를 포기하기 때문이었다. ... 하나님은 절대적 진리이다. 그러므로 그 진리를 섬기는 것은 하나님을 섬기는 것이다. ... 도미니카 수도회는 측량할 수 없는 섭리에 의해 세상 가운데서 유일한 진리를 신성하게 수호하는 임무가 자신에게 맡겨졌다고 생각한다. ... 그렇지만 그 수도회는 세상에 있는 동안 세상을 영원한 하나의 진리에 복종시키는 단 하나의 과업을 가지고 거기 서있다. 개체성과 존재에 기인하는 모든 흥망성쇠와 거리가 먼 진리."[256] 그러나 종교재판소의 이런 오만한 칭의는 수긍하기 어려운 점이 있다. "영원한 하나의 진리"라는 관념에는, 평범한 사람들은 "개체성과 존재에 기인하는 모든 흥망성쇠와 거리가 먼 진리"에 도달할 수 없다는 사실이 은연중에 내포되어 있

---

256 Erich Przywara, *Polarity*, p. 106.

기 때문이다. 이런 오류가 모든 종교재판의 뿌리이다.

사실 프르지와라가 단언하듯이 카톨릭 신자들은 개인적으로는 겸손하며 죄를 깊이 뉘우치고 있을 수도 있으며, 따라서 자기 자신의 개인적 진리해석을 열정적으로 추구하는 개신교 개인주의자들보다 못하지 않을 수도 있다. 그러나 제도로서의 카톨릭 교회는 다른 이론에 대해 관용적이지 않다. 카톨릭의 비관용적인 편협성은 자신의 진리해석과 다른 해석에도 진리가 있을 수 있다는 가능성을 인정하지 않을 뿐만 아니라 기독교의 다른 종파들의 신앙고백을 포함하여 다른 종교들의 신앙고백을 금지하려 하기도 한다.

영국에서 엘리자베스 1세 시대에 대표적으로 비관용적이었던 예수회 신부 로버트 파슨스(Robert Parsons)는 카톨릭 교회의 논리를 다음과 같이 정의하였다. "만일 어떤 종교를 가지고 그 종교에 철저히 귀의한 모든 사람이 이 유일한 진리가 자신의 종교에 있다고 생각하지 않을 수 없다면 그는 당연히 자기 종교 이외의 모든 종교들은 거짓이고 오류라는 확신을 가져야 하며, 결과적으로 모든 집회들, 비밀집회들, 그리고 그런 유의 모든 공적인 활동들은 악한 것이며 하나님을 욕되게 하는 것이라는 확신을 가져야 한다." 파슨스는 이런 논리에 근거하여 비록 다른 종교들이 진리라 할지라도 그 종교로 개종하지 않을 것이라고 단언하기까지 하였다. "(비록 다른 종교들이 진리라 할지라도) 내가 그 종교로 개종한다면 나에게 저주가 있을 것이다. 유일하게 나를 심판할 수 있는 나의 관점과 판단과 양심에서 볼 때 그 종교들은 하나님의 원수처럼 보이기 때문이다."[257]

한 국가에서 교회가 공적인 신앙고백을 독점해야 한다고 주장하는 카

---

[257] W. K. Jordan, *The Development of Religions Toleration in England*, Vol. I, p. 390. 이 문제를 연구하는 사람들에게 조던의 이 책은 필독서이다.

톨릭 교리는 교황 레오 13세의 회람서 "하나님의 불멸성"(Immortale Dei)에 다음과 같이 공식적으로 정의되어 있다. "어느 누구도 하나님께 드려야 할 예배에 게을러서는 안 된다. 그리고 모든 인간의 가장 중요한 임무는 종교의 가르침과 실천에 철저히 따르는 것이다. … 그들이 좋아하는 종교가 아니라 하나님이 기뻐하시는 종교, 가장 명백한 징표들에 의해 유일한 참 종교임이 입증되는 그런 종교 말이다. … 하나님이 없는 것처럼 행동하는 것은 가장 큰 죄이다. 마찬가지로 한 국가에서 종교에 무관심한 것도 죄이다. … 또는 많은 종교들 중에서 마음에 드는 종교를 택하는 것도 죄이다. 우리는 하나님이 자신의 뜻을 계시해 주신 바로 그 방식으로 하나님을 예배해야 하기 때문이다." 현대의 어느 카톨릭 신학자는 레오 교황의 이런 공식적 회람에 대해 논평하면서 다음과 같이 주장한다. "만일 국가가 종교를 조장하고 고백하도록 강요된다면 국가는 참된 종교만을 조장하고 고백하도록 해야 한다. 어떤 개인이나 어떤 단체나 어떤 국가도 오류를 지원해서는 안 되며, 오류를 진리와 동일하게 인정해서도 안 된다."[258]

---

258 John A. Ryan and J. Boland, *Catholic Principles of Politics*, p. 314. 저자들은 이 입장이 "편협하기는 하지만 비합리적이지는 않음"을 인정한다. 왜냐하면 "오류가 진리와 동일한 권리를 가질 수 없기 때문이다." 그 저자들에 의하면 오직 국민의 대다수가 카톨릭 신자일 때에만, 그리고 그렇기 때문에 "실용적인 사람은 어느 누구도 그 입장이 그의 냉정함을 흔들도록 허용하지 않을 정도로 그 입장의 실제적 실현가능성이 시간과 확률에 있어서 희박해 보일 때에만" 공식적 입장이 다른 종교들을 억압하도록 요구한다. 그들은 비카톨릭 국가들에 있는 카톨릭 신자들이 교회에 대한 적대감을 피하기 위해 이 교리를 부정해서는 안 된다고 경고한다. 왜냐하면 그들은 "대다수의 우리 동료 시민들은 진리에 대한 우리의 헌신을 존중할 수 있을 정도로 충분히 품위가 있고, 미국에서 비카톨릭 신자들에 대한 종교적 불관용의 위험이 있을법하지 않고 앞으로도 그렇기 때문에 시간과 정력을 낭비할 필요가 없다"고 믿기 때문이다. *Ibid.*, p. 321.
이런 기묘하고도 설득력 없는 논리는 교회가 그의 선입견에 의해 갖게 되는 불관용이 시민의 평화와 시민의 자유에 모두 실질적으로 위협한다는 사실을 인정하는 것이다. 비카톨릭 신자들은 종교적 다양성이 일단 역사적으로 확립되면 교회는 그의 이론을 실현시킬 수 없다는 확신을 가지고 안심한다.

"진리"와 "오류" 사이의 단순한 구분은 카톨릭 교회의 가르침에서 "정의"와 "불의" 사이의 단순한 구분과 마찬가지로 "우리의" 진리는 모든 강압적인 수단과 설득수단을 동원해 믿음을 대적하는 "거짓"을 파괴하고 억압해야 한다는 무섭고도 애처로운 환상의 편리한 도구이다. 왜냐하면 그런 구분은 인간의 모든 지식이 가지는 모호성을 무시하며, 가장 순수한 진리에도 오류가 있으며 가장 분명한 오류에도 구원하는 진리가 있음을 무시하기 때문이다. 그런 구분은 카톨릭 교회로 하여금 "하나님의 원수들"과 "그리스도의 원수들"에 대해 적대감을 가지게 한다. 교회는 교회의 권위에 대한 반란과 혁명이 일어나는 원인은 하나님이나 그리스도에 대한 미움 때문이 아니라 그리스도를 문화와 문명의 역사적 상대성을 은폐하기 위한 수단으로 부당하게 이용하는 것에 대한 분노 때문이라는 사실을 알지 못한다. 이런 분노를 야기하는 것은 그리스도가 아니라 "나의" 그리스도이다.[259]

카톨릭의 이런 오류에 대한 그리스 정교회의 견해는 로마 카톨릭의 견해와는 약간 다르다. 그 차이는 은혜에 관한 보다 신비적인 견해에 있다.

---

259 스페인내전 당시 스페인 주교들의 목회서신(1937년에 출판됨)에는 카톨릭 교회의 이런 환상이 생생하게 표현되어 있다. 그들은 공동체 내에서 교회에 대한 미움을 다음과 같이 기술하고 있다. "예수 그리스도와 성모 마리아에 대한 미움은 하나님의 성사를 비웃는 공산당원들(red trenches)의 비열한 작품에서 절정에 달했다. 성체를 모독하는 거듭된 행위들에서 우리는 우리의 가련한 공동체에 만연된 미움을 엿볼 수 있다.... 어떤 군인이 성합 속에 들어있는 우리 주님에게 말했다. '나는 당신에게 복수하기로 맹세했습니다.' 그러면서 그는 주님에게 권총을 겨누고 말사하면서 말했다. '공산당에게 항복하시오. 마르크스주의에게 항복하시오.'"
그리스도를 제단 위에 놓인 "성체"와 동일시하는 것은 카톨릭 교회가 범한 오류의 완전한 결과이다. 제단의 성체는 역사적으로 관습화된 궁극적 신성의 상징이다. 모든 역사적 상징들에는 신성이 남용된 흔적이 있다. 왜냐하면 그런 상징들은 "나의" 문명과 문화와 가치들이 가지는 부분적이고 특수한 가치들을 절대적으로 신성시하기 때문이다. 그러므로 우리는 우리를 적대시하는 사람들의 신성모독에 대해 불만을 가지지만 우리의 대적에 의한 그런 신성모독은 언제나 – 적어도 부분적으로는 – 우리 자신의 신성남용에 대한 반작용이다.

동방교회는 "은혜"를 시간과 유한성에 대한 영원성의 승리로 간주한다. 따라서 어느 정교회 신학자는 교회가 소유한 절대적 진리를 시간 속에서 영원성의 성취라고 정의한다. 그에 의하면 "교회의 보편성은 교회의 경험이 모든 시대에 보편적이라는 사실에서 가장 분명하게 발견된다. 교회의 삶과 실존에서 시간은 신비한 방식으로 극복되고 정복된다. 말하자면 시간이 정지한다. 은혜는 시간의 흐름에 의해 형성된 장벽 때문에 분리되었던 것을 삶의 보편적 통일성으로 통합하는 능력을 가진다. 시간은 바로 이런 은혜의 능력 때문에 정지한다."[260]

영국의 카톨릭 교회는 로마 카톨릭이 자랑할 수 있는 그런 실제적인 역사적 보편성이 결여되어 있기 때문에 로마 카톨릭처럼 그렇게 일관되게 오만한 주장을 하지 않을 수 있었다. 그러나 그 교회도 역시 교회가 획득한 진리에 내재하는 우연적이고 사악한 요소를 인식하지 못한다. 이런 오류 때문에 그 교회는, 교회일치 운동은 공동의 믿음과 공동의 "질서"에 기초해야 한다고 주장함으로써 카톨릭 이외의 교회들이 추진하는 교회일치 운동에 혼란을 야기하고 있다. 그러나 교회의 "질서", 교회의 의식과 교회의 정치조직은 명백하게 역사적 우연성의 영역에 속한다. 이런 사실을 인식하지 못했기 때문에 로마 카톨릭 교회에 속하지 않는 카톨릭 진영은 그의 질서가 보편적인 교회에 유일하게 가능한 질서라고 고집할 수밖에 없었다. 이런 사악한 영적 제국주의의 논리는 일반적으로 죄의 논리와 일치한다. 그 논리는 자신의 관점이 가지는 유한성에 대해 무의식적으로 무지한 것이며, 그것을 의식적으로 부정하는 것이다. 영국 카톨릭 교회는 단지 이런 죄를 공공연히 드러내는데 그치지 않았다. 그 교회는 특히 "은혜"의 영역에 유한한 측면들이 있음을 보지 못했으며, 따라서 그가 주장하는 성화론적 교회론을 스스로의 행위에 의해 부정하게 된다

---

260 Rev. G. V. Florovsky, *The Church of God: An Anglo-Russian Symposium,* p. 62.

는 사실을 알지 못했다.[261]

2) 종교개혁과 관용

이미 논의되었듯이 종교개혁의 "믿음에 의한 칭의" 교리는 그의 성화론과의 관계에 있어서 은혜의 양면성에 관한 결정적인 인식을 나타낸다. 은혜의 역설, 즉 은혜는 가짐이면서 동시에 가지지 않음이라는 역설은 문화와 진리의 영역에도 삶의 모든 다른 영역에서와 마찬가지로 동일하게 적용된다. 그러나 종교개혁은 그것을 문화와 진리의 영역에 적용하는데 실패했다. 종교개혁의 열광주의는 카톨릭의 편협성과 마찬가지로 교회와 시민사회의 평화를 모두 깨뜨렸다. 종교개혁은 자신의 복음해석과 다른 입장을 가지는 사람들을 대할 때 특히 "회개에 합당한 열매"가 없었

---

261 이런 총체적인 문제는 교회를 분열시키는 모든 차이들과 상대성들을 무시한 채 주의 만찬의 성례전을 교회통합의 순수한 상징으로 만들려는 노력들에서 가장 잘 드러난다. 이 성례전이 특별한 어떤 "제도"에 따라 집행되어야 한다는 주장은 그것이 어떤 주장이든 불가피하게 공동의 성례전 의식을 방해함으로써 새로운 교회분열을 야기하거나, 서로 다른 종파의 기독교인들에게 통일을 위해 하나의 행정체제를 수용하도록 강요함으로써 새로운 제국주의를 야기한다. 바울의 다음과 같은 교훈에 귀를 기울일 필요가 있다. "직분은 여러 가지나 주는 같으며, 또 사역은 여러 가지나 모든 것을 모든 사람 가운데서 이루시는 하나님은 같으니."(고전 12:5-6)
이런 성례전은 결코 교회일치의 효과적인 상징이 될 수 없다. 그 성례전이 가지는 근원적인 종말론적 동기가 새로이 강조되지 않는다면 말이다. "너희가 이 떡을 먹으며 이 잔을 마실 때마다 주의 죽으심을 그가 오실 때까지 전하는 것이니라."(고전 11:26) 성례전에서의 이런 종말론적인 강조는 교회의 종말론적 성격을 정확하게 표현하고 있다. 교회는 그가 본질적으로 원하는 통일성을 실제로는 가지지 못한다. 현실의 통일성에는 서로 다른 역사의 흔적들과 본성과 죄의 패리들의 흔적이 남아 있다. 교회는 이런 차이들을 완전히 극복할 수 없다. 그러나 만일 그런 차이들을 극복할 수 없다는 것을 보다 겸손하게 인정하면 그런 차이들을 보다 완전하게 극복하게 될 것이다. 따라서 교회는 기억하고("나를 기념하여 이것을 하라") 희망하면서("그가 오실 때까지") 살 것이다. 그런 기억과 그런 희망은 현재에 영향을 줄 것이다. 만일 교회가 진리는 가짐과 가지지 못함의 역설에 지배된다는 사실을 인정한다면, 교회는 더 많은 은혜를 가질 수 있을 것이다.

으며, "상한 심령과 회개하는 마음"을 나타내는 겸손이 결여되어 있었다. 종교개혁은 그가 도달한 진리에 오류가 있을 수 있다는 사실을 거의 인식하지 못했다. 그가 도달한 진리는 바로 이런 역설에 대한 인식을 포함하고 있음에도 불구하고 말이다.[262]

루터는 1526년 무렵까지는 이단들을 사형에 처하는 관습을 우려하면서 다음과 같이 선언했다. "나는 거짓 교사들이 사형에 처해져야 한다는 것을 결코 인정할 수 없다. 그들을 추방하는 것으로 충분하다." 그러나 불과 1년 후 재세례파에 대한 전투에서 패배하자 그는 이런 윤리의식을 포기하고 무력을 사용해 그들을 진압해야 한다고 주장했다. 신비주의적 분파주의와 급진적–묵시적 분파주의를 다룰 때 루터와 칼뱅은 모두 무자비했다. 그리고 스위스의 종교개혁자인 츠빙글리도 그들에 대해 유사한 입장을 취했다. 칼뱅은 서머셋의 공작(에드워드 6세의 소수파 정권 때의 섭정관)에게 편지를 써 시민의 힘으로 이단을 제지해 달라고 요청했다. "왕에 대해 반기를 드는 세력은 두 종류가 있습니다. 한 부류는 복음을 빙자하여 모든 것을 혼란에 빠뜨리는 광신자들이며, 다른 한 부류는 교황과 같은 적그리스도의 미신에 집착하는 자들입니다. 두 부류는 모두 칼에 의해 진압되어야 합니다. 이것이 귀하의 임무입니다. 그들은 단지 왕을 공격할 뿐 아니라 왕을 그 왕좌에 앉히신 하나님을 대적하기 때문입니다."

영국에서 엘리자베스의 통치 때부터 크롬웰의 통치 때까지 있었던 긴 종교적 논쟁의 역사에서 장로교는 카톨릭과 아주 유사한 정책을 추진했다. 장로교는 박해의 위험에 처했을 때는 양심의 자유를 요청했으며, 다른 교단들을 억압할 수 있는 권력를 가졌을 때는 다른 모든 교단들을

---

262 틸리히에 의하면 종교개혁은 믿음에 의한 칭의 교리의 타당성을 믿음에 의한 칭의 경험에 따라 입증하는데 실패했다.

억압했다. 당시의 어떤 비평가는 장로교에 대해 다음과 같이 비판했다. "이 사람들은 양심의 자유를 부르짖었으며, 그들에게 가해졌던 억압은 그들 자신이 거룩한 성도임을 입증하는 징표라고 자랑했다. 그러나 그들이 권력을 가지게 되자마자 그들이 전에 가지고 있었던 민감한 양심을 포기하고 교회를 핍박할 수 있는 모든 수단을 동원해 교회를 파괴했다."[263]

객관적인 어떤 역사가는 이런 긴 종교적 논쟁시기에 카톨릭과 청교도의 입장을 이렇게 요약하였다. "청교도들과 카톨릭 신자들은 양심의 자유를 위해 투쟁하고 있었다고 했다. 그렇게 주장하는 것은 완전히 거짓은 아니지만 사실을 호도하는 것처럼 보인다. 그들은 다른 사람들의 양심의 자유가 아니라 그들 자신의 양심의 자유를 위해 투쟁하고 있었다. ... 그들이(카톨릭과 청교도) 요구한 것은 지배하기 위한 자유였다. 그들에 관한 한, 그들이 자신의 자유를 위해 투쟁하는 과정에서 인간의 자유를 확장하는데 기여한 것은 우연일 뿐이다."[264]

정통적인 종교개혁 신학자들의 편협성이 한층 더 비판의 대상이 되는 것은 그들이 특히 맹렬하게 비난했던 종파들이 종교개혁의 통찰들을 보완하는 바로 그런 진리들을 강조했기 때문이다. 종교개혁과 분리파의 차이를 전적으로 경제적인 관점에서 해석하는 것은 잘못일 것이다. 그렇지만 신학적 차이들이 부분적으로는 사회적 갈등과 경제적 갈등에 의해 야기되었으며 그런 갈등의 표현이라는 사실은 부정할 수 없다. 분리파는 대체로 가난한 사람들의 종교였다. 그리고 그들이 종교적 이념들은 사회적으로 실현되어야 한다고 주장한 것은 그들이 경제적 사회적으로 곤궁한 처지에 있었기 때문이었다. 한편 정통적인 종교개혁은 종종 상류층

263 W. K. Jordan, op. cit., Vol. II, p. 365.

264 J. W. Allen, A History of Political Thought in Sixteen Century, p. 209.

의 경제적 이익을 옹호하는 종교적 전위부대가 되었다. 마치 카톨릭 교회가 정치적으로 경제적으로 봉건 계급들을 지원했었듯이 말이다. 신학적 견해와 경제적 견해의 혼합은 순수한 관념론자들의 – 그들이 종교적이든 아니면 비종교적이든 – 주장들이 허구임을 보여주는 역사적 현실의 한 측면이다. 신학자들은 이런 역사적 현실을 부정하는 경향이 있고, 경제적 결정론자들은 이런 현실을 지나치게 강조하여 종교는 단순히 경제적 이익을 위한 수단이라고 생각한다. 심지어는 가장 객관적인 것처럼 보이는 과학적 논쟁이 그렇듯이 가장 추상적인 신학적 논쟁조차도 이해관계와 격정 때문에 격렬한 싸움에 휘말리기 쉽다. 이런 이해관계는 훨씬 더 복잡하며, 마르크스주의가 주장하는 것처럼 그렇게 전적으로 경제적이지 않다.

만일 종교개혁이 그가 연루된 논쟁들과 갈등들을 모든 인간의 야망과 성취는 불완전하다는 종교개혁 자신의 궁극적인 통찰들에 비추어 관찰했었다면, 종교개혁은 당시의 경험을 이용해 그가 주장하는 교리들이 정당함을 입증할 수 있었을 것이며, 그 교리들의 정당성을 입증하기 위해 보였던 격정을 완화시킬 수 있었을 것이다. 종교개혁이 그렇게 하지 못한 특별한 이유를 찾는 것은 중요하지 않을 것이다. 이미 앞에서 언급되었듯이 사악한 교만은 원래 그 교만을 극복하기 위해 의도된 바로 그 교리들을 도구로 이용할 수 있다. 그렇지만 이런 실패의 특별한 원인을 주목하는 것은 필요하다. 왜냐하면 기독교적 용서의 정신과 일치하는 관용에 접근한 다른 영적 운동들이 있기 때문이다. 비록 그 운동들이 역사의 우연적 요소들과 문화의 사악한 부패성에 관한 엄격한 교리적 통찰들에 있어서는 종교개혁에 미치지 못했지만 말이다.

문화 분야에서 종교개혁의 실패의 한 원인은 종교개혁이 일반적으로 은혜에 관해 보다 역설적인 견해를 가지고 있었음에도 불구하고 그의 성서제일주의가 "성화주의" 원리들을 문화와 진리의 영역에도 적용시켰기 때문이다. 토마스 홉스는 종교개혁의 교회를 비판한 많은 사람들 중에서 이런 사실을 간파한 한 사람이었다. 그에 의하면 "성경이 영어로 번역된 이후 모든 사람들은, 아니 모든 소년과 소녀들은 영어로 읽을 수 있었으며, 그들이 전능하신 하나님과 대화한다고 생각했다. ... 그리고 모든 사람은 종교비평가가 되었으며, 독자적인 성서해석자가 되었다."[265] 따라서 성경이 모든 유한한 관점들과 사악한 부패를 초월하는 궁극적 진리를 자신들에게 계시해 주었다고 확신한 사람들은 영적 오만함을 가지게 되었으며, 옛 교회의 집단적 오만에 못지않은 편협성을 가지게 되었다. 서로 대립되는 오만한 성서해석들에서 볼 때 어떤 하나의 해석이 절대적이라고 주장을 할 수 없음에도 불구하고 이런 교만이 표출되었다. 사람들은 서로 다른 사회적 역사적 배경을 가지고 있었기 때문에 성서에 접근하는 양상이 다양하였으며 따라서 성서해석에 있어서도 다양하였다.

비록 종교개혁의 성서제일주의가 – 이미 언급되었듯이 루터주의보다는 칼뱅주의가 더 성서제일주의 경향이 강했다 – 종교개혁자들과 그들의 제자들의 열광주의의 한 해석이긴 하지만, 그것은 그 자체로 해석되어야 하는 하나의 해석이다. 아마도 종교개혁이 역사의 상대성과 모호성을 이렇게 간단히 무시할 수 있었던 것은 인간 지혜의 가능성과 한계가 모두 분명히 드러난 곳에서 인간 문화의 궁극적 문제들을 충분히 진지하고 신중하게 고민하지 않았기 때문일 것이다. 이렇게 될 때 인간의 지혜를 부정하면서 동시에 성취하는 복음의 진리는 하나의 단순한 소유물처럼 요구될 수 없다. 왜냐하면 인간의 지혜에 의해 복음의 진리를 해명하려는 노력은 – 이것이 신학의 과제인데 – 역사적 우연성에 빠지기 쉬우며, 이기적 욕망에 의해 영향을 받고, 악한 허위의식에 의해 부패되며, 간단히

---

265 Thomas Hobbes, *Behemoth, Works*, VI, 190.

말해 철학과 동일한 판단을 하게 될 수밖에 없기 때문이다.

신학은 문화에서의 자기중심성의 원리를 "원칙적으로" 버렸다는 점에서 철학과 다를 수도 있다. 신학은 "세상이 자기 지혜로 하나님을 알지 못했음"을 인식하며, 인간의 어떤 특별한 관점으로부터도 또는 어떤 유한한 가치를 의미의 중심과 원천으로 간주해서도 의미의 구조를 완성할 수 없다는 것을 인식한다. 그렇기 때문에 신학은 원칙적으로 자기중심성의 원리를 버렸다. 그러나 신학의 역사 전체에서 볼 때 "원칙에 있어서"가 "실제로"를 의미하지는 않는다. 모든 단편적이고 특수한 관점들을 초월하는 진리가 역사와 문화의 진리에 적용될 때 – 위험성을 감수하고서라도 신학이 수행해야 하는 과제 – 이렇게 적용된 것들은 철학의 역사에서 드러난 바로 그런 우연적 요소들에 속한다. 그러므로 철학을 경멸하는 루터의 태도는 정당하지 못하다. 특히 실제로 철학은 종종 신학보다 더 큰 겸손의 정신을 성취하기 때문이다. 철학은 인간의 지식이 가지는 명백한 한계들로부터 탈출할 어떤 영리한 수단도 가지고 있지 못하기 때문에 오만에 빠지지 않는다. 철학은 은혜의 천사들이 타고 오르내릴 수 있는 야곱의 사다리를 가지지 않는다. 그 사다리는 신학적 야곱이 그것을 천국에 들어가는 수단으로 생각할 때는 오용될 수 있는 사다리이다(참조, 창 28:12).

간단히 말해, 종교개혁의 편협성은 종교개혁 자신이 주장하는 교리를 스스로 깨뜨린 결과이다. 종교개혁이 주장하는 믿음에 의한 칭의 교리는 구원받은 사람들의 불완전성을 전제한다. 논리적으로 볼 때 이것은 구원받은 사람들이 가지는 지식과 지혜의 불완전성을 포함한다. 종교개혁의 편협한 열광주의는 이런 통찰을 문화의 문제에 적용하여 인간의 영적 교만을 억제하지 못한 데서 기인하였다. 따라서 종교개혁이 행한 것들은 종교개혁의 이론이 올바름을 입증하기는 했지만, 그 이론이 효과적이지는 못했음을 드러냈다. 그 이론은 단순히 지성에 의해 이해되는데 그치는 것이 아니라 마음속에 각인되어 마음의 교만을 깨뜨려야 하는 이론이다. 성서의 권위가 교회의 교만한 권위를 깨뜨리기 위해 사용되었다. 그러나 결과적으로는 그 권위가 인간의 교만의 또 다른 수단이 되었다. 세속주의자들이 이런 기묘한 드라마를 관찰하고 "두 집안 모두에게 재앙"(A plague o' both houses)[266]이라고 외친다면, 그리고 천국에 이르는 모든 사다리는 위험하다는 결론에 도달한다면 그들은 용서될 수도 있다. 그렇지만 이 사다리들은 세속주의자들이 생각하듯이 그렇게 간단히 부정될 수는 없는 것이다. 교만은 은혜를 베풀기 위해 내려진 사다리를 다시 올라가게 할 수도 있다. 그러나 그것은 인간의 모든 문화 기획들에 내재하는 위험이다. 세속주의자들은 그들 자신의 사다리를 건설함으로써 끝나거나 아니면 "나의" 진리를 "그" 진리와 구분할 수 있는 어떤 관점도 가지지 못하는 허무주의 문화에 빠진다.

3) 르네상스와 관용

관용은 – 종교적 논쟁에서이든 사회-경제적 논쟁에서이든 – 현대 세계의 복합적인 문화적 사회적 상황에서 삶을 견딜만하게 해 주었으며, 현대 사회가 전제 군주적 억압의 대가를 지불하지 않고도 상당한 안정을 누릴 수 있게 해주었다. 이런 관용은 무엇보다도 우리가 대체로 "르네상스"라고 정의한 운동의 결실임이 분명하다. 종교적 권위에 도전하여 성급하게 결론지어진 문제들을 다시 논의하기 시작한 과학의 영웅들이 바로 그런 전통에 서 있었다. 르네상스는 인간의 교만이 인간적 확실

---

266 역주, 셰익스피어의 소설 『로미오와 줄리엣』에 나오는 한 구절. 여기서 o'는 on을 의미함.

성의 한계를 넘어섰던 곳에서는 어디서나 온전한 정신을 일깨워준 건전한 회의주의를 조성하였다. 현대 문화에서 달성된 관용은 종종 종교 자체를 파괴함으로써 종교적 광신주의를 깨뜨린 결과라고 간주된다.[267] 그렇다면 현대 문화는 갈등이 전적으로 종교적일 때에만 관용의 문제를 해결하며, 정치적이고 사회적인 것처럼 보이는 운동들에서 발생한 종교적 광신주의에 대해서는 아무런 대책도 제시하지 못한다.

하지만 이미 앞에서 언급되었듯이 르네상스 영성과 밀접하게 연관된 분파적 개신교 역시 자유와 관용의 정신에 크게 기여하였다. 르네상스의 합리주의적-인문주의 진영은 이성에 의해 보편적이라고 생각된 것에 근거하여 특수한 편견을 차단함으로써, 그리고 광범위하게 다양하고 상대적인 모든 유형의 문화들을 조사하는 경험적 관찰에 의해 독단적 종교의 거짓 보편성을 와해시킴으로써 관용에 기여하였다. 이런 두 전략들은 종종 상호 연계적으로 작용하였다. 르네상스 휴머니즘에서 관용을 주창한 전형적인 대표자들이 이 두 전략 중에서 중요하게 생각한 것은 사람에 따라 서로 달랐다. 브루노는 첫 번째 전략을 중요하게 생각하였으며, 몽테뉴는 두 번째 전략에 의존하였다. 데카르트는 첫 번째 전략을 사용하였고, 볼테르는 두 번째 전략을 선호하였다.

한편 분리파 기독교는 기독교 신앙의 전제들 내부로부터 기독교 광신주의를 거부했다. 분리파 기독교의 신비주의적 확신들은 역사적으로 제한된 독단적 신앙의 확신들을 능가하였다. 분리파 기독교의 개인주의는 종교적 획일성을 추구하는 정통주의의 열정에 이의를 제기했으며, 그의 사회적 급진주의는 종교적 권위가 성급하게 재가해 준 사회적 절충안

---

267 참조, W. E. H. Lecky, *The Rise and Influence of the Spirit of Rationalism in Europe*. 레키에 의하면 "배타적 구원론"이 박해정신의 주된 원인이며, "합리주의"는 그것을 치료할 수 있는 유일한 수단이다.

들을 거부하고 복음의 절대적인 윤리적 요구들을 제시했다. 종교개혁 경건주의의 아버지인 한스 뎅크(Hans Denck)는 ― 신비적이고 경건주의적인 분리파와 합리적이고 묵시적인 분리파는 모두 그의 사상에서 기원되었다 ― 관용을 주창한 대표적인 인물이었다.[268]

17세기 영국의 분리파들 가운데서 독립교회주의자들과 평등주의자들은 특히 관용을 주창한 사람들이었으며, 영국의 모든 분리파들은 자유의 이념에 나름대로 기여했다. 릴번과 웨일윈, 윈스탠리와 로저 윌리엄스 등 자유를 주창한 사람들은 영국의 관용의 역사에서 르네상스 당시 자유와 휴머니즘을 주창한 사람들에 못지않게 또는 그들보다 더 중요한 인물들이다.

관용을 주창한 모든 사람들 중에서 가장 두드러진 인물인 존 밀턴은 르네상스의 휴머니즘과 분리주의 기독교를 놀라운 방식으로 종합하였다. 토마스 제퍼슨도 이런 종합을 시도하였다. 비록 그의 사상에는 합리주의적 요소가 더 현저하고 기독교적 내용은 미미하였지만 말이다.[269]

물론 분리주의가 모두 관용적이었던 것은 아니다. 분리주의는 광적으로 분노하는 나름의 원인을 가지고 있었다. 분리주의의 단순한 완전주의가 그와 대립적 입장을 취하는 이론들이 제시하는 절충안들의 불가피성을 보지 못하게 했기 때문이다. 그러므로 분리주의는 반대 이론들이 제시하는 절충안들이 사실은 완전주의자들이 단적으로 거부했던 책임

---

268 뎅크는 임종 직전에 다음과 같이 말했다. "나는 오직 한 종파를 위해 만사가 내게 잘 되기를 바란다. 성도의 교제가 어디서나 이루어지기를 바란다. 하나님이 나의 증인이다."

269 영국의 역사에서 일반적인 이들 두 범주들에 속하지 않는 중요한 단 하나의 집단은 케임브리지의 플라톤주의자들과 영국 성공회에서 온건하게 관용을 주창한 사람들, 특히 W. 칠링워드와 제레미 테일러였다. 제레미 테일러의 『예언의 자유』(liberty of Prophesying)는 그 주제에 관한 대표적인 작품이다. 이들 영국 성공회 신도들은 르네상스의 통찰들을 분리파 기독교의 견해들과 결합시키기보다는 오히려 정통적인 기독교의 견해와 결합시켰다. 토마스 모어는 이들보다 이전에 이들과 동일한 관점을 가지고 있던 대표적인 사람이었다.

들과 전혀 다르다는 사실을 인식하지 못하고 그들에게 독선적인 경멸을 맹렬하게 쏟아 부었다.[270] 때때로 분리주의의 개인주의는 - 그리고 이것은 세속의 자유주의에도 적용되는데 - 관용에 관한 그의 설교를 너무 값싼 것으로 전락시켰다. 왜냐하면 분리주의는 사회적 평화와 질서에 대해 전혀 책임을 지지 않았으며, 그 필요성을 이해하지도 못했기 때문이다. 그러므로 분리주의는 아무리 자유로운 사회라 할지라도 최소한의 강요는 필요하다는 사실을 인식하지 못했다.[271]

그러나 이런 분리파 광신주의들에도 불구하고 대체로 분리주의 역사는 비교적 세속적인 르네상스 운동과 마찬가지로 서구 사회에서 관용의 발전에 중요한 역할을 했다. 이런 주제에 관해 세속주의자들과 분리주의자들 사이의 일치는 진리 문제에 대한 두 가지 공통적인 접근방식 때문에 가능했다. 이런 공통성에서 볼 때 다른 차이들은 부차적인 것이었다. 그들은 모두 진리를 받아들이도록 강요하는 것이 진리를 위험에 빠뜨린다는 사실을 알고 있었다. 그리고 그들은 모두 인간의 유한한 시야와 관점의 다양성 때문에 진리탐구에 있어서 완전한 일치가 불가능함을 알고 있었다.

우선 세속주의자들은 강요에 의해 진리를 보존하는 것이 무익하다고 주장했다. 존 로크에 의하면 "진리가 스스로 변화하도록 맡겨 놓는 것이 최선일 것이다. 진리가 위대한 사람들의 힘으로부터 많은 지원을 받는 경우는 거의 없다. 나는 전혀 지원을 받지 못할까 두렵다. ... 만일 진리

---

270 이런 분리주의와 마찬가지로 오늘날 독선적인 일부 평화주의자들은 전제군주를 사랑하는 것은 쉽다고 생각하지만, 군주제를 폐지하는 적절한 방법에 관해 그들과 다른 입장을 취하는 동료 기독교인들에 대해 기독교적 관용을 베푸는 것은 어렵다고 생각한다.

271 올리버 크롬웰과 분리주의 광신자들 사이의 갈등은 이 점에 관해 시사해 주는 점이 있다. 크롬웰은 원칙적으로는 장로교 정책보다는 독립교회의 정신을 더 지지하였다. 그러나 그는 분리주의자들과는 달리 사회적 질서와 평화를 유지하는데 따르는 어려움들을 이해하였다.

가 자신의 빛에 의해 이해되지 못한다면, 진리는 폭력이 그에게 어떤 힘을 빌려준다 할지라도 점점 더 약화될 뿐이다."[272] 분리주의 기독교인들은 이와 동일한 생각에 도덕적-종교적 내용을 약간 더 추가한다. 그들은 강요된 진리가 영혼을 구원할 수 있다고 생각하지 않았다. 엘리자베스 시대 영국에서 박해를 당하고 있던 플랑드르 침례교도들은 그런 생각을 다음과 같이 감동적으로 표현하였다. "우리는 하나님과 폐하 앞에서 맹세합니다. 만일 우리가 우리의 양심에서 어떤 방식으로든 모순되는 것을 생각하거나 이해할 수밖에 없다면 우리는 기꺼이 그것을 받고 고백할 것입니다. 왜냐하면 거짓 신앙을 가지고 죽는 것 보다는 오히려 바른 신앙을 실천하면서 살지 않는 것이야말로 우리에게는 커다란 어리석음이기 때문입니다. ... 악한 사람들이 그들이 원하는 대로 옳은 것이나 그른 것을 행하듯이 이런 것이나 저런 것을 믿는 것은 우리의 능력에 있지 않습니다. 그러나 진실한 믿음은 하나님에 의해 마음속에 심어져야 합니다. 우리는 하나님의 말씀과 복음을 이해할 수 있도록 하나님께서 그의 성령을 보내달라고 매일 기도합니다."[273]

관용에 관한 일반적인 견해와 분리주의 견해 사이의 또 다른 일치점은 문화적 과업을 역사적 과정으로 평가하고 이해한 르네상스에서 비롯된 것이다. 르네상스는 모든 역사적 지식의 우연성을 이해하며, 역사와 자연, 지형과 기후의 차이에 따라 문화적 관점들이 크게 다를 수 있음을 인

---

272 *A Letter on Toleration*.

273 로저 윌리엄스(Roger Williams)는 분리주의 기독교가 일관되게 주장하는 것과 동일한 견해를 다음과 같이 피력했다. "예수 그리스도의 명령들과 훈계는 비록 중생하지 않은 사람들에게 부적절하게 적용된다 해도 그들에게 정중함과 도덕성을 일깨워 줄 수도 있다. ... 그렇지만 그 명령들과 훈계가 중생하지 않은 사람들과 회개하지 않은 사람들에게 잘못 적용하면 그들의 영혼을 완악하게 만들어 무서운 잠에 빠뜨리며, ... 무수히 많은 사람들이 거짓 구원에 대한 확고한 기대를 가지고 지옥에 빠지게 만든다." The *Bloudy Tenent of Persecution*.

정한다.[274] 이런 점에서 르네상스는 인간을 "피조물"로 보는 성서의 인간 이해와 역사에서 인간지식의 유한성에 대한 기독교적 평가와 – 대안적이고 보다 정통적인 기독교 교리들보다 더 철저하게 – 일치한다. 르네상스는 이런 역사적 상대성을 극복하는 자신만의 고유한 방식들을 가지고 있었다. 르네상스는 이 방식들 중 많은 방식들에 의해 오류에 빠지게 되었다. 그러나 르네상스는 일시적이긴 하지만 역사적 상대성을 이해하고 있었기 때문에 기독교적 정통주의보다 더 우월한 위치를 차지하게 되었다.

역사적 진리이해의 단편성에 관한 이런 인식은 밀턴의『아레오파지티카』(Areopagititica)에서 잘 표현되어 있다. 비록 그 책이 대체로 현대문화적 상징보다는 성서적 상징을 더 많이 사용하긴 하지만 말이다. "사실 진리는 일찍이 하나님의 천사와 함께 세상에 들어왔으며, 가장 영광스럽게 보이는 완전한 모양이었다. 그러나 하나님의 천사가 하늘로 올라가고 그의 사도들이 잠들게 되자 곧바로 사악한 거짓말쟁이들이 일어나 순결한 진리를 탈취하여 그의 사랑스런 모양을 산산이 조각내었으며, 그 조각들을 사방으로 흩어버렸다. 그때부터 지금까지 줄곧 슬픔에 잠긴 진리의 친구들은 이시스가 오시리스의 절단된 몸을 조심스레 살피듯이 오르내리면서 절단된 사지를 모았다. 그들은 아직도 그 조각들을 발견할 수 있을 것이다. 우리는 아직 그 조각들을 모두 발견하지 못했으며, 주님이 재림 할 때까지 발견하지 못할 것이다."[275]

---

274 이런 통찰은 몽테뉴가 근대 사상에 특히 기여한 점이다. 그러나 그런 통찰은 다양한 사상 유형들로 급격히 확산되었다.

275 밀턴이 성서와 동양의 상징을 이용한 것에서 볼 때 우리는 그의 사상에 기독교적 요소와 인문주의적 요소가 결합되어 있음을 알 수 있다. 그럼에도 불구하고 그 진술은 역사를 진리의 계시와 그의 완성 사이의 "중간기"라고 보는 기독교적 역사관의 완벽한 표현이다. 그의 진술은 한편에서는 진리의 조각들을 주워 모으라고 격려하지만, 다른 한편에서는 역사에서 진리가 결코 완전히 성취될 수 없음을 예상한다.

분리주의와 독립교회도 종종 이와 동일한 생각을 하고 있었다. 존 솔트마스(John Saltmarsh)에 의하면 "우리는 서로에 대하여 오류를 범하지 않을 능력이 있는 것처럼 위선을 부리지 맙시다. ... 다른 사람에게 분명한 것이 나에게는 그렇지 않고, 나에게 분명한 것이 다른 사람에게는 그렇지 않기 때문입니다. 주님께서 우리가 모두 분간할 수 있도록 깨우쳐 주시기 전에는 말입니다."[276]

종교적 계시에 관한 다양한 해석의 상대성을 포함하여 인간지식의 상대성에 관한 이런 잠정적인 이해는 르네상스 사상에서 역사적인 것의 의미를 재발견한 중요한 한 부분이다. 르네상스는 인간 지식의 상대성을 이해하고 있었기 때문에 관용의 문제와 관련된 두 종류의 시금석들 중 하나, 즉 우리 자신의 견해와 대립되는 견해들에 대해 적대감을 가지지 않고 그것들을 억압하려고도 하지 않으면서 기꺼이 수용하려는 의지를 충족시킬 수 있었다.

르네상스는 다른 시금석, 즉 우리의 최선의 확신들에 충실하고 그 확신들에 근거하여 행동할 수 있는 능력을 충족시키는데 반해, 현대 문화는 이런 능력을 충족시키는데 가장 빈번하게 실패하고 있다. 르네상스는 한편에서는 무책임성과 회의주의를 피하기 어려우며, 다른 한편에서는 새로운 열광주의를 피하기 어렵다.

르네상스가 보다 자유로운 의견교환 과정에서 보다 높은 진리가 드러날 것이라는 기대를 가지고 자유로운 의견교환을 포기하지 않는 한 르네상스는 헛된 망상에 사로잡히지 않는다. 존 스튜어트 밀은 다음과 같이 말한다. "비록 묵살된 의견이 오류라 할지라도 그 의견에는 진리의 일부가 들어 있을 수도 있다. 그리고 어떤 주제에 관한 일반적인 또는 지배적인 의견이 결코 절대적 진리는 아니기 때문에 진리의 나머지 부분이

---

276 *Smoke in the Temple* (1946).

보완되는 기회를 가지는 것은 오직 반대 의견의 충돌뿐이다."[277]

진리의 단편들이 결국 총체적 진리로 결합될 것이라는 기대, 또는 지적인 상호교류를 통해 결국은 진리가 거짓을 이기게 될 것이라는 믿음은 관용을 장려하는 놀라운 동인이다. 더 나아가 그런 기대와 믿음은 잠정적이고 상대적으로 진실이다. 인류의 지성적 삶은 인간이 거짓을 제거하고 진리를 추구해 나가는 과정이다. 그리고 역사에서 진리가 결국 승리할 것이라는 확신은 거짓에게서 그의 직접적인 것처럼 보이는 위험을 빼앗고 "우리의" 진리가 자기방어기제로 사용하는 광신주의를 완화시킨다.

이런 해결책의 문제점은 그것이 "총체적 진리"와 역사의 단편적 진리들의 관계에 관한 물음에 대해 단지 잠정적인 대답일 뿐 궁극적 대답은 아니라는 것이다. 이런 문제는 시간과 영원성의 관계와 관련된 전체적인 문제의 한 단편임이 분명하다. 역사는 총체적 진리의 계시를 향해 움직이는 과정에 있다는 믿음은 시간과 영원의 관계에 관한 전체적인 견해의 한 부분이다. 이런 전체적인 견해에 따르면 역사는 스스로를 영원성으로 변화시키며 점진적으로 그의 유한성을 먹어치운다. 이런 믿음은 고전적인 견해와 역사적인 견해가 르네상스에서 결합된 대표적인 예이다. 이런 종합적 견해에 따르면 역사에서 로고스는 유한성과 역사의 한계를 벗어나지는 못하지만 점진적으로 역사를 지배한다.[278]

---

277 Essay on *Liberty*.

278 이런 믿음과 희망을 진술하는 근대의 대표적인 예는 존 듀이의 『상식적 신앙』(*A Common Faith*)이다. 듀이에 따르면 인간 문화에 내재하는 신적인 요소들은 낡은 종교적 편견들의 잔재들이다. 그는 이런 잔재들은 근대교육의 지속적인 교육에 의해 일반적인 견해들이 형성되면서 사라지게 될 것이라고 보았다. 이런 교육은 선한 뜻을 가지는 사람들 사이에 실천적 합의를 산출할 것이다. 근대문화는 듀이가 이 책을 쓰고 있을 때 새롭고 맹렬한 이데올로기적 갈등들을 산출하고 있었다. 이런 갈등들은 멀리 전통적인 종교적 견해들과는 무관한 것이었다. 이데올로기에서 자유로운 지성적 위치를 확립하려는 희망은 근대문화에서 헤아릴 수 없이 많은 모양으로 끊임없이 분출하고 있다. 특히 두드

근대적 관용이 종교를 거부함으로써 성취된 것인 한, 그런 관용은 단순히 종교가 관심을 가지는 삶과 역사의 궁극적인 문제들에 대한 무관심에 근거한 것일 수도 있다. 종교적인 문제들이 광신주의와 갈등의 주요 원천이었기 때문에 잠정적인 관용에서 생기는 이익이 많았다. 그러나 근대적 입장의 취약점도 분명히 드러났다. 근대적 입장은 궁극적인 이슈들에 대해 무책임한 태도를 취함으로써 관용을 성취하거나, 아니면 일시적이고 실용적인 것처럼 보이는 인생관들에 새로운 거짓 쟁점들을 끌어들였다. 여기에 회의주의와 새로운 광신주의가 가지는 공통적인 위험들이 있다.

그렇게 많은 근대의 관용이 단지 종교의 영역에만 적용된다는 것은 주목할 만하다. 그리고 종교의 영역에서 최고의 관용을 보이는 사람들은 바로 정치적 열광주의의 대표자들일 수도 있음도 주목할 만하다. 결정적이라고 생각되지 않는 쟁점들에 관해서는 관용하기가 쉽다.[279] 관용의 실제적인 시금석은 우리가 중요하게 생각하는 진리들을 반대하는 사람들에 대한 우리의 태도이다. 그러므로 종교에서의 관용은 종종 역사의 단편적인 진리들과 절대적 진리의 관계에 관한 문제를 포함하여 궁극적인 진리 문제에 대해 취하는 무책임한 태도를 의미한다. 마찬가지로 정치적 투쟁들에 있어서 관용은 단순히 정치적 정의의 문제에 대하여 취하는 무책임성과 무관심을 나타낼 수도 있다.

러진 형태는 칼 만하임(Karl Mannheim)의 『이데올로기와 유토피아』(Ideology and Utopia)이다. 그의 "지식 사회학"은 사회 전체에 영향을 끼치는 이데올로기의 침투성에 관해 대다수의 유사한 분석들보다 훨씬 더 많이 주목하고 있다. 그럼에도 불구하고 그는 인간 지식의 제한성에 관한 높은 의식을 조성함으로써 이데올로기를 차단할 수 있다고 희망한다. 그런 의식은 실제로 많은 피상적인 이데올로기들로부터 지식을 순화시킬 수도 있다. 그러나 그런 의식이 무조건적인 마음을 생산할 수는 없다.

279 길버트 체스터튼(Gilbert Chesterton)에 의하면 "관용은 어떤 것도 믿지 않는 사람들의 덕이다."

이런 무책임한 태도는 완전한 회의주의에 빠질 수도 있다. 비록 세계에는 일관된 회의주의자들이 극소수이긴 하지만 말이다. 절대적 회의주의는 드물다. 왜냐하면 역사에서 어떤 확고한 진리를 성취할 수 있는 가능성에 대해 아무리 회의적인 태도를 취한다 해도 모든 단편적 진리들이 불완전함을 측정할 수 있는 모종의 진리의 기준은 있어야 하기 때문이다. 그럼에도 불구하고 완전한 회의주의는 언제나 관용정신의 결과일 수 있다. 우리가 간직하는 진리에 관해 일시적으로 어느 정도 회의적인 생각이 없다면 어떤 관용도 불가능하기 때문이다.[280] "우리의" 진리에 관한 기독교적 후회, 즉 우리의 진리가 이기적 부패에 오염되어 있다는 겸손한 인식은, 우리가 우리의 진리를 이기적 오염으로부터 정화시키는 의무를 거부하자마자 무책임성으로 변질된다. 만일 역사가 부분적인 관점들과 단편적 견해들로 이루어져 있기 때문에 진리와 거짓을 구분할 수 없다는 결론에 도달한다면 무책임성은 보다 완전한 회의주의로 변질된다. 완전한 회의주의는 무의미의 심연, 즉 근대문화를 끊임없이 위협한 역청 구덩이로 근대문화는 종종 이 구덩이에 굴러 떨어졌다. 완전한 회의주의는 종종 나치 이전의 독일문화에서처럼 진리가 정치적 권력에 예속되기 직전 단계의 현상이다. 따라서 회의주의는 냉소주의의 전조가 된다.

그러나 새로운 광신주의들은 완전한 회의주의의 결과일 수도 있지만 근대적 입장의 결과일 가능성이 훨씬 더 크다. 이런 광신주의들에서는 잠정적으로 부분적이고 단편적인 진리로 간주되었던 것이 암시적으로든 아니면 명시적으로든 궁극적 입장과 절대적 진리의 위치를 차지하게 된다. 따라서 신흥 종교들이 비종교적인 문화의 형태로 등장한다.

---

280 찰스 제임스 폭스(Charles James Fox)에 의하면 "관용의 유일한 기초는 어느 정도의 회의주의이다. 그런 회의주의가 없다면 어떤 관용도 있을 수 없다." 올리버 크롬웰은 종교적 갈등상태의 위험에 직면하여 폭스와 동일한 생각을 종교적인 용어로 표현하였다. "그리스도의 동정심에 의해 당신이 오해될 수도 있음을 기억하라."

르네상스의 주류 사상에서 보면, 단편적 진리들 사이의 상호교류에 의해 총체적 진리가 실현될 것이라는 믿음이 단편적 진리들을 다루는 직접적인 문제에 대해 취하는 단지 잠정적이고 시험적인 태도로부터 진리와 거짓의 궁극적 문제에 대한 대답으로 바뀌자마자 그 믿음은 종교적 위치를 차지하게 된다. 그런 종교는 이런 근본적인 억측에 도전하지 않는 모든 종교적 믿음들에 대해 관용적 태도를 취할 수 있고 또 그렇게 한다. 진보의 이념은 대체로 "자유주의적" 문화로 정의될 수 있는 것의 기초가 되는 전제이다. 만일 그런 전제가 도전을 받게 된다면 자유세계의 총체적인 의미구조가 위험에 처하게 된다. 이런 이유 때문에 자유세계는 그의 신조의 이런 조항과 관련해서는 이론의 여지를 허락하지 않을 정도로 편협하다. 자유세계는 그의 정당성에 관해 논의의 여지를 허락하지 않는다. 왜냐하면 그 세계는 정당성에 관해서는 모든 단계의 회의주의를 상실했기 때문이다.

그럼에도 불구하고 진보에 관환 자유세계의 이런 신조는 대단히 의심스럽다. 지성적이고 문화적인 과정을 포함하는 모든 역사적 과정들이 의미 있고 결국 실현되는 한 그 신조는 옳다. 모든 역사적 과정이 불명료한 한 신조는 거짓이다. 문화의 영역에서 이것은 보다 높은 진리의 실현이 새로운 거짓의 원인이 될 수 있다는 것을 의미한다. 예를 들면, 자연의 신비에 대한 통찰에 근거하여 자연과 역사를 유비적으로 동일시하는 오류를 범하게 될 수도 있다. 아니면 역사의 역동성에 관한 발견이 성장과 진보를 동일시하는 오류의 원인이 될 수도 있다.

역사가 스스로 완성된다는 잘못된 믿음에 관해서는 이미 앞에서 논의되었다. 인간 정신의 구조에서 볼 때 역사를 문화적 성취과정이라고 생각하는 것은 근거 없는 확신이다. 이것은 역사에 대한 일반적 확신이 근거 없는 것과 마찬가지이다. 인간은 역사적 과정을 초월하면서 동시에 그 과정에서 벗어날 수 없는 피조물이기 때문에 그 과정에서 완전한 성취를 발견할 수 없다. 역사적 과정을 초월하는 인간의 자유는 진리 탐구에 있어서 새로운 오류의 원인이 될 수 있다. 그렇지 않다 할지라도 인간의 역사 초월성은 역사의 한계 내에서 그의 의미구조가 완성될 수 없게 만든다. 그는 역사적 진리가 궁극적인, 즉 "영원한" 진리와 어떤 관계에 있는지 물어야 한다. 역사적 진리가 불완전할 뿐만 아니라 오염된 진리임을 안다면 그는 역사를 정화시키고 역사의 불완전성을 완성하는 신적인 자비 이외에는 해결될 수 없는 하나의 문제에 봉착하게 된다.

그러나 다른 열광주의들은 진보를 신뢰하는 온건한 열광주의보다 더 열등한 근대적 입장에 근거하여 발생한다. 그런 광신주의들은 모두 그들의 다양성에도 불구하고 정치적인 종교들에 의해 발생된 정치적 열광주의라 할 수 있을 것이다. 프랑스의 정치적 절대주의의 주역인 장 보댕(Jean Bodin)과 토마스 홉스는 나치의 신조에서 절정에 달한 근대문화의 이런 경향을 대표하는 역사적 사례들이라 할 수 있을 것이다. 그런 경향은 종교적 문제에 대한 회의적이고 무책임한 태도 및 국가의 안정에 위해가 되는 종교적 논쟁에 대한 혐오감과 함께 시작되었다. 프랑스에서의 동족상잔적인 종교적 갈등에 실망한 보댕은 위그노 신앙을 포기하고 혼합주의 종교를 택하였다. 그의 새로운 종교적 입장은 회의주의의 위험을 잘 드러낸다. 왜냐하면 모든 종교들에서 진리를 발견하려는 교만한 노력의 결과 그는 모든 종교는 동일하게 진리이며 동일하게 거짓이라는 빈약하게 포장된 확신을 가지게 되었기 때문이다.[281] 그러나 보댕의 실제적인 관심은 프랑스의 통일이었다. 그리고 그는 프랑스의 통일을 위협하는 모든 의견들과 활동들을 통제할 수 있는 권력과 권리를 가지는 절대적 국가를 고안함으로써 그 문제를 해결했다. 국가에 대한 절대적 충성

---

281 참조, Jean Bodin, *Colloquium Heptaplometers*.

을 요구하는 홉스와 보댕의 이런 주장은 명시적이지는 않지만 암묵적으로 종교적이다. 그런 주장은 절대적 충성을 요구하기 때문에 암묵적으로 종교적이다. 그러나 삶과 존재의 총체적 의미가 국가공동체에 대한 개인의 관계에서 성취된다고 공공연하게 주장하지는 않기 때문에 명시적으로 종교적이지는 않다. 나치즘 신봉자들은 이런 국가절대주의 논리를 완결함으로써 역사에서 가능한 진보의 한 종류를 예증하여 주었다. 따라서 나치즘 신봉자들은 종교적 회의주의의 토양에서 자라난 냉소주의의 마지막 부패상이었다.

토마스 무어는 헨리 8세가 교황의 정책을 추종함으로써 잉글랜드의 이익을 위태롭게 했을 때는 르네상스의 민족주의자였으며, 그 왕이 영적인 문제들에서 왕권의 절대적 주권을 확립하고자 했을 때에는 카톨릭의 보편론자였다. 그는 이런 새로운 정치적 열광주의를 견제하는 수단으로서 기독교적 입장의 타당성과 효율성을 입증했다. 카톨릭 신앙은 그 자신은 열광주의에 의해 오염되었음에도 불구하고 적어도 정치적 절대주의와 종교적 절대주의의 우상숭배에 대해서는 철저히 거부하는 입장을 취했다. 왕이 영적이든 정치적이든 그의 권위에 복종할 것을 요구했을 때, 그리고 잉글랜드의 다른 모든 지도자들이 복종한 상태에서 저항하는 것이 소용없음을 느끼게 되었을 때, 무어는 굴복하지 않았던 보편 교회의 권위에 호소했다. 그는 말했다. "비록 많은 가지들이 나무줄기에서 떨어져 나가듯이 몇몇 나라들이 떨어져 나가지만, 비록 떨어져 나간 가지들이 남아있는 가지들보다 많다 할지라도, 여전히 그 가지들은 어느 것이 바로 그 나무인지 조금도 의심하지 않는다. 비록 그 가지들은 각각 다른 곳에 심어져 그 가지가 처음 자라난 원줄기보다 더 큰 나무로 자랐지만 말이다."[282]

이런 기독교 보편주의는 – 이런 보편주의가 개신교의 신앙관과 카톨릭의 신앙관에서 모두 부패되었음에도 불구하고 – 헨리 8세 시대와 마찬가지로 오늘날에도 중요한 역할을 한다. 그것은 문화적 문제의 냉소적 해결을 어떤 다른 입장보다도 더 성공적으로 거부한다.

진리 문제의 마르크스주의적 해결은 모든 문화를 국가권력에 종속시키는 것보다 더 고차원적이다. 그러나 그럼에도 불구하고 그런 해결책은 정치적 종교이다. 그것은 르네상스 사상의 토양에서 열린 늦과일들 중 하나로 간주되어야 한다. 그의 믿음에 따르면 프롤레타리아 계급의 특수한 시각은 진리인식을 위해 절대적으로 유리한 지점이다. 그러므로 프롤레타리아의 진리 이외의 모든 진리는 이데올로기적으로 오염되어 있다. 그러나 어떤 계급이나 국가, 어떤 문화나 문명이라 할지라도 자기만이 인간지식의 유한성 및 이해관계와 열정의 부패로부터 자유롭다고 생각하는 오만은 모든 진리탐구를 혼란시키는 교만에 의한 또 다른 형태의 오염일 뿐이다. 그것은 완전한 성화가 세속화된 오만의 한 형태이다. 열광주의의 열매는 이런 주장의 자연스런 결과이다.

하지만 우리가 아무리 몸부림쳐도, 우리가 어떤 수단이나 허위의식을 사용하든 우리가 진리를 가진다는 주장을 확증하는 것은 불가능하다. 진리는 여전히 은혜의 역설에 종속된다. 우리는 진리를 가질 수도 있다. 그렇지만 우리는 진리를 가지고 있지 못하다. 그리고 만일 우리가 그 진

---

282 *A Dialogue concerning heresyes and matters of religion* (1528). 주교들과 대학들과 이 분야최고의 석학들이 왕에게 굴복했다는 소식을 들었을 때 무어는 다음과 같이 대답했다. "비록 이 분야에는 아니지만 아직 기독교 주변에는 … 내 마음에 동조하는 사람들이 적지 않다. 그러나 만일 이미 죽은 사람들에 관해서 말해야 한다면 – 그들 중 많은 사람들은 지금 천국의 거룩한 성도들인데 – 이 경우 나와 같은 생각을 하는 사람들은 훨씬 더 많다. 그러므로 나는 기독교 공의회를 거부하는 평의회에 나의 양심을 팔아서는 안 된다." 참조, R. W. Chambers, *Thomas More*, p. 341.

리를 원리에 있어서만 가진다는 사실을 안다면 우리는 실제로 그 진리를 더 순수하게 가진다. 우리가 고백하는 진리와 대립되는 진리들에 대한 우리의 관용은 문화 영역에서는 용서하는 정신의 한 표현이다. 모든 용서와 마찬가지로 그런 관용은 오직 우리가 우리 자신의 덕을 지나치게 확신하지 않을 때에만 가능하다.

진리에 대한 충성은 그 진리를 획득할 수 있는 가능성에 대한 확신을 요구한다. 다른 진리들에 대해 관용하려면 우리 자신의 진리가 궁극적이라는 확신을 유보해야 한다. 그러나 우리가 대답할 수 없는 문제를 해결할 해결책이 없다면, 우리의 와해된 확신은 패배감의 원인이 되든가 – 이것은 문화 분야에서는 회의주의일 것이다 – 아니면 확신을 위장하여 난처함을 감추는 훨씬 더 큰 허위의식의 원인이 될 것이다. 이것은 문화 분야에서는 열광주의이다.

9장

하나님의 나라와 정의를 위한 투쟁

9장

하나님의 나라와 정의를 위한 투쟁

정의를 위한 투쟁은 진리탐구와 마찬가지로 근원적으로 역사적 실존의 가능성과 한계를 적나라하게 보여준다. 어떤 점에서 그것은 지적 탐구보다 더 명백하게 인간의 모든 생명활동과 권력에 연계되어 있기 때문에 그런 한계와 가능성을 진리탐구보다 훨씬 더 잘 드러내 보여준다.

공동의 삶을 형성하고 완성하는 의무는 단지 전능하신 창조자가 인간과 함께 이 작은 지구에 살도록 창조하신 수많은 무리들과 조화를 이룰 필요성에 의해 우리에게 강제로 부과된 것이 아니다. 공동체는 사회적으로는 물론 개인적으로도 필연적이다. 개인은 그의 이웃들과 친밀하고 유기적인 관계를 유지함으로써만 자신을 실현할 수 있기 때문이다. 그러므로 사랑은 인간 본성의 가장 근본적인 법이다. 그리고 형제애는 인간의 사회적 실존을 위해 근본적으로 요구되는 것이다.

인간은 생명력과 이성의 통일체이기 때문에 삶의 사회적 결합이 결코 순전히 이성적일 수만은 없다. 그것은 합리적이면서 동시에 정서적이고 의지적인 모든 힘들과 가능성들의 상호작용을 포함한다. 그러나 합리적 자유의 능력은 인간공동체를 자연적 군서 집단보다 더 높은 차원으로 만들어 준다. 무한회귀의 과정을 통해 자연의 한계를 넘어서는 인간의 자유는 인간이 역사에서 추구하는 형제애의 순수성이나 넓이에는 어떤 고정된 한계도 설정될 수 없음을 의미한다. 이전에 도달된 어떤 형제애도 보다 높은 역사적 시각에서 볼 때 비판의 여지가 있으며, 아무리 새로운 차원의 형제애가 성취되었다 할지라도 부패로부터 완전히 자유롭지는 못하다.

사회적 관계와 정치적 관계에서 선과 악의 이런 가능성들이 가지는 비결정성은 사회적 과정의 역동적 해석을 정당화한다. 역사의 사실들에서 볼 때 역사적 과정은 사회적 관계들을 지속적으로 순화시키고 완성시킨다고 단정할 수는 없을 것이다. 그러나 그런 사실들은 역사적 공동체들의 폭과 외연이 지속적으로 확장되어 왔음을 입증해 준다. 모든 시대, 특히 기술시대에 인간은 그의 삶을 보다 점점 더 많은 동료들과 연계시키는 문제에 부딪친다. 공동체를 형성하고 무정부상태를 피하는 과제가 점점 더 광범위하게 지속적으로 제시된다. 이런 사실들에서 볼 때 근대문화는 사회적 과제를 진보적 관점에서 이해했음이 분명하다. "하나님의 나라"는 역사에 내재하는 힘이며, 이 힘은 형제애와 정의가 실현된 보편적 사회에서 완성된다고 보았다. 이런 전제에 근거한 사회-도덕적 문제에 대해 비종교적 견해와 진보적 프로테스탄트의 견해는 이런 역사관에 대해 사실상 동의한다. 마르크스주의적 역사해석은 그와 다르다. 그러나 그런 차이는 단지 일시적으로 급진적일 뿐이었다. 마르크스주의의 격변설은 결국 점진적이고 유토피아적인 역사개념으로 대체되었다. 자유주의적 프로테스탄트의 견해는 그 해석에 종교적인 표현들을 추가했을 뿐 내용에는 거의 차이가 없었다.

인간의 운명에 관한 기독교적 견해는 위에서 제시된 견해들과는 달라야 하며 부분적으로는 정반대가 되어야 한다. 기독교적 견해는 역사의 역동성을 부정하지 않으며 역사의 과제와 의무가 지속적으로 확장된다는 사실을 부정하지 않기 때문에 다른 역사관들과 완전히 다르지는 않다. 하지만 기독교의 역사관은 역사적 성장을 도덕적 발전과 동일시하는 것에 이의를 제기한다. 우리의 해석에 다르면 "은혜"와 "본성(자연)"의 관계는 부분적으로는 성취의 관계이며, 부분적으로는 부정의 관계이다. 본성과 은혜 사이의 모순이 인식되지 않는다면, 은혜의 영역에 지속적으로 영향을 끼치는 본성의 힘이 인정되지 않는다면 죄가 점진적으로 제거되어 왔다는 오만에 의해 새로운 죄가 역사에 출현하게 된다.

1. 정의와 사랑의 관계

삶에 관한 기독교적 해석을 인간 사회에 적용한다면 그 해석에서 사용되는 용어들을 사회-도덕적 이슈를 다루기에 적합한 용어로 바꿈으로써 시작하는 것이 좋을 것이다. 이 경우 "자연"은 정의의 역사적 가능성들을 의미한다.[283] "은혜"는 자아 내면의 모든 내적 대립들이 지양되고, 하나님의 뜻에 모든 의지들이 완전하게 복종함으로써 자아와 다른 자아들 사이의 모든 갈등과 긴장이 극복된 완전한 사랑의 이상적인 가능성에 해당된다.

이런 용어들로 변환될 때 하나님 나라의 사랑에 대한 역사적 정의의 관계에 관한 기독교적 견해는 변증법적인 관계이다. 사랑의 관점에서 보면, 사랑은 역사에서 성취된 모든 정의의 완성이면서 동시에 부정이다. 그리고 정의의 관점에서 보면, 역사에서 성취된 정의는 무한한 발전단계를 거쳐 보다 완전한 사랑과 형제애에서 완성될 수도 있다. 그러므로 무한한 발전단계를 거쳐 정의를 실현할 의무가 있다. 그러나 그렇게 실현된 정의들 중 어느 것도 완전한 성취라고 할 수는 없다. 이런 관점에서 역사의 현실들을 분석한다면 다른 관점에서 분석했더라면 모호하고 당혹스런 상태로 남았을 역사의 다른 측면들이 밝혀지게 될 것이며, 다른 해

---

283 기독교에서 "본성"이란 개념이 "은혜"와 함께 사용될 때, "본성"은 합리적 자유와 구별되는 유한한 또는 자연적인 과정을 의미한다. 이때 "본성"은 죄에서 해방된 상태와 구별되는 인간의 "사악한 본성"을 의미한다.

석들에서는 불가피하게 범해질 수밖에 없는 오류들을 피하게 될 것이다. 만일 역사에서 실현된 모든 정의들은 사랑의 이상에 근사한 점들과 대립되는 점들을 모두 포함하고 있다는 사실이 보다 충분히 이해된다면 보다 고차원적인 역사적 정의가 실현될 수 있을 것이다. 사회적 관계들에서의 성화는 완전한 성화의 불가능성을 전제한다.

정의와 사랑 사이의 역설적 관계는 다양한 방식으로 표현된다. 우리는 전에(2권 3장) 희생적 사랑과 호혜적 사랑 사이의 관계에 관해 논의했다. 그 분석에 의하면 호혜적 사랑은 – 이런 사랑에서는 타자에 대한 사욕 없는 관심이 상호 응답을 이끌어 내는데 – 역사의 최고 가능성이다. 오직 그런 사랑만이 역사적으로 정당화되기 때문이다. 그러나 그런 사랑은 오직 역사적으로 정당화될 필요가 없는 사욕 없는 희생적 사랑의 한 유형에 의해 촉발될 수 있을 뿐이다. 따라서 도덕적 이념의 정점은 역사 내부에 있으면서 동시에 역사를 초월한다. 사랑이 호혜적 응답을 유도하고 인간관계의 특성을 바꿀 수도 있다면 그 이념은 역사에 내재하며, 사랑이 그의 사욕 없는 희생적 속성을 상실하지 않고는 상호 응답을 요구할 수 없다면 그런 도덕적 이념은 역사를 초월한다. 그러므로 사랑의 계명은 결코 단순한 역사적 가능성이 아니다. 그 계명의 함축적 의미들은 역사와 영원 사이의 변증법적 관계를 잘 보여준다.

2. 정의의 법과 원리

사랑과 정의의 관계는 희생적 사랑과 상호사랑의 변증법적 관계와 마찬가지로 복합적인 요소들을 포함하고 있다. 이런 복합적인 요소들은 두 차원으로 분류될 수 있을 것이다. 첫 번째 차원은 정의의 규범과 법의 차원이다. 두 번째 차원은 정의의 구조, 즉 사회적 조직과 정치적 조직 그리고 형제애의 관계이다. 두 차원 사이의 본질적 차이는 정의의 법과 원리가 추상적인 개념인데 반해 정의의 구조와 조직은 역사의 생명력이 구체화된 것이라는 사실에 있다. 실제적인 사회적 제도와 형제애의 이상 사이의 모순은 사랑과 정의의 규범과 법 사이의 차이보다 더 크다.

사회적 관계를 지배하는 모든 조직과 규범, 그리고 법은 한편에서는 상호성과 공동체성의 수단들이며, 다른 한편에서는 형제애의 이상에 아주 가까우면서 그 이상에 대해 긍정적으로 대립한다. 정의의 규범들이 가지는 이런 특징들을 차례로 살펴보자.

정의의 조직과 원리는 ─ 그것들이 타자에 대한 의무감을 확장하는 한 ─ 형제애의 정신을 구현하는 수단이다. 이런 의무감은 다음과 같은 방식으로 확장되어야 한다. (1) 분명한 현실적인 필요에 의해 촉발된 직접적인 의무감으로부터 상호지원의 확고한 원리들에서 표현된 지속적인 의무감으로의 확장. (2) 자아와 타자 사이의 간단한 관계로부터 자아와 타자들 사이의 복잡한 관계로의 확장. (3) 마지막으로 개인의 삶에 의해 깨달아진 의무로부터 공동체가 그의 공정한 관점에서 규정하는 보다 넓은 의무로의 확장. 이런 공공의 규정들이 서서히 관습과 법으로 발전하는데, 그 규정들은 모두 개인의 삶에서는 가능하지 않은 보다 높은 차원의 '사심 없음'의 요소들을 포함한다.

이런 세 가지 방식에서 정의의 규범과 법은 사랑의 법과 긍정적인 관계에 있다. 중요한 것은 합리적 요소가 그들 각각에서 본질적인 요소라는 사실이다. 명백한 필요에 대해 직접 느껴진 의무는 동정심에 의해 촉발될 수도 있다. 그러나 지속적인 의무감은 우리 자신의 이익과 다른 사람들의 필요를 비교하여 얻은 합리적 계산에 의존하며 또 그런 계산에서 표현된다. 자아와 다른 자아 사이의 관계는 부분적으로는 자신의 이익을 전혀 고려하지 않는 관계일 수도 있다. 그리고 어쨌든 상호간의 이해관계에 대한 계산은 최소로 줄어들 수도 있다. 그러나 제 3의 인물이 그 관계에 개입하게 되면 아무리 완전한 사랑이라도 상충하는 필요와 이해관계에 관한 합리적 계산을 필요로 한다. 한 가족 내에서의 사랑도 관습과 습관을 이용한다. 그런 관습과 습관은 상충하는 이해관계들을 새로이 계산함으로써 모든 행위가 그때마다 조정될 필요가 없도록 그 가족 구성원들 사이에서 이미 조정된 것들을 고정시켜 주기 때문이다.

주어진 어떤 공동체 내에서 도출된 정의에 관한 정의들은 사회적 정신의 산물이다. 공동의 문제들에 대한 다양한 관점들이 수렴되어 그 공동체의 어떤 개인이나 계층이나 단체가 도달할 결과와는 다른 결과를 성취했다. 공동의 문제를 올바로 해결하는 방식과 관련된 다양한 견해들이 종합되어 결국 공통의 결론에 도달될 수 있다는 사실은 개인이나 단체의 접근방식은 언제나 이기적이라는 생각이 잘못임을 입증해 준다. 만일 개인이나 단체의 접근방식이 언제나 이기적이라면, 사회는 위로부터의 권력이 무정부상태를 정리할 때까지 상충하는 이해관계들이 무정부상태에서 서로 충돌하는 집단일 것이다.

실제로 이해관계들은 어떤 방식으로도 중재할 수 없을 정도로 서로 충돌할 수도 있다. 그럴 경우 그런 충돌은 결국 어느 한 쪽의 승리로 끝나거나 양측이 모두 보다 상급의 강제력에 복종하는 것으로 끝난다. 루터와 홉스의 정치적 견해는, 이해관계의 충돌들은 모두 그런 속성을 가진다는 믿음에 기초한다.

민주주의 사회들에서 이룩된 것들을 종합해 볼 때 루터와 홉스의 이런 비관주의는 타당하지 않다. 따라서 형제애의 이념에 대한 정부와 정의체제들의 관계를 전적으로 부정적으로 생각해서도 안 된다. 역사적으로 볼 때 보다 상급의 강제력이 개입하지 않고도 서로 다른 이해관계들이 조정된 사례들이 많이 있다. 공동의 문제에 접근하는 다양한 방식들을 종합하여 건전하고 적절한 해결책을 찾아내는 공동체의 능력은 인간에게 다른 사람들의 이익을 고려할 줄 아는 능력이 있음을 입증해 준다. 그럼에도 불구하고 상충하는 이해관계와 관점들을 조정하는 것은 쉽지 않으며 어떤 조건에서는 그것이 불가능하게 될 수도 있다. 이런 사실에서 볼 때 이성의 합리적 공정성을 지나치게 낙관해서도 안 된다. 집단적 경험에서 서서히 체계화된 정의의 규범들과 원리들을 단순히 사회적 의무감의 수단으로 간주하는 것은 그것들을 단순히 이기적 관심의 수단들이라고 치부하는 것과 마찬가지로 잘못이다.

오늘날의 어떤 사회적 이슈에 관해 사회적 양심의 발전과정을 분석해 보면, 예를 들어 실업자에 대한 공동체의 의무감을 분석해 보면, 이런 발전과정에는 복합적 요소들이 얽혀 있음을 분명히 알 수 있다. 공동체가 실직한 사람들에게 지급하는 실업수당은 부분적으로는 그 공동체에서 보다 많은 혜택을 받은 사람들이 혜택을 적게 받은 사람들에 대해 느끼는 의무감의 표현이다. 혜택을 많이 받은 사람들은 궁핍한 사람들에 대해 그들 자신이 때때로 느끼는 동정심에 의존하는 대신 일정한 원리들에 따라 이런 의무를 충족시키는 것이 유리하다고 생각한다. 더 나아가 그들은 상대적 빈곤에 관해 그들 자신이 판단하는 것은 대단히 부적절하며 따라서 공동체의 고유한 기능을 통해 작용하는 공동체 전체의 보다 공평하고 포괄적인 시각이 필요하다는 사실을 안다. 실업대책 원리들의 이런 기능은 특별한 규범들과 형제애 사이의 가장 긍정적인 관계이다.

한편 실업자들에게 지급되는 수당은 거의 언제나 가난한 사람들이 받고 싶어 하는 것보다는 낮고 혜택을 받은 사람들이 기꺼이 지불하고자 하는 것보다는 높다. 사실 근대사회의 공동체들에서 특권계층들의 일부는 이 문제와 관련하여 쟁점이 되는 정의를 모든 이데올로기들 중 가장 명백하고 분명한 이데올로기에 의해 모호하게 만들었다. 그들의 주장에 따르면 실업자들은 종잡을 수 없이 복잡한 산업과정에 의해서 희생되었다기보다는 오히려 자신들의 게으름의 결과 실업자가 되었다. 공동체가 최종적으로 결정하는 실제적인 지불계획은 어떤 개별적인 정신이라기보다는 오히려 사회적 정신의 결정이며, 그 주제에 관한 지속적인 논의의 결과이다. 그것은 상충하는 견해들과 이해관계 사이의 타협일 것이다. 그것이 해당 사회적 문제에 대해 절대적으로 "정확한" 해결책이 아님은 분명하다. 특권을 누리는 사람들이 그런 지불계획을 수용하는 것은 결국 가난한 사람들의 폭동을 두려워하기 때문일 수도 있다. 이런 현실적 상황으로 볼 때 "정의의 원리들"을 권리와 이해관계에 관해 합리적으로 추정된 수준보다 낮게 표현된 생활공동체들의 희망과 두려움, 압력과 저항으로부터 완전히 분리하여 생각하는 것은 불가능하다.

그럼에도 불구하고 그런 해결책은 일반적으로 수용된 사회적 기준이 된다. 그리고 그 공동체의 일부 특권층 사람들은 그 해결책이 그들의 사회적 의무감을 표현하기 때문에 - 그들은 순간적인 동정의 힘보다는 오히려 이런 의무감에 의존하는 것을 더 선호하는데 - 그 해결책을 환영할 수도 있다. 대체로 가난한 사람들이 이런 수당으로부터 받는 것은 곤궁한 개인이 기존의 동정심이 많고 부유한 개인들에 호소함으로써 얻을 수 있는 것보다 적을 수도 있다. 그러나 그들은 단지 분명한 필요를 느끼지 않는 순간적이고 종잡을 수 없는 동정심에만 의존하여 얻을 수 있는 것보다는 많이 얻을 것이다.

사랑의 계명에 관한 감상적 해석들 대신 – 사랑의 계명에 따르면 기독교적 아가페는 오직 가장 인격적인 개인과 사회적 의무의 직접적인 표현들에 의해서만 입증되는데 – 정의의 규범들과 사랑의 법 사이의 이런 긍정적인 관계가 강조되어야 한다. 정의와 사랑의 관계에 관한 일반적 분석과 루터의 분석은 모두 정의의 규범들을 사랑의 영역에서 배제하는 오류에 빠지기 쉽다.[284]

하지만 정의의 법과 체계는 상호사랑과 형제애에 대해 부정적인 관계와 긍정적인 관계를 동시에 가진다. 그것들은 형제애의 정신과 근사한 것들과 모순되는 것들을 동시에 포함한다. 그들의 이런 모순적 속성은 모든 사회적 현실에 내재하는 악한 요소에 기인한다. 정의가 공동체의 다양한 구성원들이 서로를 이용하는 경향을 전제하거나 다른 사람들의 이익보다는 그들 자신의 이익에 더 많은 관심을 가지는 경향을 전제하

---

284 에밀 브루너가 다음과 같이 주장할 때 그는 바로 이런 오류에 빠진다. "믿는 자의 가장 중요한 의무는 … 언제나 엄격한 질서의 형식들(정의의 구조)에 사랑의 활력을 불어넣는 것이다. … 그 결과는 인격적 관계 자체이다. … 그 질서를 개선하는 것은 가망 없는 과제가 아니며, 불필요하지도 않지만 여전히 이차적으로 중요한 문제일 뿐이다. 중요한 것은 믿음의 관점에서만 행해질 수 있는 것을 행하는 것, 즉 '그리스도 안에서' 이웃을 사랑하는 것과 어떤 방식으로든 그를 섬기는 것이다. … 가장 중요한 것은 결정적인 것은 언제나 정치적 영역이 아니라 인격적 관계에서 발생한다는 진리를 강조하는 것이다. 물론 총체적 질서가 와해될 위험에서 그 질서를 보존해야할 필요가 있는 곳에서는 예외이다." *The Divine Imperative*, p. 233.
정치적 과제에 대한 브루너의 일관되게 부정적인 해석들과 정치적 과제가 이차적으로 중요하다는 그의 생각은 루터의 유산이다. 물론 그가 정의의 어떤 체계와 계획도 사랑의 법을 완성하지 못한다는 그의 주장은 옳다.

는 한 정의의 법과 체계들은 단순히 형제애의 정신과 근사하다. 이런 경향 때문에 모든 정의체계들은 공동체를 구성하는 다양한 구성원들의 권리와 이해관계를 조심스럽게 구분한다. 영역을 구분하는 울타리와 경계선은 정의의 정신을 상징하는 것들이다. 이런 상징들은 특권을 가진 어떤 사람이 다른 사람을 이용하지 못하도록 하기 위해 각 사람의 이익을 제한한다. 그러므로 정의를 통해 구현된 조화는 형제애의 완전한 실현이 아니라 단지 형제애에 근사할 뿐이다. 그런 조화는 인간의 이기주의에 의해 고안된 조건들 내에서는 최고로 가능한 조화이다. 정의의 부정적 측면이 정의의 유일한 속성은 아니다. 이에 관해서는 이미 앞에서 언급되었다. 아무리 완전한 사랑이 전제된다 할지라도 두 사람 이상의 복합적 관계에서는 서로의 권리를 신중하게 고려할 필요가 있다. 그럼에도 불구하고 부정적인 측면은 중요하다.

모든 정의체계들에서 형제애에 상충되는 요소가, 실제로 발생하는 이유는 권리와 이해관계의 합리적 평가가 가지는 우연성과 유한성 때문이며, 다른 사람의 권리를 평가할 때 감정과 이기심이 개입되기 때문이다. 역사에는 보편적 이성이 존재하지 않으며, 서로 상충되고 서로를 지원하는 생생한 이해관계의 전 영역을 개관하는 공정한 시각이 존재하지 않는다. 사회 전체를 바라보는 비교적 공정한 관점에도 – 특히 철저하게 관리된 사법제도들의 객관성에서 보이는 공정한 관점에도 – 모든 인간이 가지는 관점들의 우연성이 개입되어 있다.

우리가 역사에서 경험한 정의의 그런 규범들은 다양한 부분적 시각들이 종합되어 하나의 보다 포괄적인 시각을 형성하는 사회적 과정에 의해 도달된 것이다. 그러나 포괄적인 시각조차도 시간과 장소에 따라 달라진다. 정의의 모든 법과 규정의 도덕적 순수성에 관한 마르크스적 냉소주의는 정당하다. 더 나아가 마르크스주의는 정의의 법과 규정은 원래한 사회를 주도하는 세력들의 이해관계를 합리화한 것이라고 간주하는데, 이것은 옳다. 중세 시대의 "자연법" 조항들은 봉건사회의 산물이었다. 절대적이고 자명하다고 간주된 18세기의 자연법 조항들은 부르주아 계층에서 기원되었다.

정의의 이런 이념들과 규범들이 가지는 상대성과 우연성에서 볼 때 정의의 이념들과 규범들이 절대성을 가진다고 주장하는 카톨릭의 사회학자들, 자유주의 사회학자들과 마르크스주의 사회학자들의 이론은 타당하지 않다.[285] 카톨릭과 자유주의 사회이론들은 모두 – 그리고 그 문제에 관해서는 그 이론들의 토대가 된 스토아 철학의 이론들도 – "자연법"과 "실정법"(또는 "시민법")을 구분한다. 실정법 또는 시민법은 특수한 역사적 공동체들에서 실제적이고 불완전하게 구현된 정의 규범들이다. 이런 유형의 법은 우연성과 상대성을 가지지만, 자연법은 합목적성을 가진다고 생각되었다. 이런 근본적인 구분을 그대로 수용할 수는 없다. 이런 구분은 이성의 순수성에 대한 믿음에 의존하지만 수긍할 수는 없다. 그것은 단순히 인간이 역사에서 절대적인 것을 발견하려는 많은 노력들 중 하나에 불과하다. 자연법이 합목적성을 가진다는 이런 주장의 결과는 명백하다. 그 결과 이데올로기가 보다 높은 허위의식으로 발전하게 된다. 그것은 죄가 없다고 주장하는 곳에 죄의 세력이 작용한다는 사실을 보여주는 역사적 사례들 중 하나이다.[286]

---

285 일반적으로 마르크스주의 이론은 자신의 이론 이외의 다른 이론들은 이해관계에 의해 오염되어 있다고 주장한다. 그러나 그 이론도 "자연법"과 마찬가지로 오염되어 있다. 예를 들어, 마르크스주의 이론이 가장 강조하는 평등의 이념은 분명히 "이데올로기"이다. 마르크스주의의 평등의 이념은 불평등에 대한 가난한 사람들의 분노를 정당화하고 있다. 그러나 마르크스주의의 이런 이론은 사회에 불가피하게 존재하는 기능적 차이를 고려하지 않은 것이다.

286 카톨릭의 "자연법" 이론들은 비종교적인 이론들과 마찬가지로 과장된 것이다. 비록 그 이론들이 자연법에 요구되는 정의의 덕을 은혜에 의해 성취된 사랑의 법보다 하위에 두기는 하지만 말이다. 카톨릭의 이론에 따르면 "자연법"은 인간의 이성에 내재하는 "신적

물론 정의의 이념들과 "시민법"에서 그 이념들의 구현 사이에는 당연히 차이가 있다. 시민법은 현실 공동체에서 억압과 저항의 결과이다. 그러므로 시민법은 자연법보다 더 크게 역사적 상대성에 지배된다. 생각이 행위보다 더 순수하다면 자연법이 시민법보다 더 순수하다. 더 나아가 합리적으로 산출된 정의의 원리들이 현실 공동체에서 역사적으로 성취된 정의의 사례들에 대한 비판의 기준으로서 인정되어야 한다. 중세와 근대의 비종교적인 자연법 이론들이 이런 합리적인 정의의 요구들을 지나치게 강조하는데 반해 비종교적인 상대주의자들과 종교개혁의 상대주의자들은 모두 그런 원리들을 부적절하고 위험한 것으로 간주한다. 만일 십계명이 계시에 의해 그런 원리들을 제시해 주지 않았다면 인간의 도덕적 삶에는 아무런 확실한 지침원리들도 없었을 것이라는 칼 바르트의 확신은 타당하지도 않고 성서적이지도 않다.[287]

예를 들어, 인류의 도덕률에서 살인을 금지하는 법조항의 실제적인 보편성은 일반적인 금지조항을 실제로 적용할 때 나타나는 무수한 상대성들과 마찬가지로 중요하다. 게다가 특별한 정의 규범들과 정의 체계들의 지침이 되는 본질적으로 보편적인 원리들이 있다. "평등"과 "자유"는 모두 스토아 철학의 자연법 이론, 중세와 근대의 자연법 이론에서 초월적인 정의의 원리로 인정된다. 비록 근대의 이론들은 – 부르주아와 마르크스주의의 이론들이 모두 – "평등"과 "자유"를 초월적 원리라기보다는

인" 또는 "영원한" 법의 일부이다. 역사에서 무수히 발견되는 합리적 시각들의 상대성들은 무시되었다. 본질적으로 보편적인 이성에 대한 이런 절대적 요구는 카톨릭 윤리가 모든 가능한 상황에서 놀라운 확신을 가지고 "정의"와 "불의"를 정의할 수 있는 기초이다. 참조, 1권 10장.

287 바르트의 이런 주장은 바울의 다음과 같은 단언과 상충된다. "율법 없는 이방인이 본성으로 율법의 일을 행할 때에는 이 사람은 율법이 없어도 자기가 자기에게 율법이 되나니."(롬 2:14) 바울의 이런 이론을 무력화시키려는 바르트의 주석적 노력은 정당하지 못하다. 참조, *Epistle to the Romans*, pp. 65-68.

오히려 실현가능한 원리라고 생각하지만 말이다. 물론 그들의 이런 생각은 잘못이다. 평등의 원리를 분석해 보면 그 원리들이 모두 초월적 원리들인 것을 알 수 있을 것이다.

사회이론에서 평등의 원리가 끊임없이 반복되어 나타나는 것은 인간의 본성에 관해 전적으로 비관적인 견해들이 잘못임을 반증하는 것이다. 인간은 단순히 자신의 이익을 합리화하기 위해 사회이론을 이용하는 것이 아니다. 정의의 이념의 결정적 요소인 평등은 정의의 궁극적 규범이 사랑임을 암묵적으로 지시해 준다. 죄의 상태에서 형제애에 근사한 것은 평등한 정의이기 때문이다. 보다 높은 정의는 언제나 보다 평등한 정의를 의미한다. 특권을 가진 사람들보다는 특권을 원하는 사람들이 특권에 대해 더 큰 거부감을 가질 수도 있다. 그러나 특권을 가진 사람들은 그 특권에 관해 양심의 가책을 느낀다. 불평등을 겪는 사람들이 서로 다른 필요나 사회적 기능의 차이 때문에 사회에서 완전한 평등이 불가능함을 인식하지 못하면서 평등의 원리를 정의의 결정적인 원리로 제안할 때 평등에 관한 논의는 이데올로기에 의해 오염된다.[288] 한편, 특권의 혜택을 누리는 사람들은 사회적 기능의 차이 때문에 당연히 그에 상응하여 특권의 불평등이 발생한다는 점을 강조한다. 그들은 또한 보상의 불평등은 사회적 기능을 적절하게 수행하기 위해 필요한 동기부여라고 주장할 수도 있겠는데, 이런 주장은 어느 정도 타당하다. 그러나 그들은 특권을 누리는 공동체의 구성원들은 하나같이 그들의 높은 사회적 능력을 이용하여 그들의 기능에 상응하지 않는 – 그리고 필요의 차이들과 일치하지 않는 – 과도한 특전의 혜택을 누린다는 역사적 사실을 감추려 할 것이다.

한편에서 정의의 원리는 정당하지만, 다른 한편에서 그 원리의 실현은

---

288 스토아 철학과 중세의 이론들은 이런 문제점을 인식하고 있었다. 그들에 따르면 평등은 황금기 또는 타락 이전의 완전한 상태에 속한다.

불가능하다. 정의의 원리가 가지는 이런 양면성은 역사적 상대성들에 대한 절대적인 정의규범들의 관계를 잘 보여준다. 어떤 사람들은 정의규범의 정당성을 과도하게 강조하고, 또 다른 사람들은 그 규범을 완전히 실현하는 것이 불가능함을 강조하고 싶을 것이다. 이런 사실은 보편타당한 원리를 적용할 때 "이데올로기적 오염"이 불가피함을 잘 보여준다. 비록 그 원리 자체는 부분적 이익을 훨씬 초월하지만 말이다.[289]

따라서 정의에 관한 모든 견해들의 복합성을 고려해 볼 때 타당한 정의의 원리들을 발견할 수 없다고 생각하는 상대주의자들의 주장은 물론이고 특수한 이해관계와 역사적 격정에 의해 전혀 오염되지 않은 절대적으로 타당한 원리들에 도달할 수 있다고 생각하는 합리주의자들과 낙관론자들의 주장은 모두 잘못이다.

형제애의 이념과 정의의 원리들 사이의 긍정적인 관계는 정의의 영역에서 사랑의 이념이 실현될 수 있게 해준다. 그러나 이들 사이의 관계가 부

---

[289] 스토아 철학과 카톨릭 교리는 상대적 자연법과 절대적 자연법을 구분하는데, 이런 구분은 절대적 원리들을 상대적이고 "악한" 역사적 상황들에 융통성 있게 적용할 필요성을 적절하게 인식한 것이다. 그러나 "상대적인" 자연법의 요구들이 절대적으로 주장될 수 있다는 생각은 역사적 상대성들에 작용하는 인간의 정신을 고려하지 못했기 때문이다. 여기서 이런 구분에 대한 에밀 브루너의 비판은 주목할 만하다. 참조, *The Divine Imperative*, pp. 626-632.

하지만 브루너가 사회윤리 분야에서 이성의 기능을 경시하는 종교개혁의 주장을 따르고, 결과적으로 평등의 이념을 단순히 "합리적"이지만 비기독교적인 규범으로 생각하여 거부한 것은 잘못이다. 그에 의하면 "평등주의적인 자연법은 성서의 세계와는 무관하며, 오히려 스토아 철학의 합리주의에 속한다. 평등주의 이념은 창조자에 대한 경외심에서가 아니라 사물들이 어떤 상태에 있어야 하는지에 관해 창조자를 지시하려는 욕망, 즉 창조자는 모든 것을 평등하게 취급해야 한다는 전제에서 유래하였다." *Ibid.*, p. 407.

정의를 집행하고 어린이들의 논쟁들을 조정하고자 노력한 적이 있는 부모라면 누구든지 어린이들이 얼마나 자발적으로 평등의 원리를 올바른 중재의 원리로 채택하는지 알 것이며, 그들을 설득하여 나이와 기능과 필요의 차이가 그런 평등의 원리를 무력화시키거나 그 원리를 단지 부차적으로 의미 있게 만든다는 사실을 인식시키는 것이 얼마나 어려운지 알 것이다. 불평등의 창조자에 대한 적절한 존경심이 어린이들에게 없을 수도 있다. 그러나 다른 한편에서 보면 그들은 "스토아 철학의 합리주의"에 관해 들어 본 적이 없거나 그것에 의해 오염된 적이 없었다.

정적일 때는 정의에 관한 역사상의 모든 계획들은 사랑의 법과 모순되는 요소들을 구현할 것이다. 특정 계층의 이익, 특정 국가의 관점, 특정 세대의 편견과 특정 문화의 착각 등은 의식적이든 무의식적이든 인간의 공동의 삶을 규정하는 규범들에 영향을 미친다. 그것들은 어떤 집단에게 다른 집단보다 더 큰 이익을 주기 위해 의도된 것이거나 아니면 그런 의도가 아니라 할지라도 적어도 그 결과는 변하지 않는다.

3. 정의의 체계들

현실 사회의 모호한 사회적 현실들을 초월하는 이상적인 정의의 규범들과 원리들이 형제애의 이념과 양면적인 관계를 갖는다면, 이런 이중성은 이런 원리들과 규범들이 불완전하게 구현되고 역사적으로 구체화된 사회의 구조들과 체계들, 조직들과 기구들에서는 훨씬 더 분명하다. 우리는 이미 정의의 원리들을 합리적으로 진술한 "자연법"과 현실 공동체의 법령들을 지정하는 "실정법" 사이의 차이에 관해 언급한 적이 있다. 그러나 정의의 체계들이 가지는 양면성을 분석하기 위해서는 단순히 "시민법"이나 "실정법"을 고려하는 것으로 만족해서는 안 되며, 합법적인 법령들은 물론 현실 공동체들의 총체적인 구조와 조직까지도 주목해 보아야 한다. 이런 구조는 결코 단순한 법률적 조직의 질서가 아니다. 공동체의 조화는 단순히 법의 권위에 의해서 도달되지 않는다. 법은 삶의 활력들을 강제로 통제하지 않는다. 현실 공동체의 사회적 조화는 도덕과 법의 규범적인 개념들과 (공동체에) 현존하면서 계속 발전하는 공동체의 힘과 생명력이 상호 작용함으로써 성취된다. 일반적으로 법의 규범들은 당위성을 가지는 합리적인 도덕적 이념들과 기존의 세력균형에 의해 결정된 현실적 가능성들 사이의 절충안들이다. 특수한 법령들은 한편에서는 공동체의 도덕관념을 실행하는 수단들로 대립되는 세력들과 이해관계 때문에 발생할 수 있는 무정부상태를 조화롭게 조정시키고자 노력하며, 다른 한편에서는 단지 사회적 삶의 무의식적인 상호작용들에 의해 발생된 삶과 권력의 긴장과 균형을 공식적으로 표현한 것이다.

간단히 말해, 인간이 어떤 공동체도 도덕관념이나 이성의 단순한 구성물이 아니다. 모든 공동체들은 인간의 생생한 능력들이 다소 안정적으로 또는 불안하게 조화된 결정물이다. 그런 공동체는 힘에 의해 통제된다. 질서와 조화의 질을 결정하는 힘은 단순히 정부의 강제력과 조직력만이 아니다. 정부의 그런 힘은 사회적 힘이 가지는 두 측면들 중 하나의 측면에 불과하다. 사회적 힘의 다른 한 측면은 기존의 사회적 상황에서 작용하는 활력들과 세력들의 균형이다. 공동체 생활의 이런 두 요소들, 즉 중추적인 조직원리와 조직력 그리고 힘의 균형은 공동체 조직의 본질적이고 지속적인 측면들이다. 도덕이나 사회가 아무리 발전한다 해도 이런 두 원리들은 여전히 중요한 역할을 할 것이다.

기존 공동체에서 사회적 세력들의 균형을 관리하여 최고의 정의가 성취될 수 있는 다양한 가능성들이 있기 때문에, 그리고 그 공동체에서 조직원리와 조직력은 무한히 쇄신되기 때문에, 공동의 질서와 정의는 다양한 방식으로 보다 완전한 형제애의 이념에 접근할 수 있다. 그러나 공동체 조직의 두 원리, 즉 힘의 체계화와 힘의 균형은 형제애의 법을 부정할 수 있는 가능성들을 내포하고 있다. 조직원리와 조직력은 쉽게 폭정으로 변질될 수도 있으며, 모든 구성원들의 자유와 생명력을 해치는 사회적 통일을 강요할 수도 있다. 그런 폭력적인 통일은 형제애의 이념을 짓밟는다. 반면에 힘의 균형의 원리는 언제든 무정부상태에 빠질 가능성이 농후하다. 사회정의의 연약한 돛단배는 이런 악의 두 축, 즉 폭정과 무정부상태 사이를 헤치며 항해해야 한다. 이들 두 암초들 중 하나의 암초만 조심하고 다른 하나를 방심하면 다른 암초에 부딪히게 되는 것은 자명하다.

아무리 사회적 세력들을 쇄신하고 정치적 화합을 이룬다 해도 형제애를 실천하는 두 종류의 정치적 수단들, 즉 힘의 조직과 힘의 균형에 내재하면서 형제애를 저해하는 요인들을 제거할 수는 없다. 사회적 삶의 영역에서 발견되는 이런 역설적 상황은 삶의 다른 영역들에서 발견된 역사의 역설에 관한 기독교적 견해와 유사하다. 그런 역설의 의미를 보다 충분하게 설명하기 위해서는 먼저 공동체의 삶에서 "권력"의 속성과 의미를 분석하는 것이 좋을 것이다.

3.1. 생명력과 이성의 통일성

사회적 조직에서 권력이 중요한 것은 인간 본성의 두 특성들 때문이다. 하나의 특성은 생명력과 이성의 통일성, 즉 육체와 영혼의 통일성이다. 또 다른 특성은 죄의 세력, 즉 자신을 어떤 다른 것보다 더 중요하게 생각하며 공동의 문제를 자신의 이익을 중심으로 바라보는 완고한 경향이다. 두 번째 특성은 너무나 완강하여 도덕적이거나 합리적인 설득만으로는 어떤 사람이 다른 사람의 이익을 착취하지 못하도록 막기에 충분하지 못하다. 법적인 권위가 더 효과적일 수도 있다. 그러나 모든 법적인 권위는 법을 어기는 사람들을 강제적으로 제재한다. 첫 번째 특성 때문에, 즉 인간의 본성에는 생명력과 이성이 동시에 작용하기 때문에 모든 중요한 수단들을 동원하여 ― 이런 수단들은 개인적 의지나 집단적 의지가 통제할 수도 있겠지만 ― 이기적 목적들이 추구될 수도 있다. 그러므로 이런 반사회적인 목적들을 사회적으로 제재하기 위해서는 모든 유용한 수단들이 동원되어야 한다.

물론 그런 수단들에 의존하지 않고도 논쟁이 조정될 수도 있고 갈등이 중재될 수도 있다. 양심이 양심에 호소할 수도 있고, 이성이 이성에 호소할 수도 있다. 사실 모든 갈등들에는 이런 호소들이 행해진다. 그 갈등이 물리적으로 발전되었을 때조차도 말이다. 그러나 이해관계가 개입된 모든 갈등에는 양측이 모든 가능한 수단을 제시할 수 있다. 대대수의 갈등들은 힘에 의존하거나 힘을 사용하지 않고도 상이의 건위나 힘에 의해 조정된다. 그러나 양측이 모두 유용한 수단을 찾으려는 노력은 다툼을 해결하는데 있어서 합리적인 고려나 도덕적 고려만큼이나 결정적으로 중요하다.[290]

한 공동체의 공식적인 대표자들에 의해서이건 아니면 공동체 내에서 논쟁에 참여하는 사람들에 의해서이건 힘으로 위협하는 것은 상호간의 모든 관계에 있어서 유력한 수단이다. 그런 수단은 안정적이고 질서가 잘 잡힌 공동체에서는 자주 사용되지 않을 수도 있다. 그러나 정부나 논쟁의 한 당사자가 모든 수단을 마음대로 공공연하게 거부한다면 힘의 충돌에 의해 기존의 모든 사회적 세력균형이 무너질 것이며, 따라서 모든 유용한 수단을 사용할 준비가 되어 있는 단체의 성공적인 저항 가능성이 높아질 것이다. 저항이 성공할 것이라는 전망은 또한 자연스럽게 저항에서 모험이 이루어질 개연성을 증가시킨다.[291] 따라서 사회적-도덕적

---

290 산업현장에서의 노동쟁의가 적절한 한 예이다. 노동쟁의는 중재될 수도 있다. 그러나 양측의 타협이나 어느 한 편이 다른 편에 양보하는 것은 어느 쪽에서이든 그 갈등이 해결되었을 때 다른 쪽이 이용할 수 있는 사회적이고 경제적인 힘의 원천을 재빠르게 계산하고 정부와 공기관이 그에 대해 취할 입장을 재빠르게 계산함으로써 이루어진다.

291 이것은 어떻게 모든 사회적 갈등을 순수하게 합리적이고 도덕적으로 해결하고자 하는 자유민주주의 세계가 "전면전"에 휘말려 들게 되는 이유이다. 민감한 양심은 인간의 사회적 삶의 비극적이고 잔인한 현실들에 혐오감을 느끼고 모든 권력을 거부하기로 결정할 수도 있다. 그러나 이런 무기력감에 사로잡혀 있으면서도 사회적 책임을 부인하지는 않는다면 그런 무기력감은 종교적 완전주의자들과 비종교적 완전주의자들이 일반적으로 연루된 도덕적 혼란에 빠지게 된다. 완전한 무저항이 도덕적으로 의미 있을 수도 있다. 만일 무제약적인 권리와 특권이 사라질 것이고 많은 사회적 환경들에서 그런 권리와 특권이 확실히 사라진다면 말이다. 비폭력적 저항은 실용적 전략으로서 의미를 가진다. 폭력적 갈등 없이 정의를 성취하고 평화를 유지하기 위해 모든 수단을 강구할 필요가 있기 때문이다. 그러나 비폭력적 저항이 도덕적으로 또는 정치적으로 절대적인 수단은 아

문제와 연루된 권리와 이해관계의 합리적 계산에는 필연적으로 사회적 환경에 연루된 권력과 생명력에 관한 합리적 계산이 뒤따른다. 그 둘의 절대적 상관관계는 모든 사회적 실존에서 생명력과 이성의 통일성에 대한 훌륭한 상징이다.

3.2. 사회적 삶에서 권력의 유형들

인간의 정신적 역량과 신체적 역량은 그들의 통일성과 상호관계에서 순수한 이성의 다양성으로부터 순수한 신체적 힘의 다양성에 이르기까지 무한히 다양한 힘의 유형들과 그 힘의 연합을 생산할 수 있다. 비록 이성을 편파적이라기보다는 오히려 객관적이라고 생각하는 것이 일반적이긴 하지만, 이 시점에서 이성이 자아가 다른 자아에 대해 그의 권리를 주장하는 도구가 될 수도 있음을 입증하는 것은 거의 불필요하다. 이성이 그렇게 이용될 때 그것은 다른 사람에 대한 권리주장을 지원하는 "힘"이다. 기민한 사람은 순진한 사람을 이용할 수 있다. 갈등의 합리적 해결은 대단히 불공정할 수도 있다. 더 강한 지능을 가진 사람이 약한 지능의 소유자를 힘으로 제압한다면 말이다. 그러나 동일한 목적에 기여하는 다른 정신적 능력들도 있다. 어떤 사람은 순전히 "영적"인 능력에 의해 다른 사람을 사로잡을 수도 있다.[292] 그런 영적인 힘은 다양한 종류의

니다. 그런 무저항은 도덕적 혼란과 정치적 혼란의 원인이 되기 때문이다. 폭력적인 유형의 논쟁들에 대한 민주주의 세계의 혐오감은 "전면전"을 옹호하는 사람들이 기대한 요인이었다. 그런 혐오감은 전면전을 지지하는 사람들로 하여금 그들이 성공할 것이라는 생각과 그들의 모험에 대한 확신을 증가시켜 주었다.

292 간디는 "영적 능력"을 비이기적 동기와 동일시하고 "육체적 힘"을 이기적 동기와 동일시하는데, 이것은 거의 전적으로 잘못이다. 목적을 달성하기 위해 의도적으로 사용된 힘의 유형이 목적이나 동기의 질을 결정하지 않기 때문이다.

정신적 활력, 정신적 에너지와 정서적 에너지, 덕을 소유하고 있거나 덕을 소유하고 있다는 주장, 영웅적 삶이나 좋은 가문의 명성 등으로 이루어진다. 순전히 물리적인 힘은 언제나 개인적 관계에서 최후의 수단이다. 그런 힘은 개인적 관계들에서는 단지 원초적 단계에서만 결정적이다. 교화된 사람들 사이의 관계는 물리적 힘보다는 정신적 힘에 의해 이루어진다. 그렇다고 해서 그런 관계들이 더 공정하다고 할 수는 없다.

집단적으로 조성된 힘의 유형들은 훨씬 더 다양하게 작용한다. 대체로 사회적인 힘은 사회적 기능의 차이에 의존한다. 선진 사회에서 군인이 가지는 물리적 힘은, 그가 신체적으로 강해서가 아니라 그가 물리적 충돌의 도구들을 가지고 있으며 그 도구들을 다루는 기술에 숙달해 있기 때문이다. 성직자가 사회적 힘을 가졌던 이유는 – 성직자는 특히 초기 제국들의 조직에서 유력한 힘을 가지고 있었는데 – 그가 절대군주의 권위를 재가해 주었으며 기존 과두체제의 정치권력에 신성한 의무를 부여해 주었기 때문이다. 재산의 소유와 유통과정의 통제는 부분적으로는 물리적 힘이며 부분적으로는 정신적 힘이다. 유통과정에 의해 산출된 부는 물리적 힘이며, 이런 물리적 힘을 사용하고 통제할 권리는 정신적이다. 그런 권리는 법, 관습, 특별한 기능 등에서 유래한 것이기 때문이다. 경제적 힘이 가장 근본적인 힘이며, 다른 힘들은 경제적 힘에서 유래한다는 근대적 사상은 잘못이다. 초기 영주들은 군사적 힘과 종교적 힘을 사용하여 토지를 소유하고 획득한 군인들과 성직자들이었다. 근대 이전에는 경제적 힘은 가장 중요한 권력이 아니라 이차적인 것이었다. 경제적 힘은 사회의 소수 귀족들을 달래고 그들의 높은 사회적 지위를 대대로 보장해 주기 위해 이용되었다. 그러나 그것이 그들이 처음에 가졌던 높은 지위를 보장해 주지 못했다. 현대 독일에서 나치를 지지하는 정치가들은 정치적 힘을 경제적 힘으로 변형시킨다. 부르주아 시기에는 경제적 힘이 더 중요하게 되는 경향이 있었으며, 다른 유형의 힘들을 경제적 힘을 위해 이용하는 경향이 있었다. 하지만 민주주의 사회에서 경제적 힘은 언제나 보다 광범위하게 확산된 보통사람들의 정치적 힘에 의해 – 이런 힘은 보편적 참정권에서 나오는데 – 상당한 제약을 받게 되었다.[293]

정의와 불의의 모든 유형들은 순수한 합리주의자들이나 이상주의자들이 생각하는 것보다 훨씬 더 크게 각각의 권력유형 내에 이미 존재하는 균형이나 불균형에 의해서 그리고 기존 공동체 내에서의 다양한 권력유형들의 균형에 의해 결정된다. 권력의 불균형이 커지면 불의로 이어지는 것은 자명한 이치일 것이다. 그런 불의를 완화시키려고 아무리 노력한다 할지라도 말이다. 따라서 현대의 기술사회에서 경제적 힘의 편중은 불의를 조장하였고, 정치권력의 분산은 정의를 강화시켜 주었다. 민주주의적이면서 동시에 자본주의적인 현대사회들의 역사는 대체로 이들 두 권력유형들 사이의 긴장에 의해 결정되었다. 이 역사에서 경제적 소수독재체제는 그의 목적을 위해 정치적 권력을 이용하고자 했지만 완전히 성공하지는 못했다. 한편, 보통 사람의 정치적 힘은 정치적 정의와 경제적 정의를 수호하는데 기여했지만, 그것도 사악한 경제적 불의들을 완전히 제거하지는 못했다. 이런 긴장은 해결되지 않으며, 결코 완전히 해결될 수도 없을 것이다. 바로 지금 이 순간도 민주세계에서 이런 긴장에 의해 성취된 정의가 정치적, 경제적 그리고 종교적 힘이 나치의 소수독재에 집

---

293 소유권을 경제적 힘과 동일시하는 것은 자유주의 사회학과 마르크스주의 사회학에서 모두 오류였다. 유통과정을 통제하고 조작하는 것도 경제적 힘의 한 형태이다. 그것은 노동자들이 소유권의 힘에 저항할 수 있는 최소한의 힘을 부여해 준다. 그리고 유통과정을 관리하는 사람들은 훨씬 더 큰 힘을 획득하고 있다. 제임스 번햄(James Burnham)의 『관리의 혁명』(*Managerial Revolution*)은 소유권을 경제력과 지나치기 단순하게 동일시하는 오류에 대한 일방적인 수정이다. 그런 오류는 마르크스주의의 정치적 오산에 기여한다. 왜냐하면 마르크스주의가 경제적 소유권을 철폐하자고 주장할 때 그것은 정치적 힘과 경제적 힘을 모두 정치적 과정과 경제적 과정을 동시에 통제하는 소수 귀족들의 손에 집중시킬 수도 있기 때문이다.

중됨으로써 그리고 옛 군사적 소수독재와 나치의 결탁에 의해 위협을 받고 있다.

정치권력은 특별히 관리될 필요가 있다. 그 권력은 공동체를 조직하고 지배하는 특별한 목적을 위해 다른 유형의 사회적 힘들을 이용하고 조작할 수 있는 능력을 가지기 때문이다. 일반적으로 소수독재 정치체제는 적어도 두 종류의 중요한 사회적 힘을 소유하고 있다. 초기의 모든 제국들에서는 이 두 힘들이 종교적 힘과 군사적 힘이었다. 이들 두 힘들은 어느 한 계급에 집중되었거나 아니면 군인 계급과 성직자 계급의 밀접한 협력을 통해 결합되어 있었다. 현대의 민주주의 사회들은 정치권력을 특별한 사회적 기능들로부터 분리시키기 때문에 보다 평등한 정의를 지향한다. 민주주의 사회는 모든 사람들에게 지도자들의 정책을 평가할 수 있는 권리를 부여해 주었다. 민주주의의 이런 원리는 사회에서 소수지배 단체들의 조직을 막지는 않지만, 그들의 조직과 권력행사를 제한한다. 하지만 지금 민주세계를 위협하는 독재적 소수지배체제가 정치권력을 이용하여 군중을 선동함으로써 체제를 결속했으며, 다음에는 점차적으로 유통과정을 통제하고, 종교적 신성을 위장하고, 군사력을 통제하거나 군사력과 결탁하는 등 다른 권력유형들도 장악해 가고 있다.

인간 사회에서 다양한 권력 유형들의 급변하는 상관관계들은 기술적 단계로부터 종교적 단계에까지 이르는 사회적 실존의 광범위하게 다양한 발전단계들에 의해 결정된다. 따라서 현대의 상업교역의 발전은 중산층들에게 새로운 경제적 힘을 부여해 주었다. 중산층들은 그런 경제적 힘을 이용하여 봉건사회의 종교적-군사적 소수독재체제에 도전하였다. 그들은 은행이라는 보다 역동적인 경제력을 가지고 지주의 힘을 약화시켰다. 기술에 기초한 현대의 산업은 이중의 결과를 가져왔다. 그것은 유통과정의 소유주들과 그 과정을 조작하는 사람들의 경제적 힘과 부를 증진시켜 주었으며, 산업노동자들에게는 농경사회의 평민들이 가지지 못했던 힘을 - 예를 들면, 서로 밀접한 관계가 있는 경제과정에서 협력을 거부함으로써 행사되는 그런 힘 - 부여해 주었다. 때로는 힘의 역학관계에서 힘의 역전은 훨씬 더 정신적인 영향이 크게 작용했다. 하나님의 권위에 의존하여 정치적 권력에 견제하는 예언자 종교의 등장이 종교적-군사적 소수독재를 무너뜨리고 민주사회를 탄생시키는데 기여한다는 것을 누가 부정할 수 있는가? 이와 같이 기독교의 예언자적 요소들은 현대 민주사회의 형성에 기여했다. 기독교 전통에 있는 보수적 요소들이 정치적 권력을 하나님의 권위와 무비판적으로 동일시함으로써 소수독재체제의 위선적 주장들을 강화시켜 주었듯이 말이다.

현대 민주주의 형성에 기여한 기술적 요인, 합리적 요인과 예언자적-종교적 요인들은 이런 모든 요인들이 얼마나 복합적이고 밀접하게 역사 전체에 연루되어 있는지 알 수 있게 해준다. 역사 발전의 전체 공정에 이런 다양한 요소들이 복합적으로 작용한다는 점에서 볼 때 역사 과정을 단순히 무질서한 생명력들의 작용으로 해석하거나 힘에 대한 이성의 점진적 승리로 해석하는 활력론자들과 합리주의자들의 주장은 모두 타당하지 않다. "이성"과 "힘"은 인간의 정신적 능력과 생명력을 표현하는 결정적인 개념들일 수도 있다. 그러나 어떤 점에서도 그들을 완전히 구분할 수는 없다. 무한히 다양한 방식으로 역사에서 드러나는 인간의 어떤 생명현상들 사이에도 절대적 구분은 불가능하다. 어떤 유형의 개인적이거나 사회적인 힘도 물리적 힘의 매개 없이 또는 생명력들의 충돌과 긴장을 초월하는 "정신"에서 수렴되지 않고 존재하지 않는다. 그러나 주어진 어떤 사회적 환경에서든 그런 힘들의 긴장과 균형은 정신과 자연, 이성과 힘의 복합적 통일성을 인간의 총체적 실존에서 드러내는 생명력과 힘을 포함한다.

3.3. 힘의 조직과 균형

우리의 주된 관심사는 정의의 구조들 또는 공동체 조직의 다양한 형식들이 형제애의 원리에 대해 가지는 이중적 관계이다. 우리의 분석에 따르면 이런 구조들은 사랑의 이념에 대해 근사성과 모순성을 동시에 가진다. 이제 이런 주장이, 모든 사회적 삶은 상호지원과 잠정적 갈등의 방식으로 서로 관련된 많은 형식들에서 표현된 생명력의 영역에 속한다는 결론에 비추어 보다 상세히 검토되어야 한다. 인간의 역사는 상호 의존성과 상호 갈등의 자연적 한계들을 존중하지 않고 오히려 무시하기 때문에 갈등을 완화시키는 것과 사회적 실존의 상호관계를 확장하기 위한 기구들을 고안하는 것은 의식적인 정치적 장치의 과제가 되고 있다.

형제애는 둘 또는 세 종류의 부패유형들에 의해 위험에 처하게 된다. 의지는 의지를 지배하고자 한다. 따라서 제국주의와 노예제도가 역사에 등장하게 된다. 이해관계는 이해관계와 충돌하며, 따라서 상호의존의 관계가 깨어진다. 때때로 자아는 -개인적 자아이든 집단적 자아이든 - 공동체와 일체의 관계를 끊고 공동의 책임을 거부하고자 한다. 하지만 이런 고립주의의 해악은 갈등의 해악의 부정적 형태이며, 따라서 특별히 논의할 필요가 없다.

어떤 사람이 다른 사람의 삶을 지배하는 것은 힘과 생명력의 균형에 의해 약자가 강자의 노예가 되지 않도록 함으로써 가장 효과적으로 방지될 수 있다. 관용적 균형이 없으면 어떤 도덕적 또는 사회적 억재수단도 불의와 노예화를 완전히 막을 수 없다. 이런 의미에서 생명력의 균형은 인간의 이기심 때문에 조성된 조건들의 한계 내에서는 형제애의 이념에 근사한 것이다. 공동체의 어떤 구성원이 가지는 '힘에의 의지'를 다른 구성원의 저항력에 의해 억제하면 긴장이 조성된다. 모든 긴장은 잠재적 갈등이다. 따라서 힘의 균형의 원리는 그것이 지배와 노예화를 억제하는 한 정의의 원리이지만, 그 원리의 긴장이 완화되지 않고 잠재적 갈등으로 이어진다면 무정부상태와 표면적 갈등의 원리이다. 더 나아가 사회적 삶이 인위적으로 관리되고 조정되지 않을 때는 완벽한 힘의 균형이 이루어지지 않는다. 사회적 삶에서 일시적으로 힘의 불균형이 생기면 다양한 유형의 지배와 노예화가 발생한다. 그러므로 인간 사회는 그 안에 존재하는 다양한 평형상태들을 인위적으로 통제하고 조정할 필요가 있다. 기존의 사회적 생명력들 내부에 중추적 역할을 하는 기구가 있어야 한다. 이 기구가 공평한 시각을 가지고 갈등을 중재해야 하며, 상호지원의 과정들을 관리하고 조정하여 그 과정에 내재하는 긴장들이 갈등으로 표출되지 않도록 해야 한다. 그 기구는 갈등을 중재하고 조정하는 기구들이 충분히 기능하지 못할 때에는 언제든 상급 권력에 의한 사회적 과정에 복종하도록 강요해야 한다. 그리고 마지막으로 그 기구는 힘의 불균형 때문에 불의가 발생할 때에는 언제든 균형을 의식적으로 바꿈으로써 힘의 불균형을 시정해야 한다.[294]

행정의 원리 또는 사회적 생명력의 전 영역을 조직할 때의 원리는 힘의 균형의 원리보다 더 높은 수준의 도덕적 재가에 기초한다. 도덕적 재가 없는 힘의 균형은 무정부상태로 전락한다. 게다가 도덕적 재가는 힘의 균형보다 더 의식적으로 정의에 도달하려는 노력이다. 도덕적 재가가 자연적 질서에 속하는데 반해, 힘의 균형은 역사적 질서에 속한다.[295]

---

294 예를 들어, 민주주의 국가에서 과세권은 단순히 소득을 확보하기 위해서뿐만 아니라 기술적이고 고도로 조직화된 산업공정에 내재하는 힘과 특권의 집중화 경향을 막기 위한 것이기도 하다.

295 루소와 홉스의 사회계약설은 "자연적 상태"에 관해 그렇게 모순적인 평가를 한다. 왜냐하면 그들은 모두 행정부가 개입하지 않는다면 사회적 균형이 불명료해진다는 사실을 이해하지 못하기 때문이다. 루소는 사회적 균형에서 조화의 요소들만 보았으며, 홉스는 충돌과 무정부상태의 요소들만 보았다. 한편, 루소는 정부에서 지배의 원리만 보았

그럼에도 불구하고 정부는 또한 도덕적으로도 모호하다는 사실을 인식하는 것이 중요하다. 정부는 형제애의 법과 모순되는 요소를 가지고 있다. 통치자들의 권력은 두 가지 방향에서 남용되기 쉽다. 정부는 공동체의 일부가 공동체 전체에 대해 통치권을 행사하는 것일 수도 있다. 아주 최근에 이르기까지 대다수의 정부들은 실제로 바로 그랬다. 그들은 외국의 과두체제에 의한 정복의 결과였다.[296] 그러나 정부가 공동체 내에서 한 계급이나 집단의 오만한 충동을 드러내지 않는다 할지라도 정부의 오만한 주장들이 저지되지 않는다면 정부는 절대 권력을 가지고 공동체를 지배하려는 충동을 일으킬 것이다. 정부는 "질서"의 이름으로 공동체 구성원들의 활력과 자유를 파괴하려는 유혹을 받게 될 것이다. 정부는 자신의 특수한 질서형태를 질서 자체의 원리와 동일시하려 할 것이며, 그의 권위에 도전하는 모든 사람들에게 질서를 어지럽힌다는 도덕적 불명예의 오명을 씌울 것이다. 이것은 모든 정부가 잠재적으로 연루된 우상숭배와 오만의 죄이다. 이런 악은 모든 정부와 통치자들은 단순히 물리적 강제수단들을 마음대로 사용하여 권력의 일부를 장악할 뿐만 아니라 "위엄"을 과시함으로써도 그렇게 한다는 것이 인식될 때만 충분히 이해될 수 있다. 그들은 강요되지 않은 복종이 없이는 통치할 수 없다. 왜냐하면 강요된 복종은 어쩔 수 없는 경우에만 적용되며 대중이 통치자의 권위를 강요되지 않은 상태에서 수용하는 것을 전제하기 때문이다. 그러나 그들이 성취하는 강요되지 않은 복종은 결코 순전히 "합리적인" 동의가 아니다. 강요되지 않은 복종은 언제나 명시적이든 암시적이든 "위엄"에 대한 종교적 존경을 포함한다. 국가의 위엄은 국가가 모든 구성원들

고, 홉스는 질서의 원리만 보았다.

296 따라서 노르만족에 의한 잉글랜드의 통합, 타타르족에 의한 러시아 정복, 만주족에 의한 중국 정복 등은 한 사회가 외세에 의해 통합된 많은 예들 중 일부이다.

에 대한 공동체 전체의 권위와 힘을 구현하고 표현하며 무정부상태의 위험에 맞서 질서와 정의의 원리를 구현하고 표현할 때에만 정당화된다. 정부의 합법적 위엄은 기독교 교리에서 신적인 명령으로서 인정되고 확인된다.

그러나 역사적으로 볼 때 위엄과 신성을 불법적으로 주장하지 않고 국가와 정부의 위엄이 표현된 적은 없었다. 이렇게 위엄과 신성을 주장하는 것은 국가와 정부가 그들의 통치의 우연성과 편파성을 감추고 모호하게 하며 통치의 절대적 타당성을 주장하는 경향이라고 가장 단적으로 정의될 수 있다.

인간 사회에서 민주적 정의의 건전한 발전은 통치권과 힘의 균형의 원리에 동시에 내재하는 도덕적 모호성들을 어느 정도 이해했을 때 가능했다. 통치권과 힘의 균형의 원리가 통치권 자체의 원리 내에서 통치권에 대한 저항의 원리를 구현하고 있다는 사실은 민주주의 사회들의 최고 성취이다. 따라서 시민은 정부의 부당한 요구들에 저항할 수 있는 "합헌적" 힘을 갖추고 있다. 통치권이 그렇게 이해되어 통치자에 대한 비판이 보다 나은 통치의 수단이 되고 통치권 자체에 대한 위협이 되지 않는다면 시민은 공동체를 무정부상태로 만들지 않고도 이런 합헌적 저항을 할 수 있다.[297]

민주주의의 성취들은 많은 우여곡절을 거친 끝에 인간역사에서 실현되었다. 이것은 부분적으로는 다양한 종교적 사상들과 정치적 사상들이 정의의 도구인 힘의 조직과 힘의 균형에 정의를 위협하는 요소들이 있음을 충분히 이해하지 못했기 때문이다. 일반적으로 통치권의 도덕적 모호

---

297 17세기 스코틀랜드의 장로회 헌법학자인 사무엘 러더포드(Samuel Rutherford)는 그런 차이를 다음과 같이 표현하고 있다. "통치권은 본래부터 자발적이지는 않다. 그러나 통치권의 방식과 태도는 자발적이다." *Lex Rex(1644)*, Question IX.

성들을 간파한 사람들은 통제되지 않은 사회적 삶에 내재하는 무정부상태의 위험을 이해하지 못했다. 반면에 이런 무정부상태를 두려워한 사람들은 정부의 주장들에 대해 무비판적이었다. 역사는 우여곡절 끝에 문제의 한쪽 면만 이해하는 관념론자들과 현실주의자들의 환상을 거부하고 무정부상태와 독재체재를 피하는 적절한 기술들을 찾아내었다. 이런 과정에서 기독교 전통은 정치적 질서에 대한 그의 이중적 접근방식을 확실하게 표명함으로써 정치적 사회적 삶의 복잡한 사안들에서 지침을 거의 제시해 주지 못했다. 정치 분야에서의 역설을 제대로 파악하지 못한 것은 우리가 다른 영역에서 이미 검토한 다양한 기독교적 전통과 비기독교적 전통의 한계 때문이다.

·

4. 통치권에 대한 기독교의 태도

통치권에 관한 기독교의 이론과 근대의 비기독교적 이론의 발전은 정치적 질서의 내용에 대한 하나의 고전적 접근방식과 두 개의 성서적 접근방식들의 상호작용에 의해 결정된다. 두 종류의 성서적 접근방식들은 서로 종합되고 조화되어 통치권의 도덕적 모호성들을 정확하게 지적하고 있다. 그 중 하나의 접근방식에 따르면 통치권은 하나님의 명령이며, 통치권의 권위는 하나님의 위엄을 반영한다. 다른 하나의 접근방식에 따르면 국가의 "통치자들"과 "재판관"들은 가난한 사람들을 압제하고 하나님의 주권을 무시하기 때문에 특히 하나님의 심판과 진노를 피할 수 없다. 이 두 접근방식들은 통치권의 두 측면을 정확하게 지적한다. 통치권은 질서의 원리이며, 그의 권력은 무정부상태를 막아준다. 그러나 그의 권력은 하나님의 권위와 동일하지 않다. 통치권은 부분적이고 특수한 위치로부터 행사되며, 따라서 신적인 권위의 특징인 선과 힘의 완벽한 통일성을 성취할 수 없다. 통치권의 권위가 완벽하다는 오만한 주장은 통치권의 잘못된 권위 요구이다. 이런 요구는 존경심에서 우러난 복종의 기분을 갖게도 하지만 보복적 반역의 기분을 갖게도 한다.[298]

---

298 사무엘서에 자세히 기록된 두 전승들에 따르면 군주제에 관한 최초의 성서적 기록은 두 가지 관점에서 해석된다. 하나의 관점에 따르면, 사무엘은 야훼의 명령을 받고 사울 왕에게 기름을 부었다(삼상 8:22). 다른 관점에 따르면, 왕을 세워 달라는 백성들의 요구는 하나님에 대한 모욕으로 간주되었다. 하나님 자신이 그의 백성의 왕이기 때문이다. "너희는 너희를 모든 재난과 고통 중에서 친히 구원하여 내신 너희의 하나님을 버리고 이

왕의 권위 또는 국가의 권위에 대해 예언자들은 비판했고 제사장들은 재가해 주었는데, 이런 이중적 접근방식은 보수적인 기독교 사상과 진보적 사상에게 모두 각자의 입장을 변호할 수 있는 성서적 근거를 마련해 주었다. 아주 드물기는 하지만 각자의 입장에서 진리가 올바르게 평가되었다. 불행하게도 사도 바울이 쓴 성서본문들 중 하나는 성서적 역설의 힘을 크게 훼손시켰다. 로마서 13장에서 사도 바울은 통치권의 절대적 권위를 인정하는데, 이것은 기독교 사상, 특히 종교개혁에 결정적인 영향을 주었다.[299] 그러나 다행스럽게도 바울의 영향력은 결코 기독교 역사에

르기를 우리 위에 왕을 세우라 하는도다."(삼상 10:19)
통치권에 대한 이런 두 가지 접근방식들에 관한 다양한 표현들을 여기서 전부 언급할 수는 없다. 통치권에 대한 예언자들의 비판적 태도는 다른 곳에서 논의되었다. 한편, 왕이 여호와의 기름부음 받은 자라는 사상은 통치권의 필요성을 인정하는 사상으로서 구약성서 전체를 관통하여 흐른다.(참조, 삿 17:6. "그 때에는 이스라엘에 왕이 없었으므로 사람마다 자기 소견에 옳은 대로 행하였더라.")
신약성서에서 보면 예수는 한편에서는 통치권의 합법적 권위를 인정하지만("그런즉 가이사의 것은 가이사에게 … 바치라" 마 22:21), 다른 한편에서는 왕들의 통치가 상호사랑과 대립되며 하나님 나라를 섬기는 것과 대립된다고 가르친다(이방인의 임금들은 그들을 주관하며 그 집권자들은 은인이라 칭함을 받으나 너희는 그렇지 않을지니 너희 중에 큰 자는 젊은 자와 같고 다스리는 자는 섬기는 자와 같을지니라." 눅 22:25-26).

299 "각 사람은 위에 있는 권세들에게 복종하라. 권세는 하나님으로부터 나지 않음이 없나니, 모든 권세는 다 하나님이 정하신 바라. 그러므로 권세를 거스르는 자는 하나님의 명을 거스름이니, 거스르는 자들은 심판을 자취하리라. … 다스리는 자들은 선한 일에 대하여 두려움이 되지 않고 악한 일에 대하여 되나니."(롬 13:1-3)
이와 같이 통치권을 무조건적으로 보증해 주고 통치권의 권위에 대한 저항을 무조건적으로 금지하는 것은 통치권이 덕에 대해서는 우협하지 않고 단지 악에 대해서만 두려움이 된다는 잘못된 주장에 의해 정당화되고 있다. 역사는 통치권의 권력이 도덕적으로 양면적이라는 사실을 입증한다. 그 권력이 때로는 악에 대해서는 두려움이 되지 않고 오히려 "선한 일"에 대해서만 두려움이 될 수도 있다. 아무리 훌륭한 통치권이라 할지라도 그런 가능성에서 완전히 자유로울 수는 없다. 통치권에 대한 바울의 정당화는 당시의 특수한 역사적 상황에서는 충분히 타당했다. 바울의 주장은 의심의 여지없이 초대교회의 종말론적 분위기에 의해 조장된 통치권을 향한 무책임성을 경고한 것이었다. 그것이 이후의 여러 세기동안 무분별하게 적용됨으로써 정부에 대한 무비판적인 헌신을 위한 수단이 되었다. 이것은 성서중심주의의 한 위험이다. 삶에 관한 성서적 관찰들은 살아있는 역사에 대한 살아있는 관계에서 이루어진다. 이런 관계를 무시하고 그런 견해들의 문자적 의미에만 주목하면 그런 견해들은 오류와 혼란의 원인이 된다.

서 통치권이 저지른 악에 대한 예언자적 비판을 소멸시키지는 못했다.

정치질서에 대한 이런 두 종류의 성서적 접근방식들과 반대로 고전세계는 정치를 보다 단순하고 보다 합리적인 관점에서 생각했다. 통치권은 무엇보다도 인간의 사회적 본성의 수단이었다. 무정부상태를 방지하는 통치권의 기능은 - 이런 기능은 기독교 사상에서 강하게 주장되었으며 종교개혁에서 과도하게 강조되었다 - 단지 간접적으로만 그 가치가 인정되었다. 아리스토텔레스에게 있어서 통치의 목적은 친교(κοινονία)였다. 그리고 플라톤은 그의『국가론』에서 국가를 조화의 모든 법들을 개별적 영혼의 소우주에 적절한 방식으로 드러낼 대우주로 묘사하였다.

아리스토텔레스와 플라톤은 모두 사회의 조화를 입헌적 구조, 즉 그 사회를 통치하는 원리들과 동일시한다. 그 접근방식은 현대의 철학적 개념으로 표현하면 "비현실적"이다.[300] 그들은 언제나 정의의 본질적 형상들과 원리들을 추구하고 있으며, 로고스를 통해 야만적 생명력을 다스릴 조직들과 제도들을 추구하고 있다. 물론 그들은 법의 힘만으로 이것을 할 수 있다고 생각하지는 않는다. 그러나 그들이 법의 원리들을 해석하고, 적용하고 강화시킬 최선의 기관들을 찾아 통치권이 이익들의 충돌을 제어할 수 있는 - 아리스토텔레스의 경우에는 특히 부자와 가난한 자

---

300 아리스토텔레스에 의하면 "국가(πολιτεία)는 폴리스의 삶이다."(*Politics* VI, iv, 11) 플라톤의『법』(νόμοι)에 보면 아테네의 낯선 사람이 다음과 같이 선언한다. "권력투쟁이 있었을 때에는 그 경쟁에서 승리한 사람들이 통치권을 완전히 독점하여 패배한 측에 돌아갈 모든 몫을 거부한다. … 지금 우리의 견해에 따르면 그런 통치들은 결코 정치가 아니다. 그리고 전체 폴리스의 이익을 위해서가 아니라 특별한 계급들의 이익을 위해서 통과된 법은 옳지 못하다. … 법이 신하이며 아무런 권위도 가지지 못하는 국가는 멸망을 향해 달리는 고속도로 위에 있다. 그리고 통치자들이 법보다 하위에 있는 국가는 구원의 가능성이 있다."
폴리스들의 관습이 정의의 규범과 원리에 합치해야 한다는 생각은 물론 정당하고 필연적이다. 그러나 플라톤과 아리스토텔레스는 모두 정치 질서에 있는 역동적인 요소들을 과소평가했다. 그들은 정치적 삶은 그것이 어떤 법에 의해 통치되든 권력투쟁이라는 사실을 간과했다.

들 사이의 갈등을 제어할 수 있는 – 어떤 탁월한 견해를 구성하고자 할 때, 그들은 그것을 덕망이 있고 합리적인 사람들에게서 발견한다. 그들에게 사심 없는 청렴성의 덕을 부여해 주는 것은 그런 사람들의 탁월한 이성 또는 통치에 관한 전문적인 지식이다. 다시 말해 그리스의 정치학은 엘리트 계층을 신뢰한다. 고전적 이론에 따르면 무정부상태의 위험은 무엇보다도 공동체의 전체적 필요를 파악할 수 없는 평민들의 무지에서 비롯된다. 플라톤은, 합리적 탁월성은 물론 금욕적인 훈련에 의해서 통치자들의 청렴성을 계발시키고자 한다. 어쨌든 플라톤은 생명력의 영역이면서 동시에 권력투쟁인 정치를 제대로 이해하지 못했다. 스토아 철학은, 특히 절대적 자연법과 상대적 자연법을 구분할 때 정치의 현실을 보다 잘 이해하였다. 그러나 스토아 철학자들도, 특히 로마의 스토아 철학자들은 정치질서에 대해 지나치게 낙관적인 견해를 가지고 있었다. 키케로는 로마의 정치, 특히 로마제국을 도덕적으로 높이 평가했다. 그는 국가를 정의의 계약으로 간주하였으며, 그 계약에 숨겨진 권력의 현실을 거의 이해하지 못했다.

초대교회의 종말론적 희망이 희미해지고 그와 함께 정치적 무책임성도 퇴색된 후에 등장한 기독교 시기에는 복음의 완전주의와 성서의 현실주의가 고전적 – 특히 스토아 철학의 – 낙관주의와 결합된 정치윤리가 형성되었다. 아우구스티누스는 많은 다른 분야들에서와 마찬가지로 정치적 사상영역에 새롭고 보다 바울적인 해석을 도입한 최초의 인물이었다. 그는 키케로의 합리주의와 낙관주의에 대한 비판에서 출발하여 국가는 정의의 계약이라는 주장을 거부하였으며, 어떤 사회에도 정의는 없고 "그리스도가 세우고 통치하는 사회에만 정의가 있다"[301]고 주장했다. 세계평화를 경쟁하는 사회적 세력들 사이의 불안한 휴전이라고 생

---

301 *De civ. Dei*, 2권 21장.

각했다. 세계평화는 "분쟁에 근거한다." 시민들을 통합하는 것은 정의가 아니라 "시민들이 좋아하는 것을 조화롭게 함께 향유하는 것"이다.[302] 정치적 결속에 관한 그런 도덕적으로 중립적인 정의에 기초하여 아우구스티누스는 국가의 조화를 도둑들이 그들 사이에서 유지하는 조화와 비교하며, 국가와 도둑의 무리 사이에는 규모의 차이를 제외하면 거의 차이가 없다고 주장한다.[303]

아우구스티누스는 인간의 사회적 삶이 불안한 균형에서 일어나는 경쟁하는 힘들 사이의 충돌에 의해서가 아니면 "동료들에게 복종의 멍에를 씌우는" 독재정권의 지배력에 의해 끊임없이 위협을 당한다고 본다. 이런 해석은 로마제국이나 역사상의 어떤 공화국이나 국가에 있었던 질서의 건설적인 요소들을 충분히 고려하지 않은 것일 수도 있다. 그는 로마제국의 전성기의 상황이 아니라 쇠퇴기의 상황을 중심으로 살펴보았을 수도 있다. 그리고 그는 신의 도성과 세속도시를 지나치게 첨예하게 대립시

---

302 *De civ. Dei*, 19권 24장.

303 *Ibid.*, 4권 4장. 참조, A. J. Caryle, *Medieval Political Theory in the West.* Vol. I, pp. 165-170. 매클베인(C. H. Mcllvain)은 아우구스티누스가 암브로시우스와 교부들의 정치이론을 떠났다는 칼라일의 해석에 의문을 제기했다. 참조, Mcllvain, *The Growth of Political Thought in the West*, p. 155. 하지만 아우구스티누스의 입장은 그가 공화국에 관한 키케로의 견해와 자신의 견해를 구별하는 특별한 구절들 이외의 곳에서 분명하게 된다. 예를 들어, 그는 정의의 관점에서가 아니라 권력에 의해 형성된 질서의 관점에서 국가의 사회적 질서를 하나님의 질서와 비교한다. "이 점에 있어서 사악한 교만은 하나님을 대신하여 자기보다 하위의 동료들에게 순종의 멍에를 지움으로써 하나님의 탁월성을 모방한다. 따라서 그 교만은 하나님의 정의로운 평화를 미워하며, 자기를 위해 불의의 평화를 세운다." *De civ. Dei*, 19권 12장. 이것은 성서의 예언자들이 왕들의 오만에 대해 경고한 것과 동일한 것이다. 아우구스티누스는 지상의 다양한 영역에서 확립된 평화가 지속되는 한 그 평화를 선이라고 간주한다. 그러나 그는 그 평화를 불안정한 평화로 간주한다. "하나님의 모르는 사람들은 가엾은 사람들이다. 그들은 정당한 평화를 가지고 있지만, 그 평화를 영원히 가지지 못할 것이다. 평화를 가지고 있는 동안 그 평화를 잘 사용하지 못했기 때문이다." (*Ibid.*, 19권 26장) 그 평화는 언제나 전쟁에 의해 위협을 받거나 한계를 모르는 제국주의적 모험에 의해 위협을 받는다. "다른 나라들과 전쟁하는 모든 국가는 세계의 정복자가되고자 하기 때문이다. ... 만일 그 나라가 다른 나라를 정복하면 교만하여 자기를 자랑하며 스스로를 파괴하게 된다." *Ibid.*, 15권 4장)

켰으며, 따라서 신의 도성에서의 하나님의 사랑과 세속도시에서의 자기 사랑을 완전히 대립적인 관점에서 고찰했다. 그러나 이런 오류에도 불구하고 정치질서에 관한 아우구스티누스의 견해는 정치적 삶에서의 역동적 요소와 무정부적 요소를 모두 고전적 정치학보다 훨씬 더 충실하게 묘사하고 있다.

아우구스티누스의 커다란 권위에도 불구하고 그의 정치적 현실주의는 중세의 정치이론에 미미한 영향을 끼쳤을 뿐이다. 중세의 정치이론은 아우구스티누스의 사상에서보다 훨씬 더 명백하게 고전적 요소를 반영하였다. 실제로 중세의 카톨릭 교회는 다른 사상 영역에서와 마찬가지로 인상적으로 정치이론 분야에서도 종합을 창출해 내는데 성공했다. 그 종합은 이후에 등장한 많은 대안적 체계들보다 훨씬 더 우수하다. 그러나 물론 그 종합은 더 광범위한 그의 종합원리들이 가지는 일반적인 한계들을 벗어나지 못한다.

중세의 정치이론은 성서적 사상의 두 요소들을 고전적 관점들과 통합하였다. 중세의 정치이론에는 통치자들의 불의와 교만에 대한 예언자적-성서적 비판이 결여되지 않는다. 그러나 불행하게도 그 이론은 교황이 통치권을 가져야 한다는 교회의 주장을 뒷받침해 주는 수단이 되었다. 통치권은 절대적 자연법이 아니라 상대적 자연법에 의해 요구된 것이라는 스토아 철학적 기독교 사상은 통치권의 불균형과 강압적 필요들이 궁극적 규범으로 간주되지 못하도록 막아 주었다. 그런 구분에는 통치권에 대한 비판이 극히 자제된 방식으로 표현되어 있다. 따라서 온건한 중세의 입헌주의는 통치자가 자연법과 민법을 모두 준수하도록 규정한다.[304]

---

304 통치자가 민법을 준수해야 한다. 왜냐하면 자연법에는 통치자와 백성 사이의 정의의 계약이 포함되기 때문이다. 칼라일에 다르면 중세의 입헌주의는 14세기에 이르기까지 일관된 전통이었으며, 무조건적이고 절대적인 통치자의 권리를 인정하지 않았다. Carlyle, *op.cit.*, Vol. VI.

통치자의 권위와 통치권의 필연성 사상은 성서적 권위와 스토아 철학의 통치이념에 의해 모두 불완전한 세계에서 필요한 것으로 지지된다. 중세의 정치사상에 있는 보다 고전적인 요소는 정치적 문제에 접근하는 본질적으로 합리적인 방법에서 드러나는데, 이런 합리적인 접근방법은 모든 사회적 삶에서 끊임없이 나타나는 생명력과 이해관계의 긴장을 무시하는 경향이 있었다. 합리적인 접근방법은 국가권력에 내재하는 독재의 위험이 권력중심으로서 국가의 속성과 국가를 포함한 권력이 과도해지는 자연적 경향으로부터 필연적으로 발생한다고 생각하지 않았다. 대신 중세의 이론은 정의와 전제정치를 도덕적으로 그리고 지나치게 절대적이고 뚜렷하게 구분하였다.[305] 그 이론은 국가권력이 성취하는 정의와 평화는 언제나 이 권력의 무절제성과 통치자의 특수한 이해관계 때문에 부패될 가능성이 있다는 사실을 간과하였다.

중세의 입헌주의는 전제정치에 대한 저항의 도덕적 정당성을 충분히 보장하고 있었다. 그러나 그런 생각이 정치적으로 실행되지는 않았다. 그러므로 액튼 경(Lord Acton)이 아퀴나스를 민주주의 이론의 원천이라고 간주하는 것은 약간은 지나치다.[306] 중세의 이론은 정치질서가 상호 의존적이고 서로 갈등하는 권력들과 이해관계들의 광대한 영역이라는 사실을 이해하지 못했으며, 정부의 권력에 의해 그리고 그 순간에 존재하는 특수한 힘들의 균형에 의해 성취될 수도 있는 어떤 "정의"도 우연성

---

305 아퀴나스는 전제정치를 "다수의 공동의 선을 위해서가 아니라 통치자의 사적 이익을 위한 통치"라고 정의했다. *De regimine principum.*

306 아퀴나스는 백성들은 왕을 지명할 권리가 있고 따라서 그를 폐위시킬 권한도 가진다고 믿었다(*De regimine principum*, I, 6). 심지어 솔즈베리의 존(John of Salisbury)은 전제정부를 저지하기 위해서는 국왕을 시해할 수도 있다고 주장했다. 통치권의 불의에 대한 이런 비판적 태도는 근대의 국가절대주의 이론들보다 훨씬 더 강경하다. 그러나 그런 태도가 통치권의 과도한 요구들에 대해 저항하는 제도적 장치들 또는 국민이 지속적으로 통치권의 권력을 감시하는 제도적 장치들을 마련해 주지 않는다는 점에서 볼 때 민주주의적은 아니다. 참조, McIlvain, *op. cit.,* pp. 326-28.

과 상대성에서 벗어날 수 없음을 인식하지 못했다. 중세의 이론은 이런 실패 때문에 새로운 세력들을 현실적으로 대처하지 못했으며, 신흥 상업 교역에 의해 중세의 정치질서에 형성된 불균형들을 현실적으로 대처하지 못했다.[307]

중세적 종합이 쇠퇴하면서 복합적인 정치사상에서의 다양한 요소들이 다른 사상 영역들에서와 마찬가지로 보다 확실하게 자리를 잡게 되었다. 새로운 많은 정치이론들은 정치질서에 관한 보다 포괄적인 중세의 해석보다는 덜 정확할 수도 있으며 확실히 덜 체계적이다. 그러나 대다수의 이론들은 정치질서의 최고 가능성들과 가장 어두운 현실들을 중세의 종합에서 가능했던 것보다 더 정확하게 지적한다.

르네상스의 비종교적인 사조에서는 두 가지 근본적인 경향들이 발생되었다. 그 중 하나의 경향은 그 문제에 대한 합리주의적이고 낙관적인 접근방식을 구현하였다. 이런 경향을 전부 일일이 설명할 수는 없다. 그런 경향은 정치에 대한 다양한 많은 "자유주의적" 접근방식에서 표현되어 있다. 그 가운데서도 '자유방임주의'(laissez-faire)가 가장 대표적이다. 정부의 무절제한 권력이 제거되기만 하면 사회적 이해관계들의 균형을 안정적으로 유지하는 것은 쉬운 문제라는 것이다. 다시 말해, 정부의 권력은 합리적인 사람들을 통제하는 하나의 단순한 합리적 권위로 간주된다. 그리고 이런 권위는 이성이 확장되면 더 공정하고 더 보편적이 될

---

307 근대의 어느 역사가는 카톨릭 교회가 아우구스티누스의 비관주의의 영향을 극복하는 데 그렇게 오래 걸린 것을 유감스럽게 생각했으며, 토마스 아퀴나스의 본질적 낙관주의는 너무 늦게 등장하여 중세정신의 구조를 구원할 수 없었다고 생각한다. (참조, Alois Demph, *Sacrum Imperium*, p. 30.) 이와 정반대의 논리가 진실에 가까울 것이다. 중세정신은 그의 낙관주의 때문에 어떤 사회적 구조에서도 부패와 붕괴의 경향이 있다는 사실을 이해하지 못했다. 트뢸치에 따르면 중세교회는 사회질서의 상대적 가치들이 종교적 제도의 절대적 가치들에 의해 미화되는 비교적 만족스런 상황이 지속되기를" 바랐다. Ernst Troeltsch, *Social Teachings of the Christian Churches*, Vol. I, p. 326.

것이라고 생각한다.

르네상스 사상의 이런 사조가 현대에는 세계정부 이론들에서 다시 나타난다. 이 이론들에 따르면 국가들의 방자함과 도덕적 자율성은 그 국가들의 주권에서 그 주권에 마땅한 존엄성을 박탈하는 간단한 조치를 취함으로써 파괴될 수 있을 것이다.[308] 다른 이론가들은 약간 더 현실적이었다. 그래서 그들은 국제정부는 강력한 권력에 의해 지원되어야 한다고 주장했다. 그러나 그 이론들은 권력의 균형과 집중이 역사에서 실제로 실현되는 유기적이고 생동적인 과정들을 고려하지 않고 국가들 사이의 모종의 사회적 계약에 의해 권력의 중심을 추상적으로 생산해 내고자 했을 것이다.

하지만 르네상스 운동은 기독교 현실주의와 비관주의의 어떤 통찰들을 차용한 또 다른 사조를 조성하였다. 그 사조는 사회적 실존의 역동적 요소들에는 갈등의 위험들이 도사리고 있음을 인식하였다. 그러나 그 사조는 이런 통찰들이 계기가 되어 절대주의적 국가이론들을 제안하게 되었다. 다시 말해, 그 사조는 기독교 전통에 있는 예언자적인 비판적 요소들을 이용하지 못했다. 이런 사조에는 마키아벨리, 토마스 홉스, 장 보댕 등이 속하며, 어떤 면에서는 헤겔과 보샹케도 이런 사조에 속한다. 마키아벨리의 경우처럼 때로는 정치적 비관주의는 도덕적 냉소주의에 빠지기도 했다. 마르크스주의는 근대에 유일한 비판적이면서 동시에 현실주의적인 사상을 가지고 있었다. 그런데 마르크스주의가 현실주의적 입장을 취하게 된 것은 정부를 통해 사회적 무정부상태의 위험을 완화시키기 위해서라기보다는 오히려 정부의 권력이 가지는 도덕적 모호성에 저항하기 위해서였다.

분리파 기독교의 급진주의는 주로 성서에 기초하기 때문에 그의 급진

308 참조, 특히 G. Niemeyer, *Law without Force*.

주의를 르네상스 운동과 관련하여 생각하기보다는 오히려 정통 종교개혁과 함께 생각하는 것이 좋을 것이다. 그렇다면 개신교의 정치이론들은 루터의 종교개혁이 가지는 극단적 비관주의로부터 보다 급진적인 분리파들의 극단적 낙관주의에 이르기까지, 루터의 무비판적인 통치권 재가로부터 무정부주의적 분리파들의 무비판적인 통치권 거부에 이르기까지, 불평등을 죄의 결과와 그 구제책으로서 제시하는 루터의 주장으로부터 평등이 역사에서 간단하게 실현될 수 있다고 믿는 공산주의 분리파들에 이르기까지 광범위하다. 그 중에서도 민주주의적 정의에 가장 크게 기여한 것은 통치권의 악과 필요성을 모두 가장 잘 이해했고 사회적 세력들의 자유로운 경쟁의 위험과 필요성을 모두 가장 잘 이해한 개신교 단체들이었다. 이런 이해에 가장 접근한 사람들 가운데는 카톨릭의 시각과 르네상스의 시각을 종합한 영국 성공회 학자들도 있었다. 그들의 정치이론들은 토마스 후커의 사상에서 가장 체계적으로 제시되어 있다. 그리고 마지막으로 개신교 단체들이 이런 이해에 가장 접근한 사람들은 칼뱅주의를 초기의 지나치게 경직된 비관주의로부터 구제한 후기 칼뱅주의자들이었다. 이런 대담한 평가를 위해서는 역사적 자료들을 통한 입증이 필요하다. 비록 이 책의 한계 때문에 방대한 역사적 자료를 모두 분석할 수 없기는 하지만 말이다.

루터가 통치권의 권력을 도덕적 종교적으로 재가해 준 사실은 – 특히 로마서 13장에 근거하여 – 이미 앞에서 논의되었다. 그렇기 때문에 루터주의는 스칸디나비아의 여러 나라들을 제외한 현대 세계에서 민주주의적 정의의 발전과 아무런 중요한 관계도 가지지 못했다.[309] 현대의 급진적

---

309 여기서 내가 스칸디나비아의 여러 나라들을 예외로 한 것은 스칸디나비아에서 입헌민주주의의 인상적인 발전과 루터교 사이의 관계에 관해 신뢰할 만한 자료를 발견할 수 없었기 때문이다.

종교개혁 사상에서 정치이론의 발전은 본받을 만한 점이 있다. 바르트는 정치문제들에 접근하는 그의 방법론에 있어서 대체로 칼뱅주의보다는 루터주의에 더 가깝다. 비록 그가 정치권력을 무비판적으로 수용하는 루터의 입장에 크게 동의하지는 않았지만, 적어도 정치적 정의에 대한 그의 일반적인 무관심에서 볼 때 그는 루터주의자였다. 하지만 나치 독재에 대한 그의 강한 정서적 반발은 그로 하여금 그의 주장을 바꾸게 만들었다. 이제 그는 종교개혁을 비판한다. 왜냐하면 종교개혁은 통치권을 하나님의 섭리의 명령으로 간주했지만 그것이 하나님의 심판을 받게 될 것이라는 사실은 지적하지 않았기 때문이다. 그럼에도 불구하고 종교개혁의 관점들이 그의 사상에 끼친 영향력이 대단히 강하기 때문에 나치 독재에 대한 그의 저항을 교리적으로 정당화한 것만으로는 그의 저항을 설명하기에 충분하지 못하다.[310]

루터주의가 기존의 정치권력을 무비판적으로 재가해 주고, 강압과 불평등과 갈등을 악한 세계에서 불가피한 것이라고 비판적으로 인정하는 것과는 달리, 분리파 개신교의 다양한 유형들은 기독교 사상의 비판적이고 예언자적인 전통의 모든 다양한 견해들을 표현한다.

---

310 바르트는 법치국가(Rechtsstaat)를 다음과 같이 정의한다. "국가는 교회가 칭의에 관한 복음을 선포할 때 교회에 자유를 부여해 주는 한 국가 자신의 잠재적 가능성들을 실현할 것이다. … 정의는 자연적 권리에 관한 낭만적이거나 자유주의적 견해에 의해서 평가될 수는 없고 순전히 교회가 하나님의 말씀을 위해 요구해야 하는 구체적인 자유권에 의해 평가될 수 있다." *Rechtfertigung und Recht* p.46.
이것은 국가에서 정의의 문제에 기여할 수 있는 최소한의 것이다. 물론 칭의의 복음을 선포할 수 있는 자유는 국가가 그렇게 함으로써 하나님의 심판의 말씀이 국가의 교만과 위선에 대해 선포되도록 허락한다는 것을 의미한다. 그러나 정의에 관한 중간의 어떤 문제들도 심판에 관한 이런 궁극적인 말에 의해 해결되지는 않는다.
바르트는 영국의 기독교인들에게 보낸 편지에서 이렇게 주장했다. "영국 국민이 평화계획들에 관해 논의하도록 허락하는 것이 정부의 지혜였을 것이다." 그러나 그는 "영국의 기독교인들은 이런 허락으로부터 거의 이익을 얻지 못할 것"이라고 생각한다. *This Christian Cause*.

보다 극단적인 분리파들은 진실의 다른 측면을 무시한다. 그들은 통치권의 위험을 지적하지만 그 필요성은 인정하지 않는다. 그들은 통치권의 주권과 하나님의 주권은 전적으로 다르다는 점을 강조하지만 통치권의 정당한 주권은 인정하지 않는다.[311] 일반적으로 통치권의 필요성을 인식하지 못하는 이유는 인간의 본성과 인간 사회에 관해 완전주의 환상에 사로잡혀 있기 때문이다.[312] 때때로 통치권이 인정되었다. 그러나 자유주의적 주장은 정부의 모든 행위들이 사실상 거부될 정도로 강했다.[313]

때때로 절대적 자연법이 요구하는 자유와 평등의 이념들은 역사에서 이루어지는 모든 상대적 정의와 불의에 대한 비판과 마지막 심판의 원리들로서 적절하게 회복되었다. 그러나 역사에서 상대적 차별들의 불가피성은 일반적으로 이해되지 않고 있다. 평등을 단순한 "자연법"으로 생각한 18세기의 비종교적 이론은 17세기의 분파주의 이론에 근거한다.[314] "디

---

311 페어팩스 경(Lord Fairfax)에게 보낸 "많은 기독교인들이 제기하는 어떤 질문들"에 보면 그는 "그리스도에게 돌아가야 할 영광을 당신 자신이 취하지 말고, 단순히 자연적이고 세속적인 정부를 세우는데 도구로 이용당하지 말고, ... 그렇게 함으로써 예수 그리스도의 공적 관심이 멀어지지 않도록 하라"는 경고를 받는다. Arthur S. Woodhouse, *Puritanism and Liberty*, p. 242.
    행정관들을 "강탈자들"이라고 표현한 조지 폭스(George Fox)의 고발도 마찬가지로 통치권의 필요성에 대한 무비판적인 인식결여를 드러낸다.

312 미국의 자유주의 개신교에 속하는 많은 완전주의 유형들은 그들의 구원론에서는 명시적으로 성화론자들이며, 그들의 사회이론에서 잠재적으로 무정부주의자들이다. 참조, 특히 E. Stanley Jones, *Christ's Alternative to Communism*.

313 예를 들어, "평등주의" 분파가 이런 입장을 취한다. 그 분파의 지도자인 존 리번(John Liburne)에 의하면 "누구든지 – 그가 영적인 사람이든 일반인이든, 성직자이든 평신도이든 – 어떤 사람들에 대해 그들의 자발적 동의가 없이 다스리거나 지배할 힘과 권위와 재판권을 사유화하거나 주장한다면, 그것은 자연적이지 않으며, 비합리적이고 사악하며 이롭지 못하며, 악마적이고 독재적이다."(*Freedom's Freedom Vindicated*, 1646.) 만일 이런 생각이 정부의 권위 일반의 "자유로운" 수용을 의미한다면 그런 생각은 타당하다. 그러나 분파주의에서는 그런 생각이 종종 특수한 경우들에 정부가 강제력을 행사할 여지를 주지 않았으며, 따라서 무정부상태를 조장하였다.

314 참조, Woodhouse, *op. cit.*, pp. 68-69.

거파"(Diggers)는 정부는 본질적으로 특권층들의 도구라고 생각하는 마르크스주의 이론에 영감을 주었을 수도 있다.[315]

비록 극단적인 분리파들은 언제나 종교개혁의 비관주의나 카톨릭 이론들의 신중함에 대해 지나친 거부감을 가지기는 했지만 그들은 현대 민주주의 발전에 크게 기여했다. 그러나 정치적 삶에 관한 보다 포괄적인 견해들은 반-분리파 분리주의자들(로저 윌리엄스), 독립교회주의 사람들(존 밀턴)과 후기 칼뱅주의자들에 의해 발전되었다.

정치권력에 대한 보수적 정당화로부터 민주주의적 정의와의 살아있는 관계에 이르기까지 칼뱅주의 사상의 발전은 특별히 고찰할 만한 가치가 있다. 왜냐하면 칼뱅주의 이론은 그의 마지막 발전단계에서 정치적 정의의 모든 복합적 요소들을 가장 확실하게 이해하게 되었을 것이기 때문이다.

초기 칼뱅은 루터와 마찬가지로 거의 무비판적으로 국가의 권위를 재가해 주고 국가에 대한 저항을 금지했다.[316] 다행히 그는 이런 입장에 약간의 예외를 허용했으며, 역사적 상황에 따라 어쩔 수 없이 이런 예외들을 다소 확장했다. 그리고 후에 칼뱅주의자들은 그런 예외들을 완전한 민주주의적 사고방식으로 발전시켰다. 칼뱅은 만일 정치권력이 양심에

---

315 참조, David Petergorsky, *Left-Wing Democracy in the English Civil War*. 물론 그 이론은 소수 독재자들은 그들 자신의 이권을 추구하는 경향이 있다는 점에서 볼 때 부분적으로 옳다. 하지만 원리의 부패가 그 원리를 설명할 수 없다는 의미에서 보면 그 이론은 오류이다. 지배계급의 특권들은 그들의 특별한 권력의 결과들이었다. 그들의 특별한 권력은 부분적으로는 공동체에서 그들이 맡고 있는 통치권의 필요성에서 유래했다. 그 통치가 아무리 불완전하다 할지라도 말이다. 통치권이 비록 특권의 원인이기는 하지만 통치권의 필요성은 통치권의 부패보다 우선한다.

316 참조, 『기독교강요』, IV, xx. "그러므로 만일 우리가 비인간적인 왕에 의해 가혹한 학대를 당하고, 탐욕스런 왕에 의해 약탈당하고 당한다면 … 우리가 하나님을 거역하여 저지른 범죄들이 이런 재앙에 의해 응징되고 있다고 생각합시다. … 그리고 우리가 해야 할 일은 이런 악한 일들을 제거하는 것이 아니라 … 하나님의 손이 왕들의 마음을 돌이키도록 하나님의 도움을 간구하는 것임을 기억합시다.

비추어 볼 때 하나님의 요구와 일치하지 않는다면 불복종을 – 저항은 아니지만 – 허용했다.[317] 그리고 그는 통치자의 권위에 대해 단지 사적인 저항을 반대했지 공식적인 저항을 반대하지는 않았다. "하급 관리들"은 왕들의 독재에 저항하는 것이 허용될 뿐 아니라 그 저항에 가담하는 것도 허용되었다. 후기 칼뱅주의자들이 백성의 대표자들을 하급 관리로 선출하여 독재에 공식적으로 저항하도록 하려 한 것은 간단한 문제였다.

후에 덴마크, 프랑스와 스코틀랜드의 칼뱅주의자들은 하나님의 섭리의 명령으로서의 정부와 특정한 시기에 획득할 수도 있는 특수한 정부형태를 구분하였다. 따라서 그들은 종교적 양심을 어떤 특정한 통치권에 대한 부당한 존중으로부터 해방시켜 주었으며, 그런 정부에 대해 비판적인 태도를 취했지만, 통치의 원리에 대해 종교적으로 존중하는 입장은 견지했다. 그들은 사회계약론을 주장하는 사람들과는 달리 정부를 새로 수립하는 것은 인간의 인위적인 의지에 속하지 않는다고 생각했다. 통치권과 국가의 지위는 시대의 흐름에 따라 서서히 이루어지는 것이며, 그의 뿌리는 인간의 어떤 결정보다 이전에 이미 형성된 것이다. 정부가 존중되어야 하는 이유는 단지 정부가 필요하기 때문이 아니라 인간이 인위적으로 고안해 내지 않은 선사품이기 때문이다. 그러나 칼뱅과는 달리 후기 칼뱅주의자들은 특정한 정부의 형성에서 인위적 행위의 중요성과 정의의 성취를 위한 인간의 책임을 이해했다.[318]

---

317 『기독교강요』, IV, xx, 32. "그러나 통치자들에게 그렇게 복종할 때 ... 우리는 언제나 그 복종이 하나님에 대한 복종과 모순되지 않는다는 점을 예외로 해야 합니다. 왕들도 하나님의 뜻에 복종해야 하기 때문입니다."
이런 제한조건은 그것이 좁은 의미로 적용되었기 때문에 그것이 가질 수도 있었던 힘을 가지지 못했다. 그것은 통치자들이 올바른 종교에 대한 사람들의 신앙고백을 방해하지 말아야 한다는 것을 의미했다.

318 칼뱅에 의하면 "고삐 풀린 정부를 바로잡는 일은 하나님의 보복이지 우리의 일이 아니다. 우리에게는 복종하고 고난을 참으라는 명령 이외의 어떤 다른 명령도 주어진 것이 없다."(『기독교강요』, IV, xx) 칼뱅과는 반대로 스코틀랜드의 입헌주의자 사무엘 러더포드

칼뱅은, 왕들은 정의롭게 통치하기로 하나님과 언약했으며, 백성들은 복종하기로 하나님과 언약했다고 믿었다. 그러나 그는 이런 이중적 계약이 통치자와 백성들 사이의 계약을 의미하는 것은 아니라고 생각했다. 후기 칼뱅주의자들은 이런 계약은 통치자와 백성들과 하나님 사이의 삼중적 계약이며, 정의의 계약이며, 만일 통치자가 불의하게 통치함으로써 이 계약을 파기하면 백성들은 복종할 의무가 없다고 주장했다.[319] 따라서 단순한 질서와 평화보다는 오히려 정의가 통치의 기준이 되었으며, 민주주의적 비판이 정의의 도구가 되었다.[320] 후기 칼뱅주의의 민주주의적 성향과 초기 종교개혁에서 – 루터주의와 칼뱅주의에서 모두 – 정치적 권위에 대한 부당하고 무비판적인 존중 사이의 차이는 로마서 13장에 관한 존 녹스(John Knox)의 해석에 잘 설명되어 있다. 왕권에 도전하는 그의 입장이 정치적 권위를 존중해야 한다는 로마서 13장의 성서적 명령과 어떻게 조화될 수 있느냐는 질문에 대해 그는 다음과 같이 대답했다.

(Samuel Rutherford)는 다음과 같이 선언했다. "사람들이 정부를 가지느냐 가지지 않느냐 … 하나님의 법정인 자연의 법정의 법령들에 복종하느냐 그렇지 않느냐 하는 것은 인간의 자유의지에 있지 않다." 그러나 그는 "통치권과 행정적인 통치권은 구분되어야 한다"고 조언했다. 백성들은 행정적인 통치권을 정확하게 평가하여 그 권한이 실제로 행사되는 것을 제한하고 조정하고 차단할 수도 있다. … 백성들은 "이러 저런 조건에 근거하여 행정권을 부여할 수도 있다." *Lex Rex*, iii, iv (1644).

319 러더포드에 의하면 "왕과 그의 백성들 사이에는 왕에 대한 백성들의 의무와 백성들에 대한 왕의 의무를 서로 부과하는 맹세가 있다." *Ibid*.
프랑스 위그노파의 중요한 익명의 소책자인 *Vindiciae contra tyrannos*(1959)에도 동일한 주장이 개진되어 있다. "백성들은 계약의 이행을 요구한다. … 백성들은 왕에게 그가 정의롭게 다스릴 것인지 묻는다. 왕은 그렇게 하겠다고 약속한다. 그러면 백성들은 왕이 올바르게 다스리는 동안 충실하게 복종하겠다고 대답한다. 왕은 만일 약속이 성취되지 않으면 백성들도 그들의 약속을 지킬 의무가 없음을 약속한다."

320 이런 관점에서 볼 때 통치자들을 선거에 의해 민주적으로 선출해야 한다는 생각이 저항권 사상에서 유래했다고 볼 수는 없다. 사무엘 러더포드에 의하면 군주제를 지지하는 사람들조차도 백성들이 도시의 하급 행정관들을 선거에 의해 선출할 권리가 있음을 인정했다. "그러므로 많은 도시들은 더 높은 통치자를 새로이 선출할 힘을 가진다. 왕권은 하급 재판관들의 연합된 최고권력 이외의 것이 아니기 때문이다." *Ibid*.

"로마서 13장에서의 권력은 인간들의 불의한 명령이 아니라 하나님이 그의 행정관들에게 죄를 처벌하라고 부여해 주신 정의로운 권력이다." 이것은 신하들이 통치자들을 통제하고 심판할 수 있음을 의미하지 않느냐는 물음에 대해서 그는 이렇게 대답했다. "무지한 통치자들의 부패한 영향이 경건한 신하들의 지혜와 분별력에 의해 조정되고 제어되어 그들이 어떤 사람에게도 폭력을 행사하지 않는다면 국가에게 무슨 해가 될 것인가?"[321]

앵글로 색슨 세계에 민주적 정의를 확립하는데 있어서 후기 칼뱅주의나 독립교회가 기여한 역할을 지나치게 강조해서는 안 된다. 자치권을 정당화와 그 권리의 표현을 위해 효과적인 입헌형식들의 체계화는 많은 종교적 운동들과 비종교적 운동들의 결과였다. 그러나 비종교적 운동들은 통치권의 악에 대해 저항할 때 자유이지론(libertarianism)의 견해를 따르는 경향이 있었으며, 그들의 민주주의 이론들을 인간의 본성이 선하다는 관념에 근거하여 전개하는 경향이 있었으며, 결과적으로 그 운동들이 독재의 위험에 집중하는 동안 무정부상태의 위험을 과소평가하는 경향이 있었다.[322]

정치질서의 문제에 대한 우리의 통찰의 원천이 무엇이든 모든 역사적 상황에서 정의보다 높은 가능성들을 인식하는 것과 정치적으로 아무리 많은 성취가 있다 할지라도 독재와 무정부상태의 이중적 위험이 완전히 극복될 수 없음을 아는 것은 모두 중요하다. 이런 위험들은 모든 단계의 공동체 조직에서 형제애의 이념에 대립되는 갈등과 지배의 사악한 요소들이 표출된 것이다. 사활이 걸린 이해관계의 충돌(전쟁)이나 그런 이해

---

321 John Knox, *History II*, 282.
322 미국의 입헌주의는 토마스 제퍼슨의 단순한 자유의지론보다는 통치의 문제에 대해 본질적으로 칼뱅주의적인 제임스 매디슨의 접근방식에 더 많은 빚을 지고 있다. 실제로 제퍼슨은 정치가로서 자신의 예상보다는 매디슨의 예상들에 기초하여 행동했다.

관계의 충돌을 막기 위한 권력의 남용(독재)을 역사에서 완전히 사라지게 할 수는 없다. 이런 사실을 이해하는 사람은 믿음에 의해 의로워짐을 경험함으로써 보다 높은 정의를 위해 노력하게 된다. 정의의 영역에서 믿음에 의해 의롭다고 인정된다는 것은 우리가 억압과 저항, 긴장상태, 표면적으로 드러난 충돌과 드러나지 않은 갈등을 – 정의는 이런 것들에 의해 성취되고 유지되는데 – 절대적 의미에서 규범적이라고 간주하지 않는 것을 의미하며, 우리가 그런 것들에 연루되지 않으려 함으로써 양심의 가책을 느끼지 않은 것을 의미하지도 않는다. 우리는 정의의 창조적 가능성들에 대한 책임을 거부하지 않으면서 정치의 도덕적 모호성들 때문에 우리가 연루되어 있는 죄와 죄의식에서 벗어날 수 없다.

5. 정의와 세계공동체

우리가 처해 있는 세계사의 위기상황에서 우리는 모든 역사적 정치적 과업들과 성취들의 이중성을 특히 생생하게 보여주는 한 예를 가지고 있다. 세계의 경제적 상호의존성은 우리로 하여금 공동체를 확장하여 질서와 정의의 원리가 민족공동체는 물론 국제공동체를 다스리도록 의무를 부과하며 또 그렇게 할 수 있는 가능성도 부여해 준다. 두려움의 공포와 희망의 격려가 우리를 새로운 과업으로 몰아세우고 있다. 오늘날 전세계 인류가 처해 있는 무정부상태를 극복할 수 없다면 우리의 문명은 몰락하게 될 것이기 때문이다. 이런 새롭고 강력한 과업은 역사적 발전의 긍정적인 측면을 나타내며, 역사에서 선의 무한한 가능성들을 드러내 보여준다.

하지만 불행하게도 이런 새로운 책임을 직시하는 이상주의자들 중 많은 사람들은 그런 책임을 가장 잘 성취할 수 있는 길은 정치질서에서 영속적으로 나타나는 문제들을 부정하는 것이라고 생각한다. 그들은 강대국들이 주도권을 행사하지 않아도 세계정부가 가능하다고 생각한다. 이런 주도권은 불가피한 것이지만, 동시에 새로운 제국주의가 탄생할 잠재적 위험성이기도 하다. 그 위험은 크고 작은 모든 나라들에게 지배권의 착취에 항거할 수 있는 합헌적인 힘을 부여해 줌으로써 가장 잘 극복될 수 있다. 이것은 합헌적 정의의 이념에는 힘의 균형의 원리가 함축되어 있음을 의미한다. 그러나 권력의 중심적이고 조직하는 원리가 지나치게 불안하면, 그리고 중앙의 권위가 약화된다면, 정치적 균형은 다시 한 번 조직화되지 않은 힘의 균형으로 변질된다. 조직화되지 못한 상태에서의 힘의 균형은 잠재적인 무정부상태이다.

따라서 우리는 정치적 조직관에 관련된 이전의 모든 문제들을 잠정적 국제공동체라는 새로운 차원에서 직면하고 있다. 새로운 국제공동체는 국가들의 상호관계에서 힘의 균형이란 원리를 능가하는 것이 불가능하다고 믿는 비관론자들에 의해 구성되지 않을 것이며, 독단적이고 무책임한 권력으로부터 필연적으로 발생하는 불의들을 고려하지 않고 제국주의적 권위를 부과함으로써 세계를 조직하고자 하는 냉소주의자들에 의해서도 구성되지 않을 것이며, 새로운 차원의 역사적 발전에 의해 역사에서 이런 골치 아픈 문제들이 사라지게 될 것이라는 소박한 환상에 사로잡힌 이상주의자들에 의해서도 구성되지 않을 것이다.

새로운 세계는 "희망이 죽을 때 믿음에 의해 희망을 가지는" 결연한 사람들에 의해 세워져야 한다. 그런 사람들은 역사의 죄의식으로부터 성급하게 도망치려 하지 않을 것이며, 그들이 성취해 놓은 모든 것들을 오염시키는 악을 선이라고 부르지도 않을 것이다. 하나님 나라와 역사의 역설적 관계로부터 도피할 수는 없다. 역사는 하나님 나라의 실현을 향해 움직이고 있지만, 모든 새로운 실현에 대해서는 하나님의 심판이 있다.

10장 역사의 종말

10장

역사의 종말

    인간의 삶과 역사에서 일어나는 모든 것은 종말을 향해 움직이고 있다. 인간은 자연과 유한성에서 벗어날 수 없기 때문에 이 "종말"은 존재하는 것이 존재하기를 그치는 지점이다. 그것은 '끝'(*finis*)이다. 인간은 합리적 자유를 가지기 때문에 그 "종말"은 또 다른 의미를 가진다. 그것은 인간의 삶과 일의 목적이며 목표이다. 그것은 '목적'(*telos*)이다. 끝(*finis*)이면서 동시에 목적(*telos*)인 종말의 이런 이중적 의미는 어떤 의미에서 인간역사의 총체성을 표현하며, 인간 실존의 근본적 문제를 드러낸다. 역사에서 일어나는 모든 일들은 성취와 해체를 향해, 그들이 가진 본질성의 보다 완전한 구현을 향해 그리고 죽음을 향해 움직이다.

    문제는 '끝'으로서의 종말이 '목적'으로서의 종말을 위협한다는 사실이다. 삶이 무의미성에 빠질 위험이 있다. '끝'은 삶이 그의 참된 종말 또는 목적에 도달하기 전에 삶의 전개가 갑자기 일시적으로 종료된 것처럼 보이는 것이기 때문이다. 기독교 신앙은 인간이 처한 이런 상황을 이해한다. 기독교 신앙은 다른 모든 종교들과 마찬가지로 시간과 영원 사이의 긴장을 이해하고 있다. 그러나 기독교 신앙은 인간이 시간의 흐름에 종속되면서 동시에 부분적으로 그 흐름으로부터 자유로운 골치 아픈 역설의 문제를 해결하는 것이 인간의 능력에 있지 않다고 단언한다. 더 나아가 기독교 신앙은 악이 역사에 들어온 것은 이런 문제를 인간 스스로의 수단에 의해 해결하려 했기 때문이라고 주장한다.

따라서 인간의 교만에서 비롯된 "그릇된 영원한 것들"에 의해 유입된 악은 역사적 성취의 문제를 더욱 복잡하게 만든다. 역사의 종말에는 단순히 인간의 불완전성이 하나님에 의해 완성될 뿐만 아니라 인간의 죄의식과 죄가 하나님의 심판과 자비에 의해 깨끗이 제거된다.

우리는 앞에서 그리스도 안에서 하나님의 계시가 역사의 해석을 위해 어떤 의미를 가지는지 생각해 보았으며, 그리스도 안에서 이미 도래한 하나님의 나라는 역사의 의미를 계시하는 것이지만 그 의미의 완전한 실현은 아님을 확실히 하고자 했다. 역사의 의미는 역사의 종말에 도래할 하나님 나라에서 실현될 것이다. 삶과 역사의 의미를 기독교 계시의 관점에서 이해한다는 것은 역사가 추구하는 그 의미와 모순되는 의미들을 이해하는 것이다.

믿음에 의한 그런 이해는 세계가 어떤 의미에서 이미 정복되었다는 것을 의미한다. 역사의 부패들, 역사의 광신적 행위들과 충돌들, 역사의 제국주의적 욕망들과 야망들, 역사의 대재앙들과 비극들 중 어떤 것도 신실하게 믿는 자들이 전혀 모르는 상태에서 그들에게 닥칠 수 없기 때문이다.[323] 삶의 의미를 밝히는 계시의 빛이 역사의 자기모순들, 역사의 단편적인 의미실현들, 그리고 역사의 성급하고 그릇된 완성들의 어두움을 밝게 비추어 준다. 그러나 분명 그런 믿음은 역사의 불완전성과 부패가 궁

---

323 참조, 살전 5:3-6. "그들이 평안하다, 안전하다 할 그때에 임신한 여자에게 해산의 고통이 이름과 같이 멸망이 갑자기 그들에게 이르리니 결코 피하지 못하리라. 형제들아 너희는 어둠에 있지 아니하매 그 날이 도둑같이 너희에게 임하지 못하리니 너희는 다 빛의 아들이요 ... 그러므로 우리는 다른 이들과 같이 자지 말고 오직 깨어 정신을 차릴지라."

극적으로 극복된 종말을 지향한다. 따라서 우리의 현재 역사는 역사 의미의 계시와 완성 사이의 "중간기"이다. 신약성서에서는 이런 사실이 고난 받는 메시아가 "능력과 큰 영광으로 다시 오실" 것이라는 희망에서 상징적으로 표현되어 있다(마 24:30). 사람들은 "인자가 권능의 우편에 앉아있는 것과 하늘 구름을 타고 오는 것을" 볼 것이다(마 26:64).

1. 신약성서의 종말관

신약성서에 나타나는 재림(parousia)에 대한 이런 기대는 종종 유대교 묵시문학의 요소들을 투사한 것에 불과하다고 간주되는데, 예수의 첫 번째 오심은 이 요소들에 부합하지 않았으며, 따라서 "재림"은 그 요소들을 만족시키기 위해 고안된 것이라는 것이다. 한편, 그 요소들은 종종 축자적으로 해석되어 교회를 혼란시키기도 했다. 그리스도의 재림은 축자적으로 해석되어서도 안 되고, 대수롭지 않은 것으로 무시되어서도 안 된다. 재림은 시간과 영원의 관계를 다루며 궁극적인 것을 유한성의 관점에서 설명하고자 하는 성서적 상징들의 일반적 특성을 가진다. 만일 그 상징이 축자적으로 이해되면 시간과 영원의 변증법적 개념은 성립될 수 없으며, 역사를 초월하는 하나님에 관한 궁극적 확신은 역사의 한 점으로 축소되고 만다. 이렇게 시간과 영원의 관계가 무너진 결과 천년왕국 시대가 올 것이라는 희망이 등장하였다. 유토피아적 시대에서처럼 천년왕국 시대에도 역사는 유한성의 상태들이 지속됨에도 불구하고 성취된다는 것이다. 한편, 만일 그 상징이 대수롭지 않은 것으로 무시된다면, 즉 역사와 영원의 관계를 이해하는 원시적 사고방식에 불과하다고 간주된다면 성서적 변증법의 의미가 또 다른 방향에서 무색하게 된다. 이런 상징들을 진지하게 받아들이지 않는 모든 신학들은 결국 역사를 진지하게 생각하지 않는 것으로 판명될 것이다. 그런 신학들이 전제하는 영원성은 역사의 과정을 성취하기보다는 오히려 폐기한다.

성서의 상징들은 축자적으로 이해될 수 없다. 유한한 정신은 역사를 초월하고 완성하는 그것을 이해할 수 없기 때문이다. 유한한 정신은 단지 영원한 것의 특성을 상징적으로 표현할 수 있을 뿐이다. 그럼에도 불구하고 이런 상징들은 진지하게 받아들여져야 한다. 그 상징들은 역사적 실존의 자기초월성을 표현하며, 역사적 실존의 영원한 근거를 지시하기 때문이다. 유한한 시간이 흐름에서 종말을 지시하는 상징들이 그 단어의 과학적 의미에서 정확할 수는 없다. 그 상징들이 신적이고 영원한 역사의 근거를 일시적인 시간과 대립되는 관점에서 정의할 때도 마찬가지로 정확하지 않다. 성서에 의하면 영원성은 시간적이면서 동시에 시간을 초월한다. 성서의 상징들이 이런 성서적 관념을 표현하고자 할 때는 훨씬 더 이해하기 어렵다.

신약성서의 상징에서 'eschata', 즉 "마지막 일들"은 세 개의 기본적인 상징들에서 묘사되어 있다. 그리스도의 재림, 최후의 심판과 부활이 그것이다. 이 세 개념들을 차례로 살펴보자.

1.1. 재림

그리스도가 승리자로서 다시 돌아온다는 생각이 다른 두 상징들보다 더 지배적이다. 심판과 부활은 그리스도의 재림에서 하나님의 정당성을 입증하는 것이다. 고난당하는 메시아가 역사의 마지막에 승리한 심판자와 구원자로서 돌아올 것이라는 믿음은, 실존은 궁극적으로 그 자신의 규범을 무시할 수 없다는 믿음을 표현하는 것이다. 사랑은 역사에서 고난당하는 사랑으로서 살아야 할 수도 있다. 죄의 세력이 사랑의 단적인 승리를 불가능하게 만들기 때문이다. 그러나 만일 이것이 궁극적인 상황이라면 죄의 세력을 세상에서 결정적인 힘으로 숭배해야 하든지 아니면 그 세력을 일종의 두 번째 하나님, 즉 승리할 수는 없지만 패배를 피하기에 충분히 강한 두 번째 하나님으로 간주해야 할 것이다.[324]

그러므로 그리스도와 승리자로서 그의 재림의 정당성을 주장하는 것은 세계와 역사를 다스리는 하나님의 주권적 능력에 대한 믿음의 표현이며, 하나님의 뜻에 따른 만물의 총체적 조화를 무시하는 이기주의의 힘을 능가하는 사랑의 궁극적 우월성에 대한 믿음의 표현이다.

역사의 종말에 있을 그리스도의 재림이 때로는 역사에서의 승리인 것처럼 보일 것이며, 현세의 역사적 과정이 구원되었음을 의미하는 것처럼 보일 것이다. 그러나 일반적으로 후대의 다른 해석들에 따르면 역사의 성취는 양적인 의미에서 역사의 종말이기도 하다. 그리고 역사의 구원은 역사의 최고점이기도 한 것처럼 보일 것이다. 그리스도의 궁극적 정당성에 관한 이런 양면성에서 볼 때 성서적 믿음에서는 유토피아주의와 지나치게 철저한 내세주의가 모두 거부되고 있음을 알 수 있다. 유토피아주의와는 반대로 기독교 신앙은, 역사의 궁극적 성취는 현세의 역사적 과정 저편에서 일어난다고 주장하며, 내세주의와는, 반대로 역사의 종말은 역사적 과정의 부정이라기보다는 오히려 성취라고 단언한다. 이런 변증법적 개념의 해체를 감수하지 않고는 그 개념을 표현할 수 있는 길이 없다. 실제로 이런 해체는 기독교 역사에서 수없이 일어났다. 역사의 단적인 성취를 믿는 사람들은 역사의 종말에 역사적 존재는 그 의미를 상실한다고 믿는 사람들과 대립각을 세웠다. 그 논쟁에 참여한 두 진영은 모두 그들의 단편적 확신을 표현하기 위해 기독교 상징들을 사용했다.

---

324 유대교와 기독교 이외의 유일한 역사적 종교인 조로아스터교에서는 실제로 이런 이원론적 결론이 도출되며, 역사는 선한 하나님과 악한 하나님 사이의 대등한 전투라고 생각된다. 그러나 조로아스터교에서도 결국에는 선한 하나님이 승리한다.

우리가 재림에 따르는 마지막 심판과 부활의 상징들이 가지는 의미를 분석해 보면, 성서적 신앙은 역사의 어떤 측면들은 보다 적극적으로 논박하는데 반해 역사적 존재의 의미 자체는 다른 개념들에서보다 훨씬 더 분명하게 확증해 준다는 사실이 분명해진다.

1.2. 최후의 심판

신약성서의 종말론에서 마지막 심판의 상징에는[325] 삶과 역사에 관한 기독교적 견해의 세 가지 중요한 요소들이 들어있다. 첫 번째 요소는 그리스도가 역사의 심판자가 될 것이라는 사상에 표현되어 있다. 심판자로서의 그리스도가 의미하는 것은 역사적인 것이 영원한 것과 대면할 때 역사적인 것의 심판기준은 그 자신의 이상적 가능성이지 하나님의 유한성과 영원성 사이의 대립이 아니다.[326] 그 심판은 죄에 대한 심판이지 유한성에 대한 심판이 아니다. 이런 사상은 삶과 역사에 관한 성서적 견해 전체와 논리적으로 일치한다. 성서적 견해에 따르면 악한 것은 인간 존재의 부분성과 특수성이 아니라, 모든 피조물들이 하나님의 뜻에 순종했다면 보존되었을 창조의 조화를 인간이 그의 이기심에 의해 어지럽히는 것이다.

---

325 참조, "인자가 자기 영광으로 모든 천사와 함께 올 때에 자기 영광의 보좌에 앉으리니, 모든 민족을 그 앞에 모으고 각각 구분하기를 목자가 양과 염소를 구분하는 것같이 하여." (마 25:31ff.)
"이는 우리가 다 반듯이 그리스도의 심판대 앞에 나타나게 되어 각각 선악간에 그 몸으로 행한 것을 따라 받으려 함이라." (고후 5:10)

326 아우구스티누스는 우리가 반듯이 "그리스도의 심판대 앞에 나타나게 된다"는 개념을 다음과 같이 해석한다. "하나님 아버지는 친히 아무도 심판하지 않을 것이다. 그는 그의 심판을 그의 아들에게 맡겨, 그 아들이 사람으로서 세상을 심판하도록 할 것이다. 그가 사람으로서 세상의 심판을 받았듯이 말이다." *De civ. Dei*, Book XIX, ch. 27.

마지막 심판의 상징에 들어 있는 두 번째 요소는 역사에서 일어나는 선과 악의 구분을 강조하는 것이다. 역사가 하나님과 대면할 때 선과 악의 모든 차이들은 무차별적인 영원성에 삼켜지지 않는다. 모든 역사적 사실들은 대단히 모호하다. 그러므로 역사적 사실들에는 선과 악의 절대적 구분이 불가능하다.[327] 그러나 그렇다고 해서 선과 악에 대한 마지막 심판의 필연성과 가능성이 사라지는 것은 아니다. 분명한 것은 마지막 심판대 앞에 서있는 의인들은 자기들이 의롭다고 믿지 않는 다는 사실이다.[328] 그리고 그들의 양심의 가책은 역사의 마지막 문제가 무엇인지 알 수 있게 해준다. 역사의 마지막 문제는 하나님 앞에서는 "살아있는 어떤 사람도 의롭다고 인정되지 않는다"는 사실이다. 하나님의 자비와 "죄의 용서"가 없이는 이런 마지막 문제가 해결될 수 없다. 우리는 이미 기독교 대속교리의 의미에 관해 언급했다. 그 교리에 의하면 절대적 자비도 선과 악의 구분을 지우지 못한다. 하나님이 악을 친히 악을 취하여 담당하지 않고는 악을 멸할 수 없기 때문이다. 따라서 역사에서 일어나는 모든 심판들이 아주 엄격하게 마지막 심판에서 완결된다는 사실은 선과 악 사이의 모든 역사적 충돌들이 무의미하지 않음을 보여주는 것이다. 그렇지만 모든 다른 심판들에 대한 마지막 심판이 필연적인 것은 이런 충돌들의 모호성 때문이다.

마지막 심판의 상징에서 세 번째 요소는 그것이 역사의 마지막에 일어날 것이라는 사실이다. 역사에서는 어떤 성취나 부분적 실현도 없으며, 인간으로 하여금 마지막 심판을 피할 수 있게 해주는 어떤 의미나 덕도 성취되지 않는다. 마지막 심판 사상은 모든 종류의 역사관들, 즉 역사가

---

327 이것이 바로 밀과 가라지에 관한 비유의 핵심이다. 밀과 가라지는 모두 추수(마지막 심판) 때까지 함께 자라도록 허용되어야 한다. 그들이 서로 구별될 수 없기 때문이다. 참조, 마 13:24-30.

328 참조, 1권 2장.

스스로 구원될 수 있다고 생각하거나 역사의 성장과 발전에 의해 인간이 그의 존재의 죄책과 죄로부터 해방될 수 있고 심판을 피할 수 있다고 생각하는 모든 종류의 역사관들을 논박한다.

사멸에 대한 두려움과 심판에 대한 두려움이, 죽음의 두려움이 복합되어 죽음의 두려움을 더욱 증대시킨다는 사실보다 더 심오하게 인간 존재의 불안전성과 불안감을 표현하는 것은 없다. 사멸의 두려움은 무의미성에 대한 두려움이다. 삶이 어떤 분명한 목표에 도달하기 전에 "단절될 때", 종말(finis)에 의해 목표(telos)가 성취될 수 있는 가능성이 갑작스럽게 좌절될 때는 삶의 의미 자체가 의문시된다. 그러나 믿음이 우리의 불완전성을 완성시키고 우리의 죄를 용서하는 하나님의 자비를 이해할 수 있기 전에 먼저 믿음은 하나님의 심판을 만나야 한다. 그렇게 하나님의 심판에 직면할 때 실제적인 위험으로 인식되는 것은 죽음이 아니라 "사망의 쏘는 것"으로서의 죄이다. 만일 우리가 우리를 삶의 의미의 중심으로 생각하지 않았다면 우리 삶의 끝은 우리에게 두려움이 되지 않을 것이다.[329]

꺼지지 않는다고 하는 지옥의 불에 관한 문학적 개념들은 종종 현대 기독교인들로 하여금 마지막 심판에 관한 사상은 믿을 수 없는 것이라는 마음이 들게 하였다. 그러나 현대 기독교에서 도덕적 감상주의는 아마도 심판에 관한 관념의 의미를 완전히 사라지게 만들었을 것이다. 비

---

329 유대교 묵시문학들 중에서 가장 심오한 책들 중 하나인 『제4에스라서』에 보면 사멸에 대한 두려움이 심판에 대한 두려움과 비교되어 있다. 심판은 단순한 사멸보다 더 나은 것으로 간주된다. 심판은 삶의 완성의 일부이기 때문이다. "그 날들에 살아남은 자들에게 화가 있으리라! 그러나 살아남지 않은 자들에게는 더 큰 화가 있으리라. 살아남지 않은 자들은 마지막 날들에 일어날 일들이 무엇인지 확실히 알지만 그 일들에 도달할 수 없어서 비탄에 잠겨야 하기 때문이다. 그러나 살아남은 자들에게도 화가 있을지어다. 그들은 이런 꿈들이 보일 때조차도 커다란 위험과 많은 불행들을 보아야 하기 때문이다. 그렇지만 위험을 초래하는 일들에 참가하는 것이 구름처럼 세상을 떠나 마지막 날에 무슨 일이 일어날지 보지 못하는 것보다 낫다."(『제4에스라서』 13:15ff.)

록 문학적 정통주의가 그런 관념을 없애는 것이 정당하다고 인정한 것처럼 보이지는 않았지만 말이다. 기독교인들이 천국의 화려함이나 지옥의 고통에 관해 알아야 한다고 주장하는 것은 현명하지 못하며, 하나님의 나라에서 역사가 완성될 때 일어날 일들에 관해 지나치게 확신하는 것도 현명하지 못하다. 그러나 심판의 두려움을 확인해 주는 마음의 증거를 받아들이는 것은 지혜로운 일이다. 인간으로 하여금 역사에서 초월과 창조성을 가능하게 해주는 자유는 모든 역사적 심판들 이후에 있을 한 심판에 관한 두려움을 불가피하게 만든다. 환심을 사려는 많은 의견들은 "잘하였다. 착하고 충성된 종아"라는 말로 우리를 떠나가게 할 수도 있다. 그러나 그런 심판이 마지막 심판이라고 믿는다면 우리는 스스로 속게 될 것이다. 지각이 있는 사람이라면 죽음의 공포에서 심판에 대한 두려움을 발견할 것이다. 죽음에 대한 두려움은 단순히 모든 역사적 존재의 근저에 놓인 유한성과 자유의 이중성으로부터 발생한다. 그러나 심판에 대한 두려움은 죄와 창조성이 혼합된 역사의 실체를 인식함으로써 발생한다.

1.3. 부활

육체의 부활에 관한 사상은 현대인들이 가장 크게 거부감을 가지는 성서적 상징인데, 이런 사상은 이미 아주 오래전부터 대다수의 현대 기독교 신앙들에서 영혼불멸 사상에 의해 대치되었다. 영혼불멸 사상은 영생의 희망에 관한 보다 타당한 표현으로 간주된다. 부활 사상이 인식의 한계를 초월한다는 사실은 당연하다. 그러나 이런 사실은 영혼불멸 사상에 관해서도 마찬가지이다. 역사적 존재의 통일성은 – 역사적 존재가 자연에 연루되어 있으면서 동시에 자연을 초월함에도 불구하고 – 자연의 조건들로부터 완전히 자유로운 초월적 정신을 이해할 수 없게 만든다. 이것은 역사적 존재의 통일성이 영원한 완성으로 변화된 자연의 조건들을 이해할 수 없게 만드는 것과 마찬가지이다. 이런 생각들은 둘 다 – 역사 너머에서의 완성을 가리키는 모든 다른 관념들과 마찬가지로 – 논리적으로 이해될 수 없다. 그럼에도 불구하고 부활에 대한 희망에는 기독교적 역사관의 핵심이 구체적으로 드러나 있다. 부활에 대한 그런 희망은 한편에서는 영원성이 역사에서 성취된 다양한 성과들을 폐지하지 않고 성취할 것이라는 사실을 암시하며, 다른 한편에서는 역사적 존재의 근저에 놓인 유한성과 자유의 조건은 인간의 어떤 노력에 의해서도 해결될 수 없는 문제라는 사실을 암시한다. 하나님만이 이런 문제를 해결할 수 있다. 인간의 관점에서 보면 그런 문제는 오직 믿음에 의해서만 해결될 수 있다. 인간의 이성이 고안하는 모든 의미구조들과 일관성의 영역들은 의미의 접촉점들(tangents)이 존재의 한계를 넘어선다는 사실이 드러나는 순간 무의미성의 심연에 직면한다. 오직 믿음만이 이런 문제에 대한 해답을 가진다. 기독교의 대답은 그리스도 안에서 계시된 하나님에 대한 믿음이다. 삶도 죽음도 우리를 하나님의 사랑으로부터 분리시킬 수 없기 때문이다.

이런 믿음의 대답에서는 역사의 유의미성이 보다 확실히 긍정되는데, 이것은 역사의 완성이 인간에 의해 가능하다는 사실이 부정되기 때문이다. 부활은 영혼의 불멸성이 인간의 가능성이라고 생각되는 그런 의미에서 인간의 가능성이 아니다. 영혼의 불멸성에 대한 그럴듯한 증언들과 수긍하기 어려운 증언들은 모두 삶의 성취를 지배하고 조절하려는 인간의 노력들이다. 그런 증언들은 모두 이러저러한 방식으로 인간의 본성에 있는 영원한 한 요소는 죽음 이후에도 살아남을 수 있음을 입증하고자 한다. 그러나 영원한 요소를 찾고자 하는 모든 신비적인 또는 합리적인 기법은 육체와 영혼의 역사적 통일성이 가지는 유의미성을 부정하는 경향이 있으며, 그와 함께 역사적 과정 전체의 유의미성을 부정하는 경향이 있다.[330] 이런 관계에서 삶의 완성은 역사적 인간의 개인적 삶이나 집단적 삶에서 의미 있는 어떤 것의 보존을 의미하지 않는다.

인간이 자신의 능력에 의해 죽음에 저항할 수 있음을 단언하기 위해 역사에서 그의 삶이 가지는 의미를 부정하는 이런 모든 견해들과 반대로 기독교 신앙은 인간이 또는 인간의 어떤 역사적 성취도 인간 존재에 내재하는 자연적인 것과 영원한 것 사이의 통일성과 긴장을 초월할 수 없다고 주장한다. 이미 앞에서 언급되었듯이 인간의 개체성은 정신의 자아의식의 산물이면서 동시에 유한한 자연적 유기체의 특수성의 산물이다(참조, 1권 3장). 마찬가지로 모든 문화적 정신적 성취들, 역사에서 모든 사회적 정치적 조직체는 자연적 조건의 구현이면서 동시에 그런 성취와 조직이 발생하는 독특한 환경을 초월하고 저항하는 규범적 개념들의 구체화이다. 기후와 지리적 한계, 가난과 풍요, 생존본능과 성적 충동, 그리고 모든 자연적 조건들은 역사의 정신적 구조에 지울 수 없는 흔적을 남긴다. 그렇지만 역사적 성취들은 자유의 다양한 단계들에서 이런 한계들을 초월한다. 영혼불멸 이론에 의하면 영원한 의미는 역사에 내재하면서 유한한 조건들을 초월하는 그 요소에만 돌려질 수 있다. 이런 생각을 논리적으로 끝까지 추론해 보면 영원성에는 모든 특수성과 차이들이 없는 무차별적인 통일성 이외에는 아무것도 남지 않는다. 특히 불교와 신플라톤주의가 이런 결론에 도달한다.

---

330 존 베일리(John Baillie) 교수는 기독교적인 영생의 소망에 관한 그의 깊은 연구에서 불멸성에 관한 플라톤의 견해는 죽음 이후의 공허한 생존에 관한 원시적이고 물활론적인 사상을 철학적으로 해석한 것에 불과하다고 주장한다. 베일리 교수에 다르면 그런 생존은 설득력이 있을 수 있기는 하지만 위안을 주지는 못한다. *And the Life Everlasting*, Ch. 4.

몸의 부활에 관한 교리에 의하면 영원한 의미를 가지는 것은 역사적 실현의 총체적 통일성이다. 역사적 실현에 의해 모든 특수성들이 총체적으로 조화되는 한에 있어서 말이다. 따라서 완성은 신적인 것으로 흡수되는 것이 아니라 하나님과의 사랑의 교제이다. 하나님과의 그런 완전한 관계는 인간에 의해 가능한 것이 아니라 하나님의 자비와 능력에 의존한다. 기독교 신앙은 하나님의 자비를 신뢰함으로써만 죄의 세력을 이길 수 있다. 마치 하나님의 능력을 신뢰함으로써 인간의 유한성과 자유의 이율배반을 극복할 수 있듯이 말이다.

부활 교리에서 합리적으로 이해하기 어려운 점들이 모두 그 교리를 문자적으로 해석하기 때문에 발생하는 것은 아니다. 그러므로 그렇게 합리적으로 이해하기 어려운 점은 문자주의가 거부된다고 해서 모두 극복되지 않는다. 『에녹의 비유들』(Similitudes of Enoch)에 의하면 "땅은 그가 간직하고 있던 것들을 되돌려 줄 것이며, 스올은 그가 받았던 것을 돌려줄 것이며, 지옥은 그가 빚지고 있는 것을 갚아줄 것이다."(51장 2절) 에녹의 비유들에 언급된 이런 내용을 믿지 않는다 할지라도 우리는 여전히 논리적으로 납득할 수 없는 것, 즉 영원성은 유한성을 구체적으로 실현하는 것이지 폐지하지 않는다는 사실을 주장하거나 바론 폰 휘겔(Baron von Hügel)의 표현대로 "하나님의 총체적 영속성"은 우리의 "부분적 영속성"을 파괴하지 않는다는 사실을 주장하는 커다란 논리적 어려움을 만난다.

합리적인 관점에서 볼 때 신약성서 사상의 배경이 된 유대교 묵시문학서들은 논리적으로 불일치되는 점들이 많다. 유대교 묵시문학들은 때로는 역사의 완성을 "시간이 종말" 이전에 일어나는 어떤 것으로 제시했다. 그럴 경우 "의인의 부활"은 이 땅에서 천년왕국 시대가 열리기 직전에 있을 것이라고 믿어졌다. 때로는, 특히 후기 묵시문학서들에서는 역사의 성취와 종말이 동시에 일어난다고 생각되었으며, 자연과 시간의 모든 한계들이 극복되어 완전하게 될 것이라고 믿어졌다.[331]

물론 두 번째 생각이 첫 번째 생각보다 더 합리적이다. 그러나 첫 번째 생각이 선행되어 두 번째 생각에 영향을 끼치지 않았다면, 두 번째 생각은 그리스의 영혼불멸설 사상과 거의 차이가 없었을 것이다. 몸과 영혼의 통일성 및 역사적 과정의 유의미성에 관한 총체적인 히브리적-성서적 견해는 이런 불가해적인 문제와 씨름하는 후기 유대교 사상으로 이어지게 되었다. 신약성서 사상도 그런 문제와 씨름하였다. 사도 바울의 확신에 따르면, "혈과 육은 하나님 나라를 이어 받을 수 없고 또한 썩는 것은 썩지 아니하는 것을 유업으로 받지 못하느니라."(고전 15:50) 그러나 이런 확신에도 불구하고 그는 영생이 몸에 의해 상징되는 모든 역사적 현실을 폐지한다는 결론에 이르지는 않았다. 오히려 그는 "육의 몸으로 심고 신령한 몸으로 다시 살아난다"(고전 15:44)고 믿었으며, 역사의 완성은 "벗고자 함이 아니요 오히려 덧입고자 함"(고후 5:4)을 의미한다고 믿었다. 바울의 이 짧은 구절은 역사의 완성이 전체적인 역사적 과정을 폐지하기보다는 오히려 승화시킬 것이라는 희망을 완벽하게 표현하고 있다. 삶의 성취에 대한 기독교적 소망에 함축된 의미를 이보다 더 완전하게 또는 더 논리적으로 설명할 수는 없다. 그리고 유한성의 조건들 때문에 역사의 완성을 더 분명하게 정의하는 것은 불가능함을 기억하는 것이 좋다. 그러므로 기독교적 소망을 표현할 때 어느 정도 자제하는 것은

---

331 에드윈 R. 버번(Edwyn R. Bevan)에 의하면 "시간이 지나고 경건한 유대인들의 사상이 성숙하게 되었을 때, 그들은 지상에서의 삶의 본질적 조건들에 의해 제한된 하나님의 왕국은 결코 인간의 정신을 만족시킬 수 없다는 사실을 크게 깨닫게 되었다." *The Hope of the World to Come*, p. 26.
R. H. 찰스(Charles)도 같은 점을 지적한다. 그에 의하면 종말론적 사상은 점차로 "세상은 그것이 아무리 정화된다 할지라도 영원한 메시아 왕국에 적합한 장소가 아니다"는 확신으로 대체되었다. *A Critical History of the Doctrine of the Future Life in Israel*, p. 220.

중요하다. 믿음은 "장래에 어떻게 될지는 아직 나타나지 아니하였음"(요일 3:2)을 인정해야 한다. 그러나 그렇게 자제한다고 해서 "그가 나타나시면 우리가 그와 같을 줄을 아는 것은 그의 참 모습 그대로 볼 것이기 때문"(고후 3:2)이라는 소망의 타당성이 불확실하다는 의미는 아니다. 삶과 역사의 완성에 대한 기독교적 소망은 인간과 그의 역사에 본래부터 내재하는 모종의 힘과 능력에 의해 삶의 완성을 이해하고 성취하려는 다른 대안적 이론들보다 덜 모호하다. 그것은 삶의 의미에 관한 총체적인 성서적 견해의 본질적인 부분이다. 의미와 그의 성취는 모두 우리의 능력을 초월하는 축과 원천에 의해 가능하다고 생각된다. 우리가 의미를 확실하게 소유하고 있다는 교만한 생각을 가지거나 우리 자신의 능력에 의해 성취할 수 있다고 생각하려 하지 않을 때에만 우리는 의미의 충족에 참여할 수 있다.

2. 역사의 종말과 의미

의미가 역사에서 왜곡되고 변질될 뿐만 아니라 부분적으로 실현된다면 그렇게 실현된 것들을 참된 종말의 관점으로부터 식별하는 것이 가능해야 한다. 따라서 인간의 운명에 관한 기독교적 해석은 역사의 의미를 궁극적 완성의 특성에 관한 믿음의 빛에서 바라볼 필요가 있다. 만일 마지막 완성이 역사의 의미를 폐하는 것이 아니라 성취한다면 이런 의미의 실제적인 내용은 믿음의 빛에 의해 조명되어야 한다. 더 나아가 사악한 의미 왜곡들의 특성을 어느 정도 통찰할 수 있어야 한다. 특히 그 왜곡들이 주로 부분적 실현을 궁극적 성취로 간주하는 오류 때문에서 기인하기 때문이다.

종말에 관한 기독교적 해석의 빛에서 역사를 그렇게 관찰하는 것은 영원과 시간의 관계에서 두 영역들 사이의 차이에서 시작되어야 한다. 영원성은 한편에서는 시간을 초월하며, 다른 한편에서는 시간의 종말과 이어져 있다. 영원성은 그것이 모든 파생적이고 의존적인 존재의 궁극적 원천과 힘이라는 의미에서 시간을 초월한다. 그것은 존재와 별개의 질서가 아니다. 따라서 "초자연적"이라는 개념의 전통적인 의미는 잘못된 개념이다. 영원은 시간의 근거이며 원천이다. 신적인 의식은 자연적 사건들을 동시적 사건으로 이해함으로써 그 사건들의 단순한 연속성에 의미를 부여해 준다. 마치 인간의 의식이 자연적 연속의 조각들을 기억과 예측에서 동시적인 것으로 파악함으로써 그 단편들에 의미를 부여해 주듯이 말이다.

영원은 종말(*finis*)이 없다면 시간의 과정이 이해될 수 없다는 의미에서 시간의 끝에 위치한다. 그리고 영원은 종말을 가지지 않는다. 영원은 시간이 끝나도 지속한다. 비록 우리가 세계의 갑작스런 종말에 관해서이든 세계를 구성하는 자연적 에너지의 점차적인 소실에 관해서이든 아무것도 알지 못하기는 하지만 말이다. 우리는 시간과 영원의 관계를 공간적인 관점에서 설명하려 하기 때문에 언제나 미래의 어떤 특정한 시점에 종말이 올 것이라는 오류를 범하게 된다. 시간의 끝을 시간적 과정 내부로부터 설명하려는 이런 시도는 기독교적 견해가 문자적으로 곡해되는 원인이다.

시간에 대한 영원의 관계가 가지는 두 차원들에 상응하여 역사의 의미에 관해서도 두 가지 견해들이 발생하게 되었다. 그 중 한 견해로부터 우리는 역사의 연속성과 무관하게 절대적 의미를 가지는 것처럼 보이는 역사의 특질들과 의미들을 발견한다. 순교의 행위나 완전한 희생의 행위는 눈에 띄는 역사적 결과들을 가질 수도 있고 그렇지 않을 수도 있으며, 결과들과 무관하게 그 가치가 인정될 수도 있다. 그런 행위는 이 땅에 기록되지 않고 "하늘나라에 기록될" 수도 있다. 역사에서 일어나는 특별한 악에 대해서는 "마지막" 심판을 기다리지 않고, 즉 그의 모든 역사적 결과들이 기록되기까지 심판을 유보하지 않고 마지막 심판이 있을 수도 있다. 이와 반대로 어떤 역사적 문제에 대한 "마지막" 심판은 역사에서 일어난 어떤 특별한 사건, 행위나 특질을 역사에서 그 사건의 결과들에 비추어 이해하고자 하는 판단일 수도 있다. 물론 유한한 정신이 어떤 유리한 지점에 도달하여 그 지점으로부터 둘 중 어떤 시각으로부터이든 마지막 심판을 내리는 것은 불가능하다. 그러나 그렇게 하려는 그들의 노력은 역사가 영원과의 관계에서 가지는 두 차원들을 예증하는 것이다.[332] 역사에서 창조적인 인간의 자유가 역사 자체를 초월하는 자유를 내포하는 한, 자유가 영원과 직접적으로 관계를 맺는 접촉점들이 있다. 역사의 이런 차원은 레오폴드 폰 랑케(Leopold von Ranke)로 하여금 시간과 역사의 매 순간은 영원과 등거리에 있다는 유명한 주장을 하게 하였으며,[333] 그런 주장을 정당화하는 것처럼 보일 것이다. 그러나 그런 단정적인 주장은 단지 부분적으로만 정당화될 수 있다. 그의 주장은 역사의 다른 차원을 간과하였기 때문이다. 역사는 "마지막 심판"으로부터 그의 총체성이 이해되어야 하는 총체적 과정이기도 하기 때문이다.[334] 모든 행위와 사건, 모든 인격성과 역사적 구성은 역사적 연속성에서 벗어날 수 없기 때문에 전체적 과정으로부터 그의 의미를 가지게 된다. 우리가 역사를 단지 "위로부터만" 본다면 역사의 "자기초월적 성장"을 간과하게 되며, 공간적으로 상징된 종말로부터만 바라본다면 역사의 많은 부분들에서 표현된 풍성함과 다양성을 간과하게 된다.

---

332 이 시점에서 "하나님의 나라"에 관한 공관복음의 상징이 "영생"에 관한 요한복음과 그리스 사상보다 더 "실존적"이라고 볼 수도 있다. "영원"과 "시간"을 병치시키는 것은 과정의 흐름과 그 과정의 근거에 놓인 원리를 근본적으로 구분하는 것이다. "하나님의 나라"와 역사를 병치시키는 것은 그 관계성을 보다 종교적이고 실존적으로 정의하는 것을 의미한다. 피조물의 모든 의지를 지배하는 하나님의 주권은 영원이 시간에 대해 가지는 관계와 동일한 두 가지 관계를 가진다. 하나님의 주권은 한편에서는 어느 순간에든 모든 삶을 지배하는 삶의 원천으로서의 권위이며, 다른 한편에서는 "종말"에 궁극적으로 정당화되는 주권이다.

333 참조, *Über die Epochen der Neueren Geschichte*.

334 베네데토 크로체(Benedetto Croce)는 다음과 같은 그의 주장에서 역사의 두 차원들을 모두 고려하고자 한다. "모든 행위는 자신과의 관계에 있어서 전체이며, 다른 어떤 것과의 관계에 있어서 전체이다. 그것은 정지된 한 점이면서 동시에 걸어가는 돌이다. 그렇지 않다면 역사의 자기초월적인 성장을 이해할 수 없을 것이다." *History as the Story of Liberty*, p. 90. 하나의 행위는 자기 자신과의 관계에만 서 있을 수 없다. 그 행위는 어떤 의미영역과 관계되어 있음이 분명하지만, 역사적 과정의 의미를 초월할 수 있다.

3. 역사의 다양성과 통일성

역사의 의미를 기독교 신앙의 관점으로부터 이해하려는 노력에는 역사와 관련된 다음의 세 가지 양상들이 포함되어야 한다. (1) 문명과 문화의 흥망성쇠에서 볼 수 있는 단편적인 성취들과 실현들, (2) 개인들의 삶, 그리고 (3) 전체로서의 역사의 과정. 이런 세 양상들을 고려할 때 "위로부터의" 견해가 처음 두 양상들의 생각에서 지배적이어야 함이 – 배타적이라 할 수는 없지만 – 분명해질 것이다. "종말"로부터의 견해는 역사를 전체로서 간주할 때 지배적이지만 배타적이지는 않다.

3.1. 문화와 문명의 흥망성쇠

역사는 "그들의 날을 가지는 그리고 존재하기를 그치는" 많은 성취들과 작업들로 가득차 있다. 제국들과 문명들의 흥망성쇠는 역사의 다원성을 보여주는 가장 분명한 예들이다. 그러나 그것들이 이런 양상의 유일한 증거들은 결코 아니다. 주어진 문명 내부에서 특수한 통치체제들과 과두체제들의 흥망성쇠, 특별한 문화적 전통들이나 한 공동체 내의 뛰어난 가문들이나 다양한 유형의 자발적 연합체들이나 훨씬 더 소규모의 역사적 결속들의 성장과 쇠퇴는 모두 역사의 다원성을 구체적으로 보여주는 예들이다.

반복되는 삶과 죽음의 이런 과정에서 발견될 수 있는 의미가 무엇이든 그 의미는 무엇보다 먼저 – 전적으로 그런 것은 아니지만 – "위로부터" 깨달아져야 한다. 개개의 역사적 형태는 전체를 구성하는 하나의 의미영역으로 간주될 수도 있다. 총체적인 역사적 과정과의 관계에서 볼 때 그 형태는 극히 미미하거나 적어도 모호하기 때문이다.

다원론적 역사해석은 최근 몇 년 동안에는 오스발트 슈펭글러(Oswald Spengler)의 저서에 의해 그리고 보다 최근에는 문명의 흥망성쇠에 대한 아놀드 토인비(A. Toynbee)의 기념비적인 탐구에 의해 새로운 자극을 받았다.[335] 이들의 역사해석은 그리고 이와 유사한 다원론적 해석들은 랑케의 역사해석 원리와 일치하는데, 랑케의 해석원리는 '모든 시간적 사건들은 영원으로부터 등거리에 있다'는 그의 견해에 요약되어 있다. 그러나 역사적 다원론도 포괄적인 의미의 물음을 피할 수 없다. 역사적 다원론은 다양한 문명의 부흥과 쇠퇴에 일관되게 작용하는 모종의 논리를 발견하고자 한다. 슈펭글러에 의하면 다양한 세계문화들의 성장과 소멸의 의미를 풀 수 있는 유일한 단서는 자연의 과정들이다. 그의 주장에 따르면 역사에는 단순논리에 따라 비교할 수 없는 다양한 문명들의 공통된 운명 이외에는 어떤 통일성도 없다. 이 공통된 운명은 자연법에 의해 지배된다. 모든 문명은 봄, 여름, 가을과 겨울과 유사한 시기들을 거친다. 말하자면, 역사적 조직체들은 자연의 유기적 조직과 동일한 질서에 따른다는 것이다. 따라서 역사의 자유는 전적으로 혼상이거나 아니면 적어도 자연에 완전히 종속되는 것으로 간주된다. 역사의 자유는 자연-필연성에 근거하여 발생하기 때문에 역사적 운명은 언제나 부분적으로는 모든 역사적 성취들의 근저에 놓인 자연적 요소들의 생명력과 쇠퇴에 의해 결정된다. 제국들과 문화들은 "노쇠해질" 수도 있으며, 그들이 청년기에

---

335 Oswald Spengler, *The Decline of the West*. Arnold J. Toynbee, *The Study of History*.

는 극복할 수 있었던 위험들을 노쇠기에는 이기지 못할 수도 있다.

그렇지만 토인비가 지적하듯이 문명의 쇠퇴에는 언제나 단순한 노화 현상 이상의 어떤 원인이 있다. 문명은 역사의 어떤 새로운 도전이나 복합성에 제대로 대처하지 못하기 때문에 몰락한다. 모든 문명은 결국에는 어떤 결정적인 실수 때문에 소멸된다. 그러나 이런 실수들은 자연적 필연성의 법칙에 따른 것이 아니다. 개인의 삶과는 달리 집단적이고 사회적인 조직체들은 이상적으로 새로운 생명과 힘이 계속 보충될 수 있을 것이다. 그러나 그렇게 되기 위해서는 그 조직체들이 새로운 역사적 상황에 계속해서 적응해야 할 것이다. 그들이 결국 그렇게 하지 못하는 것은 언제나 그들이 그들의 자유에 의해 유혹을 받아 빠지게 되는 운명이지 자연의 필연성 때문이 아니다.[336] 그 조직체들은 종종 능력을 과신하는 교만으로 인해 인간에 의해 가능한 것들의 한계를 넘어서기 때문에 사라진다. 때로는 한 사회를 조직할 때 중요한 역할을 했던 소수 집단이 완전히 억압하는 세력이 되어 그가 만든 것을 파괴한다. 때로는 과거의 전략과 기술이 전혀 다른 새로운 상황과 문제에 잘못 적용되기도 한다. 이런 오류는 역사의 우연적 요소들을 거짓 절대자의 지위에까지 끌어올리는 지성적 교만의 한 형태로 간주될 수 있을 것이다.[337] 문명은 때대로 "초연

---

336 슈펭글러는 단지 역사적 조직체들의 유기적 성장과 쇠퇴를 보았는데 반해, 토인비의 공적은 역사에서 이런 비극적 운명의 요소를 발견하였다는 것이다. 참조, *The Study of History*, Vol. IV, pp. 260ff. 토인비는 창조성의 시기에 소수의 역할을 강조하며, 쇠퇴의 시기에는 이 소수가 압제에 의해 유지되는 "지배적" 소수로 타락한다는 사실을 강조한다. 모든 사회 조직체들과 정치 조직체들에는 그런 소수들이 있다. 그리고 실패와 쇠퇴가 잘못된 판단과 행동 때문이라면 그 원인은 특히 그 공동체의 의지와 정신에 정통한 사람들 때문이다. 그러나 실패의 원인들은 언제나 다양하다. 오늘날 프랑스의 쇠퇴가 특정한 어떤 소수 집단만의 잘못이라 할 수 있겠는가? 역사는 그런 몰락의 원인이 훨씬 더 복잡함을 보여주지 않는가?

337 "창조성의 위장"(nemesis of creativity)에 관한 토인비의 분석은 대단히 설득력이 있다. 그는 우연적인 것과 절대적인 것이 혼동을 "덧없는 자아의 우상화", "덧없는 본능의 우상화" 그리고 "덧없는 기술의 우상화"로 정의한다. *Ibid.*, Vol. IV, pp. 261ff.

함의 철학"에 의해 현혹되기 때문에 멸망한다. 초연함을 가르치는 지도
자들은 초역사적인 고요함과 평정심의 가상의 영역으로 도피하여 역사
에서 그들의 책임을 도외시한다.[338] 현대의 기술문명은 기술의 진보를 궁
극적 선으로 숭배했기 때문에 몰락할 수도 있다. 기술사회의 한 부분은
파괴를 위해 기술을 이용할 수도 있으며, 기술시대에 의해 그렇게 풍부하
게 산출된 안락함을 궁극적 선으로 간주함으로써 성장한 문명의 또 다
른 부분에 대해 맹렬한 분노를 폭발시킬 수도 있다.

만일 우리가 쇠퇴의 다양한 가능성들과 몰락의 원인들을 모두 철저히
객관적으로 분석하고자 했다면 우리는 인간이 저지르는 다양한 유형의
죄를 요약하기만 하면 될 것이다.[339] 인간이 범하는 죄의 유형들은 대체
로 관능의 죄와 교만의 죄로 구분될 수 있을 것이다. 관능의 죄에서는 역
사의 자유가 부정되며, 사람들은 본성의 무책임성으로 후퇴한다. 교만의
죄에서는 인간의 자유가 과대평가된다. 인간은 자아의 – 개인적 자아이
든 집단적 자아이든 – 우연성과 유한성을 고려하지 않고, 즉 인간이 자
랑하는 문화나 문명의 우연성과 유한성을 고려하지 않고 역사를 완성하
고자 한다. 이것은 제국주의의 죄이다. 아니면 인간은 인간의 자유를 초
역사적인 것으로 분리시키고자 한다. 이런 신비적 초세계성의 교만은 인
간의 정신을 역사의 주인으로 만드는 것이 아니라 역사로부터 이탈시키
는 역할을 한다.

---

338 로마의 쇠퇴기에 마르쿠스 아우렐리우스의 약화된 규율은 이런 범주에 속한다. 로마
황제들 중 가장 "덕망 높은" 황제인 그는 평정심(*apatheia*)을 궁극적 선이라고 생각한 스
토아 철학의 이상주의에 영향을 받아 로마의 몰락을 재촉했을 것이다. 물론 그가 로마
의 몰락을 의도적으로 주도하지는 않았지만 말이다. 역사의 비극적 사실들과 문제들과
는 전혀 어울리지 않는 하나님의 나라를 꿈꾸는 우리 시대의 "기독교 이상주의"는 서구
문명의 쇠퇴와 동일한 관계에 있다. 또 다른 보다 근본적인 원인들이 있다. 그러나 현대
의 "이상주의"가 우리의 문제들을 더욱 악화시킨 것은 분명한 사실이다.

339 참조, 1권 7장과 8장.

역사가 쇠퇴하고 몰락하는 이런 다양한 유형들은 모두 하나의 공통성을 가진다. 그 유형들은 단순히 생물학적 죽음이 아니다. 아우구스티누스에 의하면 "우리는 죽음 때문에 죄를 범하는 것이 아니라, 죄 때문에 죽는다." 아우구스티누스의 이런 주장은 그것이 개인의 삶에 적용될 때는 부분적으로 옳지 않을 수도 있다. 왜냐하면 개인의 실존은 유한성의 조건에 제약되는 자연적 유기체에 뿌리를 두고 있기 때문이다.[340] 그러나 아우구스티누스의 주장은 문명의 죽음을 대단히 적절하게 묘사하고 있다. "그들이(문명들이) 죽는 것은 죄에 의해서이다." 문명은 절대적인 자연적 필연성에 의해 결정되지 않는다. 그들의 실수와 오류는 그들의 창조성의 원천이 되는 바로 그 자유에서 발생된다. 그 실수들은 결코 단순한 무지에 의한 것이 아니다. 그 실수들에는 죄의 "헛된 망상"이 있다.

하지만 세계의 많은 문화들과 문명들의 역사를 단순히 그들의 쇠퇴에만 초점을 맞추어 보는 것은 옳지 못할 것이다. 문화와 문명은 결국은 사라지지만 동시에 생존하기도 한다. 그들의 생존은 역사가 창조성을 가진다는 증거이다. 그들의 죽음이 역사에서의 죄를 입증하듯이 말이다. 역사적 조직체들의 엄청난 다양성, 그 조직체들에 인간 잠재력의 풍부한 구현, 그 조직체들이 가지는 풍부한 문화적 형식들과 사회적 형태들은 그것들을 성장시킨 하나님의 섭리에 대한 증거이며, 그들의 파괴는 그들이 피할 수 없는 영원한 심판을 보증하는 것이다. 문화와 문명이 약하고 젊을 때, 즉 그것들이 삶의 모든 위험들에 대처하여 그들의 길을 개척하는 동안 그들은 "없는 것들을 택하사 있는 것들을 폐하려 하시는"(고전 1:28) 하나님의 능력을 계시하는 것들이며, 그들의 영광의 때, 즉 악의 붕괴가 이미 그들의 삶에서 분명하지만 여전히 궁극적 파괴는 오래 지연될 때 그들의 운명은 하나님의 자비의 "오래 참음"을 드러낸다. 하나님의 심

---

340 참조, 1권 6장.

판은 결코 조급하지 않으며, 회개의 가능성과 악의 길로부터 돌아설 가능성은 많이 있기 때문이다. 문명과 문화가 이런 갱신의 가능성들을 얼마나 받아들이느냐에 따라 그것들의 생존은 무한히 연장될 수 있을 것이다. 그러나 그것들은 어느 순간 결정적인 실수를 저지르게 되면 멸망하며, 하나님의 절대적 주권은 그 멸망에서 확증된다.[341]

한 문명에서 창조성의 시기와 쇠퇴의 시기를 명확하게 구분하는 것은 불가능하다. 왜냐하면 모든 문화와 문명, 모든 제국과 나라는 그의 융성기에 파괴적 요소들을 가지고, 쇠퇴기에 창조적 요소들을 가지기 때문이다.[342] 그러나 우리는 창조성이 지배적인 시기들이 있고, 부패와 파괴가

---

341 여기서 우리는 제국들의 흥망성쇠에 관한 예언자적 견해와 제국들의 멸망은 거짓 주권의 오만을 심판하는 하나님의 절대적 주권을 확증한다는 믿음의 타당성을 기억해야 한다. 참조, 에스겔 28:17-18. "네가 아름다우므로 마음이 교만하였으며, 네가 영화로우므로 네 지혜를 더럽혔으며, 내가 너를 땅에 던져 왕들 앞에 두어 그들의 구경거리가 되게 하였도다. ... 내가 네 가운데서 불을 내어 너를 사르게 하고 너를 보고 있는 모든 자 앞에서 너를 땅 위에 재가 되게 하였도다." 많은 제국들에 대한 이런 파멸선고 다음에는 언제나 다음과 같은 후렴구가 따른다. "그날에 그들이 내가 주 여호와인 줄을 알리라."

342 민족주의적 메시아사상의 경향이 적절한 예이다. 모든 문화는 어느 순간엔가는 자기 문화의 절대적 우월성을 주장을 하게 되고 자기를 우주적 공동체의 중심으로 만들려는 야심을 가진다. 이런 메시아주의는 모든 인간 공동체들에 은폐된 교만이 표출된 것이다. 때때로 이런 메시아주의는 쇠퇴해 가는 세계에서 마지막 임종의 헐떡거림이다. 하나의 문화는 이런 허위의식에 의해 그의 죽음을 은폐하려 한다. 따라서 가장 극단적인 메시아적-제국주의적 허위의식을 가졌던 나라는 B.C. 1600년 이후 쇠퇴해 가는 이집트의 신정국가였다. 신성로마제국에 대한 단테의 꿈은 황제당의 제국주의가 노래한 백조의 노래였다. 러시아 국민을 "크리스토포루스"(Christophorus)라고 생각하는 메시아적 허위의식은 러시아 정교회가 그 국가의 정치적 권력의지에 대한 제재기능을 더 이상 행사하지 않고 그런 실패를 무의식적으로 감추려 했을 때 등장했다.
그러나 이와는 반대로 대단히 젊고 창조적인 미국의 문명은 하나님의 나라에 대한 기독교적 견해를 "아메리칸 드림"과 결합했다. 미국의 문화가 역사는 미국의 토양에서 성취될 것이라고 희망함으로써 쇠퇴하는 유럽을 경멸한 것은 19세기 전반(대체로 1800-40년)이었다.
리오넬 커티스는 대영제국을 "하나님의 도성"과 동일시했는데(참조, Curtis, *Civitas Dei*), 그런 착각은 최근에 등장한 허위의식과 옛 허위의식 사이에서 일어났다. 앵글로-색슨 제국주의의 메시아적 허위의식들은 - 이런 허위의식들은 종종 영국에서보다는 미국에서 더 빈번하였는데 - 쇠퇴하는 앵글로-색슨 세계의 백조의 노래였는지 아니면 세계 공동

지배적인 시기들이 있음을 안다.

만일 역사 전체가 창조성의 시기 내부로부터 관찰된다면 역사에는 거짓된 의미가 주어진다. 역사적 과정 전체가 특수한 문화의 특수한 시대에 있는 한 점과 부당하게 동일시되기 때문이다. 만일 역사 전체가 쇠퇴기의 한 점으로부터 관찰된다면 역사는 무의미성의 위험에 직면하게 된다. 역사가 주어진 어떤 문명의 불운과 부당하게 동일시되기 때문이다. 문명의 발생과 몰락에 어떤 의미가 있든 그 의미는 오직 "믿음에 의해서" 알려질 수 있다. 그 의미는 역사를 초월하는 영원성으로부터 관찰되어야 하는데, 어느 누구도 이 영원성을 소유물로서가 아니라 오직 믿음에 의해서만 가질 수 있기 때문이다. 그렇게 관찰될 때 역사는 의미를 가진다. 비록 연속적으로 흐르는 역사의 과정들에서 어떤 통일성을 발견한다는 것이 불가능할지라도 말이다. 역사가 의미 있는 것은 발흥하는 문명들에서는 죽음을 극복하는 삶에서 그리고 쇠퇴하는 문명들에서는 교만한 삶을 압도하는 죽음에서 영원한 원리들의 정당성이 입증되기 때문이다.[343]

체를 조직할 때 앵글로-색슨 세계의 창조적 기능에서 발생한 이기적 타락이었는지 알려면 보다 더 넓은 역사적인 시각을 가져야 한다.

343 서구문명의 역사에서 우리가 죽음의 고통 속에 있는지 아니면 새로운 삶의 탄생의 고통 속에 있는지 아직 불확실한 시기에, 인간의 운명에 관한 기독교적 해석이 우리 자신의 상황과 어떤 관련성이 있는지에 관해 특별한 언급이 없이 문명의 삶과 죽음에 관해 기록하는 것은 불가능하다. 기독교 신앙의 정신에 따르면 한 문명의 시련과 소동을 냉정하고 무책임하게 관찰해서는 안 되며, 삶의 의미를 우리의 문화와 문명의 보존과 동일시해서도 안 된다.

지금 우리는 악성적인 부패가 남아있는 우리의 문명에 도전할 때 발생한 커다란 위험을 격퇴해야 하는 특별한 과업에 직면하고 있다. 우리는 이런 악독성과 그 악독성의 근원인 보다 정적인 부패 사이의 관계를 이해하는데 둔감하며, 그런 위험을 적극적으로 대처하지 못하며, 공동의 위험에 대처할 연합된 행위를 어렵고 불완전하게 만드는 국내의 불협화음들과 국가적 편견들에 대해 적극적으로 대처하지 못한다. 이런 모든 약점들 때문에 그렇게 특별한 투쟁의 결과조차도 불확실하다. 보다 큰 쟁점들의 결과는 훨씬 더 문제가 있다. 우리는 서구문명이 국가적 편협성을 초월하여 기술시대의 독립성과 조화되는 세계 공동체를 형성할 수 있는 방안을 자지고 있는지 알지 못하며, 서구문명이 기술적으로 진보된 산업공정의 역동성에 의해 더욱 심화된 국내의 경제적 문제들을 해결할 수 있

3.2. 개인과 역사

개인이 역사과정 전체와의 관계에서 곤경에 처하게 되는 것은 역사과
정에 대한 그의 이중적 관계 때문이다. 개인의 창조성은 역사적 공동체들
의 수립을 영속적으로 보존시키고 완성시키는데 지향되어 있다. 그러므
로 개인의 삶의 의미는 역사과정과 개인의 관계로부터 유래한다. 그러나
이런 창조성을 가능하게 하는 자유는 모든 공공의 충성을 초월하며 심
지어는 역사 자체를 초월한다. 모든 개인은 영원과 직접적인 관계를 가
진다. 그는 한 개인이 살고 죽는 과정의 어떤 시점에서 발견될 수 있는 의
미의 단편적인 실현들 저편에서 삶의 의미를 완성하고자 하기 때문이다.
그에게 있어서 개인의 삶의 끝은 역사의 끝이다. 그리고 모든 개인은 약
속의 땅에 들어가지 못하고 죽어가는 모세와 같은 사람이다. 그러나 모
든 개인은 또한 영원과 간접적인 관계를 가지기도 한다. 개인은 역사적
책임들을 진지하게 생각하는 한 그는 성취의 문제를 궁극적이고 최종적
인 "종말"의 관점으로부터 관찰해야 한다.[344]

는지 알지 못한다.

그런 문명의 내부에 서 있는 우리의 책임들은 분명하다. 우리는 우리의 공동의 삶을 하나
님 나라의 형제애에 합치되도록 형성하고자 노력해야 한다. 역사를 영원의 관점으로부
터(sub specie aeternitatis) 바라보는 어떤 역사관도 우리에게서 우리의 역사적 의무들을 빼
앗지 못한다. 그러나 만일 우리가 실패한다면 우리는 적어도 기독교 신앙의 관점으로부
터 그 실패를 이해할 수 있다. 우리가 그 실패를 이해하는 한 우리는 그 실패에서 헤어나
지 못할 정도로 완전히 함몰되지 않고 그 실패 너머에서 실패를 극복할 수 있는 한 점을
가진다. 우리는 우리가 발견하는 것의 비극성을 부정할 수 없다. 그러나 우리는 그것을
무의미성으로 간주하고 싶지는 않을 것이다.

344 에스라의 묵시서(제4에스라서)는 개인적 삶의 이런 문제를 다음과 같이 단적으로 진
술한다. "그러나 주여 당신은 마지막에 살아남는 자들을 축복할 준비가 되어 있습니다.
그러나 우리의 조상들이나 우리 자신이나 우리의 후손은 무엇을 할 것입니까?"(5:41) "영
원한 시대가 우리에게 약속되어 있다는 것은 우리에게 얼마나 유익한가? 우리가 죽을 짓
을 저질렀는데도 말이다. 우리가 그렇게 볼품없이 무익하게 되었음에도 불구하고 우리
에게 불멸의 희망이 예고되어 있다."(7:119-20)

만일 개인의 삶의 영원한 성취가 단순히 "위로부터" 이해된다면, 삶의 사회적 역사적 의미는 상실된다. 개인의 삶은 종말로 간주된다. 개인의 삶이 목표 자체로 간주된다. 이것은 단지 삶의 성취에 관한 신비주의 이론들의 효과일 뿐만 아니라 정통적인 개신교의 많은 종말론 해석들의 효과이기도 하다. 개신교의 종말론 해석들에서 보면 "종말"은 역사를 초월하며, "종말"에 관한 성서의 견해는 모호해진다.[345]

반면에 이런 기독교적인 – 때로는 비기독교적인 – "내세" 사상들을 거부하는 현대의 사상들은 삶의 의미를 역사과정 자체에서 성취하고자 하는 오류를 범한다. 그렇게 함으로써 그들은 역사를 초월하는 개인적 자유의 실체를 무색하게 할 뿐만 아니라 역사과정의 유한성을 부정하기도 한다.

삶에 관한 순전히 사회적이고 역사적인 해석들은 개인으로 하여금 공동체에서 그의 삶을 성취하도록 명령한다. 공동체에서의 삶의 넓이와 그 삶이 가지는 힘의 권위가 개인의 편파적인 이해관계들과 불충분한 힘을 완성하고 성취한다고 생각된다. 공동체의 상대적 불멸성이 개인의 삶의 짧음을 보충해 준다고 생각된다. 이런 해법의 문제점은 개개인이 공동체보다 훨씬 더 중요하다는 사실이다. 실제로 훨씬 덜 중요할 때조차도 말이다. 개인의 생존기간은 공동체의 그것보다 짧지만, 개인이 기억하는 것들과 기대하는 것들은 더 길다. 공동체는 단지 자신의 시작을 알 뿐이지만 개인은 자신 이전 시대 문명의 흥망성쇠를 안다. 공동체는 승리를 기대하며, 역사의 패배를 두려워한다. 그러나 개인은 보다 궁극적인 심판을 인식한다. 만일 여러 나라들도 개인과 마찬가지로 마지막 심판대 앞

---

345 종교개혁 신학은 대체로 종말에 관한 성서의 견해를 보존하지 못하는 결함을 가진다. 그리고 현대 바르트의 종말론은 이런 결함을 더욱 심화시킨다. 종교개혁 신학은 연속성으로서의 역사의 가능한 의미에는 거의 관심을 가지지 않으며, 시간의 모든 순간을 부정하는 영원성의 관점에서 종말론을 설명한다.

에 선다면 그들은 민감한 개인들의 양심과 마음에서 그렇게 심판을 받는다. 공동체의 형제애에 근거하여 개인은 윤리적으로 실현된다. 그러나 공동체는 개인적 삶의 실현이면서 동시에 좌절이기도 하다. 공동체의 집단적 이기주의는 개인의 양심을 거스른다. 공동체의 제도적 불의는 정의의 이념을 부정한다. 공동체가 성취하는 형제애는 인종적 경계와 지리적 경계에 의해 제한된다. 간단히 말해 역사적 공동체들은 개인들보다 더 깊이 자연과 시간에 연루되어 있다. 개인들은 시간을 초월하는 영원성을 지속적으로 대면하기 때문이다.

사회적 역사적으로 구원을 계획하는 보다 세련된 형태들은 개인이 어떤 특정한 역사적 공동체와의 관계에 의해서가 아니라 역사과정 자체와의 관계에 의해서 그의 삶을 성취하고 그의 삶의 짧음을 보충하라고 명령한다.[346]

우리는 왜 역사를 대속의 관점에서 이해하는 것이 불가능한지 그리고 왜 정확한 심판에 대한 기대와 역사과정에서 개인적 삶의 충분한 성취에 대한 기대가 가장 비극적인 환멸에 이를 수밖에 없는지 살펴보았다. 여기서는 우리가 바로 18세기가 호소했던 그 "후손"이라고 생각함으로써, 그리고 우리가 "압제받는 자들의 지원자", "거룩하고 신성한 자", 간단히

---

346 18세기의 어느 미국인은 18세기 사상에서 영원성이란 개념이 "후손"이란 개념으로 대체된 것에 관해 다음과 같이 설명하고 있다. "그들은 하나님의 사랑을 인간애의 사랑으로 대체하였으며, 희생적 대속을 인간 자신의 노력을 통한 인간의 완성으로 대체하였으며, 내세의 불멸성에 대한 희망을 미래 세대들의 기억 속에서 살아남는 희망으로 대체하였다. … 후손 사상은 18세기의 철학자들과 혁명적 지도자들로부터 정서적으로나 종교적으로 커다란 호응을 받았다." Carl L. Becker, *The Heavenly City of Eighteenth-Century Philosophers*, p. 130.
이와 같이 후손에 호소하는 사상의 본질적인 종교적 성향은 디드로(Diderot)의 다음과 같은 주장에서 완벽하게 표현되어 있다. "오, 거룩하고 신성한 후손이여! 압제받는 자들과 불행한 자들의 지원자, 정의로운 그대, 부패하지 않은 그대, 선한 사람의 원한을 풀어주고 위선적이고 위안이 되고 확실한 이념의 가면을 벗겨줄 그대여, 나를 버리지 마세요. 철학자에게 후손은 종교인에게 있어서 내세와 같은 것이다."

말해 우리 이전에 죽은 사람들의 궁극적 심판자와 구원자가 될 수 없음을 깨달음으로써 이 문제에 대한 이전의 분석을 밝히고 개관하는 것으로 충분할 것이다. 더 나아가 우리는 우리 자신의 문제들에 너무 깊이 연루되어 사로잡혀 있기 때문에 하나님의 대리자로서 행동할 여유가 없고 또 그렇게 할 수 있는 능력도 없다.

그렇지만 이렇게 삶의 성취로서 역사에 호소하는 데에는 언제나 진리의 한 요소가 있다. 삶의 의미는 부분적으로는 인간이 역사적 과업과 의무에 연루되어 있음에서 발견될 수 있기 때문이다.

신약성서는 개인의 문제에 대해 역사를 "초월하는" 영원성의 관점과 동시에 역사의 종말에 잇대어 있는 영원성의 관점으로부터 대답한다. 역사의 완성 이전에 죽은 모든 사람들이 다시 살아나 마지막 승리에 참여할 수 있는 "보편적 부활"이 있을 것이라는 생각은 개인의 삶의 가치를 인정한다. 개인의 삶이 없다면 역사의 성취는 불완전할 것이기 때문이다. 그리고 그런 생각은 동시에 역사과정 전체가 개인에 대해 가지는 의미를 긍정한다. 역사가 없다면 개인의 삶이 완성될 수 없기 때문이다.[347]

몸의 부활에 관한 상징은 역사의 종말에 있을 보편적 부활 개념이 없다 할지라도 그 내포적 의미에 있어서 영혼불멸 사상보다 더 개인적이고 더 사회적이다. 그 상징은 현실적인 자아와 아무런 실제적인 관계도

---

347 신약성서 부활사상의 뿌리가 된 후기 묵시문학에 나타나는 보편적 부활사상은 종종 삶의 성취에 관한 종족적인 또는 민족주의적인 생각들에 대한 개인주의적 종교의 승리를 암시하는 것이라고 간주된다. R. H. 찰스는 이 분야에서 권위 있는 그의 책에서 이런 오류를 범하고 있다(참조, R. H. Charles, *Eschatology*). 마지막 승리 이전에 죽은 사람들이 그 승리에 참여한다고 생각하는 유대교 묵시문학에 나타나는 보편적 부활 사상은 물론 삶의 사회적 의미가 성취되기 이전에 죽은 개인들의 문제를 인식하고 있다. 그러나 다른 한편 그 사상에는 또한 개인적 성취와 사회적 성취 사이의 상호 의존관계가 함축되어 있다.
모든 시대의 개인들이 완성의 시대에 참여한다는 것은 문자적으로 볼 때는 불가능하지만, 상징적으로는 충분히 가능하다. 그것은 시간의 모든 순간을 초월하는 영원성을 시간의 과정이 성취되는 영원성과 연관시켜 생각한다.

없는 비인격적인 '누스'(nous)가 아니라 몸을 가지고 존재하는 자아가 영원한 의미를 가진다고 단언하기 때문에 영혼불멸설보다 더 개인적이다. 이런 자아는 한편에서는 유한한 존재의 두려움과 불안을 가지며, 다른 한편에서는 영원한 것의 지평에 닿을 수 있는 능력을 가진다. 부활의 희망은 궁극적으로는 유한한 것이 두려움으로부터 해방될 것이며, 자아는 그의 올바른 정체를 알게 될 것이라는 사실을 확인해 준다.

부활사상이 영혼불멸설보다 더 사회적인 이유는 인간 존재의 역사적 구성물인 문화와 문명, 제국과 국가들, 그리고 마지막으로 역사과정 전체는 개인의 삶과 마찬가지로 자연적 조건들과 자연을 초월하는 자유 사이의 긴장의 산물이기 때문이다. 부활사상에 의하면 다양한 모든 피조물들이 이룩해 놓은 역사적 결과물들은 역사의 완성에 참여할 것이다. 부활사상은 문명을 보존하고 역사에서 선을 성취하려는 인간의 노력에 영속적인 의미를 부여해 주며, 그런 노력을 영원한 세계에서는 전혀 반영되지 않을 무의미한 흐름이라고 격하시키지 않는다.[348]

유토피아적인 성취개념도 순전히 내세적인 성취개념도 역사과정과 개인의 역설적 관계를 제대로 해명하지 못한다. 개인은 그의 삶의 모든 순간과 모든 행위에서 영원을 만난다. 그리고 그는 자기 자신의 죽음과 함께 역사의 종말과 마주 대한다. 그의 자유는 모든 사회적 현실들을 초월한다. 그의 정신은 역사가 최고로 성취된다 할지라도 성취되지 않는다. 그의 양심은 역사의 법정이 아무리 명료하게 인정해 준다 해도 양심의 가책에서 벗어나지 못하며, 역사적 비난들에 의해서 위협을 당할 필요도 없다. 반면에 개인의 삶은 역사적 공동체들, 역사적 과제들 그리고 역사

---

348 급진적인 분파주의는 종종 지나치게 개인주의적인 정통적 기독교와 논쟁할 때 부활사상의 타당성과 의미를 인정했다. 특히 17세기의 평등주의자인 리처드 오버튼(Richard Overton)의 『인간의 도덕성』(Man's Morality)을 참조하라.

적 의무들과 유기적 관계를 맺을 때에만 의미를 가진다.

삶의 의미와 부모의 관계는 개인의 삶의 이런 이중적 차원을 잘 보여주는 소우주적인 한 예이다. 어떤 부모도 자녀들과의 관계에서 그의 삶의 총체적 의미를 충족시키지 못한다. 부모로서의 소명에 상당히 부적합한 무수히 많은 의미들이 있다. 그러나 다른 한편에서 보면 삶의 의미를 부모로서의 소명과 분리할 수는 없다. 부모는 자녀들의 삶에서 "의롭다고 인정되어야" 한다. 자녀들은 미래에 의해 볼모로 잡힌 인질들이다. 부모의 삶의 성취는 자녀들의 인격의 실현에 의존한다. 따라서 부모는 그의 마지막 성취를 위해 미래를 기다려야 한다.

3.3. 역사의 통일성

삶이 아무리 "위로부터" 또는 영원한 의미의 원천과 목표와의 직접적인 관계로부터 가치가 인정된 개별적 형식들과 집단적 형태들에서 의미 있는 것이라 할지라도 역사 자체는 그의 궁극적 목표(telos)로부터 이해되어야 하는 총체적인 통일성의 영역이다.

비록 어떤 명시적인 이해의 원리가 없다 할지라도 또는 역사에 관한 어떤 적합한 철학이나 신학이 없다 할지라도, 역사를 가장 간단하게 조사해 보기만 해도 역사에는 어떤 일관된 접선들이 있으며 최소한의 통일적인 관계들이 있음을 알 수 있을 것이다. 일관되게 다원적인 역사관은 있을 수 없다. 아리스토텔레스가 주장했듯이 예술은 역사과정에서 여러 차례에 걸쳐 사라지고 발견될 수도 있다. 로마 문명은 어떤 사회적 기준들을 완전히 새로이 실현해야 했을 수도 있다. 바벨론이나 이집트 문명에서 성취된 동일한 기준들에 의존하지 않고 말이다. 그러나 다른 한편에서 보면 어떤 문명에 의해 축적된 최소한의 사회적 문화적 경험은 언제나 잔존하여 다른 문명에 의해 이용된다. 과학의 역사는 이집트 성직자들의 수학과 천문학에서 시작하지 않고는 그 기원이 추적될 수 없다. 서구문명의 과학과 철학은 분명 그리스적 토대에 의존한다. 서구 정치는 로마시대의 스토아 철학적 전제들에 대한 이해가 없이는 설명할 수 없다. 히브리적-기독교적 역사해석은 - 바벨론의 메시아주의, 이집트의 메시아주의, 그리고 페르시아의 메시아주의에 그 뿌리를 가진다. 간단히 말해 역사에는 축적된 결과물들이 있다. 새로운 문명들이 옛 문명들의 무너진 터 위에 건설될 때 새로운 문명들의 특성은 부분적으로는 새로운 삶이 옛 문명의 잔재들을 흡수하고 적응하며 그 잔재들을 중심으로 성장하는 방식에 의해 결정된다. 슈펭글러조차도 이런 사실을 인정하지 않을 수 없었다.

연속하는 문명들 상호간의 내적 관계는 "길이에서의 통일성" 또는 시간에서의 통일성이라 할 수 있을 것이며, 동시대 문명들 상호간의 내적 관계는 "넓이에서의 통일성" 또는 공간에서의 통일성이라 할 수도 있을 것이다. "길이에서의 통일성"은 "넓이에서의 통일성"보다 더 명백하다. 예를 들어, 서구문명의 역사는 중국과의 관련성보다는 그리스와 로마와의 관련성이 더 분명하다. 그렇지만 "넓이"에서조차도 상호의존 관계들은 최소한이다. 서구세계가 과학과 기술을 동양세계보다 더 체계적으로 발전시켰지만, 동양의 과학적 발견들이 서구세계의 과학에 기여한 점들을 이해하지 않고는 서구의 과학적 발전을 이해할 수 없을 것이다.[349]

아마도 우리 시대의 가장 중요한 발전은 길이에서의 역사의 통일성에 의해 축적된 결과물들이 매일 넓이에서의 역사의 통일성을 증대시키고 있다는 사실일 것이다. 현대의 기술문명은 길이에서의 통일성에 의해 축

---

349 참조, Lewis Mumford, *Technics and Civilization*.

적된 모든 문명들과 문화들, 모든 제국들과 국가들을 동시대의 것처럼 서로 보다 밀접하게 병치시키고 있다. 이런 친밀성과 접근성이 어떤 단순하고 쉬운 문화적 상호교류보다는 오히려 비극적인 "세계대전"을 야기한다는 사실 때문에 우리는 "보편적 문화" 또는 "세계정부"를 역사과정 전체에 의미를 부여해 줄 자연적이고 불가피한 목표로 간주할 수 없다.

그러나 다른 한편 현대 세계의 기술적 상호의존성은 우리로 하여금 그런 새로운 친밀성과 상호의존성을 경험할 수 있게 해 줄 정치적 기구들을 고안하도록 촉구한다. 이런 새롭고 긴급한 과업은 역사의 축적 효과들을 입증해 준다. 우리는 점점 더 어려운 과업들에 직면하며, 우리의 생존은 바로 그런 과업들을 해결하는데 달려 있다. 따라서 역사에서 넓이에서의 통일성의 발전은 길이에서의 통일성의 한 측면이다.

이런 사실들은 그 사실들의 해석에 있어서 어떤 동의를 이끌어 내기에 충분해 보인다. 그 해석들을 지배하는 전제들이 다를 때조차도 말이다. 역사는 성장을 의미한다는 사실이 동의되어야 한다. 그 성장의 패턴이 문명들의 발생과 몰락에 의해 아무리 많이 불투명해진다 할지라도 말이다. 비록 한 시대가 이전 시대들이 알았던 것과 잊었던 것을 교정해야 한다 할지라도 역사는 분명 보다 포괄적인 목표들을 향하여, 보다 복합적인 인간관계들을 향하여, 인간 능력의 기술적 증진과 지식의 축적을 향하여 움직인다.

그러나 "성장"의 이념이 가지는 다양한 내포적 의미들이 보다 명백해질 때에는 인간의 운명에 관한 기독교적 해석과 현대적 해석 사이의 결정적인 차이가 분명해진다. 앞에서 언급되었듯이 현대의 비종교적인 문화 전체는 – 그리고 현대문화에 의존하는 기독교 문화는 – 성장과 진보를 동일시한다. 그것은 성장에 도덕적 의미를 부여한다. 역사는 그에 내재하는 힘에 의해 혼돈(카오스)로부터 조화(코스모스)를 향해 움직인다고 믿는다. 우리는 이런 주장은 역사적 사실에 의해 뒷받침되지 않음을 입증하고자 했다. 인간의 자유가 자연의 조화와 안전에 기초하여 구성한 보다 높고 보다 복잡한 질서에는 보다 질제적인 무질서의 위험이 도사리고 있다. 정신적 미움과 "문명화된" 충돌들의 결과는 동물적인 세계의 종족전쟁이나 전투와 비교해 볼 때 새로운 차원의 성숙단계에서 발생하는 새로운 악의 많은 예들 중 하나이다.

역사의 이런 측면을 보여주는 또 다른 두 개의 예들이 있다. 건전한 정신의 성숙한 개인은 심리적 콤플렉스들과 긴장들을 어린이의 단순한 통일성보다 더 충분하고 더 세련되게 통일시킨다. 그러나 성숙한 개인은 또한 어린이들과 달리 비정상적인 심리상태에 빠질 수도 있다. 어린이들은 비정상적일 수도 있지만 일반적으로 정신착란에 빠지지는 않는다. 거대한 민족적 또는 제국주의적 공동체의 정치적 응집력은 그 넓이와 범위에 있어서 원시부족의 응집력을 넘어선다. 더 나아가 그런 정치적 응집력은 부족의 통일성에는 없는 복잡한 사회적 제도들을 가지고 있다. 이런 복잡한 제도 내에서 통일성을 성취하는 것은 "성숙"을 향한 성장이다. 그러나 정치질서의 그런 영역은 모두 긴장된 관계들에서 유지되기 때문에 그런 긴장들이 조심스럽게 관리되지 않으면 외적인 충돌로 표출될 수도 있다. 역사의 공동체들은 정치적 가공물이다. 그런 인위적 공동체들에는 자연의 안전장치가 결여되어 있으며, 따라서 인간이 저지르는 오류에 의해 위험에 빠질 수도 있으며, 인간의 자유에 의해 탈선될 수도 있다. 그러므로 아무리 역사가 성장한다 할지라도 한 국가공동체의 질서처럼 안정적이고 안전한 미래의 세계정부는 불가능하다. 어떤 국가 공동체도 가정이나 종족처럼 그렇게 무질서에 대해 면역력을 가지지 못하듯이 말이다.

신약성서는 역사적 현실의 이런 양상, 즉 모든 새로운 선의 단계에서 등장하는 새로운 악의 위험을 적그리스도의 모습을 통해 상징적으로 표현한다. 적그리스도는 역사의 종말을 예고하는 "마지막 일들"(eschata)에 속한다. 역사의 규범은 역사 발전의 최후 단계에서 가장 분명하게 부정되도록 되어 있다.[350] 믿는 자들은 역사과정에서 일어날 재앙들을 이해할 것이지만 세상은 그 재앙들에 무방비로 당할 것이라는 일반적인 기대는 역사의 마지막에 재앙이 있을 것이라는 사상과 밀접하게 연관되어 있다.

적그리스도에 관한 신약성서의 상징은 카톨릭 교회에 의해 특히 교회의 잠재적 적대자들을 정죄하기 위해 이용되었다. 이렇게 상대를 논박하기 위해 그 상징을 이용하였기 때문에 궁극적 악은 궁극적 진리를 부정하는 것이 아니라 왜곡하는 것일 수도 있다는 사실이 모호하게 되었다. 개신교 종교개혁이 교회 자체에 대하여 적그리스도라고 비판했을 때 그 비판의 핵심은 교회가 이렇게 진리를 왜곡했기 때문이다. 그러나 카톨릭 교회도 종교개혁도 적그리스도의 상징을 일반적인 역사해석의 원리로 효과적으로 이용하지 못했다. 현대의 개신교는 몇 가지 분명한 이유들 때문에 그 상징의 의미를 이해하지 못했다. 그러므로 그 상징은 무엇보다도 성서를 축자적으로 해석하는 사람들에 의해 이용되고 남용되었다. 그런 사람들은 나폴레옹, 히틀러, 또는 시저와 같은 사람들은 적그리스도의 예언에 합치하는 인물들이거나 아니면 그들의 이름의 철자들

---

350 "적그리스도"라는 특수한 용어는 요한서신들에서만 발견된다(요한일서 2:18; 4:3; 요한이서 7절). 이 구절들에서는 적그리스도가 종말에 나타날 것이라고 특정되어 있지는 않다. 그러나 요한서신들은 다양한 방식으로 표현된 일반적인 신약성서 사상을 표현할 분명한 하나의 용어를 준비하고 있다. 예수는 종말에 등장할 적그리스도에 관해 다음과 같이 언급한다. "많은 사람이 내 이름으로 와서 이르되 내가 그리스도라 하여 많은 사람을 미혹하리라."(마 24:5) "거짓 그리스도들과 거짓 선지자들이 일어나 큰 표적과 기사를 보여 할 수만 있으면 택하신 자들도 미혹하리라."(마 24:24; 막 13:22) 가장 명시적인 형태의 교만뿐만 아니라 마지막 갈등과 전쟁도 역사의 종말에 속한다(마 24:6).
그 서신들의 묵시적 단원들에 의하면 그리스도인들은 역사에 대한 통찰력을 가지기 때문에 다른 사람들이 "평안하고 안전하다"(살전 5:2)고 말할 때 갑자기 일어날 파국을 알 수 있을 것이다. "사람들이 자기를 사랑하며 돈을 사랑하며 자랑하며 교만할" 때 위험한 시간이 닥칠 것이라 한다(딤후 3:2). 참조, 계 16:16-18; 19:19.

을 조합하면 666이란 숫자가 산출될 수 있음을 입증하고자 했다.[351]

천년왕국설을 신봉하는 현대의 문자주의는 몇몇 현대의 구체적인 악을 적그리스도와 동일시하는 경향이 있는데, 이런 경향은 모든 묵시사상들에서 반복적으로 나타나는 경향이다. 어떤 시대가 대항하여 싸우는 악을 궁극적인 악이라고 생각하는 것은, 그 시대가 구현하는 선을 궁극적 선이라고 간주하는 오류를 범하는 것과 마찬가지로 자연스런 현상일 것이다.[352] 어떤 시대가 역사의 종말에 도달했다는 믿음은 이해할 수 있기는 하지만 슬픈 일이다. 이와 달리 역사의 종말에 관한 묵시적 종말론은 적어도 역사를 대단원을 향해 움직이는 것으로 묘사하며, 종말을 단순히 악에 대한 선의 승리가 아니라 둘 사이의 필사적인 싸움으로 간주하는 장점을 가진다.

그러나 올바른 기독교적 역사철학은 적그리스도의 상징을 적대자들을 반박하는 무기로 사용하거나 문자적 착각들 사이에 유포된 부주의한 통찰들을 지원하기 위해 사용하지 말 것을 요구한다. 신약성서에서 보면 그 상징은 미래를 결코 현재보다 더 안전한 영역으로 제시하거나 더 높은 덕을 보장해 주는 것으로 제시하지 않는 총체적이고 일관된 역

---

351 "총명한 자는 그 짐승의 수를 세어 보라. 그것은 사람의 수니 그의 수는 육백육십육이니라."(계 13:18) 요한계시록에 나오는 "짐승"은 기독교의 종말론에서 적그리스도 개념과 아주 밀접하게 연관되어 있다. "짐승"은 자기를 숭배하도록 요구하는 악의 마지막 형태를 상징하기 때문이다. 참조, 계 13:4.

352 따라서 다니엘서는 바벨론 제국을 궁극적 악이라고 간주한다. 다니엘서에 의하면 "그 제국의 악이 스스로를 신격화하고 그 제국 이외의 어떤 것도 숭배하지 못하도록 금지하는 단계에까지 이르렀을 때, 그 제국은 하나님의 개입을 초래했다. 그 제국의 시계가 울렸으며 그와 함께 세계 구원의 시계가 울렸다." Adam Welch, *Visions of the End*, p. 124.
유대교와 기독교의 후기 묵시서들에 보면 이런 궁극적 악은 바벨론 제국이 아니라 로마 제국이다. 에스라 묵시록의 "독수리 환상"에 의하면 로마의 죄는 이전의 모든 죄들의 구현이며 축적이며 따라서 역사의 마지막을 지시하는 것으로 간주된다.
자본주의가 마지막 악이며 자본주의의 붕괴는 역사에서 악의 패배를 의미한다고 생각하는 마르크스주의의 묵시사상은 에스라의 이런 환상이 비종교적 분야에서 적용된 것이다.

사관의 본질적인 요소이다. 적그리스도가 역사의 종말에 등장하는 것은 역사가 인간 실존의 문제들을 해결하기보다는 오히려 축적한다는 사실을 가리킨다.

그렇다고 해서 악이 적그리스도의 우상숭배와 신성모독에서 절정에 달하는 그 자신의 독자적인 역사를 가진다는 의미는 아니다. 아우구스티누스가 통찰했듯이 '하나님의 도시'(civitas Dei)와 '세속 도시'(civitas terrena)는 역사에서 동시에 자란다. 역사의 종말에 나타나는 악은 궁극적 선의 부패이거나 아니면 선을 부정하고 선에 도전하는 것인데, 이것은 선과 악이 동시에 존재하지 않으면 불가능할 것이다. 이것은 악은 본래 부정적이고 기생적이라는 것을 말한다. 아무리 악의 결과가 긍정적이고 악의 힘이 관성적 저항 이상의 어떤 것이라 할지라도 말이다. 독재의 오랜 역사에서 고대의 악들이 의식적으로 정제되어 현재의 악의 모습으로 자리 잡게 되었는데, 현대의 독재정권들은 이런 독재의 역사의 마지막 산물이 아니다. 그것들은 오히려 기술문명이 독재를 위한 보다 효과적인 도구가 된 성숙한 문명의 독특한 부패현상들이다. 자신에 대한 종교적 숭배를 요구하는 "짐승"의 환상과 "선택받은 사람들을 속이는 거짓 그리스도들"의 환상에 정확하게 부합하는 현대의 우상숭배 종교들은 우상숭배 역사의 마지막 열매가 아니다. 그 종교들은 보다 높은 종교적 기준들과 도덕적 기준들을 의식적으로 무시함으로써 힘을 획득하는 자기 숭배 현상들이다. 현대의 국제적 무정부상태는 긴 무정부상태 역사의 결과가 아니다. 오히려 그것은 질서체계의 부패와 붕괴이다. 무정부상태가 무서운 것은 그것이 이전 문명들에서 성취된 것들보다 더 큰 규모의 잠재적인 또는 실제적인 상호성을 전제하기 때문이다.[353]

---

353 알트하우스(Paul Althaus)는 그의 책『말세의 징조들』(*Die Letzten Dinge*)에서 적그리스도의 부정적 성격을 그리스도와의 관계에서 강조하고 있다. p. 273.

따라서 마지막 악은 마지막 선에 의존한다. 마지막 악은 의식적이고도 명시적으로 그리스도를 무시한다. 이 경우 그 악은 그리스도를 이용하여 자기를 돋보이게 한다. 아니면 그 악은 궁극적 선이라고 주장하지만 사실은 그렇지 못하다. 이 경우 그 악은 그리스도의 가면을 쓰고 나타난다. 전자의 악은 죄인들의 적그리스도이며, 후자의 악은 독선적인 사람들의 적그리스도이다. 그러나 어떤 경우이든 적그리스도의 세력은 비록 그 기원에서는 기생적이고 부정적이지만 그 결과에서는 실제적이고 그 목적에서는 확고하여 역사에 내재하는 어떤 세력도 그 악을 궁극적으로 패배시킬 수 없다. 역사의 종말에 등장하는 적그리스도는 역사를 완성하는 그리스도에 의해서만 타파될 수 있다.

기존의 모든 역사적 사실들은 인간의 운명에 관한 신약성서 종말론의 해석이 타당함을 입증해 주고 있다. 그렇지만 고대와 현대의 대다수의 역사철학들은 성서의 종말론이 밝혀주는 모든 역사관을 무시하려 했다. 고대의 역사철학들은 역사의 유의미성을 완전히 부정하거나, 아니면 역사가 주기적으로 순환한다는 제한적 의미만 보았다. 현대의 역사철학들은 역사의 통일성과 그의 진보하는 경향을 강조했다. 그러나 그들은 역사의 종말에 있을 위험들과 악들을 무시하고 부정하고자 했으며, 따라서 역사 자체가 스스로 구원될 수 있다고 생각할 수 있었을 것이다.

만일 왜 이런 오류들이 발생되었는지 보다 면밀하게 탐구한다면 인간 운명의 종말에 관한 우리의 생각은 다시 처음의 문제들로 되돌아가게 된다. 그런 오류들은 인간의 운명을 완성하는 방도를 찾아 인간 스스로 그의 종말을 통제하고자 하는 욕망에 의해 촉발되었다. 고대세계는 인간의 정신을 유한성의 흐름으로부터 해방시킴으로써 또는 인간의 자유를 그 흐름에 종속시킴으로써 인간의 운명을 완성시키고자 했다. 현대세계는 역사과정 자체가 인간 삶의 완성을 보장해 준다고 생각함으로써 구원을 추구했다.

어떤 경우이든 이런 계산들에는 인간 교만의 "헛된 망상"이 깃들어 있었으며, 그런 망상이 그 결과를 결정했다. "순진한" 오류들은 혼란을 야기할 수도 있다. 인간의 자유가 자연을 초월한다는 것은 정신을 자연의 외피로부터 완전히 단절시키고자 하는 희망이 명백한 환상인 것과 마찬가지로 하나의 환상이다. 더 나아가 역사에서의 성장과정은 대단히 분명하기 때문에 성장을 과정과 동일시하는 현대의 오류는 마찬가지로 불가피한 오류로 간주될 수 있을 것이다. 그렇지만 이런 오류들은 모두 어떤 분명한 증거들을 의도적으로 무시하려 하기 때문에 발생할 수도 있다. 인간은 고대세계와 현대세계의 이상주의자들과 신비주의자들이 믿듯이 흐름과 유한성에서 벗어날 수 있는 능력이 없다. 마찬가지로 역사는 인간 실존의 근본적인 문제들을 해결할 수 없고 단지 그 문제들을 점차적으로 새로운 단계에서 드러낼 뿐이다. 인간이 역사로부터 도피하든가 아니면 역사과정 자체에 의해 그의 문제를 해결할 수 있을 것이라는 믿음은 부분적으로는 모든 "이데올로기적 오염들" 중 가장 일반적인 오염인 교만, 즉 특별한 사람들이나 문화들의 교만이 아니라 인간으로서 인간의 본질적 교만에 의해 촉발된 오류이다.

이런 이유 때문에 인간의 교만을 원칙적으로 인정하지 않는 종교적 믿음에 기초하여 인간의 운명을 보다 정확하게 분석하는 것이 가능하다. 비록 어떤 특별한 기독교적 분석은 그가 원칙적으로 거부한 것을 실제로 제시하지 못할 것이라고 생각되어서는 안 되지만 말이다. 그러나 만일 기독교 신앙이 역사의 모든 안전과 불안전을 초월하는 절대적 안전성을 실제로 발견한다면, 그리고 "사망이나 생명이나 천사들이나 권세자들이나 현재 일이나 장래 일이나 능력이나 높음이나 깊음이나 다른 어떤 피조물도 우리를 우리 주 그리스도 예수 안에 있는 하나님의 사랑에서 끊을 수 없으리라"(롬8:38-39)는 바울의 주장이 사실이라면, 기독교 신앙은 삶과 역사에서 거짓 안전과 구원을 추구하는 헛된 우상숭배를 단념시킬 수도 있을 것이다. 인간과 함께 그리고 인간을 위해 고난을 당하기까지 인간의 역사적 추구에 연루된 실존의 영원한 근거를 신뢰함으로써 이런 신앙은 인간으로 하여금 그의 역사적 책임을 기꺼이 수용하도록 할 수 있다. 그런 신앙의 관점에서 볼 때 역사가 완성될 수 없다고 해서 무의미 하다고 할 수는 없다. 그렇지만 인간은 언제나 성급하게 역사를 완성하 고자 한다. 그렇기 때문에 역사는 비극적이다.

따라서 우리의 운명과 관련하여 지혜는 우리의 지식과 능력의 유한성 을 겸손히 인식하는 것이다. 우리가 가장 신뢰할 수 있는 이해는 "은혜" 의 열매이다. 이런 은혜에서 믿음은 믿음의 확실성을 지식이라고 자처함 이 없이 우리의 무지를 완성하고, 이런 은혜에서 회개는 우리의 희망을 좌절시키지 않고 우리의 교만을 완화시킨다.

인명색인

케어드 192
콩트 249
퀘이커파 258
크롬웰 253, 257, 262, 263, 264, 265, 327, 335, 341
클레멘스 115, 205, 206
키케로 382, 383

(ㅌ)

타울러 258
테르툴리아누스 206
토마스 무어 344
토마스 아켐피스 258
토마스 홉스 330, 343, 387
톨스토이 150, 209
트뢸치 262, 386
틸리히 5, 317, 327

(ㅍ)

펠라기우스 14, 211, 216, 240, 260
포르피리오스 115
폴 틸리히 5
프롬 181
플라톤 9, 56, 57, 59, 115, 155, 156, 204, 205, 210, 334, 381,
     382, 412
피터 베일링 257
피히테 248, 250, 251

(ㅎ)

헤겔 9, 141, 248, 251, 316, 387
화이트헤드 5

개념색인

(ㄱ)

거룩한 슬픔 254, 301
경건주의 244, 254, 256, 257, 259, 261, 262, 334
계시종교 73, 131, 138
고난 받는 종 69, 99, 100, 102, 103, 201
과두체제 370, 376, 419
관념론 9, 10, 13, 56, 59, 60, 166, 183, 184, 191, 316, 318, 329, 378

(ㅈ)

자기초월성 6, 73, 93, 133, 317, 318, 405
자아완성 195, 197
자연법 250, 264, 290, 360, 361, 363, 365, 382, 384, 390, 420
자연주의 9, 13, 47, 51, 52, 54, 55, 56, 59, 60, 156, 183, 249, 316
자유 6, 9, 10, 15, 19, 20, 21, 22, 24, 26, 34, 35, 36, 38, 43, 44,
       46, 47, 52, 56, 59, 60, 64, 90, 93, 96, 106, 109, 110, 111,
       112, 114, 121, 124, 125, 133, 141, 142, 143, 144, 145,
       146, 147, 148, 149, 151, 154, 156, 157, 160, 161, 162,
       171, 178, 180, 181, 182, 183, 186, 188, 189, 190, 195,
       209, 210, 212, 218, 219, 220, 227, 229, 230, 231, 239,
       240, 241, 243, 248, 251, 256, 262, 265, 270, 278, 281,
       282, 285, 286, 287, 290, 294, 302, 303, 304, 305, 313,
       320, 323, 327, 328, 333, 334, 335, 338, 339, 342, 343,
       345, 349, 350, 352, 360, 361, 362, 366, 368, 371, 376,
       380, 386, 388, 389, 390, 393, 394, 401, 402, 410, 411,
       412, 413, 418, 420, 421, 422, 423, 426, 427, 430, 434,
       438, 439
재림 103, 105, 106, 337, 404, 405, 406, 407
전적 타자 124, 149
절충주의 218, 227, 245
접촉점 122, 130, 188, 318, 411, 418
정적주의 280
종교개혁 154, 169, 188, 190, 195, 213, 214, 215, 219, 221, 226,
       227, 228, 229, 230, 231, 232, 233, 234, 235, 239, 240,
       241, 242, 243, 244, 252, 253, 255, 259, 260, 261, 262,
       266, 268, 270, 273, 275, 277, 279, 281, 282, 283, 284,
       285, 288, 289, 291, 297, 299, 300, 302, 305, 306, 316,
       318, 320, 326, 327, 328, 329, 330, 331, 334, 361, 363,
       380, 381, 388, 389, 391, 393, 427, 435
종말론 11, 23, 92, 102, 103, 104, 150, 206, 233, 243, 244, 245,
       246, 247, 249, 250, 262, 263, 264, 266, 288, 326, 380,
       382, 407, 414, 427, 436, 438
중간기 104, 106, 311, 337, 403
진리 11, 25, 30, 56, 101, 102, 108, 110, 113, 114, 115, 117, 118,
       119, 120, 121, 122, 131, 153, 158, 162, 165, 167, 170,
       171, 173, 179, 186, 192, 194, 201, 202, 203, 204, 205,
       220, 224, 226, 227, 229, 230, 231, 232, 235, 251, 256,
       257, 266, 270, 278, 284, 291, 292, 299, 300, 301, 303,
       304, 306, 309, 311, 313, 314, 315, 316, 317, 318, 320,
       321, 322, 323, 324, 325, 326, 327, 328, 330, 331, 332,
       335, 336, 337, 338, 339, 340, 341, 342, 343, 345, 346,